ecce

Edition : BoD - Books on Demand, info@bod.fr
ISBN : 978-2-3225-2114-2

Impression : BoD - Books on Demand, In de Tarpen 42, Norderstedt (Allemagne)
Impression à la demande.

Rédaction : 2018 - 2024
Dépôt légal : mai 2024

© Basty, 2024
www.etreconscient.com - basty.ecce@gmail.com
Tous droits de reproduction, d'adaptation et de traduction réservés pour tous pays. L'auteur et l'éditeur déclinent toute responsabilité directe ou indirecte quant à l'utilisation de ce livre et l'interprétation de son contenu. Les déclarations et illustrations proposées par l'auteur sont des représentations données à titre indicatif et laissées à la libre appréciation de chacun.

Basty

ecce

humain à mi-chemin

Menu - ecce

Avant-propos 9

acte 1
Le signe se crée 13

acte 2
Cœur de conscience 57

acte 3
Tout en flux 255

acte 4
hypothèse 313

acte 5
notion 435

acte 6
Verbal 557

acte 7
essentiels 675

Epilogue 729

Avant-propos

"ecce" rassemble plusieurs livres précédemment publiés :
* *'être conscient' (incluant 'Cœur de conscience')*
* *'Réfléchis' (incluant 'hypothèse' et 'notion')*
* *'Verbal'*
* *'essentiels'*

Chaque titre s'est attaché à exposer un même sujet suivant une approche et un format différent. Il est question de conscience, de connaissance de l'humain et de son univers. Cet ensemble, que formule "ecce", regroupe ces aperçus complémentaires en une seule prise. Vous pourrez alors évoluer en croisant et reliant les informations vers une vue plus globale de la thématique. Les focus et entrées particulières à chaque texte permettent aussi d'ouvrir la réflexion de chacun au-delà de son point de référence habituel. L'ordre de publication est conservé, et il comporte évidemment sa logique. Toutefois, le lecteur peut aussi trouver intérêt à revenir sur certains titres dans un second temps, selon son approche personnelle, tant dans une démarche de compréhension que d'approfondissement. Le sujet est vaste. Dans l'organisation et le développement qui en est fait, il doit être accordé à tout un chacun de cheminer en son bon sens. S'approprier la question de la conscience, de notre perception de la réalité, de la connaissance de ce que nous sommes et de notre environnement, cela se relie à la condition individuelle d'une personne singulière. Le principal est dans l'idée commune reconnue et acceptée, de laquelle peut émerger la compréhension du collectif. C'est cela qui importe et laisse apercevoir les notions à explorer plus précisément. En tous cas, les éléments exprimés dans "ecce" sont basés sur un vécu, et donc accessibles à l'expérience qui peut en être faite. L'expérience reste une forme de réalité nous ramenant à un certain constat avec lequel on se doit de composer. Mettez-vous en situation, et développez votre expérience comme point d'appui à votre bon sens. C'est dans ce cadre que vous pouvez ouvrir un horizon plus large, pour passer au-delà de quelques illusions bien ancrées, tout en gardant vos repères fondamentaux et précieux à un bon équilibre. Cela me semble essentiel afin d'avancer au plus juste. J'espère que "ecce' puisse ouvrir une réflexion large, paisible, cohérente et vertueuse quant à notre extraordinaire réalité d'existence encore peu connue. L'ensemble a vocation à être accessible à tous. Il ne s'agit pas d'en faire un parcours analytique et intellectuel. Chacun doit pouvoir y relier ses connaissances et trouver le juste niveau de compréhension approprié. Privilégiez les mots, les phrases, les images qui vous conviennent. Il s'agit d'une question d'affinité que vous voudrez bien laisser s'exprimer au fil de la lecture. C'est par vos sens qu'il sera compris ce qu'il en est. C'est simplement possible, suffisant, et juste ce qu'il convient d'en faire pour celui qui souhaite s'en saisir.

Ce qui semble chaotique et conflictuel pour un passant agité, cela peut aussi révéler un bon ordre édifiant et harmonieux pour celui qui ouvre l'attention tranquille au même endroit.

Le mystère est à dévoiler, je vous propose d'y participer et vous souhaite une bonne lecture.

acte 1

Le signe se crée

au cœur de l'univers

Sommaire - Le signe se crée

Contexte 17

Le signe prend forme 21

Accompagner plus loin 47

Au-delà du signe,
en mouvement vers la conscience 51

Contexte

Tout se réunit autour d'un signe. D'ici, tout débute. Ce signe, on peut le faire du bout des doigts. Il exprime simplement le cosmos universel.

D'ici, on peut tout explorer. Ce cosmos, c'est aussi le vôtre. Je parle de la vie et de ce qui l'anime. En moi et autour de moi. L'infiniment petit et l'infiniment grand. L'infini, c'est le bon mot.

C'est l'entrelacement d'une quantité de phénomènes formant le cosmos. Des fois visibles ou invisibles, matériels ou subtils, physiques ou psychiques, etc. Cela peut être vu, entendu, ressenti de toutes manières, abordé depuis différents points de vue. En m'intéressant toujours un peu plus à ce cosmos, je m'aperçois que tout est vraiment lié, toujours avec plus de sens et d'évidence à tous niveaux. Je dois être un peu curieux, ou bien c'est autre chose que je ne définis pas, mais l'exploration de ce monde n'est pas une option pour moi. Avec bien des efforts, je peux m'en éloigner un moment, mais jamais m'en séparer. Alors finalement, rien ne me semble plus naturel que de plonger au cœur de l'univers. C'est du plaisir et vraiment beau. Je vous dis cela parce qu'aujourd'hui, le modèle et la normalisation dans laquelle nous vivons n'encourage pas toujours cette exploration du monde et de l'ordre des choses. Dès lors que l'on s'éloigne un peu du cadre consensuel socio-administratif, la démarche peut être suspecte. Pourtant, la réalité n'est certainement pas réduite à la portion que l'on veut bien nous en laisser paraitre.

Je parle de ce tout, de l'immensité des galaxies jusqu'au plus petit de l'atome et bien plus encore. Pour le comprendre et mieux le rejoindre, il m'a toujours semblé évident de me tourner vers ce qui m'est directement accessible et le plus cher. C'est l'humain, à commencer par moi-même. Et même si je peux quelques fois avoir de bonnes raisons de douter de la nature humaine telle que je l'entends, d'autres passés avant moi m'ont souvent conforté dans cette démarche d'apprendre à mieux se connaitre, laisser vivre le fantastique pour mieux connaitre l'univers et accompagner l'extraordinaire.

Chemin faisant, tout se relie et m'apparait se rassembler vers un modèle unifié, tant dans son fonctionnement que dans sa composition et sa nature universelle. Il y a quelques temps, cette histoire s'est rassemblée autour d'un symbole. C'est depuis ce signe que je vous propose d'observer l'univers. Il s'organise autour d'un cœur en constante performance d'énergie.

L'humain, c'est aussi l'univers. Il est un cœur, c'est de là que je le vis et l'exprime. Puis, l'univers se révélant multiple, la conscience s'y est reliée. Elle se construit sur l'information d'un univers en constante interaction avec ses multiples. L'humain, c'est aussi la conscience. Il est information, c'est aussi de là que je le vis et le perçois.

Il s'agit pour moi d'un voyage depuis le cosmos de l'intuition, du vécu exploré dans ses expériences extraordinaires d'une simple vie. C'est l'histoire de l'univers qui anime l'humain, cristallisée autour d'un signe. Un symbole reliant tous les champs du vivant à son dessin. Reliant son dessin au multiple, à la conscience. D'un rond et d'un trait, je n'irai pas dans le détail des champs du vivant. Simplement présenter leur mouvement commun et sa dynamique pour mieux comprendre l'ensemble. De ce dessin, aucun point de vue n'est imposé ou exclu. Chacun est invité à se représenter cette mécanique universelle comme bon lui semble et depuis ses propres références. Il sera alors peut-être question de spiritualité ou de science, de théorie ou de pratique. Cependant, il vous est ici proposé de penser en termes d'univers, d'énergie, de cœur, d'information, de conscience et d'humain. Que votre cosmos soit intersidéral ou moléculaire, fait de photons ou de carbone, de chiffres ou de lettres, de temps et d'argent bien compté ou de poésie bien rêvée… laissez-vous simplement porter, soyez libre de transformer cet univers à votre goût, et rappelez-vous certainement de la relativité de tout ce qui est.

De terre et de ciel, sois béni.

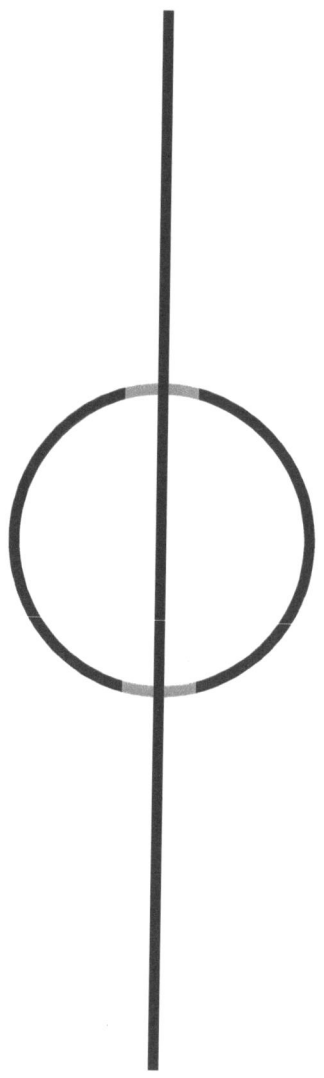

Au nom du ciel, de la terre et de l'union sacrée.

Le signe prend forme

C'est ce dessin, ce signe qui amène tout avec lui. Il n'invente rien, mais il bouscule tout en douceur. Il regroupe, mélange, relie, sépare, éclaire, réorganise, nettoie, unit, ouvre, répartit, équilibre... Il bouge beaucoup. Il danse.

Qu'est-ce que c'est ?
Ce signe symbolise le mouvement de vie que l'on retrouve partout. Il est aussi l'union, la séparation, le vide et le plein, etc. Il est la dualité créatrice. Il se dessine du bout des doigts. Chacun peut comprendre ce qu'il est. Au-delà du dessin, il y a ce qu'il représente, ce vers quoi il nous ouvre, ce qu'il exprime, ce qu'il relie pour celui qui veut voir. Alors c'est parti pour une petite présentation qui, si vous l'acceptez, vous portera au cœur du cosmos.

C'est un cercle et un axe.
Le cercle tourne à droite, je rentre dedans par le haut, l'axe descend puis remonte en passant par le centre, et je reviens au centre.
Au milieu du cercle, c'est là le centre.
Le disque défini par le cercle, c'est l'univers, l'expansion.
Le centre, c'est le cœur, la concentration.
En bas, c'est la matière, le corps.
En haut, c'est l'éther, le subtil.

Pour le schéma 1, l'univers tourne à droite. Alors je rentre dedans par le haut, je descends, je passe au centre pour concentrer vers la matière, je remonte, je passe à nouveau au centre pour expanser vers l'éther, et je reviens au centre.

Le centre, c'est là où se rencontrent les forces, les opposés complémentaires. C'est là que tout se retrouve, se transforme et s'équilibre. C'est aussi là que la matière perd forme alors que l'éther prend forme. La matière concentre alors que l'éther diffuse, et vice versa. C'est là que tout s'apaise pour disparaitre dans un mouvement de concentration, et que tout s'accélère pour apparaitre dans un mouvement d'expansion, ou à l'inverse...

C'est de là que naissent l'espace et le temps, que tout se crée, apparait, émerge, se volatilise, se génère et se régénère soumettant les opposés à se compenser vers l'équilibre.

Le centre, c'est là que tout a commencé. C'est le cœur et le creuset de ce que j'appelle l'énergie. C'est l'espace du tout animé. Vous êtes là, je suis là et tout est là.

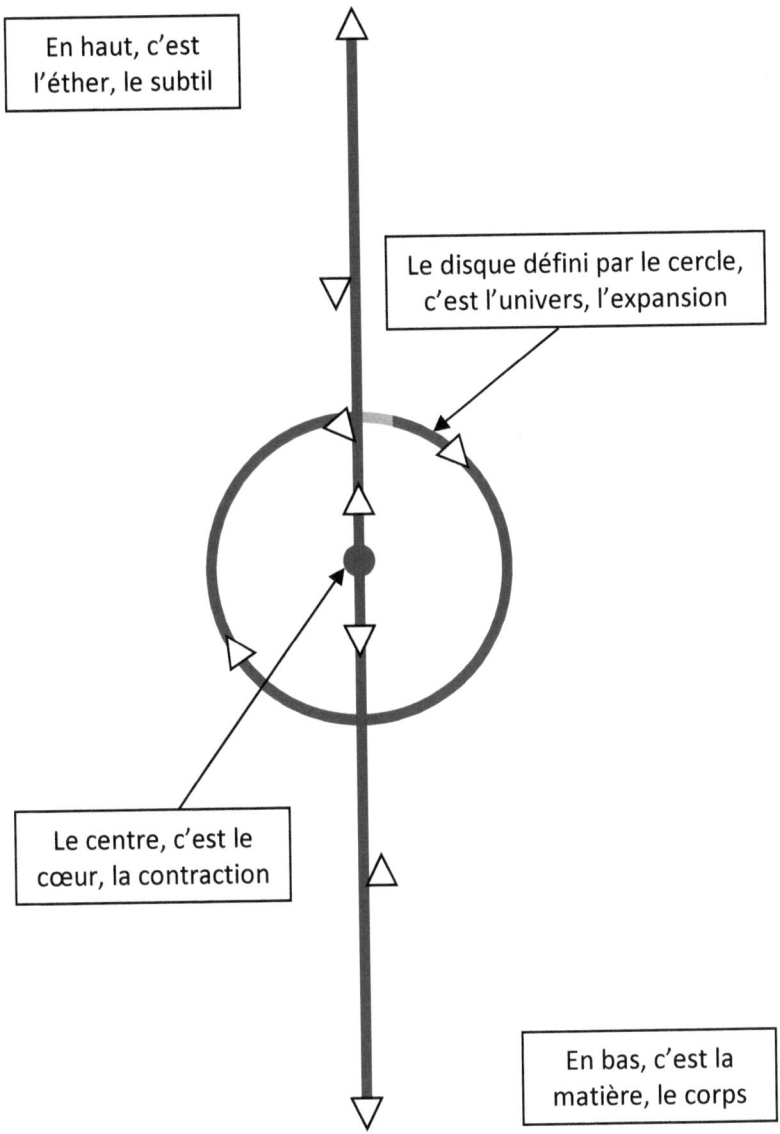

Tout ne tourne peut-être pas toujours à droite.
A droite ou à gauche, sens horaire ou antihoraire, le haut ou le bas, monte ou descend... Tout cela n'est qu'une question de point de vue. Mais qu'elle importance faut-il accorder au point de vue ?

Haut-bas et droite-gauche font partie de la notion de couple, des opposés complémentaires.
Suivant le schéma 1, si je pars en tournant à droite, sens horaire, je rentre dedans par le haut, je descends, puis je monte et je reviens au centre. La figure opposée complémentaire part en tournant à gauche, sens antihoraire, je rentre dedans par le bas, je monte, puis je descends et je reviens au centre.
Dans l'autre sens, si je pars en tournant à gauche, sens antihoraire, je rentre dedans par le haut, je descends, puis je monte et je reviens au centre. La figure opposée complémentaire part en tournant à droite, sens horaire, je rentre dedans par le bas, je monte, je descends et je reviens au centre.
Finalement, on pourrait penser que tout cela est de peu d'importance, c'est juste une question de "polarité", de "tout et son contraire". Mais cela nous intéresse quand même et c'est même indispensable.
En fait, la polarité peut changer pour quantité de raisons diverses et variées. Puis, on peut remarquer que les quatre figures sont complètement interchangeables. Pour chaque figure, si on la bascule sur l'axe horizontal et vertical, on obtient des dessins et mouvements absolument identiques.

Nous verrons au fur et à mesure que ce qui nous intéresse n'est pas la polarité elle-même (+ ou -, haut ou bas, droite ou gauche par exemple). Ce qui importe, c'est le fait que si le dessin reste le même (ou presque), dans tous les cas nous aurons évidemment un contraire. Il s'agit de son inverse indispensable pour établir un système complet. Plutôt que de polarité, je parlerai bien plus volontiers d'opposés complémentaires et de couple.

Alors oui, le point de vue a son importance, et il nous intéresse pour former un ensemble complet au travers d'un couple. Il faut noter que dans notre monde, rien n'existe sans son opposé complémentaire. Comme l'un ne va pas sans l'autre, si quelque chose tourne dans un sens, il faut bien envisager de tourner aussi dans l'autre sens.

Autrement dit, pour avancer un peu le sujet, voilà les quatre dessins qui illustrent les cas évoqués. Les schémas 2 et 3 exposent chacun une possibilité de couple entre deux figures exprimant des mouvements complémentaires.

Gardez à l'esprit qu'un seul schéma suffit, un couple.

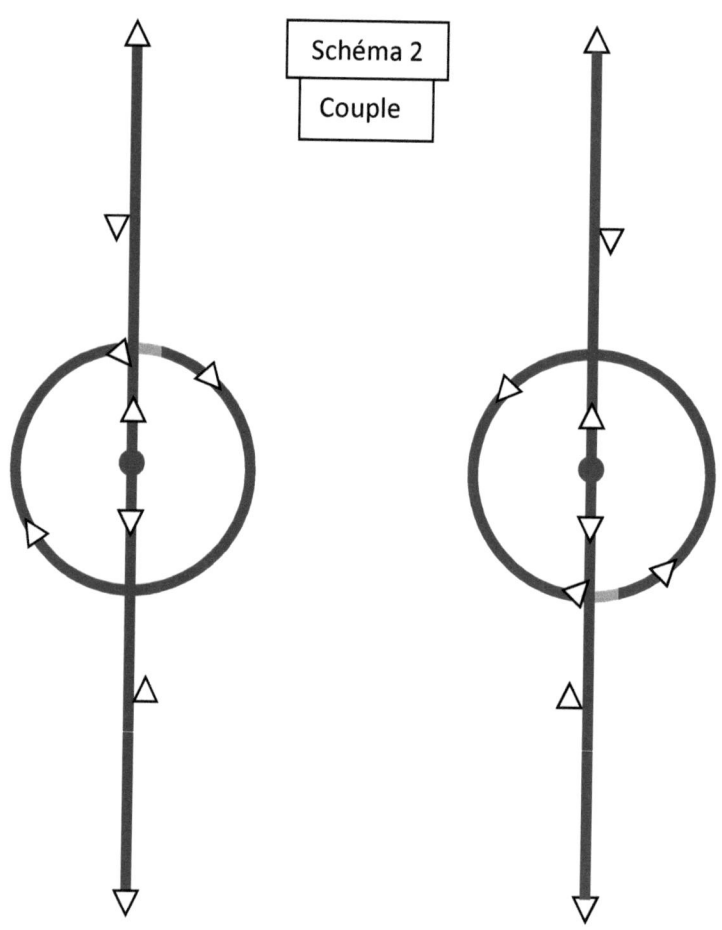

Schéma 2

Couple

tournant à droite, sens horaire, rentre dedans par le haut, descend, puis monte et revient au centre.	tournant à gauche, sens antihoraire, rentre dedans par le bas, monte, puis descend et revient au centre.
l'univers tourne à droite, sens horaire, l'éther descend au centre, se contracte vers la matière, la matière remonte au centre, s'expanse vers l'éther, l'éther redescend au centre.	l'univers tourne à gauche, sens antihoraire, la matière monte au centre, s'expanse vers l'éther, l'éther redescend au centre, se contracte vers la matière, la matière remonte au centre.

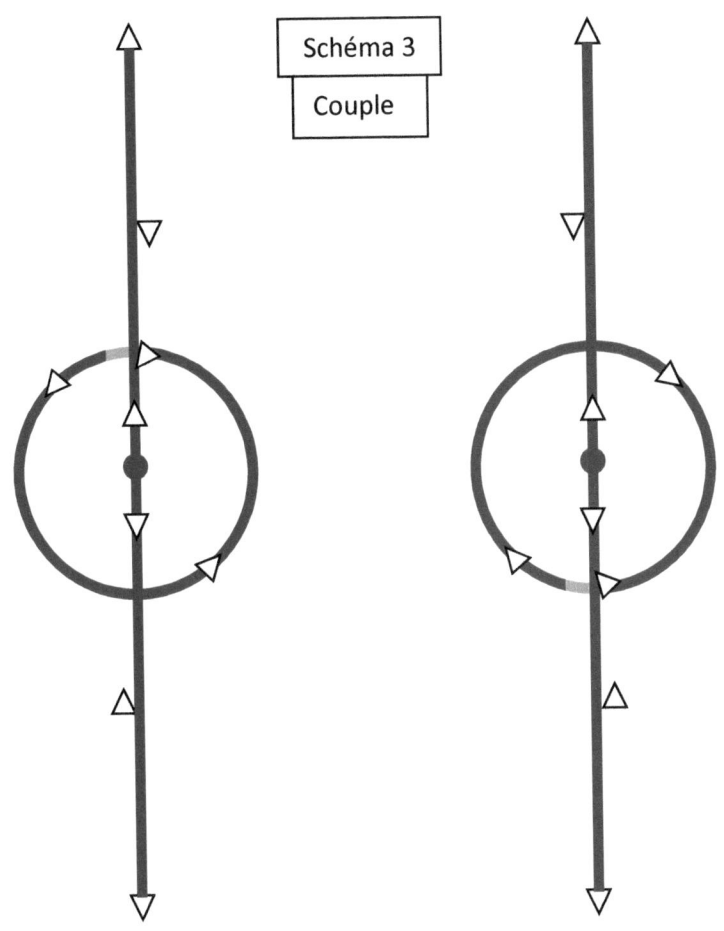

Schéma 3

Couple

tournant à gauche, sens antihoraire, rentre dedans par le haut, descend, puis monte et revient au centre.	tournant à droite, sens horaire, rentre dedans par le bas, monte, puis descend et revient au centre.
l'univers tourne à gauche, sens antihoraire, l'éther descend au centre, se contracte vers la matière, la matière remonte au centre, s'expanse vers l'éther, l'éther redescend au centre.	l'univers tourne à droite, sens horaire, la matière monte au centre, s'expanse vers l'éther, l'éther redescend au centre, se contracte vers la matière, la matière remonte au centre.

Ensuite, il est intéressant de voir fonctionner le couple comme un seul système, d'un seul coup d'œil. Nous avons donc besoin de rapprocher deux opposés complémentaires pour saisir le signe dans son ensemble, en voir un peu plus et commencer à se l'imaginer pleinement.

Je vais choisir un cas avec un point de vue déterminé. Si vous voulez vous amuser, vous verrez que vous pouvez l'appliquer à tous les autres scénarios, à condition de respecter les règles de base. Les règles de base, elles pourraient se résumer en une seule : couple obligatoire.

Toute chose fonctionne en binôme. C'est comme ça. Et toujours, il s'agit évidemment de deux composantes opposées et complémentaires. Vous le dites comme vous voulez : dualité, polarité, yin-yang, tenon-mortaise, donneur-receveur, féminin et masculin... pourvu que la cohabitation forme un tout cohérent.

Alors, entre ces deux-là... ça s'attire, ça se repousse, ça se contracte, ça s'expanse, ça se tourne l'un autour de l'autre et ça fait tout dans le sens contraire l'un de l'autre. Ça danse, et c'est très beau à voir.

Pour notre affaire, je vais prendre le cas suivant :
Je pars en tournant à droite, sens horaire, je rentre dedans par le haut, je descends, puis je monte et je reviens au centre. La figure opposée complémentaire part en tournant à gauche, sens antihoraire, je rentre dedans par le bas, je monte, puis je descends et je reviens au centre.
Rendu au schéma 4. Vous reconnaitrez le schéma 2 auquel je rajoute juste un peu de nuances pour faciliter la suite. Fléchage noir pour l'éther et gris pour la matière.

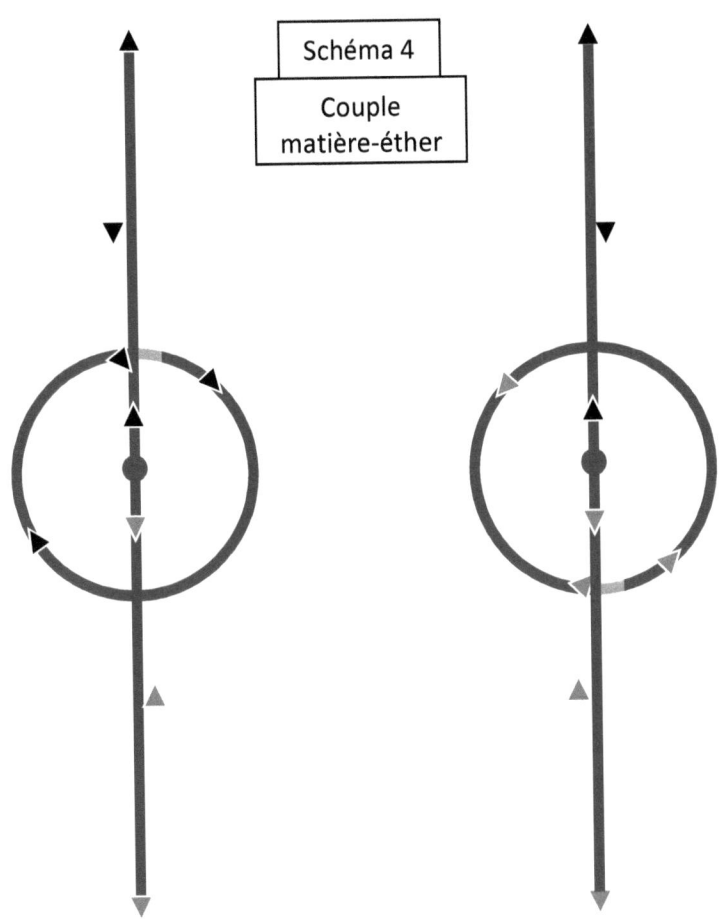

Schéma 4
Couple matière-éther

tournant à droite, sens horaire, rentre dedans par le haut, descend, puis monte et revient au centre.

l'univers tourne à droite, sens horaire, l'éther descend au cœur, se contracte vers la matière, la matière remonte au cœur, s'expanse vers l'éther, l'éther redescend au cœur.

tournant à gauche, sens antihoraire, rentre dedans par le bas, monte, puis descend et revient au centre.

l'univers tourne à gauche, sens antihoraire, la matière monte au cœur, s'expanse vers l'éther, l'éther redescend au cœur, se contracte vers la matière, la matière remonte au cœur.

Vous avez certainement entendu parler de l'univers. Il parait que l'univers est en expansion. C'est aussi le cas ici. Le disque représente cet univers en expansion. Et avec qui fait-il couple ? Avec son opposé complémentaire, le cœur en contraction. Il faut comprendre que si on fait couple, ce n'est pas seulement pour les deux dessins, le sens de rotation et le haut ou le bas. C'est aussi pour chaque élément de chaque dessin. C'est pour toute chose exprimant un mouvement, une forme ou une fonction particulière en relation avec son opposé complémentaire.

Evidemment, l'éther diffus fait couple avec la matière concentrée. L'éther et la matière se trouvent aussi bien l'un et l'autre dans l'univers en expansion, que dans le cœur en contraction. L'univers et le cœur hébergent aussi bien l'un et l'autre de l'éther diffus et de la matière concentrée.

On se concentre vers le cœur en contraction, et on se diffuse vers l'univers en expansion. On se contracte en matière concentrée, et on s'expanse en éther diffus. On se contracte et on s'expanse aussi bien à l'intérieur dans le cœur, qu'à l'extérieur dans l'univers. Ici encore, ces deux mouvements sont indissociables et ils se complètent. La présence de l'un signifie la présence de l'autre.

La matière se fait dans le cœur et diffuse vers l'univers, dans le même temps que l'éther disparait dans le cœur en contraction depuis l'univers.

L'éther se concentre vers le cœur, dans le même temps que la matière se diffuse dans l'univers.

La matière se concentre vers le cœur, dans le même temps que l'éther se diffuse dans l'univers.

L'éther apparait dans le cœur et diffuse vers l'univers, dans le même temps que la matière se défait dans le cœur en contraction depuis l'univers.

Dans un cœur, il est créé autant de matière par concentration d'éther qu'il en est supprimé par diffusion d'éther, et il est créé autant d'éther par concentration de matière qu'il en est supprimé par diffusion de matière.

_ *Sauf qu'on peut se dire que si la matière diffuse vers l'univers et se concentre dans le cœur, c'est qu'il y a plusieurs cœurs ou bien que ce n'est pas la même matière. Idem pour l'éther qui vient compléter le geste en se concentrant vers le cœur et diffusant dans l'univers, c'est qu'il y a plusieurs univers ou que ce n'est pas le même éther. Et vice versa... Ou bien, l'univers est un cœur et le cœur est un univers. Ou alors, un univers renferme plusieurs cœurs ou l'inverse... Faites jouer votre point de vue, c'est infini...*
C'est un peu tout ça. Pour vous accompagner, pensez fractale et pensez au couple. Plus simplement, comprenez l'intérêt d'avoir choisi deux figures pour les rapprocher en un seul système. Cela permet d'exprimer les deux mouvements ou actions en un seul objet. C'est comme ça que ça fonctionne et c'est représenté au schéma 5 suivant. _

Tout cela peut paraitre bien contradictoire, chaotique ou insensé. Mais pas du tout. Le but n'est pas de vous embrouiller, mais de vous introduire à cette notion du tout. C'est très simple, tout disparait et se crée ici, en un même lieu et en un même moment. Dans le cœur, tout se réunit et existe simultanément, y compris l'espace et le temps. Sorti du cœur, chaque chose prend forme, chaque chose s'exprime à sa manière et prend une sorte d'indépendance en s'éloignant.

Là comme ailleurs, ces états et ce mécanisme sont valables à tous les niveaux. Tout dépend de ce que nous regardons et de comment nous le regardons. L'essentiel est de savoir regarder et voir s'exprimer le couple. Suivez juste tout ça, sans autre condition que de vous laisser porter par les flèches, savoir que ça tourne et que tout se transforme au centre.

C'est ainsi que prend forme le système de l'ensemble complet. Il faut envisager les différents éléments amenés à s'intégrer en un seul objet, formant un tout capable de s'équilibrer. Un couple, par définition, c'est quand les deux éléments s'unissent vers un seul. Le schéma 5 suivant fait donc état de cette union, afin de mieux visualiser ce tout assemblé.

Cependant, cette représentation n'est qu'une étape. Ce couple est si bien équilibré, tellement beau, tellement parfait, que je ne lui donne pas longue vie. Je veux bien les voir danser l'un à côté de l'autre, même très près, mais si nous les mettons l'un dans l'autre comme ça, nous risquons la neutralité parfaite. Et la neutralité parfaite, ça ne bouge plus, ça ne danse plus, ça n'existe plus... soit ça explose, soit ça se volatilise, mais dans tous les cas il n'y a plus rien, ça disparait, plus de couple, le calme plat. En réalité, il y en a toujours un des deux qui mène la danse. Ce n'est pas toujours le même qui dirige et les rôles peuvent changer à tout moment dans un même couple. Nous allons un peu avancer cette idée d'équilibre.

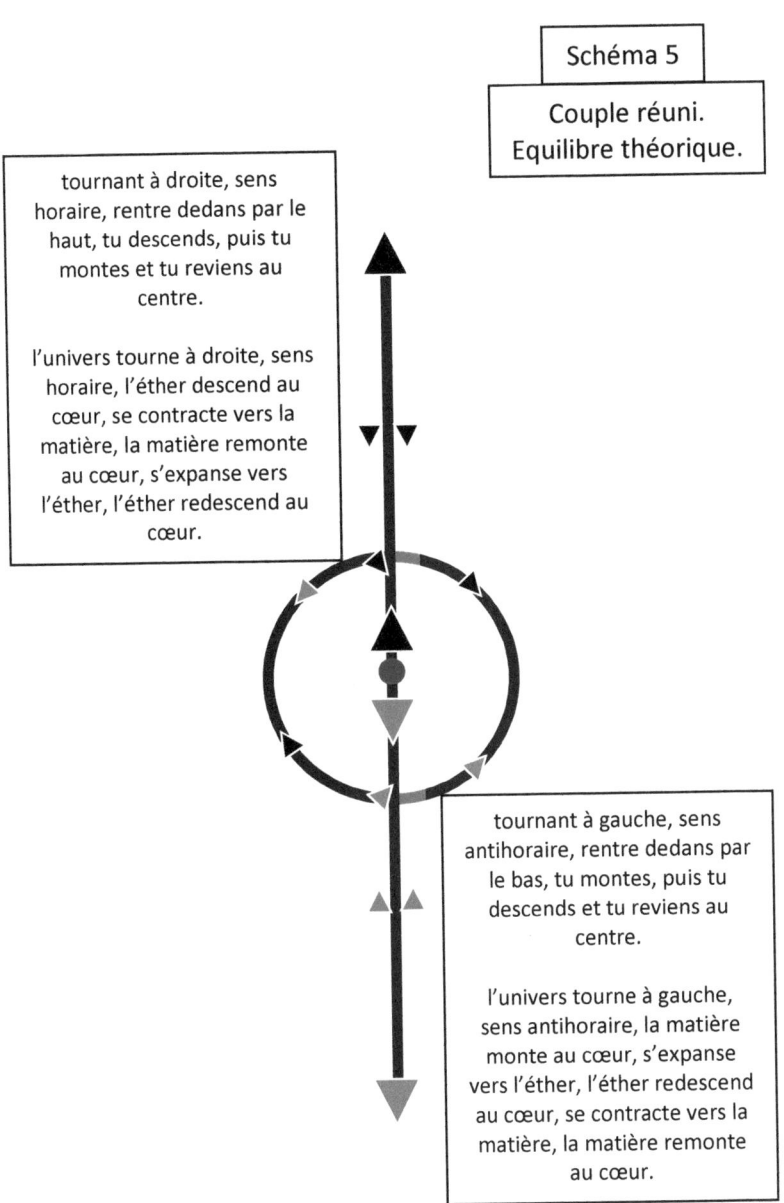

Schéma 5

Couple réuni. Equilibre théorique.

tournant à droite, sens horaire, rentre dedans par le haut, tu descends, puis tu montes et tu reviens au centre.

l'univers tourne à droite, sens horaire, l'éther descend au cœur, se contracte vers la matière, la matière remonte au cœur, s'expanse vers l'éther, l'éther redescend au cœur.

tournant à gauche, sens antihoraire, rentre dedans par le bas, tu montes, puis tu descends et tu reviens au centre.

l'univers tourne à gauche, sens antihoraire, la matière monte au cœur, s'expanse vers l'éther, l'éther redescend au cœur, se contracte vers la matière, la matière remonte au cœur.

concentration-diffusion et contraction-expansion

Rien n'est isolé et à l'abri, même pas un couple. Chaque chose existe dans un milieu auquel elle est exposée. L'environnement peut être compris comme une quantité d'éléments bougeant aussi tout autour. Chaque élément influe et impacte ce qui se trouve à sa portée. Un équilibre pouvant sembler satisfaisant est sans cesse contrarié par l'activité incessante du cosmos vivant. Nous ne sommes définitivement pas seuls, et pas vraiment tranquilles.

En conséquence, l'équilibre est un état plutôt théorique et fragile. Il s'agit de viser la meilleure stabilité, par le meilleur centrage et alignement des parties en mouvement. Un mouvement venant en compenser un autre, il y a compensation continue d'un déséquilibre. Si le mouvement de compensation est bien mené, il satisfait chaque partie dans une danse où lorsque l'un mène, l'autre suit et vice versa. Cette coopération harmonieuse implique chaque partie vers la meilleure stabilité permise par un partenariat ajusté à chaque instant.

L'image fixe du schéma 5 ne permet pas de visualiser ce déséquilibre compensé. J'établis donc deux figures illustrant les principales positions. La puissance varie en fonction du déséquilibre généré par le milieu environnant, mais le principe reste similaire. L'un des partenaires guide l'orientation. Disons qu'il est le mieux placé pour ajuster l'équilibre d'un milieu inégal. Le système tend à rétablir une meilleure neutralité de son environnement. Il y va de sa propre stabilité, et c'est dans ce sens que ses capacités sont mises à l'œuvre. Tout naturellement, si le déséquilibre du milieu environnant vient à changer, alors le sens et la force du mouvement compensatoire s'y adaptent également. C'est ainsi que le partenaire menant la danse peut permuter. Voir schéma 6.

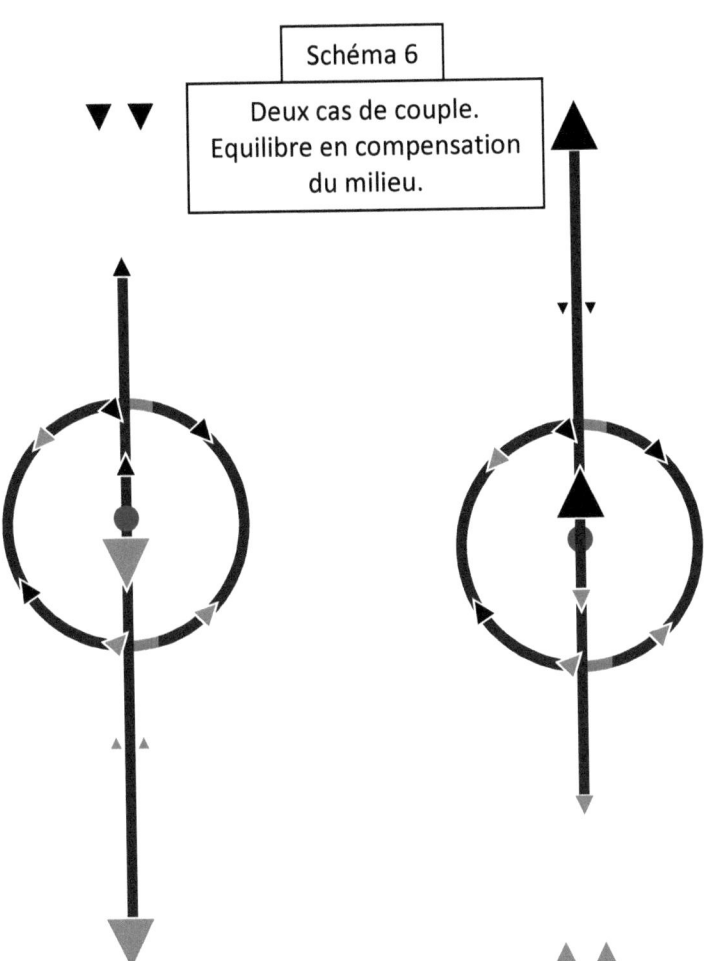

Schéma 6
Deux cas de couple.
Equilibre en compensation du milieu.

Un couple riche en éther et pauvre en matière.
Le couple travaille vers un retour à l'équilibre éther-matière.
On consomme et concentre beaucoup d'éther.
On produit et on diffuse beaucoup de matière.

Un couple riche en matière et pauvre en éther.
Le couple travaille vers un retour à l'équilibre matière-éther.
On consomme et concentre beaucoup de matière.
On produit et on diffuse beaucoup d'éther.

Tout cela n'est que symbolique. Ou pas. Mais le dessin, oui, il est bien symbolique. Il convient de voir ce dessin comme la représentation à plat de quelque chose que l'on verrait déjà mieux en trois dimensions.

Au départ, il s'agit d'un signe accessible au dessin du bout des doigts. Toutefois, l'ensemble animé doit être envisagé en volume, flottant dans l'espace. Alors, pour retrouver un semblant de début d'expression en volume, il faut au moins rajouter un plan, simplement en basculant le cercle à l'horizontale. Ce n'est plus vraiment un cercle, c'est un tore. Un tore est une forme géométrique tout en courbes. Cela peut ressembler à un donut, une rousquille, une bouée ou un cylindre refermé sur lui-même de manière circulaire... Pour moi, ce sera une sorte de sphère avec deux renfoncements diamétralement opposés. On peut entrer et sortir par les renfoncements pour traverser d'un côté à l'autre en passant par le centre. Ces passages sont les pôles de notre sphère. Le trajet reliant les pôles en passant par le centre, c'est notre axe principal qui véhicule la matière et l'éther. Entre le centre et la périphérie, c'est une sorte de cylindre encerclant l'axe principal. On entre d'un côté, on tourne dans le cylindre, et quand on a assez tourné, on sort de l'autre côté.

Un dessin de l'idée au schéma 7.

Vous pouvez aussi deviner un plan équatorial. Ici, il est simplement utile pour nous signifier la direction prise par les flux. La matière et l'éther voyagent en sens inverse.

Notre univers est donc un tore.
Le cœur en est le centre et l'origine.

Schéma 7

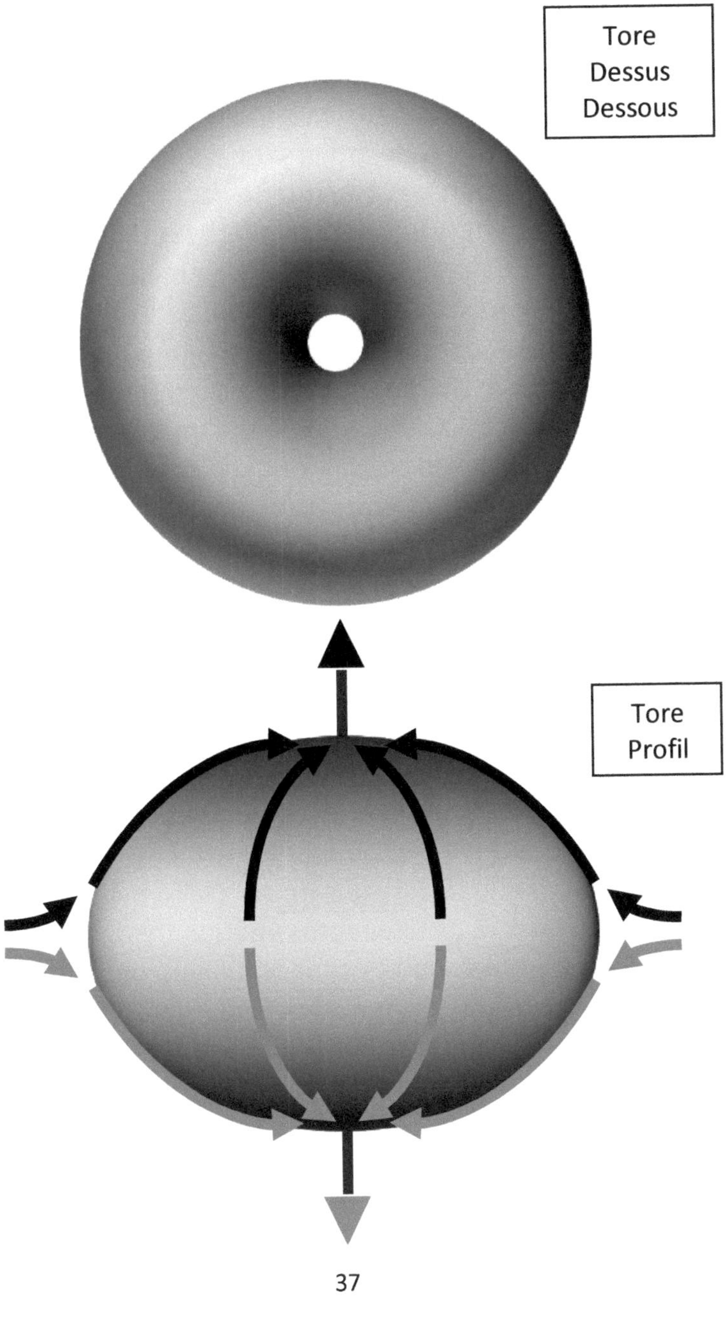

Tore
Dessus
Dessous

Tore
Profil

En réalité, notre tore est beaucoup plus complexe et beaucoup plus beau que cette représentation proposée au schéma 7. Le cylindre, formé entre périphérie et centre, tourne autour de l'axe principal. Les flux de matière et d'éther circulent à l'intérieur en suivant ce mouvement. Ils parcourent la forme et le trajet circulaire du cylindre, de l'extérieur vers l'intérieur et en rotation autour de l'axe. Leur mouvement est vrillé. Ces mouvements simultanés se font dans un sens ou dans l'autre. Puis, évidemment, le tore peut tourner sur lui-même et en relation à d'autres objets proches... Ça peut tourner à peu près dans tous les sens. Mais le mouvement n'est pas aléatoire, il est conditionné par le milieu environnant. Le comportement d'un tore est variable et s'ajuste en permanence. Tout ce qui y entre et en sort est rythmé et informé par son mouvement.

Bien sûr, c'est au centre qu'il se passe l'essentiel. C'est au cœur que la matière et l'éther se retrouvent. C'est en ce lieu que l'alchimie opère et alimente l'ensemble.

Ceci dit, le schéma 8 reprend le signe en intégrant le tore. Toujours avec la matière fléchée en gris et l'éther en noir. C'est une autre façon de voir tourner et entrer les flux par le haut et le bas. C'est un aperçu des flux principaux. Il faut comprendre que l'éther et la matière circulent sur tout le volume. Le tore n'est formé que de ces éléments circulants. Bien sûr, le dessin reste une représentation très symbolique. Aucune échelle ou rapports proportionnels des différents éléments ne peuvent être tenus ici. Seuls le positionnement et les relations dynamiques doivent réellement importer.

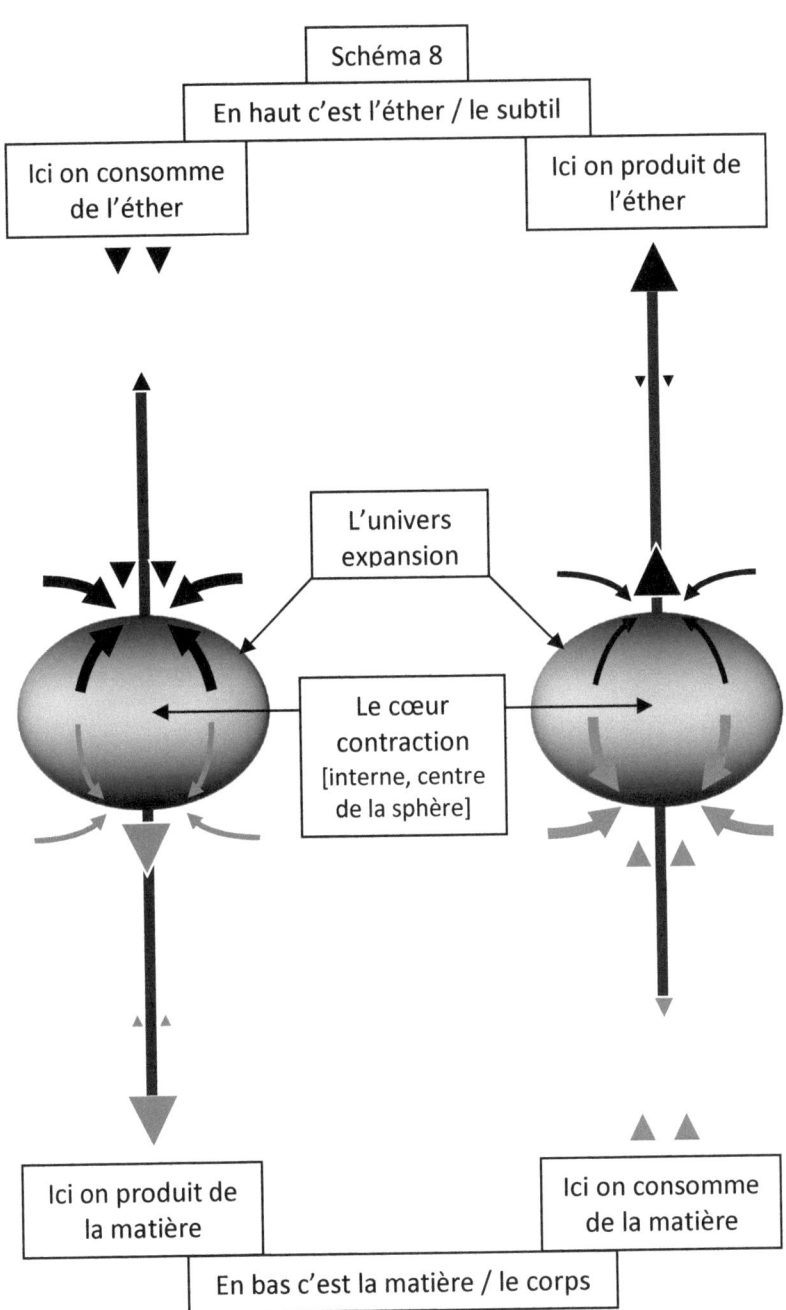

L'univers est bien plus étendu que représenté. Il ajuste la mise en relation et l'organisation de l'espace pris en charge. Le tore se déploie et s'étend en tant qu'univers autour de son cœur de référence. Ils sont interdépendants. Le volume de matière et d'éther pris en charge par le cœur, c'est aussi le volume constituant de l'univers. Les flux transitent à tous les niveaux, en surface et en interne. Ce qui nous intéresse ici, c'est ce que l'on n'aperçoit pas. C'est la zone d'influence ou l'interdépendance cœur-univers, au centre du tore. L'univers n'existe pas sans cœur et vice versa.
Un univers pour un cœur et à chaque cœur son univers.

L'influence et l'étendue d'un univers vont directement être liées à la capacité du cœur, et inversement. Le diamètre d'un univers est proche de la dimension de l'axe traversant. Cet axe a aussi une portée proportionnelle au cœur. On pourrait dire que cet axe dépasse légèrement l'étendue de l'univers du système global. Effectivement, il pénètre et nourrit d'autres univers. Je parle ici de la partie centrale de l'axe représenté de pointe à pointe. Pour la partie périphérique de l'axe, il s'agit de représenter les entrées. C'est donc l'équivalent des flèches noires ou grises mises en rotation dans le tore. Ce fléchage en bordure d'axe fait justement référence à la zone de l'univers bien plus étendue se déversant dans le tore.
Le système complet varie continuellement. On peut parler de volume, d'intensité et de densité. Les paramètres sont nombreux. L'ensemble s'ajuste essentiellement en fonction de la puissance des flux à gérer, directement en relation avec le déséquilibre du milieu environnant le cœur.
Nous pouvons alors nous projeter alentour, dans un espace élargi où les univers étendus prennent contact et s'ajustent.

Les ensembles cœur-univers existent à différentes mesures et sont tous reliés les uns aux autres. Ils sont partout à toutes tailles et occupent tout espace, que l'on parle de vide ou de plein. Certains s'expansent et d'autres se contractent. Certains fusionnent et d'autres se divisent. Bien que les paramètres soient nombreux, leurs relations doivent pouvoir être évaluées. Connaissant la puissance et la direction de l'axe de production (flux sortant, matière ou éther), le savant peut envisager la position de l'univers voisin. De même, en observant des cœurs voisins dont les dimensions sont connues, on peut évaluer leur périmètre d'influence, donc leur univers et leur jonction. Alors, idem pour deux systèmes dont on connait la portée (influence de l'univers), ils permettront d'évaluer la puissance de leur cœur et les localiser… Ceci étant, dans ce type d'assemblages, les relations établies entre différents systèmes peuvent être changeantes et très volatiles. Les univers, exprimés autour de chaque cœur, offrent des conditions d'environnement particulières et tout aussi changeantes. De notre point de vue fixe, nous ne pouvons constater que les éléments compatibles avec nos propres conditions d'existence. Une autre partie nous échappe mais interagit bel et bien en connexion avec notre monde concret. Pour élargir notre spectre de perception, il faut se projeter depuis d'autres points de vue. Cet exercice peut signifier d'envisager d'autres positionnements, paradigmes ou conditions spatio-temporelles. Bien souvent, nos valeurs n'ont plus le même sens. Notre regard doit alors s'orienter vers les possibles permis par un contexte particulier. Pour voir plus large, il convient de ne pas focaliser sur des objets répondant à une mécanique concrètement déterminée, tels que notre propre système les décrits. Il faut savoir que nous sommes immergés dans cette matrice relationnelle comme un système à part entière. Nous observons toujours depuis le centre de perception que nous matérialisons par notre propre personne, et avec l'influence que nous portons sur le paysage.

Le couple cœur-univers est à envisager dans un ensemble interconnecté, car il n'existe qu'en relation au milieu. Il régule l'environnement tout autant qu'il en dépend. Ce système se nourrit de cet espace autant qu'il l'alimente. C'est alors qu'un univers nourrit son cœur et qu'un cœur alimente d'autres univers. Tout ça bouge, tout ça se courbe, tourne, vrille et danse en recherche d'équilibre... ça tourne dans tous les sens, à l'intérieur et à l'extérieur. Tous les cas de figure existent dans le même mouvement, mais chacun a sa place. Tout est relié et interdépendant. Tout est possible mais tout n'est pas toujours permis. Chaque geste est inscrit dans les possibles offerts par la cohérence de l'ensemble réévaluée à chaque instant. Ce qui peut sembler chaotique est en fait un ordre touchant à une perfection qui dépasse notre entendement. Pour ce que j'en constate, c'est l'ordre naturel des choses qui passe par ce principe, le cosmos. C'est extraordinaire.

Les schémas 9, 10 et 11 restent des illustrations de l'idée décrite. Ils sont à prendre comme d'éventuels supports dont les formes ne révèlent pas la réalité. Ni le mouvement ni la vision des volumes et objets à observer ne peuvent apparaitre. Cependant, même bien aplatis, les images offrent un point de vue sur quelques aspects relatifs à l'interconnexion des systèmes et au positionnement des tores et des flux.

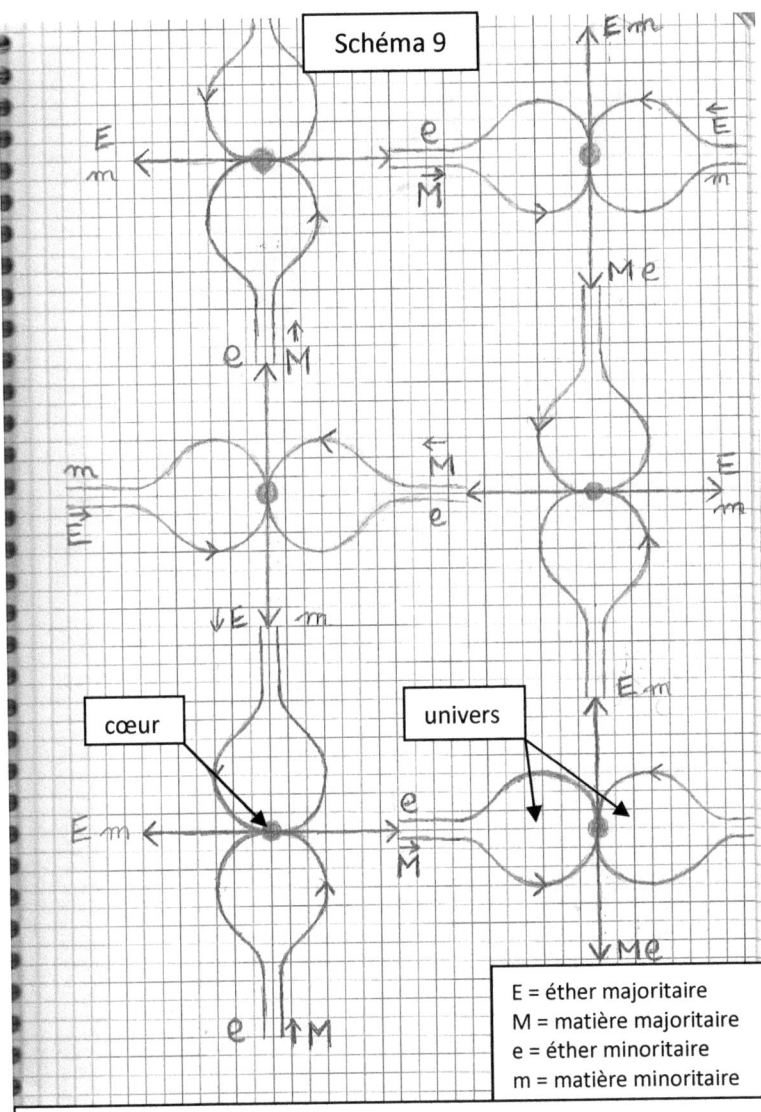

E = éther majoritaire
M = matière majoritaire
e = éther minoritaire
m = matière minoritaire

E ≠ M : Si on considère E et M d'un même système, il y a toujours E>M ou M>E. Les valeurs attribuées ne changent en rien le mécanisme du système et de l'ensemble des systèmes en interaction tant que E≠M en termes de quantité. Dans l'hypothèse où E=M, le système concerné s'effondre. Si E>M vient à basculer vers E<M pour un système, alors toutes les polarités de l'ensemble des systèmes suivent le même rapport de prédominance.

Schéma 10

Les systèmes sont simplement représentés pour évoquer la mise en relation de flux matière-éther.

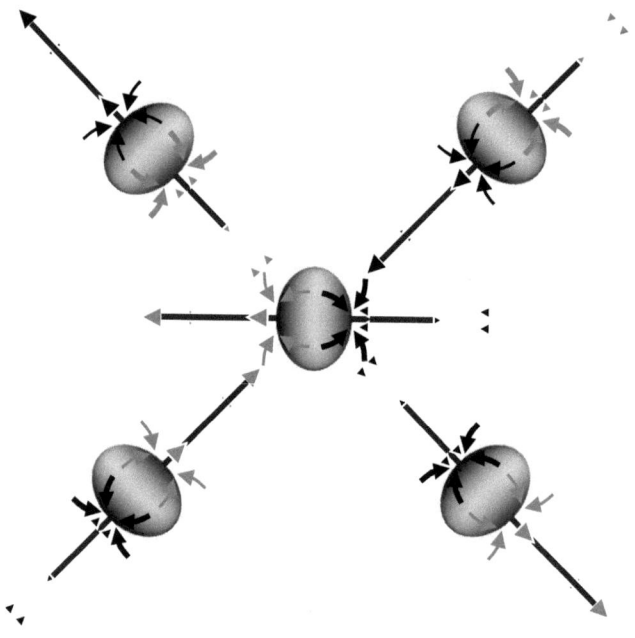

Chaque position et liaison doit être vue dans un espace tridimensionnel depuis notre référentiel.
Les objets sont bien plus nombreux. Ils sont réduits au minimum de ce qui s'intègre au plus près du plan pour garder la meilleure clarté.
Perçu d'ailleurs, d'autres objets et dimensions peuvent apparaitre et le tout se transforme…

Schéma 11

Les liaisons ne sont pas linéaires. Imaginez un disque autour du tore. Les tores s'étendent en harmoniques de plus en plus denses vers l'intérieur et de plus en plus diffuses vers l'extérieur. Les flux sortants diffusent. Les flux entrant concentrent. Il n'y pas de vide.

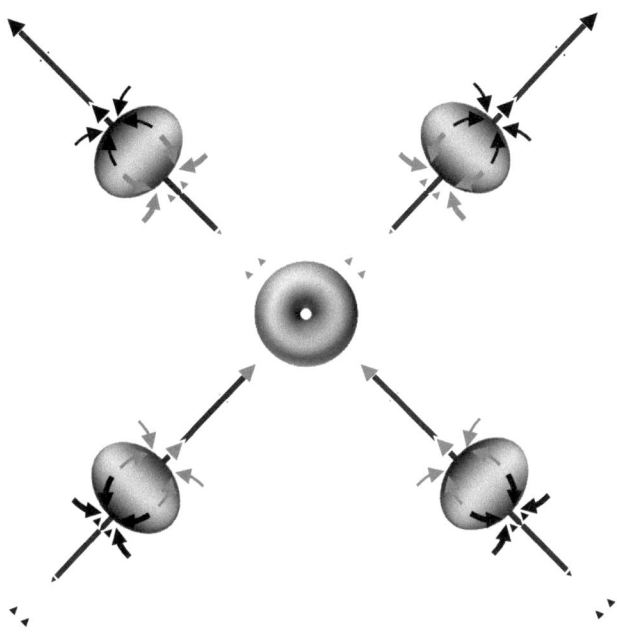

Le plan montre le côté matière du tore central. C'est la face où la matière est véhiculée en entrée et en sortie. En se positionnant derrière la figure, d'autres systèmes inverses viennent alimenter le tore central en éther.

Accompagner plus loin

Pour aller plus loin, peu importe la faible opportunité de visualisation que peuvent offrir les schémas. L'idéal serait de percevoir clairement le spectacle qui se joue en temps réel sous vos yeux. Mais en attendant, l'idée peut s'imaginer et se visualiser mentalement. C'est déjà suffisant pour ceux qui veulent fermer les yeux un moment, pour voir.

Voyez le signe. Le signe de départ, au plus simple, celui que l'on dessine du bout des doigts. Prenez le cercle. Un cercle, vous pouvez vous le représenter à partir d'un point. Disons un point lumineux. Si ce point lumineux tourne en rond, il dessine un cercle. Il suffit que ce point tourne suffisamment vite pour que vous ne puissiez plus voir où il se situe vraiment. Vous voyez juste la trace de lumière qu'il laisse à son passage. Vous n'avez pas le temps de l'effacer de votre regard avant qu'il repasse mettre une couche de lumière. Alors, vous voyez un cercle lumineux. Cela vous donne une idée de ce que c'est que bouger, et ce qu'un point peut faire quand il bouge. Maintenant, imaginez que ce point tourne encore plus vite. Vous voyez juste le dessin de lumière. Vous pouvez préférer imaginer plusieurs points, mais un seul peut le faire. Cette fois, le point ne va pas simplement tracer un cercle à plat comme sur une feuille. Il dessine des cercles autour du même centre, mais dans l'espace, libre tout autour, dans tous les sens. Toujours en rond, mais comme si le cercle tournait sur lui-même dans l'espace, ça fait un ballon, une boule, une sphère. Imaginez simplement que le cercle du dessin, parce qu'il tourne, est une sphère. Ensuite, on trace un axe traversant. Un axe vertical autour duquel la sphère lumineuse tourne sur elle-même. Les lignes de l'axe tournent aussi. On peut voir des sortes de tubes vrillés. La lumière entre et sort le long de ces tubes. Imaginez que tous les éléments du dessin sont des points qui bougent, qui tournent dans l'espace. Oui, tous les points tournent toujours, quelle que soit leur direction. C'est magnifique. Mais c'est aussi le dessin tout entier qui tourne. Il semble bouger, il peut accélérer et ralentir, gonfler et se contracter. Il peut pulser, il se colore et les couleurs sont changeantes. Le signe semble vivre à sa façon, il se régule et s'équilibre dans un vaste espace. Puis il est relié à d'autres systèmes avec lesquels il bouge harmonieusement. Le spectacle est lumineux, immense et formidablement beau. La lumière circule et s'échange. Des sphères peuvent apparaitre et disparaitre. Certaines se divisent ou fusionnent, d'autres se regroupent ou se dispersent. Des liens se font et se défont en continu. Tout est toujours relié. C'est à la fois très puissant et paisible. C'est l'ensemble du décor qui est fait de ces formes, de cette lumière et de ce mouvement relié. Tout ça semble danser. C'est bien ça, ça évolue et ça danse. L'intensité varie toujours, le mouvement, la lumière, les couleurs. Le son de ce cosmos peut s'écouter. Tout respire en cadence, mais jamais trop, jamais trop peu. Le calme est vivant et il bouge beaucoup.

Dans ce contexte, il faut passer au-delà de nos contraintes spatio-temporelles. Notre concept de dimensions trouve certainement ses limites. Or, ici, lorsque l'on ouvre son regard au champ des possibles, il semble ne plus y avoir de limites, sauf peut-être celles de la conscience.
C'est sens dessus dessous, ça n'a ni queue ni tête, plus de haut ni de bas, plus de droite ni de gauche. C'est infini, sans cesse en mouvement, changeant de partenaire à l'unisson,

plus personne ne mène ni ne suit. Tout le monde danse simplement pour continuer d'exister. C'est juste du plaisir. Si on entre dans la danse, tout bascule dedans et dehors, on joue avec les dimensions, les partenaires, l'espace et le temps. Notre fameux couple de départ cœur-univers anime aussi le couple espace-temps. Il lui donne vie comme à tout ce qu'il met en mouvement dans son élan. Nous intégrons ce système cœur-univers. Tout s'anime par lui et depuis lui à tous niveaux, matériel et immatériel, relié en une infinité de contacts rapportant l'immense à l'unité indivisible d'un point. Un point lumineux. Regardez-le, suivez son dessein.
C'est ainsi que l'on entre dans le mouvement du signe. C'est ainsi qu'on l'accompagne plus loin et que l'histoire continue. L'énergie est là. L'éther et la matière, l'univers et le cœur, le temps et l'espace, le jour et la nuit, le silence et le bruit, mon monde et le vôtre, nous dansons pour continuer d'exister, en voyage d'univers en univers, de cœur en cœur, en quête d'équilibre. La vie tout simplement.

A chacun de se sentir libre d'exprimer sa réalité et d'épouser avec élégance le cœur de son univers. Bien que complexe à interpréter, cette réalité est d'une évidence, d'une grandeur et d'un magnifique absolus. Ce qui se passe dans un cœur et autour, c'est ce qui existe en toute chose et partout, ça ne s'arrête jamais, ça brille toujours.

Ceci étant, l'histoire est donc bien plus grande qu'un signe. Voyons un peu de quoi tout cela parle...

Au-delà du signe,
en mouvement vers la conscience

Les cercles, les axes, les signes, les symboles, nous les retrouvons fréquemment depuis la nuit des temps. Des civilisations, des peuples, des religions, des initiés, des penseurs, des techniciens, des artistes, des rêveurs, les humains les ont pratiqués, traduits et transmis avec plus ou moins de connaissance.
Certains vous sont connus. La fleur de vie, le tao, l'arbre des sephiroth, le cube de métatron, la kundalini et bien d'autres. Ils représentent tous une forme relayant un point de vue, une fonctionnalité, une relation ou une identité de cette même réalité dynamique. En chacun de ces signes ou symboles, vous pouvez lire tout ce qui précède et ce qui suit. Tous nous décrivent ce mouvement. Ce mouvement que l'on retrouve partout autour de nous et en nous. Et pourtant... Et pourtant, nous semblons ne pas voir, peut-être avoir oublié, peut-être ne pas vouloir, ne pas pouvoir... Et pourtant...
Comme toute chose et quoi qu'il en dise, chaque humain est confronté à sa nature qu'il accompagne au mieux avec son propre sens de l'harmonie. Beaucoup ont partagé des mots, des dessins, des gestes et bien plus pour diffuser ce mouvement qui fait la vie. Je leur en suis profondément reconnaissant. Ils savent certainement que leur expression leur est propre, et que chacun de nous devra aboutir la sienne. Ils savent aussi certainement qu'au détour d'un détail insoupçonné de leur expression, un autre se verra projeté bien plus loin dans son histoire.

De détails en détails, je relie tous ces signes et ma propre expression s'émerveille toujours plus, elle grandit son plaisir vers le simple complexe.

En nous confiant à ce mouvement universel, nous partons à l'exploration du signe sous tous ses aspects. C'est alors que nous trouvons l'énergie, l'éther, l'univers, le cœur, l'information. Tous ces éléments n'ont qu'un seul sens, et le chemin se dévoile bien sûr en conscience.

C'est un aperçu des premières notions qui vont mener l'humain à l'exploration du cosmos vivant.

L'énergie est l'essence même du mouvement à tous niveaux. Par conséquent, elle est la source de vie et d'existence de chaque chose. Toutefois, elle n'agit pas seule. Elle s'appuie sur l'éther. L'éther est la substance que l'énergie va animer. L'éther, présent partout, pourra ainsi s'exprimer à différents degrés et prendre toute forme utile à chaque contexte particulier. La matière est une forme condensée d'éther. L'énergie matérialise ses différents états en modelant l'éther. Puis, l'énergie et l'éther ne peuvent opérer sans que prenne place la mécanique d'un cœur et son univers. Ces notions sont intimement liées, elles ne peuvent agir l'une sans l'autre dès lors que le mouvement a pris vie. Tout ceci est compris dans l'unité du système que le signe schématise. La suite de l'histoire passe maintenant par l'observation de ces composantes du mouvement, leurs comportements, leurs rapports, leurs rôles, etc. Ce sont les ingrédients qui orientent le mouvement de chaque système et de l'ensemble des systèmes connectés. Les systèmes réagissent, ils s'ajustent en continu. Ils sont informés. Ils semblent répondre à leur environnement. Ils véhiculent ou organisent une information cohérente apte à préserver l'équilibre. L'information fait aussi partie de ce mouvement.

Le signe est partout, au cœur de la vie, et nous sommes aussi cela. Aller observer l'énergie, l'éther, l'univers, le cœur et ce tout informé en pleine action, c'est apprendre à mieux suivre et comprendre l'ordre des choses, se connaitre et découvrir la magie du vivant. Cette aventure devient bien étonnante. Elle nous oblige, une fois de plus, de constater que toutes ces composantes attachées au sein d'un signe ne peuvent pas être abordées autrement qu'ensemble. Et pourtant, chaque élément occupe un rôle défini, une fonction particulière. Cet ensemble présente un tout dans lequel on entre et duquel on sort. Le système semble autant travailler pour lui que pour le collectif qu'il connecte. Il expose un monde intérieur et un monde extérieur parfaitement coordonnés. Une interface s'affaire à assurer la meilleure coopération, dedans et dehors. Les systèmes connectés participent à un univers commun plus grand. Le mécanisme des flux permet bien plus que de connecter les signes. Nous avons formé des couples en fusionnant des opposés, mais nous pouvons aussi partager des univers. Nous pouvons imbriquer des systèmes qui coopèrent et composent des organismes plus complexes. Des modèles émergent, celui de l'humain en fait partie. Alors, la mécanique prend son sens depuis ce point d'où nous observons l'extérieur, nous-mêmes. L'interface, nous reliant comme individualité à notre monde extérieur, fait aussi sens sous un autre éclairage. La conscience tape à la porte. Le signe l'explique par ce que j'appelle maintenant les sphères de conscience. Ce sont toujours les mêmes signes, mais ils s'organisent en un ensemble cohérent qui prend place et évolue au travers de son interface informationnelle avec son environnement. C'est bien de la conscience qu'il s'agit.

Ce n'est qu'au travers de ce que l'on nomme "conscience" que l'on peut envisager de donner forme et sens à ce cosmos universel. Quoi qu'il en soit, la connaissance passe par la conscience que l'on y relie. Suivre le signe et son mouvement vers la conscience, en conscience, pourrait bien conditionner la suite de l'histoire.

Un modèle se dessine, toujours autour de l'humain, il se décrit en trois sphères de conscience, et c'est la suite de l'aventure que je vous propose d'explorer.

acte 2

Cœur de conscience

les sphères de conscience

Sommaire - Cœur de conscience

Introduction 61

Principe général -
Feedback et mécanique de conscience 65

Les sphères de conscience 73
   Subconscient, conscience analytique
   et conscience supérieure 74

Notion d'équilibre déséquilibré 81
   Le cœur relie tout 81
   Conscience bouge 88
   Vers un équilibre, plaine élargie 110
   Le cœur et le corps, la matière comme limite 113
   Equilibre mouvant 115

Variation de conscience,
au cœur du réacteur 119
   Pleine, large, unifiée, ouverte, libre et partagée 119
   Energie du cœur 121

Percevoir - Modifier, c'est permis 127
   Réalité inconsciente, consciente illusoire,
   consciente concrète 128
   Relative perception 133
   Perception extra 137
   Etat modifié - hypnose en exemple 143

L'autre conscience - Elargir au-delà de soi **149**

Réalité bienvenue… ou… y a erreur ? 165
Regarder dedans, l'origine en soi 188
En premier, ne pas nuire 194
Le truc commun, un bloc énergétique cohérent 196

Puis dans l'invisible,
il y a la mort et la renaissance **199**

Retour au cœur, en âme et conscience 204
Réunis, cœur et âme 206
Plus près du cœur 208
Le paradigme de vie 213
En pratique, c'est fini 216
La renaissance en petit d'homme 217
L'avancée merveilleuse 218

Dans le cœur, Dieu,
la conscience et un humain **221**

Croyance en conscience 221
Conscience du cœur 226
Humain créateur 228

Au fond, on reste humain **231**

La fin du début **236**

Le sens des mots **239**

Trouvez ou retrouvez le sens des mots 239
énergie, éther, univers, cœur, information, conscience, paradigme,
cosmos, canalisation, résonance, bloc énergétique, âme, corps, esprit.

Une danse à quatre temps **252**

Introduction

Voici une histoire de conscience à explorer librement et sereinement. Cette conscience, c'est celle de l'univers, celle de l'humain, c'est aussi la vôtre et la mienne.

Sous différentes formes, j'ai le sentiment que la conscience a toujours suscité l'intérêt des curieux. Aujourd'hui, il semble y avoir un engouement particulier pour ce sujet que matérialistes et spirituels se disputent ouvertement. C'est donc l'occasion d'en dire quelques mots. Cela devient même une nécessité pour moi qui n'ai jamais réussi à prendre parti, ni pour le monde des scientifiques ni pour celui des spirites. Entre les deux, on fait comment ? On se tait ? Je n'ai jamais vraiment réussi non plus à me taire lorsqu'un sujet me semble prendre une importance critique, notamment vis-à-vis de la condition humaine. Je porte un grand respect aux scientifiques, aux spirituels et aux taiseux. Ils m'amènent tous à beaucoup me questionner et j'aime ça, ou j'aime répondre. Alors nous y sommes en plein dedans, la conscience est peut-être bien une façon d'approcher nos comportements et nos différences, tout gentiment.

Bien plus que cela, il est bien légitime que la conscience suscite un grand intérêt pour ceux qui ont bien voulu s'en poser la question. Quelles que soient ses croyances et son savoir, le sujet mène rapidement tout un chacun vers les principes fondamentaux de l'existence, la vie, la mort, l'ordre ou le désordre des choses, la réalité et l'illusion, l'univers, etc. Vu comme ça, c'est vraiment un gros morceau. Je ne vais donc pas me risquer à donner la leçon. Mais quand même ne pas me priver non plus. Bref, à chacun de le prendre comme il le souhaite. Rien n'est imposé, et j'aime l'idée de savoir que chacun est libre de se projeter sincèrement en toute bienveillance. La conscience ne me semble pas être une affaire plus risquée que dieu. Alors parlons-en, et mettons le discours en pratique afin de voir un peu plus loin. Je vous parle de faits et d'expériences de mon propre vécu pour exprimer ce que l'on peut aussi comprendre en la conscience. C'est un ensemble complexe, mais heureusement tout autant accessible sachant que nous sommes tous censés l'être… conscient. Je pense qu'il est possible de considérer la question à plusieurs niveaux, sous différents aspects tous plus passionnants les uns que les autres, ou plus simplement ne pas forcément passer sa vie à se questionner là-dessus. Dans tous les cas, ce qui est amusant, comme toujours, c'est que l'on doive vivre avec, même si l'on se refusait de nommer la chose. Je suis de ceux qui aiment savoir comment ça marche. Puisqu'il faut vivre avec, autant savoir de quoi il en retourne et éventuellement apprendre à s'en servir correctement. C'est généralement là que l'aventure commence, en constatant que ce que l'on sait par évidence n'est pas vraiment partagé par tout le monde. Il devient bien sûr plus compréhensible que certains puissent se questionner, voire absolument se sentir missionnés pour défendre bec et ongles leur point de vue. Ne gardons que les gens sincères (il en existe), et nous nous apercevons rapidement que personne n'a jamais vraiment tort ni raison. Vivant par nature un monde plutôt personnel, j'ai pris l'habitude de vérifier ma réalité en mettant au banc d'essai les argumentations et pratiques des voix sincères. Autrement dit, expérimenter et confronter leurs méthodes ou théories à ce qui me semble toujours avoir été naturel sans pour autant aller dans leur sens. Mises en pratique, les choses parlent mieux. Ces expériences sur diverses thématiques ont rarement changé mon idée de départ. Cependant, elles m'ont souvent permis d'exprimer l'idée, voire l'expliquer et la partager. L'exprimer avec des mots et des concepts plus abordables pour tous, car appliqués à la réalité collective dominante et ses propres outils. La suite est donc basée sur mon ressenti et mon vécu. Cependant, le contenu retenu n'est pas un simple avis ou ressenti personnel. C'est l'ensemble des éléments factuels et mis en pratique, pouvant être considéré comme un système cohérent à même d'aborder la conscience dans un sens qui me parait constructif et accessible à tous.

Cette aventure nous implique aussi bien dans le visible que dans l'invisible. C'est une aventure humaine pour nous permettre de comprendre bien plus grand et bien plus petit que nous. La conscience touche à la réalité et à nos perceptions se trouvant toutes relatives. L'invisible comme l'inconscient prennent sens lorsqu'ils sont reliés à notre corps sensible. Ce sont des capacités extraordinaires de l'être humain dans ce monde d'informations omniprésentes. L'immensité s'offre à nous. C'est l'interaction de toutes choses à chaque instant, un monde dans lequel nous vivons et créons. La conscience est là, il convient peut-être de la prendre en nous d'où elle vient. Pour moi, c'est dans le cœur.

Le cœur et l'énergie comme ce qui relie, explique et donne accès à la conscience.

Le cœur et l'énergie comme outil d'exploration et de développement de la conscience.

La conscience et l'information comme ce qui relie, explique et donne accès à l'humain.

La conscience et l'information comme outil d'exploration et de développement de l'humain.

Relier, expliquer, explorer et développer, c'est s'ouvrir des horizons plus larges chaque jour, c'est grandir. Il est dans notre nature de grandir. Nous grandissons tous aussi une conscience collective qui nous nourrit à chaque instant et que nous partageons évidemment.

Soyez libre d'explorer en conscience comme cela vous convient, mais passez par le cœur s'il vous plait.

Principe général -
Feedback et mécanique de conscience

La conscience est le feedback permettant à un organisme de se rendre compte à lui-même et de communiquer alentour.

La conscience interface la liaison d'un corps à son environnement, les rapports et interactions qui les intéressent. C'est la reconnaissance de la relation interne-externe que met en place un organisme, par et pour lui-même. La notion de feedback comprend cette chaine opérationnelle décrivant bien la mécanique de la conscience. Il est bien question d'un mécanisme regroupant différentes étapes assurées par plusieurs composantes et opérations concrètes. La conscience est le système qui organise l'ensemble des opérations établissant le retour d'information de tout ce qui nous intéresse, vers l'intérieur et vers l'extérieur. C'est aussi ce qui en émerge, le produit de cette information duquel va se révéler une réalité.

Le feedback dans son ensemble, la captation et le retour de données, le traitement de ces données, puis la mise en forme en rapport à notre réalité de façon à alimenter celle-ci et acter l'expérience. La conscience, c'est ce mécanisme universel de feedback. Ce processus passe par un mouvement, une information, une énergie interne ou externe que l'on réceptionne, que l'on calibre et transcrit en relation à notre état et nos conditions du moment.

Nous allons voir quelques aspects des tenants et aboutissants de la conscience, et comment tout cela fonctionne.

L'organisme, quel qu'il soit, est un ensemble cohérent formant une unité. On peut en déterminer l'intérieur et l'extérieur par la délimitation de son périmètre d'influence. Le milieu intérieur correspond à ce qui lui appartient, le corps dont il est constitué, ce qui dépend de sa responsabilité directe et depuis lequel il est en mesure d'interagir avec l'extérieur. Le milieu extérieur ne lui appartient pas, c'est l'environnement dans lequel il évolue, ce dont il dépend en partie, un monde d'influences auquel il doit s'adapter et depuis lequel il reçoit des informations à intégrer. C'est de cette relation d'un organisme avec son environnement que nait le feedback, la conscience. Ce système est essentiel pour tout corps n'étant jamais isolé, mais se trouvant forcément dans un environnement particulier à un moment donné, et faisant lui-même partie de l'environnement d'un autre corps. Tout baigne dans un milieu d'influences, d'informations variées, toujours en mouvement, se recombinant continuellement à chaque interaction où l'énergie s'échange et se transforme. Tout interagit, de manière plus ou moins prononcée, mais tout interagit à chaque instant, si bien qu'il en devient très complexe d'envisager un état stable. Pourtant, l'état de stabilité est important à envisager. C'est l'objectif de tout organisme de trouver les meilleures conditions de stabilité que l'on peut appeler équilibre. C'est un bon équilibre qui permet de maintenir la cohérence, l'unité, les capacités et la pérennité d'un corps. Tout cela est à réajuster en continu. Plus un organisme est complexe, plus la conscience joue un rôle essentiel dans cette quête et ce maintien du meilleur équilibre. La conscience bien établie est un merveilleux outil. Elle est en mesure de permettre la meilleure évolution vers laquelle un corps puisse s'orienter.

Ce sont les données à traiter qui font l'objet de la conscience. Il en est de l'influence de l'information, de l'énergie. Ceci doit être compris comme la substance de toute chose. Tout ce qui existe en est constitué. Il n'est pas nécessaire que l'on soit en capacité de ressentir, voir ou entendre quelque chose pour que cela existe. Visible ou invisible, palpable ou non, y compris le vide, tout en nous et autour de nous est empli de vibrations, d'informations, d'énergie, et je dirais même d'éther… cette substance prenant forme. Du vide à la matière bien palpable que nous connaissons, il est simplement différents niveaux de condensation, de concentration ou d'expansion, de compression ou de diffusion. Plus vous compressez, plus vous transformez vers une matière solide, bien dense et dure. Mais ce qui détermine la forme et la densité de chaque chose, ce n'est pas toujours vous qui compressez. Plus couramment, c'est l'information. Pour moi, l'information vibratoire correspond aussi à une quantité d'énergie de par le mouvement généré. L'information, c'est une sorte de message codé au travers d'une onde. Il s'agit de plusieurs éléments entrant en jeu, d'un mouvement et d'une forme ondulatoire portant une signification particulière. Le codage d'une information passe par sa danse, sa structure et son mouvement qui ne sont autre que la force en action, l'énergie. Ce sont les mains du cosmos qui permettent d'exprimer la forme et la condition de chaque chose qui intègre une information, ou qui entre simplement en contact avec elle. Chaque chose est donc en interaction constante avec son environnement, en tant que récepteur mais aussi émetteur d'informations. C'est là que la conscience intervient comme interface.

Le feedback permet un apprentissage et une sélection vis-à-vis de la relation à l'environnement incontournable. C'est aussi là que prend racine notre réalité. La relation à l'environnement est source de création de notre réalité, lorsque la conscience valide et autorise à concrétiser une information.

Notre réalité se construit sur notre conscience, sur l'expression du feedback établi. C'est alors que nous pouvons parler de différents niveaux de conscience et de différents niveaux de réalité. Je reparlerai de ces différents niveaux, mais sachez d'ores et déjà qu'un niveau de conscience donné n'est pas nécessairement corrélé à une réalité type. Nous n'avons pas conscience de tout, et ce dont nous avons conscience, nous n'en avons pas tous conscience de la même façon. Le champ de conscience d'un même individu et la réalité qu'il vit peuvent être plus ou moins étendus. Nous sommes tous potentiellement tournés vers les mêmes informations. Il est simplement question du fait que certaines d'entre elles sont traitées ou non, puis interprétées et transcrites de manière individualisée. Nous forgeons une réalité personnelle légitime, et donc notre conscience, en accord avec nos propres conditions d'existence du moment.

Certaines informations sont retenues et d'autres non. Le feedback a lieu en rapport à une information retenue parce qu'elle fait sens et intérêt vis-à-vis de l'ensemble qui la reçoit, elle entre en résonance avec cet ensemble. Il s'agit d'une information cohérente relative à un ensemble d'informations que représente l'organisme. Elle est alors intégrée à ce groupe comme partie qui va contribuer à faire évoluer le tout. La conscience étant le mécanisme de feedback mis en œuvre lorsqu'une information est traitée, elle s'appuie sur la substance composant l'ensemble récepteur qu'est l'organisme. Ce dernier est marqué comme ayant intégré une nouvelle information. Celle-ci fera dès lors partie du référentiel à partir duquel un évènement sera accepté ou non, dirigé à être traité dans ce corps ou non, dirigé à s'intégrer à son tour ou non, et donc rendu conscient ou non.

Si cette conscience s'établie sur un principe identique à tous, son produit ou sa résultante n'est pas forcément similaire pour tous. Je dirais même qu'il est rare que cette résultante soit identique. La règle semble plutôt être la singularité, pour un rendu unique en réponse à un contexte unique. C'est de cette conscience que nait la réalité individuelle. Bien sûr, nos proches ressemblances, nos interdépendances et nos rapports relationnels tissent un cadre commun. Ceci explique que nous vivons tous une réalité proche et comparable. C'est heureux et nécessaire. Cependant, il est des différences de perception, de vécu et de construction de cette réalité qui sont loin d'être négligeables. Ces différences ne sont pas toujours connues, sues ou vues. Quand elles le sont, il arrive qu'elles soient étouffées, amoindries ou camouflées, pour tendre vers une norme arbitrairement établie. Une norme correspondant mieux au consensus sociétal admis. Dans tous les cas, ce que je constate, ce sont des écarts plus ou moins profonds, des différences plus ou moins marquées, mais jamais deux réalités identiques dès lors que l'on observe correctement le sujet.

Le traitement de données d'une information acceptée est un des aspects du processus conscient. La conscience dépend donc d'un ou plusieurs centres de traitement opérationnels. Pour cela, je me tourne vers nos centres énergétiques pouvant être associés aux chakras, plexus ou amas neuronaux pour certains. C'est par là que toute information peut transiter, s'organiser et être traitée, en vue de l'intégrer ou la diffuser. Nous reviendrons sur cet aspect en suivant, notamment avec les sphères de conscience pour schématiser et expliquer la dynamique de la conscience directement en rapport avec ces centres énergétiques. Cependant, voyons dès à présent le principal d'entre eux. Il est important de le considérer dès maintenant, car c'est lui qui définit le périmètre d'influence de l'organisme physique. Il est donc la porte d'entrée et de sortie du corps, l'interface interne-externe faisant office de pont et permettant un bon transit pour l'information reçue et émise. C'est là que la mécanique de conscience et le feedback se mettent en service. Ce centre, s'il enveloppe l'organisme dans son ensemble, c'est qu'il est le plus puissant de ce corps. Il s'agit du cœur. Dans de bonnes conditions, c'est par là que tout passe et tout se passe. D'une façon ou d'une autre, tout ce qui nous agite transite ici. C'est effectivement le centre énergétique le plus puissant de notre être que nous puissions connaître. Le cœur semble être cet espace seul capable de tout relier en nous et autour de nous. Dans le cas d'un organisme sain, toute information, toute énergie, qu'elle soit interne ou externe, est reçue par le cœur, calibrée et redistribuée. Le cœur accepte tout, c'est son rôle d'interface et il ne traite ni ne décide rien en lui-même. Il calibre simplement. Par calibrer, j'entends qu'il révèle la propre nature de chaque information reçue pour la traduire sans distorsions ni filtres ou manipulations, puis il ajuste la puissance de signal de cette information en résonance avec le milieu vers lequel il la redistribue (ce peut être le corps vers l'intérieur ou l'environnement vers l'extérieur). Le cœur est neutre et stable, il est le régulateur central relié à toutes parties. Vu comme ça, il est intéressant de comprendre que tout doit passer par le cœur en premier lieu, comme il est prévu que cela fonctionne naturellement. Au sein d'un organisme tel que le nôtre, le cœur est la plateforme de transit informationnelle incontournable. C'est si et seulement si chaque information passe normalement par le cœur en premier lieu, que l'on peut s'attendre à une perception plus juste et adaptée à sa propre condition. Ceci est le fondement de tout équilibre satisfaisant. Pourtant, nous verrons plus loin que ce n'est pas forcément respecté et accompagné comme il se doit.

La conscience est une fonction reliée au cœur et cela nous explique beaucoup.

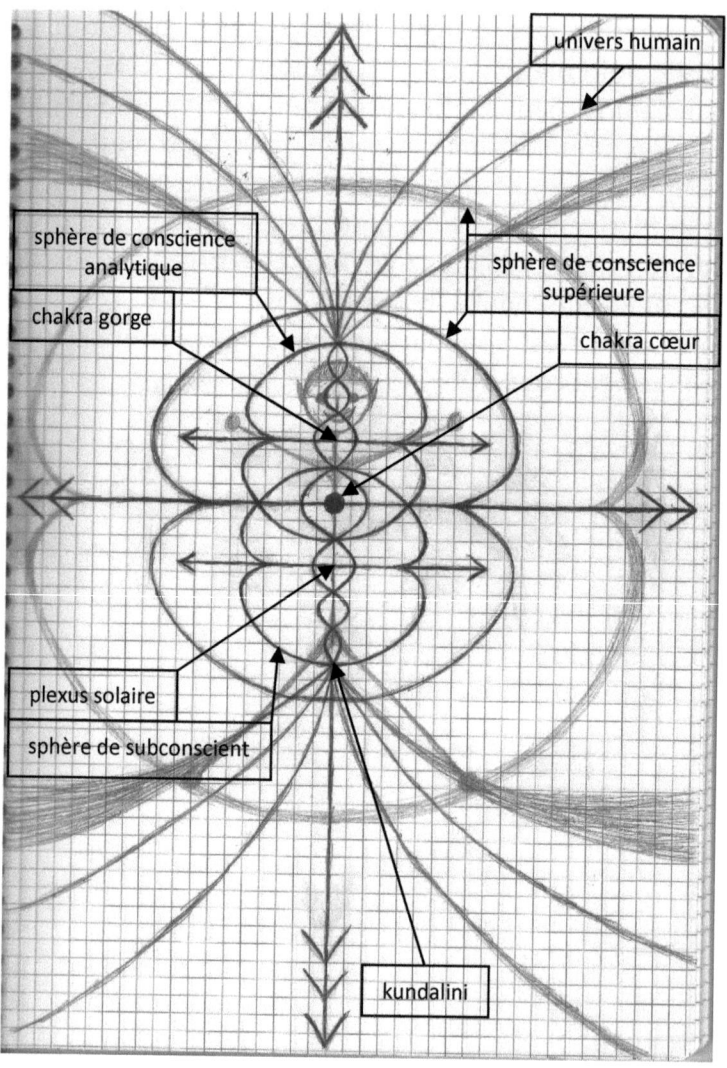

Les sphères de conscience

L'humain forme les sphères de conscience.
Les sphères de conscience forment l'humain.

Pour aller plus loin, je vous propose de schématiser l'organisation du système de conscience humaine en trois sphères. Ce sont les centres énergétiques principaux intervenant dans le processus conscient. Ils nous permettent d'envisager le cycle complet de l'information jusqu'à la réalité effective.

Dans la vraie vie, tout ceci est nettement plus détaillé et permet donc beaucoup plus de finesse quant aux possibilités d'ajustement. Cependant, trois sphères suffisent pour comprendre le mécanisme. Le détail intervient simplement dans le fait que chacune des sphères est elle-même contenue par une sphère dont elle dépend, et contient elle-même plusieurs sphères dépendantes en son sein. Tout est imbriqué et répliqué à très grande échelle, vers l'infiniment petit et vers l'infiniment grand. Ce sont justement ces rapports qui sont représentés avec trois groupes, dont l'un enveloppe les deux autres.

Subconscient, conscience analytique et conscience supérieure

Niveaux de conscience et organisation des sphères :
Pour ces trois sphères, je me réfère à trois niveaux de conscience : le subconscient, la conscience analytique et la conscience supérieure.
- Le subconscient a un rôle un peu primitif, animal. C'est la survie physique dans le monde matériel. Il réagit directement à l'environnement et au stimulus par automatismes, réflexes. Il stocke et conserve nos schémas et mémoires. Ce sont les programmes destinés à préserver notre intégrité physique et sur lesquels il se construit. Il archive sa connaissance vitale répartie dans tout le corps, comme des manuels ou outils au plus près du besoin potentiel. Il situe son centre de liaison au niveau de l'abdomen.
- La conscience analytique a un rôle organisationnel. C'est le traitement des données, la mise en relation, la répartition des tâches. C'est aussi une passerelle d'éléments ou évènements conceptuels vers leur application matérielle. Elle peut coordonner un ensemble de fonctions physiologiques, en but de réaliser des tâches nécessitant un travail collectif de différentes parties du corps. Elle est le mental, elle ne stocke rien (rien d'opérationnel, simplement des coordonnées, un carnet d'adresses), le trafic y est intense et elle se tient principalement au cerveau (relayée en différents groupes neuronaux vers l'ensemble du corps).
- La conscience supérieure a un rôle d'évolution. C'est le développement du tout unifié, et elle se projette

hors contraintes matérielles. C'est le domaine du conceptuel, de l'immatériel, de la connaissance, de la perspective à long terme, le champ des possibles. Elle ignore les contraintes de la matière, l'espace et le temps. Elle privilégie l'harmonie éternelle du mouvement collectif d'un ensemble dépassant celui de l'organisme, au détriment de l'impermanence des intérêts individuels. Elle peut nous sembler bien abstraite et échapper à notre analyse. Elle s'attache au cœur. Elle est information immatérielle, tournée vers l'extérieur, hors du corps. Elle nous relie de manière exclusivement énergétique (son expression dans la matière s'envisage en termes de ressentis, rêves, intuitions, perceptions sensibles...).

Ces trois composantes constituent un tout. Chacun des aspects a son importance et sa raison d'être incontournable pour une pleine conscience fonctionnant justement bien. Alors, ces parties doivent fonctionner ensemble. Elles doivent coopérer pour un résultat commun pouvant être qualifié de conscience aboutie ou pleine conscience. L'une ne doit pas habituellement agir sans l'autre. Ce serait prendre le risque de générer des évènements incohérents, car dissociés de la réalité des autres composantes complémentaires. Pour travailler ensemble, il faut qu'elles puissent se relier. Cela requiert une interface capable de tout relier en nous et autour, à l'intérieur et à l'extérieur, faisant partie du système et l'englobant. C'est le cœur.
Nos sphères de conscience commencent à s'organiser. Une sphère de conscience analytique plutôt positionnée au cerveau, une sphère de subconscient plutôt localisée sur l'abdomen, et une sphère de conscience supérieure rattachée au cœur et englobant les deux autres.

Une sphère est représentée par un cercle et un axe. C'est une représentation très simplifiée de ce à quoi elle correspond effectivement. Il faut comprendre ceci comme un tore. C'est un tore dont le cercle définit le périmètre d'influence (zone de captation de l'information externe et de diffusion de l'information interne). L'axe passe par le centre et symbolise l'orientation de l'ensemble vertical ou horizontal. Ce tore est animé par un flux toroïdal reliant centre et périphérie, ainsi qu'un mouvement rotatoire matérialisant un vortex de chaque côté, du centre à la périphérie, autour de l'axe d'orientation.

Chaque sphère est basée sur un centre énergétique dont elle est l'expression.

Chacun des trois niveaux retenus peut être associé à un centre énergétique selon la représentation des chakras :

- La sphère de conscience supérieure.
  Elle s'établie autour du cœur et englobe tous les chakras physiques-matière (1 à 7).
- La sphère de conscience analytique.
  Elle s'établie autour de la gorge et englobe les chakras 4, 5, 6 et 7.
- La sphère de subconscient.
  Elle s'établie autour du plexus solaire et englobe les chakras 1, 2, 3 et 4.

A ces trois cercles, j'en rajoute un plus grand contenant tout le système. C'est ce que j'appelle l'univers humain. Il n'est pas essentiel ici pour entendre le mécanisme conscient, mais il permet une vue plus globale et sans doute de se projeter vers plus grand, au-delà du corps physique. C'est aussi un tore, toujours sur le même modèle, avec cette fois-ci un axe vertical comme kundalini parcourant les différents centres alignés, et un cercle définissant le périmètre d'influence du corps énergétique. En effet, nos trois sphères de référence sont rattachées à la matière (corps physique), mais leur rayonnement énergétique (vibratoire, subtil ou informationnel) couvre un espace bien plus étendu. Le grand cercle évoque le volume potentiel du rayonnement énergétique total des sphères internes. Il représente le périmètre d'un corps dans son ensemble : physique + énergétique. L'axe vertical de cet ensemble permet aussi d'imaginer la circulation de l'information partagée entre les sphères, reliée et centralisée au cœur.

Chaque élément est interdépendant. C'est ce qui fait la dynamique de l'ensemble et permet des variations de limites et volumes. Dans le meilleur des cas, ces variations seront coordonnées entre les différentes composantes, de façon à conserver un certain modèle d'équilibre.

Le schéma 1 présente l'ensemble visuellement simplifié pour une base d'équilibre théorique de conscience. A rappeler qu'un équilibre théorique est seulement ce qu'il est... théorique. Il n'est pas fonctionnel, pas vivant. Il faut garder à l'esprit que la vie est un mouvement. L'équilibre est un état autour duquel on souhaite stabiliser un système. Cependant, cette stabilité correspond à la résultante d'un ensemble en mouvement continu.

De plus, dans ce cas, cette répartition n'est pas la meilleure si on considère que cet humain n'est pas isolé. Et oui, idéalement, il vit dans un ensemble plus grand que lui, avec ses semblables et son environnement, la tête dans le ciel et les pieds sur terre. Cet idéal peut vous pousser à favoriser une sphère au détriment des autres. Bien sûr, ceci doit être fait dans la mesure du raisonnable, en vous assurant de conserver le périmètre d'équilibre auquel je vais m'intéresser par la suite.

Dans tous les cas, ces représentations ne peuvent pas figurer les mesures adéquates. Aucune échelle ni rapport proportionnel de l'ensemble ne peuvent être tenus ici. Seuls le positionnement, les relations et la mécanique des éléments doivent réellement importer et être pris en compte en tant que tels.

Cela va permettre d'illustrer quelques réflexions sur le comportement et le positionnement de la conscience.

Pour résumer :
Un système de trois sphères alignées par leur centre sur un même axe vertical. Ces sphères sont imbriquées les unes les autres autour du cœur de référence. Ce cœur est le centre énergétique le plus puissant de l'organisme et il est associé à la conscience supérieure. Chaque sphère est organisée autour d'un centre énergétique et possède son périmètre d'influence ainsi que son axe d'orientation. Les sphères sont reliées et forment un ensemble interactif et interdépendant. S'agissant de la relation faite en rapport aux chakras et à la kundalini, le subconscient circule entre le cœur et la racine, puis l'analytique entre le cœur et la couronne, et enfin la conscience supérieure entre la racine et la couronne.

Bien évidemment, il faut reconnaitre le bonhomme humain dans tout ça, et peut-être même une belle âme rayonnant depuis le centre.

Tout cela fonctionne et vit. L'information organise et la conscience crée.

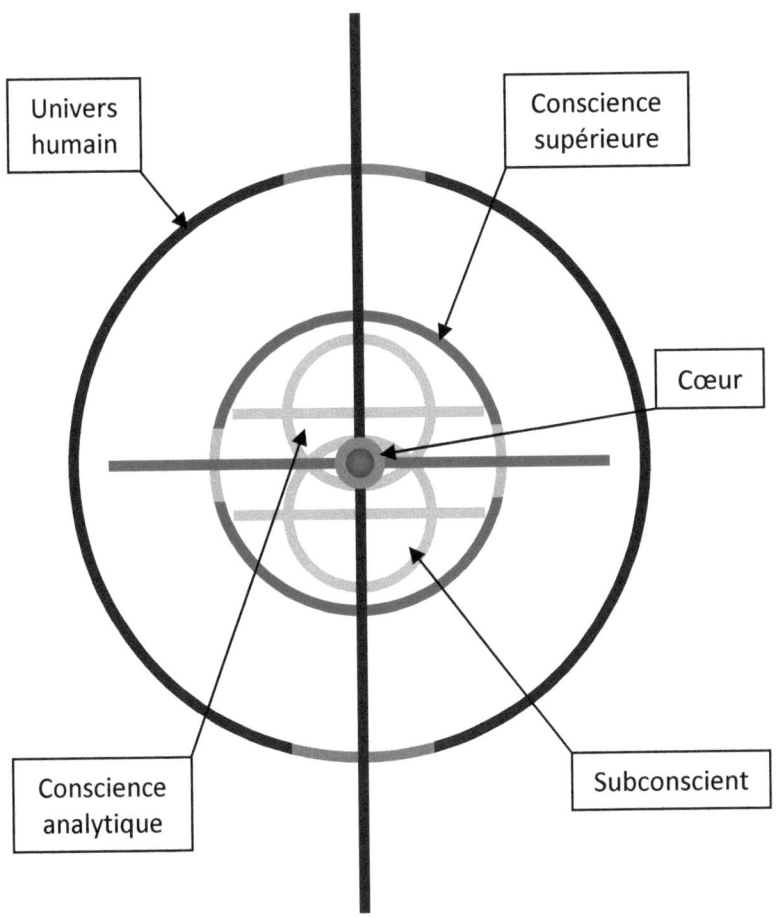

Notion d'équilibre déséquilibré

Un feedback véhiculant une information. Une conscience faisant état de cette information en une réalité compatible.

Le cœur relie tout

J'ai évoqué le centre énergétique qu'est le cœur, ayant pour fonction de calibrer l'information et la diffuser en interne ou vers l'extérieur.
Le périmètre d'influence du cœur est la première interface en mesure de réceptionner l'information externe à l'organisme et la transmettre vers l'intérieur. Elle sera alors considérée comme étant à traiter. Le cœur accepte tout, ou presque. Effectivement il ne discrimine pas. Toutefois, il ne retient que ce qu'il est en mesure d'accepter et de calibrer. Autant en termes de quantité que de qualité, il ne pourra considérer que ce qui lui est présenté comme compatible et donc en résonance avec ses capacités. Un cœur reflète ses propres capacités et sa puissance par son développement, le volume et la densité de son champ d'influence. Cela résulte aussi des propriétés de l'ensemble des éléments qu'il englobe, ainsi que de son aptitude à les envelopper et maintenir leur unité en son sein. Alors, les informations admissibles par le cœur seront retenues, calibrées, et transmises dans des conditions assurément favorables et utiles à l'organisme. L'idée est la même pour l'émission vers le milieu environnant.
Pour rappel, la zone d'influence et de captation du cœur correspond à la sphère de conscience supérieure. Dans le bon ordre des choses, c'est donc par là que le transit

s'effectue de façon naturelle. Ensuite, l'information parcourt d'autres centres énergétiques pour être traitée en interne. La conscience supérieure fait valoir toute l'étendue efficace du cœur. Elle permet d'ajuster la meilleure compatibilité aux capacités de chaque centre interne auxquels sont rattachés le subconscient et la conscience analytique. Il est donc essentiel que la conscience supérieure transite en premier lieu toute information entrante. De ce premier passage découle un traitement de l'information plus juste, adapté et cohérent. Mais ce n'est évidemment pas toujours le cas.

Une information peut être déviée ou empêchée de passer en premier lieu par le cœur. Elle peut directement être distribuée à un autre niveau. Cette information risque alors de donner lieu à certaines déconvenues en termes de perception et de traitement inappropriés. En effet, elle n'est pas calibrée en amont. De ce fait, le centre de traitement la prenant en charge opère sur un signal sans être en mesure de l'évaluer correctement vis-à-vis du système global.

Pourtant, il est vrai que, de manière naturelle, le cœur reçoit, calibre et diffuse en premier lieu toute l'énergie circulante. C'est son rôle en toute neutralité et sa puissance énergétique centrale le dédie à cette fonction. S'agissant d'un organisme équilibré, Il n'est pas nécessaire de fournir quelque effort que ce soit pour que l'information transite d'abord par le cœur, elle le fait simplement. Cependant, en présence de différents déséquilibres pouvant résulter de facteurs internes ou externes, il devient possible que l'information soit détournée de telle sorte qu'elle ne passe plus par le cœur en premier lieu. Le traitement du signal reçu n'est plus nécessairement cohérent. L'information est mal comprise et mal interprétée. S'ensuit alors une cascade d'agitations souvent inutiles et non souhaitables, voire complètement contreproductives et nuisibles. Le cœur calibrera tout à un moment ou un autre. Mais après un parcours inapproprié, c'est un peu tard, le signal n'est plus le même qu'à son arrivée. En termes de compréhension du message initial, les dégâts ont eu lieu, cette information a été dénaturée. Elle existe bel et bien, mais elle n'est plus qu'une intox. Le cœur fera simplement son travail là encore, et il transitera cette information de manière neutre.

Comprenez aussi que le feedback, sur lequel la conscience s'appuie, véhicule une information étant de toute façon traitée par un centre opérationnel. Le cerveau en est un exemple. Celui-ci calcule et analyse. Il organise tout un paquet d'équipes opérationnelles, tel un chef d'orchestre. Il nous intéresse certainement dans ce mécanisme de feedback nous menant à la conscience. Dans les cas où une information se présente sans nécessairement passer par le cœur, le feedback peut quand même suivre son cheminement vers la conscience. L'information peut être directement reçue et traitée par un centre spécialisé, comme le cerveau pris en exemple pour la sphère analytique. Mais ce court-circuit risque fort de donner lieu au traitement d'un message mal calibré, mal transcrit et mal interprété, avec toutes les erreurs ou approximations s'ensuivant. Ce fonctionnement n'est pas dans la nature des choses. Il apparait souvent tout en force et avec des conséquences plutôt néfastes que bénéfiques.

Le cœur, par son rôle régulateur, est alors bien le gage d'une meilleure conscience et réalité qui nous soit adaptée.

Toutefois, si nous savons passer en force et court-circuiter le cœur, nous pouvons choisir de fonctionner à contresens et l'organisme s'en accommodera tant bien que mal. Lorsqu'un individu court-circuite le cœur, il faut s'attendre à une conscience partielle ou dégradée. Aux extrêmes, on trouvera des personnes hyperréactives, certaines bestiales et primitives, d'autres perdues dans des analyses et calculs insensés, voire totalement déconnectées de leur condition matérielle et vivant des réalités parfois très surprenantes. Sans oublier qu'il peut s'agir de déséquilibres plus ou moins marqués, que l'on ne choisit pas toujours un état en particulier, et que l'on peut basculer de l'un à l'autre sans crier gare, plus ou moins fréquemment. De toute manière, ces états de conscience dégradée sont pour le moins limités. Leur capacité de percevoir, de comprendre la globalité de notre être et son univers, est certainement réduite.

Ceci étant, nous parlons ici de conscience, de ce feedback qu'il convient de rappeler pour considérer qu'on ne peut valider les limites de notre propre fonctionnement, que lorsque nous en sommes affranchis. Une personne ne pourra réellement et pleinement prendre conscience de son état de conscience dégradée, que lorsqu'elle se réinstallera dans sa conscience unifiée.

Il y va du mouvement et de l'organisation des sphères.
La sphère de conscience supérieure est essentielle. Vous savez maintenant que quand je parle de conscience supérieure, nous avons affaire à cet espace défini par le champ du cœur humain. Ce champ délimite le groupe à l'intérieur duquel se joue l'équilibre.
Chaque sphère varie, peut s'expanser et gagner en puissance, ou bien se contracter et réduire son influence. La principale règle du jeu est de rester dans le périmètre du champ du cœur. Il est nécessaire de contenir l'expansion des éléments internes de façon à éviter tout débordement. Ou bien, vu différemment, il est nécessaire de ne pas trop réduire l'espace du cœur, voire de l'augmenter, pour éviter tout

débordement et éventuellement permettre un meilleur développement interne.

Il faut aussi considérer la notion d'interdépendance. Toutes les sphères sont dépendantes les unes des autres, car toutes reliées. Tout mouvement d'un élément impacte ou influence le tout. Les relations et interactions peuvent s'établir par le fait d'un contact direct, de la liaison commune au cœur supérieur, d'une information circulante dans l'espace commun, d'une pression extérieure, d'une relation de coopération ou de compétition, etc.

Puis, les sphères pouvant être contenues les unes dans les autres, il y en a qui s'interpénètrent. Elles se partagent un espace d'échange, tout en conservant une relative autonomie. C'est le cas dans la représentation du schéma 1. Le subconscient et la conscience analytique occupent une zone de cohabitation autour du cœur du système. Cet espace d'échange permet un accès direct à l'information centralisée de la conscience supérieure, la distribution en partie haute et en partie basse, ainsi que la continuité des échanges ascendants et descendants. Ce cas est assez complet et il reflète la colonne vertébrale du système.

Oui, mais encore... Un système plus complexe.

Tout ce système est schématisé et simplifié. Je fais le choix d'en réduire la représentation. Réduire, dans le sens où seuls les ensembles et composants majeurs sont figurés. Ils sont en réalité bien plus nombreux. A ce stade, il faut savoir, par exemple, que tous les autres centres énergétiques, non représentés sur le schéma, sont aussi en mouvement. Ils peuvent être imaginés comme des éléments à part entière, avec leurs propres sphères d'influence au sein des trois niveaux de conscience que je retiens pour ce modèle global.

Nous avons imagé les centres énergétiques comme chakras. Pour exemple, et sans être spécialiste de la question, il est admis aujourd'hui un nombre de chakras pouvant varier mais demeurant impressionnant. Evidemment, il est de mise de conserver uniquement les données pouvant faire consensus. Que ce soit par leur connaissance ancestrale et multiculturelle, ou par l'expérimentation et la pratique à même de les valider sans conteste. Ceci dit, imaginez une petite sphère avec son cœur, son axe et son périmètre d'influence pour chaque chakra interne, chaque chakra externe, chakras principaux et secondaires. Ça en fait du monde tout ça.

Toute sphère s'établissant autour d'un centre énergétique exprime sa puissance et son pouvoir. Elle contribue à définir la couleur et le caractère de son groupe. Toujours selon la même mécanique du plus petit au plus grand, et du plus grand au plus petit. Alors, les trois sphères, que je représente ici, offrent en réalité une multitude d'états en elles-mêmes. L'analytique peut se teinter de plus ou moins de matérialisme ou d'imaginaire. Le subconscient peut se teinter de plus ou moins d'urgence et de radicalité dans sa notion de survie, ou de souplesse et d'adaptabilité.

Les pratiques énergétiques connaissent bien cette relation d'influence entre éléments imbriqués ou cohabitants, qu'ils soient similaires ou opposés. Yin ou yang, positif ou négatif, à droite ou à gauche, en haut ou en bas, en expansion ou en contraction, toute chose porte en elle une multitude de positions et d'incidences possibles. C'est infini, ça se transforme et s'équilibre sans cesse, pour le plaisir de vivre, c'est beau, ça danse.

C'est ce système plus complexe qu'il faut comprendre comme fractale, connecté, en perpétuelle mutation... toujours relié au cœur.

Les états résultants du mouvement des sphères autour du cœur, c'est une histoire de zones d'influences, de juste position à même de permettre la bonne prise d'information, au bon moment et par qui le doit. Il faut tenir l'équilibre. Réguler et équilibrer, ou bien désorganiser et déséquilibrer. Ceci est possible de l'intérieur comme de l'extérieur, en réponse à quantité de facteurs influents de type vibratoire, relationnel, alimentaire, physique, émotionnel, chimique... Il est rarement de bons ou de mauvais éléments en soi, mais il s'agit généralement d'excès ou de manques.
Tout l'art est donc de réguler et répartir la puissance dans un périmètre donné, en fonction des besoins de l'organisme, en relation à son milieu interne et externe. Il est toujours utile de rappeler que dans la majorité des situations rencontrées, l'équilibrage naturel est la meilleure chose qu'il soit, la plus efficace, la plus à-propos. Il convient de reconnaitre le mouvement naturel et l'accompagner. La plupart des complications viennent généralement du fait de notre intervention déplacée, ou pour le moins mal orientée.

Trois sphères reliées pour une seule conscience aboutie. Une interface qui puisse calibrer l'information de manière neutre et compréhensible par tous, avant d'être traitée par un ou plusieurs centres opérationnels spécifiquement dédiés. Le cœur, le centre énergétique le plus puissant que nous nous connaissons, seul capable de tout relier à l'intérieur et à l'extérieur. C'est lui qui peut calibrer au mieux ce feedback et l'information qu'il véhicule comme facteur de notre conscience.

Nous allons ainsi pouvoir représenter les modèles types et donner une vue sur la dynamique d'ensemble.
L'univers englobe tout le système.
Le champ du cœur englobe le système physique-matériel.
Le périmètre, c'est le cœur.
Peut-on sortir du périmètre ?
Oui, ceci implique des déséquilibres que nous avons évoqués précédemment. C'est aussi l'objectif des schémas suivants d'illustrer cela simplement et de mieux visualiser ces mécanismes problématiques.

Conscience bouge

Dans ce contexte de sphères interactives à réguler, il s'agit de trouver le meilleur équilibre en mouvements compensés. Nous pouvons avancer en pratique avec divers scénarios de répartition et leurs conséquences en conscience.

Je vous propose donc de visualiser quelques situations schématisées depuis le point de vue de cette organisation des sphères de conscience humaine.
C'est tout naturellement que nous allons voir l'importance d'un bon positionnement. Relié au cœur et contenu dans son périmètre d'influence. C'est l'élément primordial au regard des différents comportements de conscience que nous pouvons envisager maintenant. Toujours connecté au cœur, en recherche de la meilleure harmonie.

Afin de se développer agréablement dans ce formidable corps, il y a des postures à ne pas installer durablement.
A quoi peuvent-elles ressembler ? Que se passe-t-il lorsque les contraintes deviennent trop pressantes ?

Le calme ou l'agité :

Le principe du souffle, de l'espace suffisant, de la tempérance, la tension, la dispersion, le collectif ou l'individualisme, le centrage, la coopération, la peur du vide, l'attachement ou le détachement...

Il s'agit de la relation des trois sphères en termes d'occupation équitable et modérée d'un espace centralisé.

Le calme présente un analytique et un subconscient bien intégrés. Des sphères partageant un large espace commun avec la conscience supérieure autour du cœur. Le système entretien aussi un volume libre suffisant, pour répondre aisément aux variations et pressions ponctuelles internes ou externes. C'est un état coopératif, tempéré, confortable et souple, ample.

L'agité présente un analytique et un subconscient plus divergents. Des sphères partageant un espace commun réduit avec la conscience supérieure autour du cœur. Le système n'entretient que très peu ou pas de volume libre. Il lui est difficile, voire impossible, d'absorber quelques variations sans risques de contraintes. C'est un état égocentré, excité, étroit et tendu, resserré.

(Voir illustrations schéma 2 et schéma 3)

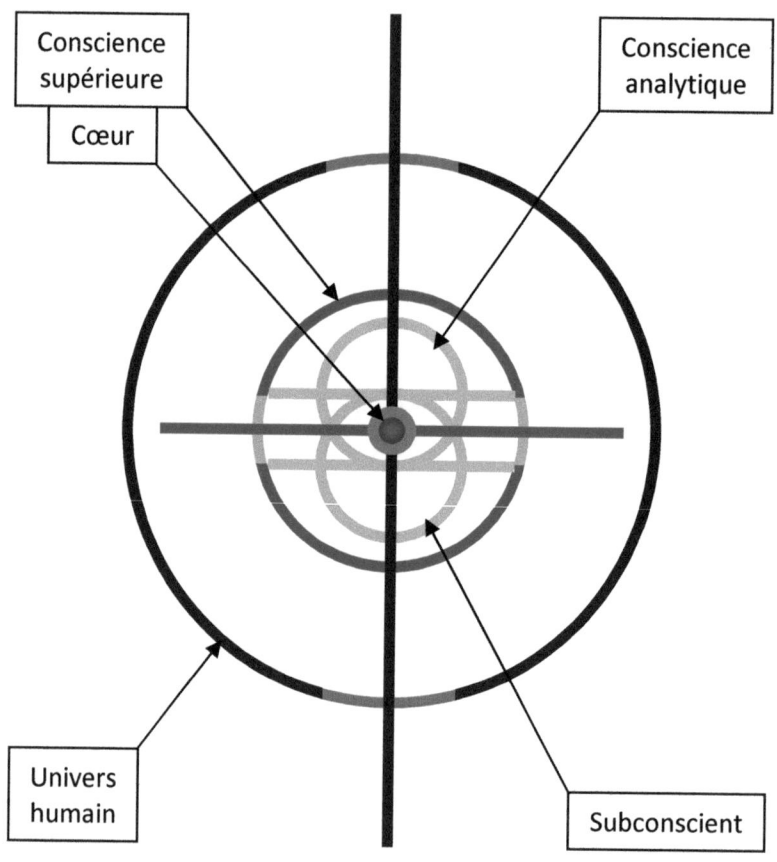

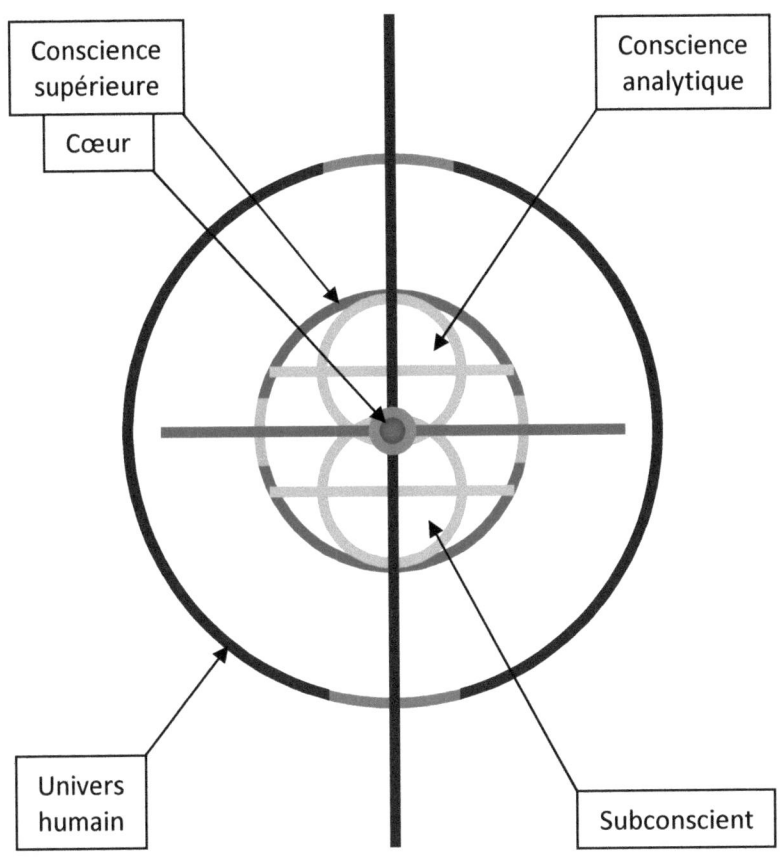

Schéma 3
Les sphères de conscience humaine
L'agité

Ici, on sera plutôt pressé, excessif, stressé, inquiet, tendu, contraint, dispersé, individualiste...

Si la puissance est mal répartie :

Autant que possible, restons sur une légère dérive. Un état acceptable, ou du moins vivable.

Je pense à une configuration où le déséquilibre reste contenu dans le périmètre de l'organisme. Ici, la puissance des sphères internes est mal répartie. Trop de subconscient ou trop d'analytique, sans débordement externe. Cette situation peut être stabilisée, dans le sens d'un état installé et durable tel quel. Ou bien, elle peut être très volatile et instable, dans le sens d'un état s'exprimant périodiquement et possiblement en changeant de sphère.

Même si elle peut paraitre légère sur le papier, cette dérive est problématique et potentiellement très lourde à moyen ou long terme. Ce type de scénario, s'il s'ancre durablement ou se répète trop fréquemment, est certainement amené à s'amplifier.

La multiplicité des déviances qui en découlent serait un sujet d'étude à part entière. Il serait alors question de prendre en compte les variations internes à chaque sphère, avec une vue plus détaillée sur les centres énergétiques hébergés à chaque niveau de conscience et leur prépondérance. Pour rester dans les grandes lignes, on trouve des signes caractériels (intello, perché, poète, brute, matérialiste forcené, rationnel très très terre à terre...), et bien sûr des signes physiologiques (posture, stress, migraines, poids, blessures et maux chroniques...). Vous pouvez simplement envisager des cas d'école en observant vivre vos semblables tout autour de vous. Ce modèle n'est pas rare chez un humain tout à fait respectable et bien inséré dans notre société du jour. Puis, n'oubliez pas qu'il est toujours intéressant de commencer par soi-même, ou de revenir à soi une fois l'extérieur observé.

Pour ce qui est des facteurs déclenchants, ils sont également nombreux. Sur le principe, nous pouvons retrouver un mauvais filtrage ou calibrage du cœur. Il peut être puissant du point de vue de son volume et de sa dimension, mais faible ou poreux du point de vue de sa densité, de sa capacité de filtration et de modération. Le rapport quantité/qualité des capacités de captation du cœur est important concernant sa relation directe au milieu extérieur. Par ailleurs, cet état de déséquilibre peut aussi exprimer la conséquence d'un contexte culturel ou éducatif assez contraignant. L'individu établit alors une préférence vers le subconscient ou l'analytique, de façon exagérée et forcée. Cela peut encore être dû à des questions physiologiques de milieu interne, de terrain. Les problématiques de terrain interne se déclarent souvent en conséquence d'absorption d'éléments externes néfastes : agressions physiques sur l'organisme, alimentation, pression énergétique et relationnelle du milieu...

(Voir illustrations schéma 4 et schéma 5)

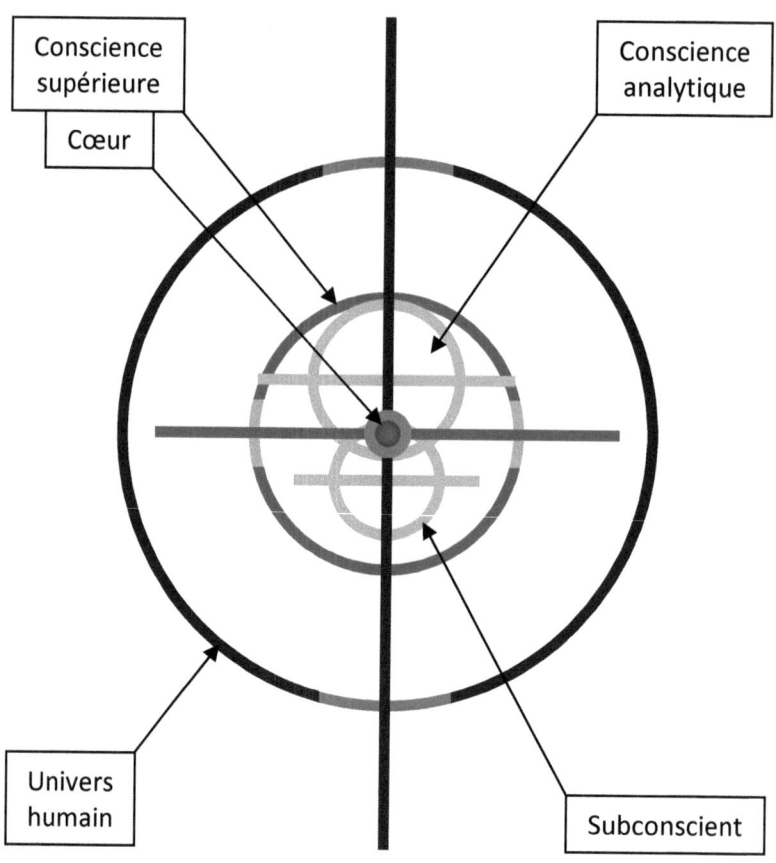

Schéma 4
Les sphères de conscience humaine
Prédominance analytique

Conscience supérieure

Cœur

Conscience analytique

Univers humain

Subconscient

Ici, on sera plutôt porté à la réflexion, la préparation, l'organisation, le détail, l'analyse et l'intellect.

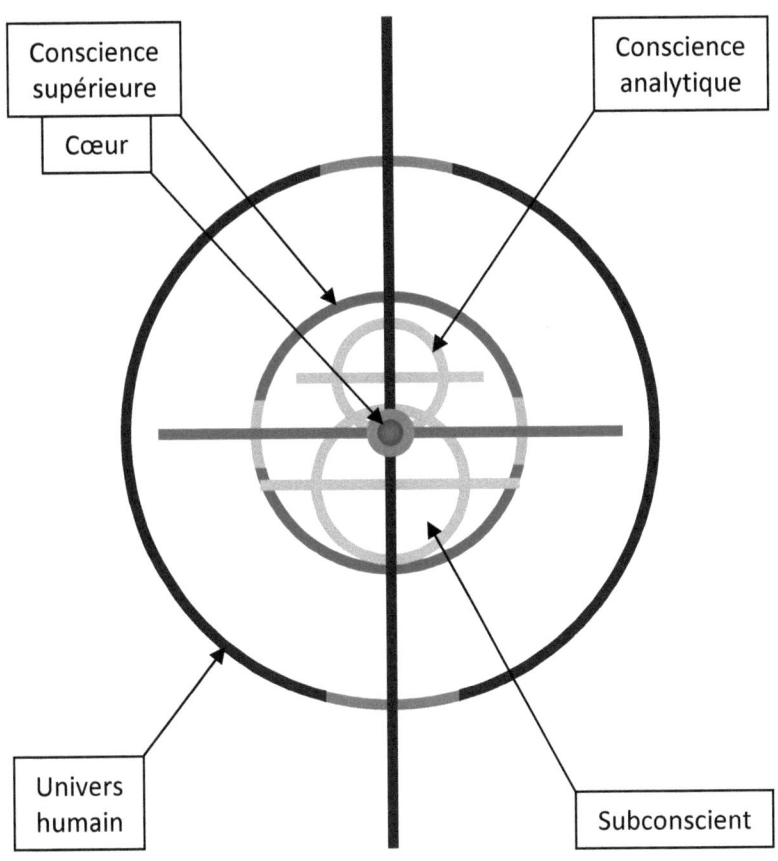

Schéma 5
Les sphères de conscience humaine
Prédominance subconscient

Conscience supérieure

Cœur

Conscience analytique

Univers humain

Subconscient

Ici, on sera plutôt porté à la réaction réflexe, l'exécution, le concret, l'immédiateté, le palpable, la force.

Nous pouvons faire plus lourd, plus grave et plus inquiétant :
Lorsqu'un élément dépasse sa capacité, qu'il déborde et entame une sortie du périmètre de groupe, ou écrase de son poids le gentil et raisonnable voisin. Le système continue de fonctionner, rien ne s'arrête jamais. Parmi les centres en mesure de reconnaitre une information, c'est celui qui aspire le plus fort à un moment donné qui va la capter. Une sphère aspire plus fort parce qu'elle est plus grosse ou plus proche, sans intermédiaire, en prise directe avec le message.

Comme évoqué précédemment, on peut réduire le cœur et privilégier de gonfler le mental par exemple. Mais si le mental déborde, il capte des informations en direct, non calibrées par la sphère de conscience supérieure. L'analytique traite immédiatement et sans modération ce qu'il peut accepter, et il rejette ce qui n'est pas supportable pour lui. Cependant, ce qu'il accepte ne lui aurait pas nécessairement été destiné en priorité ou sous la même forme, si le cœur qui a une connaissance de l'ensemble l'avait calibré en amont. Pareillement, le cœur lui aurait certainement transité des informations qu'il a rejetées. En conséquence, de nombreuses données sont certainement mal interprétées ou perdues.

Plus encore, une information externe rejetée par la sphère analytique continue à naviguer en extérieur, mais elle peut avoir été marquée comme indésirable. La sphère de conscience supérieure peut récupérer cette information, la calibrer et la diriger vers le mental en interne. Malgré cela, le cœur ne fait que révéler. Il traduit et ajuste sans modifier le contenu du message. Nous sommes en présence d'une aberration. Un message est maintenant relayé par le cœur vers un mental tout à fait en capacité de l'accepter sous sa

forme calibrée, mais l'ayant marqué comme inadapté et donc à rejeter. Cela ressemble à un conflit programmé.
Le filtre n'est pas bon, pas adapté. Ceci est autant valable sur le même type de relation entre la sphère de conscience supérieure et celle du subconscient. C'est vrai pour tout centre trop développé au détriment de celui qui a pour rôle d'envelopper son système.
Sur le principe du feedback, toute sphère de conscience retourne l'information traitée vers la sphère supérieure qui l'englobe. En cas de dépassement de la sphère supérieure, il peut y avoir un retour en interne vers cette même sphère supérieure, mais d'une information directement captée au-dessus, venant de l'extérieur. Il est alors reçu le retour d'un message ne provenant pas de cette zone. L'affaire pose un problème d'identification. Y a-t-il un intrus, un passager clandestin dans le vaisseau ?
Ces incohérences sont pour le moins inconfortables, fatigantes et potentiellement dégradantes (renvoi du paquet, marquage d'un élément utile comme intrus, destruction et perte d'informations).
Inversement, une information captée en interne peut se voir directement retournée vers l'extérieur, sans repasser par l'expéditeur. Le message n'est pas contrôlé pour sa sortie. Son traitement et le type de traitement appliqué en interne n'est pas validé. Il ne servira pas l'expérience d'utilité, de trajet plus efficient ou de régulation pour les prochains entrants. Ce message n'est pas non plus calibré en sortie pour une expérience de retour adaptée au milieu externe. Ce milieu externe récupère un feedback d'une information qu'il ne reconnait pas avoir émise. Cela me rappelle l'intrus, le passager clandestin...

Tout étant relié, prenons acte de notre impact au-delà de l'entité égoïste. Un disfonctionnement individuel a aussi des répercussions bien au-delà de son corps. C'est l'affaire de tout un environnement et de l'équilibre qui s'y joue. Les effets sont distribués en externe, en accès libre pour tous. Dans tous les cas, c'est l'unité d'ensemble qui est mise à mal, tant au dedans qu'au dehors.

(Voir illustrations schéma 6 et schéma 7)

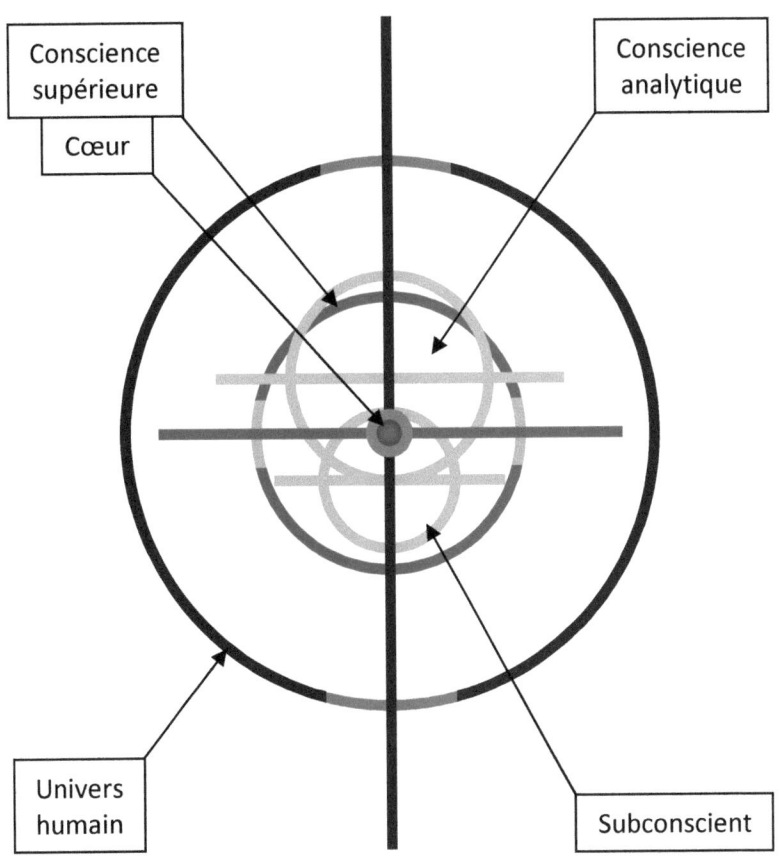

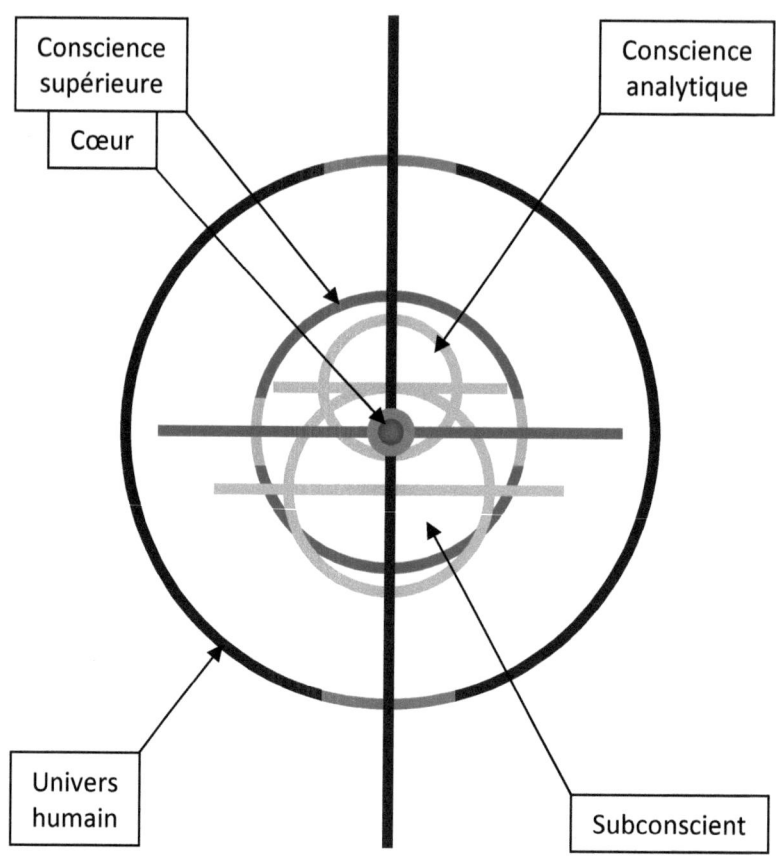

Nous pouvons évidemment multiplier les schémas en croisant diverses tendances. L'analytique et le subconscient peuvent déborder ensemble, ou au contraire être trop atrophiés, séparés, éloignés du cœur, etc.

Il faut garder à l'esprit le fait commun caractérisant tous types de déséquilibre. Il s'agit d'une mauvaise coopération des trois sphères, due à une insuffisance ou une domination abusive d'un centre énergétique relié. Il est bon de rappeler que l'un ne doit pas agir sans l'autre, afin de respecter au mieux la cohérence de l'ensemble de l'organisme. Une action, faisant suite au traitement d'une information, doit être validée par un avis de chaque partie potentiellement intéressée. Une mise en œuvre confirmée sur une analyse unilatérale et dissociée de l'ensemble, risque évidemment de produire des effets indésirables.

Dans le détail, tous les centres énergétiques ne sont pas concernés par chaque information entrante. Toutefois, la complexité de l'organisme est suffisante pour qu'il y ait toujours nécessité d'impliquer plusieurs centres. C'est encore tout l'avantage du cœur de révéler la résonnance d'un message pouvant intéresser le milieu interne entier. L'information est vibratoire. Il ne faut pas la voir comme un colis délivré à un seul client et à une seule adresse à la fois. Il s'agit d'une onde diffusée, accessible par tous les clients du milieu, en même temps et de la même manière. Une information calibrée par le cœur est rendue disponible sous un formatage compatible à tout le spectre vibratoire de l'organisme. Les centres énergétiques y ont donc tous accès et entrent en résonance ou non, pour traiter ce message ou non. Pour chaque sphère, le principe est le même que celui du cœur avec le milieu externe. La mécanique est fractale, reproduite à l'identique vers dedans et vers dehors, vers plus petit et vers plus grand. La sphère de conscience supérieure est simplement notre référence. Elle est l'interface de l'objet global qui nous intéresse et qui n'est autre que notre nombril. Le cœur est cette référence. Il n'est pas plus ou moins important que les autres centres énergétiques (ayant aussi leur cœur), mais il occupe un rôle particulier et primordial dans notre référentiel. Dans ce cas, il ne traite pas lui-même le message vers un acte, mais il va permettre l'aboutissement d'un acte de l'ensemble complet. Il réunit les conditions d'une réponse collective, globale et cohérente, au plus près de l'intégralité du message. La coopération des différents centres énergétiques pouvant entrer en résonance est essentielle. Cela passe toujours par le cœur qui ne fait rien tout seul, mais qui tient ce rôle de centre de transit fondamental. Il connait l'ensemble des modulations et la vibration globale qui en résulte. Il normalise l'information et la rend accessible à tous.

Dans l'exemple des trois sphères retenues (subconscient, analytique et supérieure), les composantes sont des ensembles représentatifs suffisants pour toujours être intéressés par toute information et toute action. C'est ce qui facilite la présentation du système. Cependant, si nous détaillons et que nous prenons en compte un plus grand nombre de centres internes, ce n'est plus forcément le cas. Par ailleurs, la répartition des chakras dans les trois sphères, comme indiqué auparavant, n'est plus nécessairement applicable en situation de déséquilibre. Certains peuvent aussi déborder de leur enveloppe de subconscient par exemple, de la même façon que nous avons vu le subconscient ou l'analytique déborder de leur enveloppe de conscience supérieure. Le modèle sort alors du cadre avec des défaillances en proportion.

Je reste autant raisonnable en ne touchant pas à la conscience supérieure et en ne décalant pas la verticalité. Mais là aussi, dans le détail, tout cela pourrait bien bouger. Il me semble important de rappeler que le mécanisme s'étend plus largement, et que seul le principe général est rapporté ici. Néanmoins, je pense que la réduction à trois composantes offre l'ensemble dynamique suffisant pour comprendre, et éventuellement ouvrir la réflexion plus loin pour qui le souhaite. Cela ne doit ni remettre en cause ni empêcher le développement d'une réalité fonctionnelle bien plus étendue.

En restant donc dans le cadre du modèle simplifié choisi, voici quelques visuels supplémentaires. Je vous laisse envisager tous les possibles et leurs conséquences, en comprenant que le plus grand problème n'est autre que l'immobilité.

(Voir illustrations schémas 8, 9, 10, 11, 12 et 13)

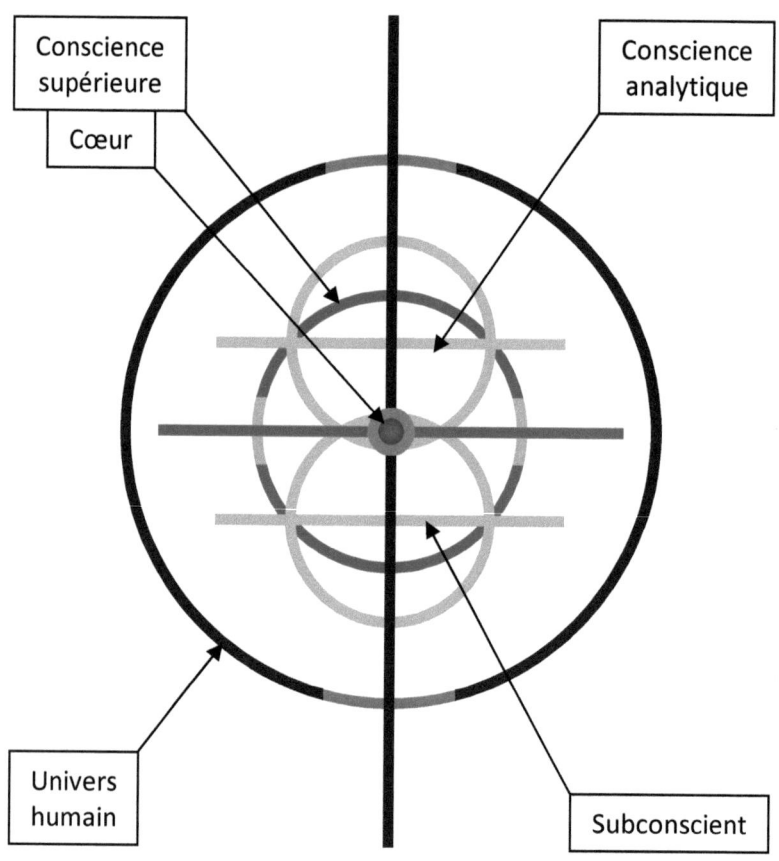

Schéma 8
Les sphères de conscience humaine
Trop grosse confiance

- Conscience supérieure
- Cœur
- Conscience analytique
- Univers humain
- Subconscient

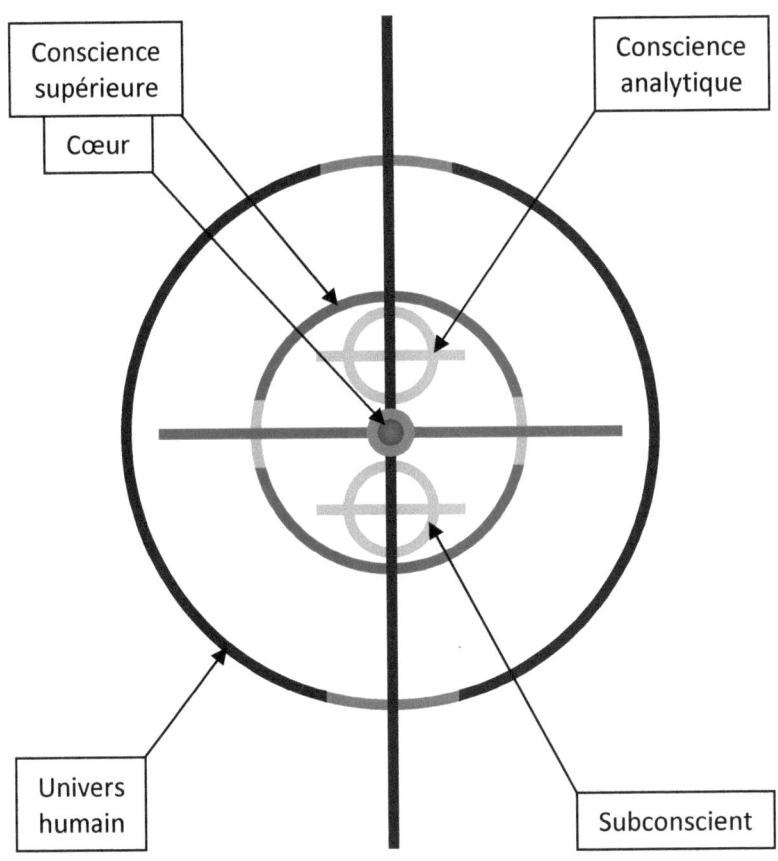

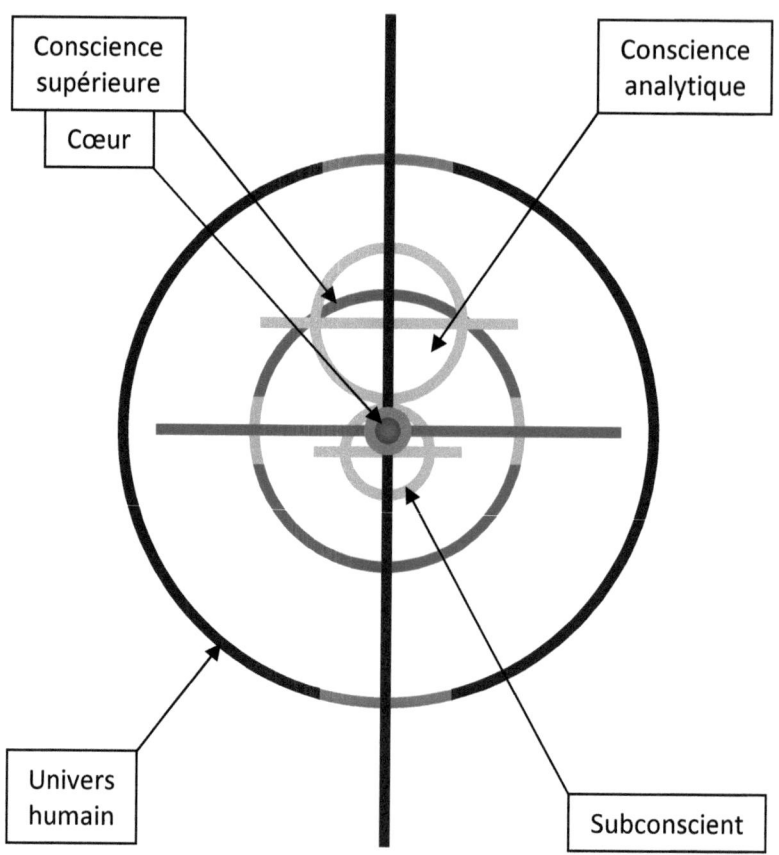

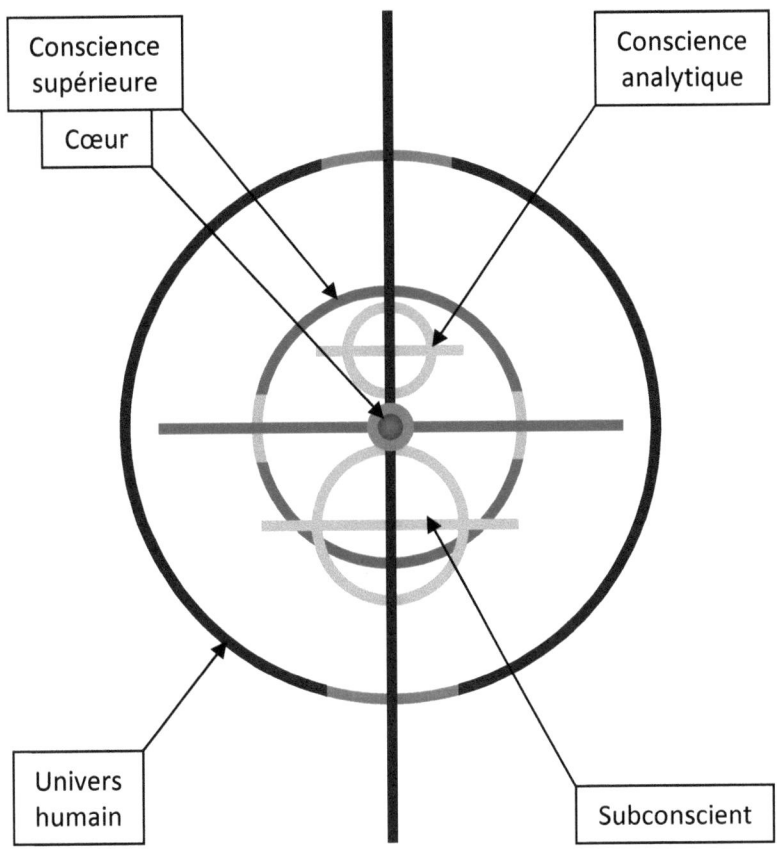

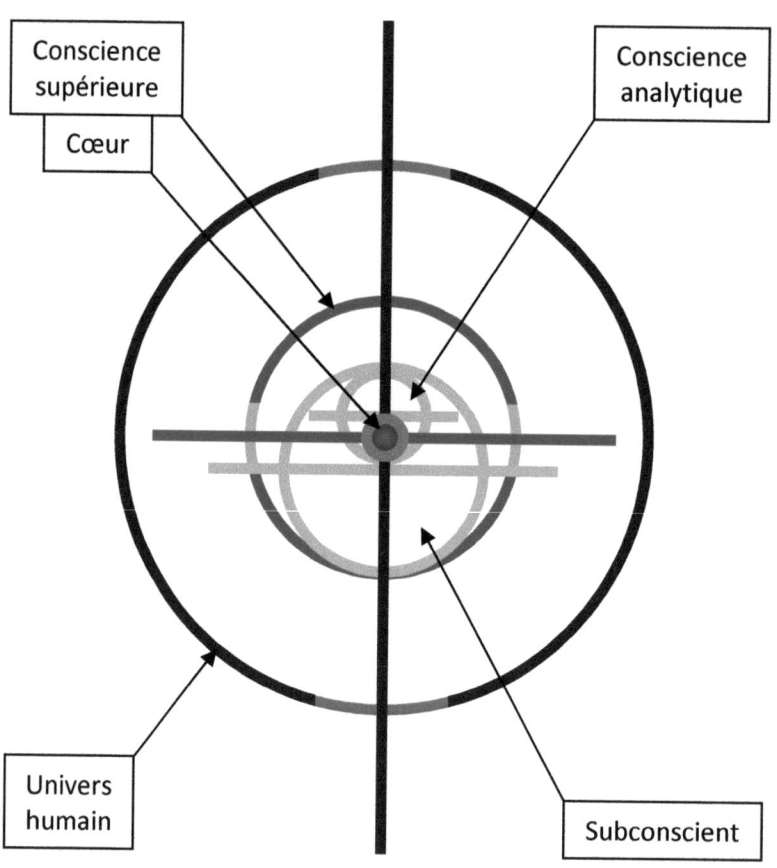

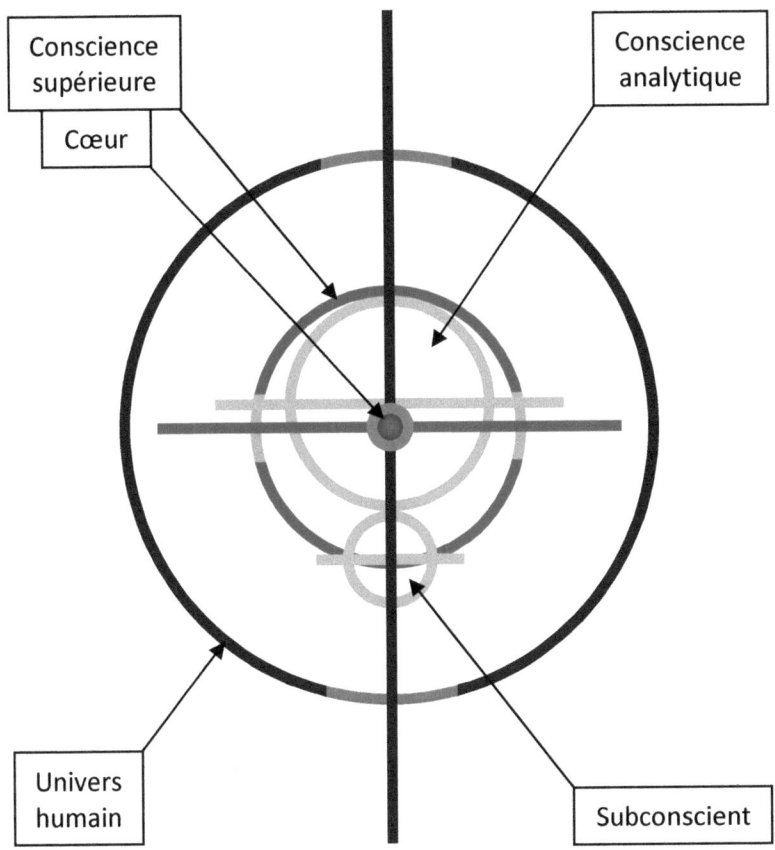

Vers un équilibre, plaine élargie

Ce modèle de conscience à trois niveaux implique une gestion et une répartition harmonieuse de la puissance des sphères. Il s'agit de distribuer la puissance totale du système considéré. Cette puissance totale est conditionnée au champ qui contient le tout. C'est le cœur et son périmètre délimitant l'espace. A l'intérieur, la ressource disponible en termes de puissance correspond au volume qu'il présente. A minima, on comprend aisément qu'il faille un volume au moins égal à la somme de la place que l'on souhaite attribuer à chacun des éléments internes à l'organisme. En fait, il est aussi aisé de comprendre qu'il en faut plus que cela. Nous avons besoin d'une petite marge de vie. Dans l'idée de bouger un peu, confortablement si possible, dans l'idée de moduler la répartition interne, de se rapprocher ou s'éloigner, pouvoir un peu s'agiter de temps en temps, etc. Dans l'idée de vivre et s'épanouir agréablement chez soi, il faut voir un peu plus grand. Vous connaissez tous le problème du trop grand ou trop petit. Quoi qu'il en soit, le cœur doit donc réunir une puissance supérieure à la somme des sphères qu'il héberge. Ici, les éléments internes sont l'analytique et le subconscient me permettant de présenter les divers scénarios possibles. Cependant, vous pouvez imaginer, par exemple, que le cœur doive offrir une puissance et un espace supérieurs à la somme de tous les centres énergétiques non représentés. On peut encore compter les chakras évoqués en grand nombre précédemment. C'est vaste. Le champ du cœur est voué à contenir toute la kundalini de l'être. C'est ainsi qu'il assure la cohérence du mouvement complet qu'est le flux de la kundalini. Depuis notre référentiel, l'aspiration sur l'axe vertical n'est pleinement fonctionnelle et efficace, que lorsque le cœur l'enveloppe et peut la calibrer. Le cœur génère et collecte alors toute l'information de l'univers humain circulante depuis et le long de sa kundalini.

Toute information calibrée par le cœur entre dans le domaine de notre conscience personnelle. L'ensemble de la kundalini est rarement couverte. Personnellement, je n'ai pas encore rencontré cet humain et je me dis volontiers, qu'en étant arrivé à cet état, le décor de la maison doit changer. Seule la portion de kundalini couverte sera prise en charge en termes d'information. C'est ce qui intègrera la conscience individuelle de l'organisme.

Ceci est important et nous permet de comprendre que plus le volume de la sphère du cœur est développé, plus la conscience est large. C'est bien de la sphère de conscience supérieure dont je parle avec le cœur, et cela fait sens.

Vers une conscience élargie, mais aussi la pleine conscience. Bien souvent, nous utilisons les termes "élargie" ou "pleine" pour évoquer l'idée d'une conscience plus grande, meilleure, mieux aboutie. Ces termes sont utilisés dans un même sens et quelques fois simultanément, sans en noter les nuances. Je ne fais pas exception à la règle et cela suffit dans bon nombre de cas où le détail n'est pas toujours nécessaire. Néanmoins, selon mon approche, il est une nuance tenant du caractère opérationnel. Alors, suivant de quoi nous parlons et l'objectif que nous visons, la différence peut être un détail fondamental.

En effet, "élargie" fait référence au volume englobé. L'exemple de la portion de kundalini couverte illustre bien cette notion permettant l'entrée d'un spectre plus large dans la conscience personnelle. Plus l'espace de conscience supérieure est vaste, plus les sphères internes peuvent se développer sans encombre, et plus le contenu hébergé peut être important. C'est l'occasion de s'offrir une vision plus grande, plus diversifiée, plus lointaine. C'est plus de capacité d'adaptation, de souplesse et d'évolution, au travers de connaissances et d'expériences plus nombreuses en référence.

Quant à "pleine", plutôt que de volume, il est question de contenir et héberger les principales sphères de manière équilibrée. C'est permettre une conscience unifiée et donc plus qualitative. C'est la notion de bien mettre à profit l'espace disponible de manière collaborative. Cela passe par un partage équitable, par des zones d'échange et de coopération plus prononcées. Cela permet l'optimisation du territoire et la mutualisation des compétences. C'est la préservation d'un vide commun utile en volume tampon. Il nous est précieux lors de réajustements, lors de besoins d'expansion provisoire, en réponse à quelques contraintes passagères ou à de nouvelles compétences à accueillir dans l'imprévu, mais sans gêne. C'est aussi une meilleure vue d'ensemble.

Je pars du principe de pouvoir parler de conscience large ou pleine, si et seulement si le fondement de l'équilibre est respecté. A savoir, le fait d'assurer en premier le respect du périmètre de conscience supérieure sans dépassement (même occasionnel). Alors, il va de soi que la pleine conscience est généralement le premier état à accomplir. Cette base suit le type d'équilibre proposée sur le schéma 2. Peu importe la quantité, simplement maitriser pleinement et confortablement ce qui est présent. De là, il est possible d'élargir l'horizon avec priorité de conserver ce modèle plein de bon sens. C'est ainsi que l'on peut intégrer, au fur et à mesure, une quantité de nouveaux éléments dans un vrai cadre autant efficace que paisible.

Calme-toi, organise tes affaires, profite et apprends de ton toi, puis grandis les frontières de ton univers en toute tranquillité. Du plaisir.

Cela dit, à ce stade, nous ne pouvons que constater que 'large' et 'pleine' évoluent conjointement, s'accompagnent, s'alimentent et se permettent réciproquement.

Dans l'ordre des choses, une conscience réellement large se doit d'être pleine. Une pleine conscience n'est pas obligatoirement large, mais elle est pourtant un passage incontournable, remarquable, de très grande valeur quelle que soit son étendue, et elle est accessible à tous dès maintenant.

Le cœur et le corps, la matière comme limite

Y a-t-il une limite au débordement ?

Oui, pour la matière, il arrive un moment où ça coince.

Pour le vivant corporel, l'humain, le cœur définit toujours une sphère de conscience supérieure au moins égale à 50% du volume que peut représenter l'ensemble des sphères hébergées. Cet ensemble figure sa kundalini interne, c'est-à-dire les sphères reliées sur l'axe vertical par leur centre contenu dans le champ du cœur.

C'est une capacité adaptative remarquable et un exploit de permissivité. Cela correspond à une tolérance de 50% en débordement. L'état des lieux est forcément chaotique et peu durable dans ce cas extrême.

Voyons les grandes lignes, en considérant le volume de la sphère de conscience supérieure en rapport au total du contenu rattaché à son cœur :

- Autour de 150% : Ahhh, le plaisir de vivre... ce corps, cet esprit... je m'aime, vraiment.
- Entre 100 et 150% : ça va, on est bien là, et toi ?...
- Autour de 100% : ça va, ça vient, faudrait que je prenne un peu l'air, y a des moments où ça déborde, des moments où ça va pas trop mal et puis des moments où je me sens vraiment à l'étroit, déconnecté, sous pression...
- entre 50 et 100% : je fais bonne figure mais en fait j'en peux plus, y a des moments où je me demande si j'existe encore, des fois ça va mieux mais je me demande si je me mens pas, je suis toujours sous pression, ça sort de partout, y a des moments où je suis même plus certain de savoir ce que je fais ou si c'est bien moi qui merde autant, je suis plus...
- moins de 50% : t'es où ? eh oh ça va ? P...... il est mort le c..., oh t'es où ? j'ai détaché...

- Ceci dans l'hypothèse où un individu conserve majoritairement sa lucidité. Vous pouvez comprendre qu'entre 50 et 100%, il se passe progressivement d'innombrables scénarios dont certains présentent des troubles psychiques non contestables. Le commentaire risque certainement d'être moins sympa. -

Equilibre mouvant

Finalement, nous sommes peut-être instables par nature. Oui, certainement.
Tout organisme vise la meilleure stabilité, le meilleur équilibre en ce sens. Néanmoins, plus un corps prétend être en mesure de préserver son équilibre durablement, plus il doit être en capacité d'absorber sereinement une large variété de conditions et contraintes exerçant des pressions parfois puissantes. Nous sommes en continu confrontés à un environnement complexe, dont il n'est pas toujours aisé de suivre le mouvement. Or, c'est en suivant le mouvement, en s'adaptant au cours des évènements, que l'on préserve son équilibre. S'adapter, c'est déplacer ses atouts autour de son point d'équilibre, pour contrebalancer les pressions tout en restant centré. Pour cela, plus l'environnement est complexe, plus l'organisme souhaitant s'y intégrer durablement doit se complexifier. Plus un organisme sera capable de mettre en œuvre un nombre important de sphères de compétences ou de conscience, plus il sera en mesure de s'adapter en modulant la charge et le positionnement de ses compétences autour de son centre d'équilibre. Si nous tenons compte de l'ensemble de nos capacités et que nous les développons, nous pouvons nous considérer comme un organisme complexe. Cela fait de l'humain un être capable de s'adapter efficacement, durablement et surtout sereinement. Mais cette adaptation est une question de mouvement, d'élasticité, d'aptitude à l'instabilité. Un nombre de sphères augmenté est le gage d'une adaptation plus large, mais il a un prix. C'est le prix de l'instabilité. Le mouvement devient une danse continue de tous les instants. C'est un flot puissant, à accompagner avec douceur, respect,

souplesse et force. Nous sommes instables par nature. Se maintenir en équilibre dans un système instable, c'est apprendre à danser.

Maintenir un meilleur équilibre dans un univers plus grand, c'est danser toujours plus, pour le plaisir, autour du cœur.

Afin de visualiser comment il est possible de développer et projeter des sphères supplémentaires, je vous propose le schéma 14. Encore très minimaliste, mais une étape enrichie de ce que peut être l'organisation d'un équilibre de conscience, vers une pleine conscience, plus large.

Sept chakras représentés et une synergie renforcée autour du cœur.

Ça bouge un peu plus. Il faut du cœur. S'il y a du cœur, le plaisir s'intensifie.

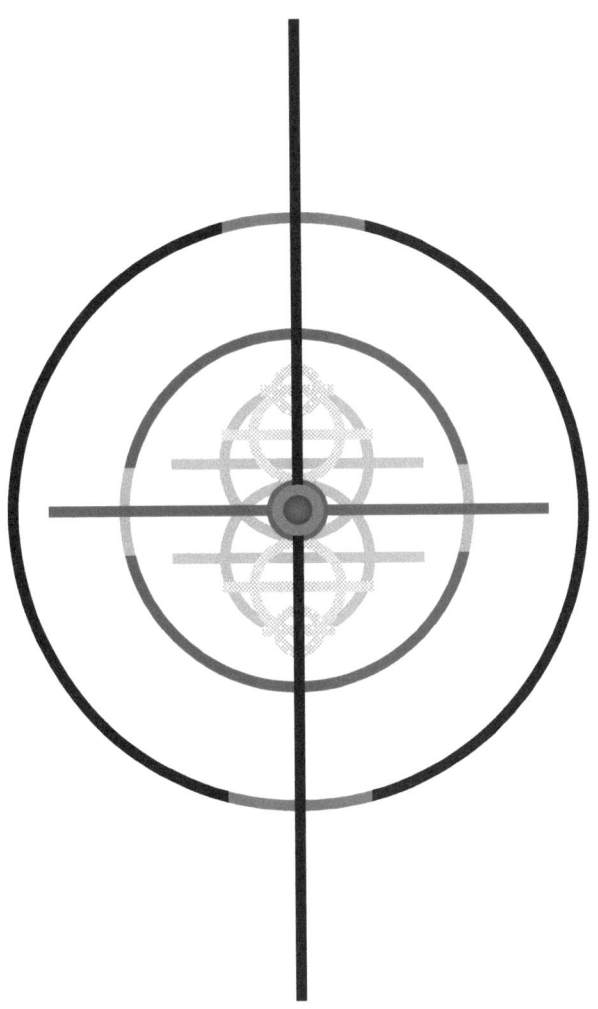

Variation de conscience, au cœur du réacteur

Pleine, large, unifiée, ouverte, libre et partagée

Certains d'entre nous semblent voués à une conscience plus ou moins réduite et chaotique, ou à contrario bien plus large et unifiée que la moyenne. Pourtant, je peux vous assurer qu'il ne s'agit pas d'une fatalité mais bien d'un faux-semblant de la nature de la condition humaine.

En premier, aller du chaos vers l'unité, la pleine conscience. Certes, il n'est pas toujours aisé de ranger sa maison. Au vu de l'état de désordre accumulé, des contraintes du milieu, sociales et personnelles, certains diront que ce n'est pas possible. Les plus défaitistes disent avoir trouvé la solution et vous en prouve l'efficacité par l'exemple. Ils changent de toit dès qu'ils ont bien pourri les lieux, tout simplement. Différentes méthodes pour ceux-là : aller au bout du chaos ou anticiper pour qu'il n'y paraisse rien ; juste quitter la zone et tout détruire en partant ou laisser tel quel ; rester en place mais tout effacer et recommencer ; toujours rester en place et exploiter de la main d'œuvre pour nettoyer tout ça (de gré ou de force)… Bien sûr, ceux-là devront se tourner à l'intérieur tôt ou tard, de leur plein gré ou de leur propre force. Car même si au dehors l'apparence semble maitrisée, on ne quitte pas cette maison, jamais, on ne peut pas la détruire, jamais, on ne peut pas effacer, jamais, personne d'autre que son seul et unique occupant ne peut la nettoyer, l'organiser, la vivre, seulement lui. La bonne nouvelle, c'est effectivement que chacun est bien sûr en capacité de ranger

sa maison. Nous pouvons même le faire à plusieurs, s'aider et partager le travail. Une fois le calme revenu, le sentiment est tel qu'il est difficile de trouver les mots pour décrire le plaisir de vivre proprement chez soi, d'entretenir cet espace et le partager. On s'y sent tellement mieux, tellement bien.
En premier, cesser de s'agiter.
Ensuite, s'ouvrir vers l'immensité, la conscience élargie. Il en est qui font sciemment le choix de borner et clairement limiter le champ de leur conscience. D'autres, à l'inverse, en cultivent l'ouverture et l'expansion. Ceux-là s'ouvrent à une plus grande prise d'information en quantité, mais aussi en diversité et en qualité. Ici encore, les contraintes du milieu, sociales et personnelles, peuvent être vécues comme un frein à l'expansion. Il y a le risque de sortir du cadre, le danger de ne plus être protégé par cet enclos si bien sécurisé, la peur de se trouver seul, rejeté et exilé dans un désert dont on aurait ouvert la porte... Pourtant, c'est si vaste, si beau. Et surtout, je n'ai encore jamais croisé personne qui ne connaisse cette envie, ce sentiment essentiel d'aspiration vers cet espace. Certains le tempèrent tant bien que mal, d'autres l'appellent "interdit", le protègent pour plus tard, le consolent comme ils peuvent, le combattent ou disent vraiment l'avoir anéanti. Mais, en cachette ou en public, tous, toujours, tous veulent écouter l'histoire merveilleuse de ce plus grand monde fantastique. Personne ne refuse, ils en redemandent, ils le vibrent, ils le savent être en eux. Ceux-là ne sont pas encore prêts à s'exposer à la grande ouverture, mais l'histoire est déjà belle en eux et elle ne demande qu'à grandir.
Ensuite, laisser tomber les barrières, cesser de craindre et lever le voile.

Si pour moi la pleine conscience et son élargissement sont des conditions évidentes de l'humain et de son bien-être, ce n'est vraisemblablement pas la réalité de tout le monde. Quoi qu'il en soit, Il ne s'agit pas de juger une conduite meilleure qu'une autre. Cependant, il faut constater que de telles divergences de position conduisent bien souvent vers un éloignement de réalités individuelles, qui pour certaines en deviennent peu compatibles, voire conflictuelles.

Alors faut-il s'empêcher pour ne pas déranger, pour éviter de déclencher des conflits vis-à-vis d'un environnement figé dans la contrainte ? Non, je ne le pense pas. Je crois que l'unité et l'expansion de conscience est synonyme d'unité et d'expansion de tout, y compris de compréhension, de tolérance, d'ouverture, de partage, de connaissance, d'interconnexion... Je pense que s'autoriser une pleine conscience individuelle ouverte, c'est s'épanouir. C'est son propre épanouissement intérieur, mais aussi extérieur et profitable à tout ce qui nous entoure.

Energie du cœur

Un même interlocuteur pour gérer ces affaires. Le cœur, l'énergie du cœur.

Il est important de comprendre cette notion d'énergie du cœur et son impact. C'est un pas de plus vers une conscience unifiée et ouverte.

L'énergie est à l'origine de toute chose, c'est le mouvement, elle transforme, elle exprime la matière et les ressentis. Nous l'absorbons, nous la produisons, nous la diffusons, elle véhicule l'information.

Naturellement, le cœur transite toute l'énergie circulante, tout ce qui nous informe, tout ce qui nous agite. Il relie tout à l'intérieur et à l'extérieur, il calibre, il régule.

La puissance énergétique du cœur est là, dans son rôle et sa capacité à transiter, calibrer, réguler, diffuser l'énergie dedans et dehors. C'est de cette relation naturelle unissant énergie et cœur dont il est question ici. Ils sont indissociables. L'énergie peut circuler, se propager, transiter et évoluer de manière libre. L'information voyage et danse partout. Mais dès lors qu'une information est captée et retenue, il y a transformation, mutation. Dès lors que l'alchimie opère, il y a un cœur qui travaille en ce lieu. L'énergie du cœur est ici. C'est bien entendu l'énergie qui transite dans notre cœur, le gros cœur humain.

Nous fonctionnons avec et par différents centres énergétiques. Le cœur n'est pas notre seul et unique centre énergétique, mais il est le plus puissant, le seul à être capable de tout relier et de fournir une énergie assimilable en tous points. Les autres centres sont plus ou moins spécialisés. Inévitablement, leur rendu sera d'autant mieux acceptable et valorisé que le cœur aura pu jouer son rôle en premier lieu.

Un cœur, fonctionnant correctement et librement, diffuse une énergie cohérente pour l'humain vers le milieu intérieur et extérieur. Je veux dire que l'énergie, reçue de l'extérieur par le cœur, est conditionnée pour qu'elle soit au mieux compatible et favorablement dirigée à l'intérieur. Même idée dans le sens inverse pour l'énergie diffusée vers l'extérieur au bénéfice de l'humain émetteur, sa condition et son univers. C'est le rôle du cœur de calibrer la meilleure compatibilité, simplement établir la meilleure concordance en toute neutralité.

Vers l'intérieur, cette information ainsi conditionnée peut alors servir toutes les fonctions spécialisées de notre organisme. Autant du point de vue physiologique que psychique. C'est l'ingrédient compatible, naturellement assimilable par les différents processus de traitement et de transformation qui l'utiliseront.

Vers l'extérieur, l'information diffusée peut servir la meilleure relation à l'environnement et l'interaction qui s'y joue. Tant vis-à-vis du contenu matériel, des conditions ou évènements du milieu et des personnes proches. C'est l'interface au mieux optimisée qui permettra une relation acceptable, voire directement assimilable et bienvenue pour nos semblables.

Lorsque le cœur est contraint ou empêché de fonctionner naturellement et librement, l'énergie ne passe plus suffisamment par le cœur en premier lieu. L'individu fonctionne à contresens et ne bénéficie pas d'une énergie favorable à son être entier. Il n'entretient plus une relation nourrissante, mais conflictuelle avec lui-même et son entourage.

Vers l'intérieur, l'énergie naturellement assimilable fournie par le cœur est en quantité limitée, voire rare. Le manque est compensé, mais la qualité et la juste compatibilité ne sont plus vraiment au rendez-vous. L'énergie nécessaire à l'organisme est alors fournie par différents moyens alternatifs. Ce sont d'autres centres et canaux énergétiques qui prennent le relais, en établissant aussi une relation extérieur-intérieur. Mais ce sont des interfaces spécialisées. Elles ne sont pas en mesure de fournir l'information bien calibrée nécessaire à l'ensemble de l'organisme. La teneur énergétique sera insuffisante, bien peu bénéfique et toxique à moyen ou long terme.

Vers l'extérieur, cette fois-ci, l'énergie est très faiblement diffusée depuis le cœur et c'est un moindre mal. Même faible, cette diffusion reste chaotique, conflictuelle et malsaine. Car quand cette énergie est transmise, l'état des choses est sans appel, c'est souvent incohérent, inutilisable, très inconfortable, voire nuisible.

Dans ce cas désolant de manque, il faut alimenter et informer le cœur plus sainement, plus puissamment, pour maintenir un cœur de conscience viable. Finalement, pour corriger un manque chronique qu'il n'est plus en mesure de combler, un individu désorienté se dirigera instinctivement à se servir habilement sur un cœur fonctionnant plutôt correctement. Chez quelqu'un d'autre, un ami, un collègue... un humain agréable et serviable, si possible avec un gros cœur de conscience unifiée, libre et ouverte. L'énergie ou l'information accessible via cette personne est parfaitement assimilable, bénéfique et juste. Elle est pré-calibrée, opérationnelle pour un excellent rendement. Elle est prête pour une utilisation directe et fiable du point de vue informationnel, puisque sainement traitée en amont par un organisme similaire. Ça semble être un super deal.

Le cœur est par nature ouvert et accessible. Dans le cas de personnes équilibrées, les échanges sont normaux, souhaitables, favorables et justes. Il s'agit bien là d'un légitime partage constructif, et non pas d'aller se servir habilement. Mais dans le cas de personnes durablement déficientes, c'est du pillage. Quelques fois, ce pillage est aussi accompagné d'un retour d'énergie viciée en guise de remerciement compensatoire. C'est une réalité qu'il est important de reconnaitre. Le pilleur comme le pillé n'est pas toujours conscient de ce mécanisme, et c'est heureux. Il convient donc que chacun puisse observer cette question afin d'ajuster son positionnement. Le fait de piller est une aberration. Cette pratique ne résout en rien l'état de souffrance d'une personne déficiente, qui continue malgré tout à fonctionner à contresens et se nuire. Cette personne se fait autant de mal qu'elle en génère autour d'elle. Il se crée souvent une relation d'accoutumance et de dépendance néfaste. Puis, malheureusement, il y a aussi les cas où le pillage est pratiqué ou subit de manière pleinement consciente. Ces cas sont de moins en moins rares. Cela me semble être dû à divers facteurs comme la résignation, l'impuissance, la peur, la contrainte, la survie, la malveillance, la méchanceté, l'agressivité… le désespoir, en somme le reflet d'une société dysfonctionnant vers un sombre déclin.

Il est donc important de se tourner vers cette notion d'énergie du cœur.
Il faut éduquer ou rééduquer autant que possible. Car finalement, chacun ne peut espérer mieux pour lui et son environnement que de vivre au plus près de son cœur.
L'énergie, l'information que le cœur transite dans de bonnes conditions, est infinie. Elle est disponible partout, tout le temps et en quantité inépuisable. Le cœur peut alors travailler en continu et sainement. L'énergie circule toujours et ne peut pas être stockée. C'est aussi pour cela que quelqu'un dont le cœur travaille librement et ouvertement, en pleine conscience, produit, transforme, transmute et redistribue beaucoup. Il génère plus qu'il n'en consomme naturellement, et c'est tout bon.
Il est bon de se permettre de produire et diffuser, partager. Chacun le peut et doit le faire évidemment. Il n'est pas heureux ni nécessaire de fonctionner à sens contraire. Il n'est pas non plus nécessaire de se surprotéger et fermer l'accès au partage de ses ressources. Quand bien même certains se

serviraient de façon malhonnête et préjudiciable, il convient de s'en prémunir et s'assurer du respect auquel chacun a droit, mais il n'est jamais souhaitable de fermer, filtrer, mesurer ou accréditer l'accès à l'énergie de son cœur. S'interdire de diffuser et interdire à l'autre, l'humain, de se servir, c'est empêcher le cœur. Mais on ne se sert pas n'importe comment. Ça aussi, ç'est normalement naturel, et si ça ne l'est plus, ça s'apprend. Apprendre à retrouver le sens naturel du cœur, apprendre à développer ce bon sens, à gagner en puissance, en conscience.

Transiter, transmuter, utiliser et redistribuer l'énergie libre externe par le cœur est vertueux, bénéfique et optimal pour tous. C'est dans la nature des choses pour tous. C'est se permettre de danser en conscience unifiée et ouverte dedans et dehors, en soi et vers l'autre, pour l'humain à sa juste place dans le cosmos. C'est possible et on s'y sent bien. L'énergie du cœur, c'est l'information juste de l'état des choses en tout lieu et à tout moment. C'est l'état intérieur et extérieur que l'on génère et avec lequel nous devons composer. C'est bien d'autres évidences mises à jour. C'est la porte vers une conscience unifiée en soi et bien au-delà.

C'est par l'énergie du cœur que l'on peut accéder aux principes traitant d'une conscience que l'on peut se choisir.

Je vous l'assure, ne pas choisir son cœur n'est pas une fatalité, c'est un faux-semblant de la nature de la condition humaine.

Percevoir - Modifier, c'est permis

Et puis il y a les états modifiés de conscience.
C'était bien déjà le sujet, mais avec ces mots là nous pouvons encore aller un peu plus loin, jouer avec le centre des sphères... C'est génial.
Maintenant, il faut bien garder à l'esprit ce qui est dit pour un modèle à trois sphères, tout en ouvrant le système au maximum d'éléments que vous pouvez vous représenter. Multiplier les centres énergétiques, groupes d'influences, opérateurs individuels de conscience, informateurs internes et externes... Ouvrir le modèle de manière fractale, vers plus petit et vers plus grand. L'égo bien en place, pour ne pas se perdre, rester au centre avec son corps, son cœur, son subconscient et son analytique.
Oui, cette possibilité d'envisager des sphères de conscience beaucoup plus nombreuses et imbriquées les unes dans les autres, un système relié et interdépendant, un organisme baigné dans une immense soupe d'information, c'est maintenant.

Savoir équilibrer sa conscience, c'est la reconnaitre en mouvement et malléable, c'est prêter attention à cette stabilité remise en question à tout moment, c'est faire corps avec la dynamique des sphères. Il est question de regarder ce que ces mouvements expriment. Ne plus regarder seulement les déséquilibres que l'on connait. Voir aussi l'étendue des ajustements possibles, des capacités du système conscient et ses expressions, l'expression de la réalité.

De l'acceptation ou non d'une information par le cœur, j'ai dit notre relation sélective face à l'environnement. La sélection se poursuit lors du traitement de cette information. Sa nécessité et son niveau de priorité sont établis en fonction du contexte général à ce moment, des capacités analytiques, des connaissances et du vécu subconscient. C'est le principe donnant lieu à un feedback, une prise de conscience et une réalité.

Quelque chose prend alors forme. C'est incontestablement une réalité.

Quelle réalité ? Chacun la sienne, et puis les autres, peut-être la vraie dans le tas ? Qui sait ?...

Réalité inconsciente, consciente illusoire, consciente concrète

Trois types de réalités pour tout englober. Tout comprendre sans préférence. Toute réalité est juste, vraie et légitime. Ma réalité, celle de l'autre ou celle que personne n'a encore jamais vue. Elle peut changer de catégorie à tout instant et rester une réalité à part entière, sans acquérir ou perdre une meilleure valeur d'existence. Toute réalité a une valeur d'existence propre, unique, incontestable et irrévocable, ni plus ni moins. Seul son statut peut changer par sa classification vue par un observateur. Nous entrons alors dans une expérience subjective. Bien que la réalité puisse tout à fait conserver sa pleine existence autonome, elle prendra différents rôles depuis le point de vue particulier de l'organisme mis en rapport avec elle.

Les portes de la relativité vous sont ouvertes. Pour un plaisir maximum bien sûr.

Rien à jeter, toujours et partout bien réelle.

Réalité inconsciente - Information libre

Si l'information n'est pas actée de manière consciente, il s'agit d'une réalité inconsciente que je nomme aussi 'information libre'. L'information n'a pas été captée ou retenue, elle n'est pas entrée dans le processus conscient de feedback. C'est un potentiel sous forme d'énergie informationnelle. Elle intervient, comme potentiel plus ou moins probable, dans le choix et la création à concrétiser nous étant proposés à chaque instant par notre prise de conscience. C'est la plus grosse part du gâteau, la partie invisible de l'iceberg, la majeure partie des possibles à notre disposition et restant à dévoiler.

Dans le même temps, elle fait certainement état d'un autre statut (illusoire ou concrète) pour une autre conscience que la sienne.

Tant que nous ne l'avons pas actée, elle n'a pas d'influence directe sur nous, mais elle peut changer de statut à chaque instant. Une réalité inconsciente pour soi peut être captée et réalisée par une autre personne l'ayant contactée et concrétisée sur le principe du feedback. Elle devient consciente pour cette personne, illusoire ou concrète. Dans ce cas, bien qu'étant inconsciente pour nous, elle peut nous impacter de façon significative via quelqu'un d'autre. Du fait de ce contact, nous sommes alors forcément amenés à changer son statut.

Elle existe bien, même si nous ne l'avons pas captée ou concrétisée personnellement, même si nous pensons que personne ne l'a captée. Elle est information libre et nous sommes simplement dans l'incapacité d'envisager son existence. L'information libre est existante et existentielle. Nous en relions tous les jours. Les plus lucides en relient beaucoup plus en étant capables de la décoder et d'explorer ce monde inconscient.

Réalité consciente illusoire

Cette fois, l'information est captée par l'organisme. Elle est actée en conscience via un feedback, mais elle n'est pas concrétisée, non réalisée. C'est une information qui est entrée dans le domaine de la conscience individuelle, sans pour autant pouvoir se matérialiser. Elle n'est pas en mesure de prendre forme physique de manière palpable et efficiente. Elle peut ne pas être réalisée par manque de moyens de la part de la personne concernée pour mener le processus au stade concret. Cet état peu en rester là, ou bien évoluer avec l'acquisition des moyens nécessaires. L'information peut aussi ne pas être réalisée parce que cela n'est pas faisable et ne le sera jamais. Cette situation découle d'un mauvais traitement de l'information reçue, une mauvaise traduction n'aboutissant à rien de tangible de toute façon. Ce dernier cas survient en conséquence de déséquilibres vus et schématisés précédemment.

Alors, la réalité illusoire a deux visages. D'un côté, elle peut être opérationnelle et représenter un stade intermédiaire d'évolution entre la réalité inconsciente et concrète. De l'autre, elle est une erreur sans autre devenir que de propager une information incohérente. Cependant, sachez qu'une information incohérente n'est jamais bien loin d'être rectifiée, à moins qu'elle finisse par se désagréger face à l'ordre naturel du milieu environnant.

La réalité illusoire, quelle qu'elle soit, reste une expression bien légitime d'un organisme qui ne l'est pas moins et garde toute sa place. Elle nous fournit aussi quelques indices quant à l'état du corps qui la véhicule...

Réalité consciente concrète

Ça y est, ça se palpe ! L'information est captée, reçue et traitée correctement, actée, réalisée, formée dans la matière et reconnue comme telle. Elle a suivi efficacement et sans fautes tout le processus conscient au cœur de l'organisme. Elle a effectué le feedback complet au service de la création consciente estampillée "valeur sûre". Bien qu'elle ait tout pour faire consensus, une réalité concrète peut rester individuelle. Pour que le statut de réalité concrète soit aussi reconnu collectivement, il est bien souvent demandé des démonstrations supplémentaires et reproductibles. Initialement, comme pour toute réalité, la valeur ne peut être qu'individuelle car il s'agit de l'expérience d'une conscience unique. Il y a donc beaucoup de réalités concrètes n'étant pas forcément reconnues de façon collective. Concrète et reconnue collectivement signifie qu'elle a certainement été expérimentée par de nombreuses consciences, souvent transmise et enseignée.

En pratique, ces trois types de réalité peuvent évoluer d'un état vers un autre, en fonction des mouvements de conscience. Une prise de conscience peut orienter une information vers une donnée concrète, ou une perte de mémoire peut libérer une information vers l'inconscient.

Une perte de mémoire peut être provoquée ou passive. Passive, dans le sens où cette donnée rejoint le terrain inconscient naturellement, du fait de ne plus trouver d'utilité depuis trop longtemps, de ne pas être entretenue par son usage ou son rappel. Son référencement conscient se dégrade et fini par se perdre. Quant au fait de provoquer une perte de mémoire, cela peut survenir pour plusieurs raisons. Par exemple, un choc accidentel (psychique ou physique) est susceptible de provoquer une perte d'information concernant des éléments très précis. Nous pouvons aussi effacer une information suite à l'acquisition d'une nouvelle réalité concrète qui en invalide une précédente, de façon temporaire ou définitive. L'évolution d'une réalité a lieu dans tous les sens, d'un statut à un autre, sans ordre de passage imposé. Dans tous les cas, quelle que soit sa classification personnelle, une information existe et existera toujours à partir du moment où elle a été créée par quelqu'un ou quelque chose, et tant qu'elle n'est pas désagrégée. Elle est mise en circulation et ne disparaitra pas en tant que telle. Cependant, son message, sa perception et son interprétation sont amenés à varier en se transformant au cours de son existence, pouvant signifier une réalité toute différente pour chaque individu ou collectif. Une réalité est bien relative. Elle peut se trouver à représenter différents état simultanés (inconscient, illusoire ou concret) pour différentes entités individuelles ou collectives. Mais elle sera toujours d'un état unique à un moment précis pour une entité donnée. Une réalité peut aussi quitter un état pour y revenir plus tard, en fonction de la variation d'un contexte, pour une signification et un individu identiques. Bien sûr, elle peut être stabilisée de manière clairement définie et pérenne. Il est souhaitable, voire indispensable, d'établir une assise bien posée et durable, qui puisse servir de socle au développement de nouveautés pouvant s'appuyer dessus. De nouvelles réalités peuvent venir incrémenter une base existante, par l'adjonction d'éléments existant parallèlement dans l'organisme, ou par l'arrivée d'une simple information libre. Cela renforce la pérennité de la réalité consciente servant de support. Néanmoins, lorsqu'une réalité consciente servant de support quitte son état pour rejoindre le terrain inconscient, elle emmène alors avec elle toutes les réalités soutenues à retourner vers l'information libre. Certaines pourront être reprises indépendamment, mais pas toutes. Ces réactions en chaine se produisent aussi bien pour invalider que pour valider une série de données faisant sens ou nécessité à être reliées. Nous connaissons tous ces situations lorsque tout s'écroule ou tout s'éclaire.

Relative perception

La relativité me poursuit. Il n'y a que des cas particuliers et singuliers, unis autour et dans un même modèle unique. Tout est identique pour tous mais pas vraiment pareil. Nous vivons dans un paradigme commun tenant lieu de guide, mais ce n'est qu'un consensus. En observant attentivement, vous pourriez vous rendre compte, comme moi, qu'il est impossible de trouver deux personnes avec la même réalité intime quant à la relation à notre environnement. Pourtant, de premier abord, l'environnement nous parait identique à tous. Cet identique n'est rien d'autre qu'un consensus, un accord tacite visant à simplifier la communication, les échanges, le commerce humain. Les divergences sont partout et sont plus ou moins significatives. Par exemple, cela peut être une couleur sur laquelle le diagnostic est proche, mais visiblement, au moment de la nommer, la nuance ne s'orientera pas vers le même mot. La plupart du temps, il ne s'agit pas d'une question de vocabulaire. C'est notre profonde perception individuelle qui s'exprime. Cela peut aussi être un ressenti de peur, confort, bien-être, inquiétude, vitesse, chaleur... qui ne sera pas issu du même contexte ou qui n'induira pas les mêmes réactions et envies. On s'accordera sur une tendance commune, mais la réalité intime sera tout autre, précise, nette, signifiante, vraie, et quelquefois sortie du cadre de l'expression verbale.

Le cadre communément admis comme réalité concrète est assurément nécessaire et vertueux à un certain niveau. Nous le construisons sur l'éducation, les normes, l'apprentissage, les coutumes, les croyances, etc. Il permet un relationnel plus fluide et moins conflictuel vis-à-vis des interactions usuelles, fréquentes et essentielles. Et puis, vient l'habitude, la facilité et l'intérêt ou le pouvoir de tout relier à ce cadre, tout bâtir là-dessus en oubliant la nuance, la différence de l'autre qui est aussi la nôtre. Nous enfouissons alors l'intime bien profond pour arriver à ne plus avoir à le considérer. Au fur et à mesure, les particularités hors cadre pourraient devenir une gêne, des complications, un truc ingérable, un danger... nous dit-on. Bref, un autre sujet, juste pour entendre que rien de tout cela n'invite à la diversité, à la création et à la liberté. C'est prendre le risque d'oublier ce avec quoi nous devons composer et danser avant tout, si nous souhaitons jouer le meilleur équilibre en conscience et le partager tout autour. C'est notre être singulier. Et ce qui donne le tempo du bal, ce ne sont pas nos consensus sociétaux, c'est bel et bien l'acteur principal, l'information libre. On n'échappe pas à la réalité de l'information libre poussant tout à l'inverse d'un modèle humain proprement administratif. Cette information n'est faite que d'imprévu, d'inattendu, de découverte, de diversité, de création, de liberté, de cohérence, de vérité, de sagesse. Le réservoir de réalité inconsciente est la source d'information principale et essentielle à canaliser par le cœur. Il est seul capable de fournir toute la diversité nécessaire pour entrer en résonance avec chaque organisme et contexte unique.

Ceci dit, l'équilibre étant toujours une affaire de dosage, comme pour les trois sphères de conscience, chacun peut imaginer qu'une réalité ne fonctionne pas vraiment bien en solo. La réalité trouve sa dynamique vertueuse et créatrice dans le rapprochement de l'information libre et du concret, en transitant par l'illusoire.

Nous sommes en pleine perception, fruit de nos sphères de conscience et de notre environnement influent. Nous sommes tous reliés à ce trio du réel qui n'est autre que l'aboutissement du feedback, l'information disponible née de la création de chaque corps en prise de conscience. Alors, chaque information, émise et captée, est perçue de façon particulière par un organisme original. La quantité d'information disponible est fantastiquement démultipliée en une infinité de perceptions individualisées, donnant à leur tour une infinité d'interprétations, de traitements et reformulations proposés au cosmos. Si vous creusez un peu le sujet, vous verrez que la relativité de perception des choses est incontournable. Vous verrez que le monde dans lequel vous vivez est extraordinairement polymorphe, multiple. Ce monde concret et consensuel présente des visages et des vécus plus ou moins similaires. Mais tous sont différents pour chacun de nous qui ose s'exprimer depuis son intime réalité, son intime conscience. Certaines perceptions peuvent vous sembler très éloignées de vos standards. Il en est de même de la perception que votre entourage a de vous. Votre environnement ne vous voit sûrement pas comme vous le pensez. Vos perceptions créent à l'intérieur et à l'extérieur, pour vous et pour les autres, et tout être en fait pareil dans son monde. Rien ne vous appartient, sauf de choisir la forme que vous allez donner à tout ce qui vous touche. Nous vivons un multivers de tous les instants. N'allez pas chercher plus loin, simplement la juste expression subjective d'un corps, puis un autre, et un autre, encore, un peu plus, immense...

Tout élément pris en charge ou non par sa conscience, donnant lieu ou non à une réalité, reste relatif à chaque organisme et son environnement, en un milieu et un temps donnés, à des conditions particulières données. La conscience est une expression particulière d'un tout. Elle est générée par un organisme singulier, en un lieu et un moment donnés.

La perception, c'est le fruit de nos sphères de conscience. C'est le traitement de l'information organisée autour des éléments de conscience déjà ancrés dans notre subconscient et notre analytique. C'est la création de nos réalités toutes subjectives. C'est le socle de ressentis communs à tout un groupe.

Alors, avant de revenir dans l'illusoire chemin d'une commode perception canalisée par la Pythie de votre choix, permettez-vous un extra, d'une main, juste une perception extra ...

Perception extra

C'est tout naturellement que j'entends parler de perceptions extrasensorielles depuis assez longtemps. Cependant, je ne comprends toujours pas pourquoi tant de mystères et pourquoi ce mot "extrasensorielles" qu'il semblerait falloir comprendre comme "au-delà des sens", "en dehors des sens". Des perceptions qui échapperaient aux sens. Ces sens, ceux-là même qui nous permettent de percevoir. Evidemment que les gens un peu rationnels n'y croient pas. C'est assez difficile à avaler que de percevoir quelque chose sans le sentir. Ok pour ne pas l'avoir senti venir… mais de là à le percevoir sans preuve de sens ??? C'est que rien n'est jamais arrivé ! Je suis vivant et quand je perçois, il y a sens, et c'est par là que ça passe, par les sens.

Effectivement, chaque perception est une interprétation particulière de l'information dans le mécanisme conscient. Elle fait partie du processus de prise de conscience. Mais le mécanisme n'est pas dénué de sens. La prise de conscience commence par la captation, la réception d'une information retenue. Dans le meilleur des cas, cette captation doit se faire en premier lieu par le cœur. J'évoque par là le canal principal ou directeur qui transite le paquet global d'information cohérente représentant un message. Comme le système conscient est en réalité plus complexe quant au nombre de sphères ne se limitant pas à trois, il l'est aussi quant aux canaux récepteurs étant plusieurs à capter une même information simultanément. J'ai précédemment mentionné le fait qu'une information est ondulatoire, une vibration. Une vibration peut être perçue simultanément par différentes interfaces sensibles d'un même organisme, à différents endroits et à différents niveaux, en interne et en externe. Une information est alors retenue. Elle est traitée partiellement et simultanément par différents centres spécialisés reliés à des sens bien définis. C'est ce qui se passe, c'est normal et correct. Cela n'enlève rien au fait qu'il faille un centre directeur pour transiter l'ensemble du paquet informationnel bien formaté. Ce paquet sert de référence pour synthétiser les diverses interprétations. Il permet la validation d'un choix, lorsqu'il est reçu par le centre de traitement global approprié après calibration (là où il y a du neurone… généralement de l'analytique, mais peut-être pas toujours). C'est ce paquet informationnel qui motive le choix opérationnel bouclant la prise de conscience. La conscience s'appuie sur nos cinq sens, leur éducation et leurs conditions. Les sens interviennent dans leur domaine d'expertise de manière autonome, sans besoin d'ordre de mission. Cependant, une information sera correctement et sainement validée vers un acte cohérent et vertueux, si et seulement si le message dans son entièreté est calibré et mis à disposition en tant que référent. Il doit servir à associer et combiner les données partielles de tous les intervenants.

Le système implique un centre de transit principal devant être le cœur, pour diriger un feedback global pris en charge par un centre de traitement global, à partir de plusieurs feedbacks partiels dépendants de centres spécialisés, dans le même organisme, au même moment, pour une information unique.

Dans le détail, vous pouvez aussi comprendre que le message global ajusté par le cœur est une information ondulatoire simultanément accessible par voie interne à tous les centres spécialisés. Dans ces conditions, cette information vient modérer ou exacerber le message sensible relayé depuis l'extérieur vers chaque centre spécialisé.

Chaque centre va pouvoir moduler sa réaction de manière adéquate en fonction du complément diffusé en interne par le cœur. C'est une question de résonance où, pour une information identique, l'onde exprimée peut être réduite, amplifiée, priorisée ou négligée.
La perception est une histoire de sens. C'est une relation aux sens, que les sensations soient ressenties comme internes, externes ou les deux. Sans nos sens, pas de prise de conscience et pas de réalité concrète ni illusoire. La réalité inconsciente n'entre pas dans le domaine des perceptions. Une réalité inconsciente devenant perceptible basculerait vers un état de réalité consciente. La réalité illusoire est bien bâtie sur la perception et donc les sens, le ressenti. Cette dernière n'est simplement pas toujours aboutie de façon concrète, et c'est une question d'interprétation mais pas de sensation. Les sens et la perception par les sens sont incontournables dans la réalité consciente. Les sens et la perception n'ont pas lieu d'être dans l'inconscient. Il n'y a rien de conscient qui ne soit perçu et évidemment en lien direct avec un ou plusieurs de nos sens connus. Alors je l'accepte, mais je ne comprends pas cette classification de perceptions "extrasensorielles" qui alimente des réactions n'étant pas toujours bienvenues. Pour ma part, je préfère parler de perceptions sensibles ou de perceptions seulement "extra"... comme "en dehors"... de quoi ? de nos habitudes par exemple, de nos pratiques, de notre principe de réduction.
Pour le moment, il n'est peut-être pas utile d'aller chercher plus loin que nos fameux cinq sens reconnus par tous à ce jour. Tels que nous les connaissons, je pense juste qu'ils sont simplement envisagés de manière trop limitée.
Ouvrir et explorer le goût, le toucher, l'ouïe, l'odorat, la vue.

Nos sens ne sont pas cantonnés à la surface physique du corps. Ils sont les mêmes en interne et dans un périmètre environnant. Le goût n'est pas une fonction limitée au contact des papilles gustatives, comme le toucher n'est pas conditionné au contact épidermique. L'odorat, l'ouïe et la vue ne se résument pas aux interfaces que chacun localisera au nez, aux oreilles et aux yeux. Par exemple, quand je touche, c'est une sensation associée au contact épidermique mais pas nécessairement un contact physique. Les images, sons, odeurs et goûts sont aussi des sensations associées à des mécanismes physiques localisés, mais pas seulement. Par convention et apprentissage, nos sens sont réduits à l'idée matérialiste la plus simple et évidente à côté de laquelle la plus grande majorité des humains ne peuvent pas passer. Cette façon de faire peut se comprendre encore une fois pour des questions de compromis visant à simplifier la communication, les échanges et le commerce humain. En tout état de cause, pour moi, c'est une réduction assez sévère que j'aimerais moins contraignante. Le fait de proposer une norme accessible au plus grand nombre est une bonne chose, mais cela ne doit pas réduire la réalité à ce niveau. Au contraire, il doit être proposé en parallèle de développer les compétences accessibles à tous par nature à un niveau plus avancé. Nos cinq sens sont beaucoup plus étendus que la simple association physique et conventionnelle que nous en faisons. Ce qui doit nous intéresser, c'est la sensation profonde. Lorsque l'on est attentif au ressenti du toucher, on peut s'apercevoir que même si la peau réagit, elle n'est pas la seule et il n'est pas nécessaire d'être en contact direct avec la matière. On touche pareillement à distance, plus ou moins proche selon l'intensité vibratoire en rapport. Idem pour une image n'étant pas uniquement perçue les yeux ouverts (oui... ça aide quand même... avoir les bras longs aussi). Quelquefois, il suffit de voir pour vivre le goût. C'est pareil pour le reste. Bien sûr, il peut m'être expliqué que tout cela n'est qu'hallucination ou construction mentale. Toutefois, il faut aussi m'expliquer les réactions d'une personne souffrante que l'on examine en passant les doigts autour du corps, à distance, sans contact physique. A l'endroit de la douleur, la personne signale que le mal est là. Elle pense être touchée, que l'on appuie là où ça fait mal. Evidemment, il n'y a pas de contact, seulement une main à quelques centimètres. L'expérience se reproduit, et la personne, invitée à regarder, en est la première surprise. Expliquez-moi aussi la vision à distance. Lorsque que l'on décrit des éléments inconnus sur indication d'un code insignifiant, ou par simple intention de relier un objectif. Idem pour le ressenti de la douleur bien physique que l'autre porte en lui. Lorsque l'on vit ce qui se passe dans son corps comme si c'était à soi. On est capable de mettre les mots à sa place. On sait quand la douleur s'apaise, part ou revient, sans être physiquement atteint soi-même, juste le ressentir. J'ai bien conscience que des explications contradictoires peuvent être avancées. Mais les exemples sont nombreux et les expériences assez nettes. Je laisserai toujours la priorité à la réalité d'une expérience vécue (concrète), plutôt qu'aux théories supposées et non abouties (illusoires). Je sais encore qu'il est une vérité dans l'hallucination et la construction mentale. Il convient d'être prudent et conscient de cela, j'y viens un peu après. Malgré tout, nos sens sont beaucoup plus étendus que l'usage commun et limité qui en est fait. Je n'implique pas qu'il faille travailler pour mériter ce plus étendu. Je parle d'être né avec. Tout le monde est né avec. Simplement plus ou moins sensible, et plus ou moins contraint par la suite. Chacun, s'il s'interroge sincèrement, a déjà connu ce genre de situation où ses sens lui ont laissé ressentir bien plus que prévu. On peut aussi parler d'intuition. Mais l'intuition n'est pas un sens supplémentaire, elle touche tous nos sens. C'est une perception plus fine d'un ou plusieurs de nos sens à un moment donné, souvent sans le support physique habituellement associé à ces ressentis. C'est inné et cela peut aussi se développer. Que l'on continue à la considérer ou non, qu'on l'exprime ou non, nous vivons tous une part d'invisible. Cette part est d'autant mieux révélée qu'on lui accorde un peu plus de sensibilité. La sensibilité, certains la cachent bien, d'autres en souffrent, d'autres encore la cultivent et la partagent, certains en rient, en pleurent ou la méprisent... mais finalement, personne n'en manque vraiment. C'est ce qui fait le sens, la perception et la conscience. Pourquoi pas extra ? L'extra est ouvert à tous. Les systèmes permettant à nos sens de percevoir sont des mécanismes informationnels complexes faisant partie intégrante du processus conscient. Les sens et les perceptions doivent être considérés en tant que tels, à tous niveaux de conscience en reconnaissance de l'étendue de nos capacités, et non pas être réduits en remettant évidemment en cause la réalité de l'expérience consciente.

Rien d'exceptionnel, juste quelques trucs devenus un peu inhabituels pour beaucoup trop d'entre nous. Juste un aperçu du vaste territoire ouvert par l'ampleur de nos facultés méconnues. Parce que l'acte de conscience ne peut être nié, une réalité en est née et la perception par nos sens l'a conditionnée.

Etat modifié - hypnose en exemple

La conscience est en permanence un état modifié.

Un état est dit "modifié" lorsqu'il est provoqué de manière volontaire, exceptionnelle ou accidentelle, et qu'il induit un comportement différencié de l'état conscient de veille classique. Mis à part cela, c'est un état de conscience normal, sachant qu'il est naturel et fait partie de notre comportement usuel. Nous changeons naturellement d'états tout au long de notre vie et tout au long de nos journées. Ce sujet est notamment étudié au travers des fréquences cérébrales (bêta, alpha, thêta, delta et gamma) qui vont correspondre à notre état du moment, d'excitation, de vigilance, de détente, calme, concentration, sommeil profond ou léger. Il se trouve que ces fréquences correspondent en même temps à des états de conscience que l'on dit "modifiés" lorsque nous les provoquons, puisque l'on observe alors des comportements adaptés. Nos priorités, nos ressentis, nos préoccupations, notre attention, notre agilité, nos réactions, nos capacités... ne sont plus les mêmes. Bien que nous restions la même personne, notre état de conscience et notre comportement s'adaptent durant un match de rugby, une sieste, une lecture, au volant d'une voiture, à l'apéro ou pendant une partie de billes. Nous vivons ces situations quotidiennement, de façon plus ou moins prononcée.

Pour exemple, hypnose et états modifiés de conscience, c'est pareil. L'hypnose consiste à utiliser ces états modifiés vers des objectifs déterminés. Le but est de contrôler l'état de conscience d'une personne et mieux orienter son comportement. Cela peut servir pour faire un peu de spectacle, s'amuser, se détendre, soulager, optimiser tous types de capacités, favoriser ou inhiber des comportements acquis, potentiellement réguler toutes sortes de problèmes d'équilibre, santé et bien-être. Eventuellement, cela peut aussi permettre l'accès à des réalités contactées au sein d'une pleine conscience élargie qu'un individu aurait du mal à relier seul. C'est toujours un moyen d'influer sur les sphères de conscience, afin de privilégier un rapport ou un équilibre choisi. C'est agir sur l'organisme de manière globale par la conscience individuelle, ou du moins par son positionnement vis-à-vis de soi et son environnement. On peut penser que c'est la porte ouverte à des manipulations mal intentionnées. C'est vrai, c'est possible. Mais c'est très difficile. Le sujet manipulé n'est pas un pantin, c'est par sa conscience que les modifications opèrent, il reste donc conscient par définition. Il ne peut pas lui être ôtée sa conscience. On peut obliger quelqu'un par la force, en le contraignant physiquement par exemple. Mais si cela n'est pas bon pour lui, sa conscience s'y oppose, elle n'est pas d'accord et elle fera tout son possible pour empêcher cet acte ou le corriger par la suite. La conscience est le feedback travaillant en continu à stabiliser le meilleur équilibre possible de l'organisme. Il est alors bien compliqué d'aller à son désavantage en s'adressant directement à elle via l'hypnose. Cela peut être ce que certains appellent le libre arbitre. C'est cette liberté de conscience qui donne la priorité à sa propre raison d'être, dans tous les cas. En revanche, il ne faut pas attendre plus de libre arbitre ou un meilleur libre arbitre pour une personne sous état modifié de conscience que dans son quotidien habituel. Le manipulateur ne fait que composer avec la conscience d'un sujet et son libre arbitre tels qu'ils se présentent. En cas d'insuffisance, la différence sera vite vue entre le sage manipulateur et les autres. Le premier tâchera de permettre un développement de conscience, non pas en la dirigeant mais en lui permettant un meilleur cadre d'expression individuelle. Les autres essaieront de profiter de la faiblesse du système, pour imposer leur direction à une conscience ayant des difficultés à se situer. Néanmoins, la conscience individuelle reste toujours souveraine et dans son propre rôle que personne ne peut réellement forcer. S'agissant de la question du bon sens dans lequel va une conscience, cela revient plutôt à considérer le bon fonctionnement et les penchants de celle-ci au regard de la dynamique des trois sphères envisagées.

Tout cela signifie que l'on peut contrôler les états de conscience et poser sur eux une sorte de maîtrise. Oui, autant de l'intérieur que de l'extérieur, par soi-même ou un tiers intervenant, par la dynamique des sphères, par divers moyens comme l'hypnose… globalement, toute action permettant de proposer et prioriser une information choisie en quantité et en qualité (information matérielle ou immatérielle, peu importe). Tout élément en rapport au feedback, au mouvement et à l'équilibre des sphères ou à la réalité, implique une influence sur nos états de conscience et sur notre vie, notre santé, notre bien-être, nos capacités. Ainsi, il est dit qu'il est possible d'intervenir délibérément. La connaissance et le contrôle des états modifiés de conscience par l'hypnose en est un exemple de pratique connue et assez puissante. Toutefois, il est préférable de rester prudent tellement le domaine des possibles de la conscience est vaste. La conscience peut tout se permettre pour mener à bien sa mission. Ses possibilités dépassent toujours largement les capacités d'entendement qu'elle met à notre disposition en ce moment. Cette marge de manœuvre intrinsèque est un outil essentiel afin de faire face à n'importe quel imprévu à venir. Alors, pour ne pas être trop brutalement surpris et déstabilisé, il convient de prendre ses précautions lors d'une intervention ou d'une demande dirigée. Le contrôle des états de conscience n'est pas chose aisée si l'on en considère vraiment l'entièreté du système, ses tenants et aboutissants. La conscience est un processus naturel et autonome nous dépassant, dans le sens où c'est elle qui nous révèle et pas l'inverse. Il est donc délicat de manipuler ses états d'âme. Cela doit être plutôt abordé comme un accompagnement, une facilitation du mouvement. Cela ne doit pas se traduire par un acte orienté, décideur ou directeur, ayant toutes les chances de se trouver en opposition. Ceci étant, le système s'alimente d'informations en continu. Son efficacité nécessite qu'il soit en rapport à un maximum d'éléments informationnels, et nous le faisons travailler sans cesse sans vraiment le savoir. Une demande est une information. Si elle est pleinement formulée, de tout son être, sincèrement et véritablement, elle est une puissante énergie informationnelle. Cela implique forcément la conscience à la hauteur de notre investissement. C'est ce qui est appelé intention ou prière. Avec l'esprit un peu joueur, certains utilisent le principe pour créer des synchronicités. Cela a toujours existé et il semble parfois que, de nos jours, ce soit devenu un art réservé à quelques-uns. Il n'en est rien, nous l'avons tous pratiqué au moins une fois dans notre vie et il s'est passé ce que nous avons demandé, que nous en ayons été conscient dans l'instant ou non. Sans nécessairement prétendre à maitriser des outils spécifiques, nous orientons notre réalité naturellement pour peu que nous y mettions l'intention propice à unifier notre conscience vers un objectif clair. Notre conscience détermine notre comportement et notre comportement influence notre conscience. Notre vérité quotidienne à tous commence dans l'application ou l'élégance que nous mettons à choisir ce que l'on exprime et la manière qui va avec. A se souhaiter de belles réalisations plutôt que l'inverse, il est important de se permettre un cadre sain, agréable, paisible, confortable, bienveillant et respectueux, en dedans et autour.

Au-delà de l'acte volontaire ou personnel, influent et maitrisable, il y a la plus grosse part du gâteau qui nous est inconnue. C'est l'information libre, sur laquelle nous avons nettement moins de pouvoir et qui en a énormément sur nous. L'information libre intervient dans notre monde sans alerter, alors que nous n'avons simplement pas idée de son existence. Cette immensité d'information impalpable est le réservoir vital de l'évolution individuelle et collective. Nous y sommes intimement reliés. La connaissance des états modifiés de conscience est aussi la permission d'y accéder plus largement et en pleine présence.
Au travers de cette immensité, nous partons un peu comme au-delà de soi. Comment ça se passe ? A quoi ça ressemble ? Et si c'était ça la vraie vie ? Affaire à suivre...

L'autre conscience - Elargir au-delà de soi

Tout ce qui est un, est multiple.
Tout élément est une partie d'un ensemble plus grand à l'identique. Tout élément est un ensemble de parties plus petites à l'identique. Il en est de même pour tout ce qui est, que l'on parle de matière ou d'invisible, de physique ou de psychique... la conscience aussi. Ici, par exemple, il est bon de préciser qu'elle est pareillement individuelle que collective dans tout ce que j'aborde.
L'autre conscience, c'est celle qui nous parait aller au-delà de soi. En fait, nous sommes simplement au-delà de notre cadre habituel, consensuel et éducatif. Mais peu importe, c'est au-delà. Là-bas, là-haut ou ailleurs, nous trouvons la conscience collective pareille à la nôtre personnelle. Puis, il y a aussi la nôtre personnelle dont le mécanisme s'étend, relié à cette collectivité ou simplement en nous, au fil de l'inconscient. Oui, la réalité inconsciente, l'information libre, joue effectivement son rôle majeur en toute conscience. Libre, parce que disponible. Disponible, parce que n'étant pas assignée et actée, non associée au propre édifice conscient d'un individu. Mais toujours reliée, quelque part, à quelque chose, à quelqu'un, toujours influente et élément invisible avec lequel nous devons composer. On ne badine pas avec l'inconscient.

Aller explorer ce monde, c'est d'abord trouver la pleine conscience. Pour rappel, la pleine conscience est l'état que l'on pourrait rapprocher du schéma 2. C'est ajuster le couple analytique-subconscient réuni autour du cœur et le considérer à sa juste valeur. C'est relier la composante spirituelle à la composante matérielle en collaboration, vers leur raison commune qu'est cet être qu'ils animent. C'est réunifier l'être autour du cœur, dans la conscience supérieure. C'est ici que la pleine conscience s'établie, dans un équilibre de nos trois sphères permettant à chacune d'accéder à l'ensemble et accepter le collectif. D'ici, il est possible d'approcher l'autre. L'autre moi à l'intérieur et l'autre collectivité à l'extérieur. L'autre s'envisage en premier lieu par le contact de l'information libre, l'inconscient. L'autre moi, en contactant l'inconscient personnel, relié dans son corps. L'autre collectivité, en contactant l'inconscient collectif, relié dans sa communauté environnante. Contacter l'inconscient est tout naturel lorsque l'union est posée autour du cœur. Chacun met ses compétences au service de l'ensemble. L'analytique ne s'agite plus à débiter des solutions sans avoir accès aux outils nécessaires ni destinataire pour son rapport. Il fait simplement son analyse en juste relation aux outils connus de l'organisme, et il remet son expertise au centre commun en pleine conscience. Le subconscient ne s'agite plus en réflexes de toute urgence sans aucune cohérence ni retour d'information. Il active l'opération justement nécessaire en réponse à un choix fait en pleine conscience, soutenu par ses archives, son expérience et ses outils éprouvés. La conscience supérieure ne passe plus son temps à évacuer les déchets, ni rectifier les erreurs trop nombreuses d'un orgueilleux égotique s'étant agité d'un côté ou de l'autre. Elle consacre tout son temps libre à ouvrir les portes de la nouveauté, s'intéresser à découvrir l'inconnu, ce qu'il peut nous apporter et ce qui est à éviter… Le cœur relie alors l'information libre, qu'elle soit interne ou externe.

Voilà venue la pleine conscience allant mécaniquement s'élargir. Toujours plus au contact de l'au-delà inconscient.

L'information libre n'étant pas consciente, elle a pu vous paraitre jusqu'alors comme forcément externe à l'organisme individuel. C'est le cas en grande partie, mais pas seulement. Elle nous est quelquefois interne sans que nous en soyons pour autant conscients.
En interne, cette information est libre parce que le support conscient qui la légitimait a été déconnecté ou a volé en éclat. Je dis "volé en éclat" pour aider à comprendre ce cas important car assez répandu. Le support, ce sont les données qui expliquent et valident la pertinence, la véracité, la reconnaissance et la fonction opérationnelle de l'élément s'y référant. Dans notre cas, une information, consciente auparavant, s'est vue privée de son support généralement de façon subite et totale. Un choc mettant les fondations directement en cause. La réaction en chaine se produit naturellement. C'est l'effondrement de tout ce qui a été bâtit sur la base supprimée. Les informations concernées se retrouvent libres, retournées à l'inconscient et, la plupart du temps, détachées de tout autre élément. Alors, elles vont trouver un nouveau point d'attache compatible (support en résonance avec leur nature vibratoire) dans ce même milieu, ou bien dans le milieu externe vers lequel elles seront évacuées si leur état ne résone plus en interne. Sauf qu'il peut arriver qu'une information conserve une attache malgré l'effondrement. Il s'agit vraisemblablement d'une information reliée à l'organisme en plusieurs points. Cela est tout à fait possible et sans aucune gêne, car dans les faits, une information peut se trouver en cohérence avec plusieurs éléments distincts. Cependant, dans les liens pouvant être multiples, il en est souvent un principal qui permet le

maintien de l'ensemble. Un lien secondaire est habituellement insuffisant pour retenir l'information à lui seul, elle est alors libérée lors du choc. Toutefois, certains liens, bien que secondaires, suffisent à maintenir une attache plus ou moins durable. Mais ce n'est qu'une attache. Ce n'est pas une liaison active en tant que telle qui soit impliquée et partie prenante dans le processus conscient. Cette information peut être vue comme optionnelle sur son point d'attache, ni nécessaire à l'élément relié, ni suffisante pour exprimer une valeur consciente autonome. Dès lors, c'est une information inconsciente pourtant rattachée à l'organisme. Par ailleurs, nous hébergeons aussi une part d'information non reliée à notre contexte de vie actuel. Elle est donc libre et inconsciente. C'est la part informationnelle de notre âme non exprimée par l'individu que nous incarnons. Ce mécanisme sera éclairci dans les pages suivantes, et cela correspond à une déconnexion du socle de notre réalité actuelle. Alors, une quantité d'information plus ou moins importante fait partie intégrante de notre être sans être exprimée. Celle-ci reste fermement attachée au noyau, le cœur. Quelle que soit son histoire, sa raison d'être là et sa reliance, nous contenons cette information demeurant en interne simplement rattachée, non exprimée, inconsciente, libre. Elle est là et donc aux avant-postes, influenceuse devenue discrète. Elle conditionne déjà nos possibles, et se tient prête à bondir si quelqu'un venait la réactiver d'une manière ou d'une autre.
A l'extérieur, l'information libre, ce sont ces nouveaux éléments que le cœur transite vers l'intérieur parce qu'ils entrent en résonance avec nous, même s'ils ne nous sont pas spécifiquement destinés. C'est la collectivité qui génère cette masse informationnelle. Chaque individu rayonne, diffuse sa

connaissance naturellement et nourrit le milieu. Vous pouvez imaginer chacun propageant son information en la proposant comme une antenne qui émet ses programmes audio-visuels, ou bien comme un réplicateur qui disperse des copies de son savoir tout autour, pour qui en veut. Plus une information est distribuée en externe, plus elle se renforce en tant que conscience collective. Elle augmente ainsi son potentiel à intégrer les organismes ne l'ayant pas encore validée ou contactée. La conscience collective se construit aussi en fonction de ce qui l'alimente. Toujours, elle influence et conditionne les potentialités, prête à rallier de nouvelles consciences personnelles. Suivant le cycle d'intégration en conscience, cela viendra renforcer, créer ou modifier une réalité existante. C'est l'aventure de la connaissance, là où le meilleur et le pire n'existent pas encore, la danse de l'évolution à laquelle rien n'échappe dans ce cosmos d'énergie enchantée.

L'humain vit l'information libre, cette réalité inconsciente. Et maintenant, au détour d'une légère méditation, nous pouvons l'observer, entendre, voir, toucher un bout d'invisible avec lequel nous partageons notre existence consciente... C'est juste merveilleux.
Sous condition d'ajuster quelques paramètres de sphères, nous pourrions alors accéder à une conscience plus large. Favoriser et vivre un état conscient où nous réduirions la part de réalité inconsciente, pour en augmenter d'autant la part de réalité consciente illusoire et concrète. Tout cela semble bien fantastique. Allons-y.
Ajuster ses sphères de conscience, nous avons vu que cela peut être fait par toute technique permettant de proposer et prioriser une information choisie. Cela a pour effet de privilégier ou amoindrir les tendances de conscience voulues,

et s'orienter ainsi vers l'équilibre souhaité. J'ai préféré l'hypnose pour illustrer ce mécanisme, mais nous pouvons citer la majeure partie des pratiques basées sur la conduite de l'énergie et de l'intention. La conduite de l'intention consiste à rallier toutes les capacités psychiques en un point précis, focalisées sur la pleine attention portée au-delà de soi. La conduite de l'énergie consiste à rallier toutes les capacités physiques en nos fonctions sensorielles, focalisées sur le ressenti des cinq sens et la perception fine de toute sensation, tout mouvement, sa localisation, sa propre nature et sa danse à intégrer si l'on prétend à agir ou réaliser.

Une pratique particulièrement intéressante, que tout le monde connais plus ou moins, est la méditation. La méditation a l'avantage de souvent faire appel à une attention dirigée vers une visualisation, un ressenti physique, ou les deux en même temps. Cela appelle à la fois l'intention et le flux énergétique de sensations corporelles, impliquant des perceptions que j'associe aux sphères de conscience. C'est, selon moi, dans ce sens qu'il convient faire converger la méditation et l'hypnose. Alors, les pratiques se rejoignent, et les résultats sont généralement au rendez-vous.

Et puisque nous allons au-delà, passons au-delà des pratiques. Je le répète, tout le monde est né avec. Il est naturel de canaliser de l'énergie, ou de l'information selon comment vous voulez la nommer. Ce qui semble ne pas être évident pour tous, c'est simplement d'en profiter en pleine présence et efficacement. Pour ceux qui souhaitent s'accompagner de techniques aidantes, il est évident que leur pratique régulière les amènera à intégrer toujours plus d'automatismes, jusqu'au retour d'un fonctionnement autonome naturel. Ceci dit, nul n'est forcé de souscrire à cette idée du naturel, pas plus que de souhaiter retrouver une amplitude de ressentis et de conscience que je décris pour ma part comme naturelle. L'essentiel n'est pas de vouloir pousser en avant. L'essentiel que je ne négocie pas autrement qu'obligatoire, ça reste l'équilibre, ce que j'appelle la pleine conscience. (Quand je dis "obligatoire", ce n'est pas moi qui forcerai quiconque, c'est évidemment le cosmos qui danse toujours…). Lorsque l'équilibre se tient, il n'est pas toujours nécessaire et bienvenu de vouloir absolument paraître plus large que son voisin. Néanmoins, pour moi, l'ouverture vers le large n'est pas une option et ce n'est pas une question de voisin. Comme pour certains d'entre vous, ces ressentis et cette conscience ouverte sont ma seule référence humaine et la seule qui vaille à être développée. C'est le reste, le cadre administratif de l'humain moderne, que je dois apprendre sans pour autant souhaiter le prioriser, juste pour mieux comprendre et éviter quelques soucis bien inutiles. Alors, pour ceux qui y sont en plein dedans et pour ceux qui souhaitent y revenir, avançons un peu plus dans cette conscience, au-delà.

Revenons à l'inconscient accessible entré dans notre réalité. Une fois que l'information libre a été contactée, c'est l'histoire de la prise de conscience qui se déroule. Le mécanisme que je vous ai proposé avec la captation, le calibrage, le traitement. Le feedback conscient prend place comme expliqué précédemment. L'information libre, c'est ce que le cœur canalise pour en faire une réalité consciente. Bien sûr, avec tous les scénarios possibles, où le meilleur et le pire n'existent pas. Malgré tout, maintenant que nous savons pouvoir agir, nous pouvons aussi nous poser la question du meilleur et du pire, lorsque la matière concrète a pris forme et donne vie à ce genre de notions. Passer par le cœur, c'est ce que j'appelle le meilleur. Fermer le cœur et ses ressentis, les contraindre, les ignorer, ou encore s'abandonner au pillage, c'est ce que j'appelle le pire. Mais entre les deux, il y a de quoi s'affoler sur des pistes plus ou moins vertueuses, plus ou moins glissantes.

Rappelez-vous qu'on ne choisit pas vraiment l'information retenue. Nous transitons toute celle qui se trouve compatible avec nous. Plus une personne a bâti une conscience large, plus elle est diversifiée et plus son champ de compatibilité est grand, plus elle entre possiblement en résonance avec une plus grande variété d'informations. Comprenez-le aussi du point de vue des ressentis y étant liés. Plus les capacités de perception sont étendues, plus la quantité d'informations compatibles est grande. Ceci est simplement évident pour quelqu'un qui baigne dedans comme pour quelqu'un qui grandit tranquillement à sa mesure. Pour un autre qui bascule temporairement dans un état provoqué et pour le moins inhabituel, cela peut être assez déstabilisant et vécu comme un vrai raz de marée. Dans tous les cas, le fait de ne pas choisir l'information ne signifie pas que l'on ne puisse pas sélectionner, prioriser ou orienter. La préférence reflètera l'équilibre d'un individu à ce moment. Au mieux, cela suivra le consensus produit par l'apport de chaque sphère, sous la coordination de la conscience supérieure tempérant l'ambition unilatérale de chacune. Cette sélection n'est pas conditionnée par la seule volonté du "je veux" et "je ne veux pas". On ne dit pas non ! On ne rejette pas plus une information qu'on ne la choisit. Mais on peut indiquer sa direction. La sélection ne s'établie pas comme une décision au coup par coup. Elle s'installe et se module progressivement, en relation avec l'état général d'équilibre d'un organisme et l'orientation évolutive étant la sienne à un moment donné. De toute façon, dès lors qu'une information est captée, le processus d'intégration en conscience est lancé et il faudra accepter ces nouvelles données, tôt ou tard. Les accepter dans toutes leurs composantes afin de les assimiler correctement à notre conscience individuelle. Être capable de les reconnaitre, de les raisonner, les nommer et les expliquer est impeccable. L'acceptation d'une information peut être très rapide ou prendre un peu de temps. Cela dépend de la relation contextuelle entre l'élément reçu et l'individu. La volonté d'accompagner cette intégration est importante. Il s'agit de vivre le plus sereinement possible sa réalité personnelle toujours un peu en marge d'un collectif à l'autre.

Je vous ai indiqué précédemment : "Je sais encore qu'il est une vérité dans l'hallucination et la construction mentale. ... j'y viens un peu après." C'est ici.

Il est définitivement question d'interprétation. C'est un acte très personnel, mais aussi bien souvent soumis à une forte influence collective. La réalité est forcément biaisée par la conscience individuelle et fortement poussée par quelques pressions collectives. Bien qu'il reste de la responsabilité individuelle de choisir son collectif, une fois parti en exploration au-delà, on ressent et perçois plus, et donc on voit, on entend, on touche des trucs en dehors du cadre. Nous quittons le terrain consensuel et standardisé de l'administrateur humain. Un état de perceptions élargies est la porte ouverte à toutes sortes d'aventures. Je parle d'aventures et pas de délires ou d'hallucinations, parce que je tiens à rappeler que toute réalité est légitime. Elle contient intrinsèquement la pleine valeur de son existence du fait de la mécanique consciente l'ayant produite. Il est quand même préférable d'être prudent, tant on s'emballe facilement... Néanmoins, je préfère éloigner d'ici les termes comme "hallucinations" et "délires" tellement leur interprétation les rend sujets à controverse (n'en rajoutons pas). Parlons de réalités, de ce que devient une réalité inconsciente quand elle migre vers une réalité consciente illusoire ou concrète. Parlons d'éventuels degrés d'intérêt que l'on peut accorder à une interprétation, ou encore des dérives que l'on peut éviter. La porte s'ouvre sur l'univers invisible. Mais pas que... aussi des trucs visibles mais inexpliqués. Les anges, les entités, les extraterrestres, les créatures et mondes fantastiques, les miracles, etc.

C'est tout un monde d'informations nouvelles qui se présente. Un monde avec lequel le cadre sociétal commun ne résonne pas nécessairement de premier abord. Le support habituel, assurant notre réalité consciente concrète, se voit bouleversé. Nous canalisons l'extraordinaire. J'utilise volontiers le terme "canalisation" (canal, canaliser) pour imager la réception de ce contenu hors cadre. Ce qui est dit par canalisation est souvent compris avec une connotation d'extrasensoriel, de médium et de contact particulier avec des formes de vie "supérieures". Je ne souscris pas à cette unique connotation, mais ces phénomènes font partie de l'ensemble m'intéressant ici. Je pense que ce mot est bien compréhensible par tous dans le sens commun que chacun est libre d'aménager. Canaliser l'énergie ou l'information, c'est en fait ce qui se passe dans tous les cas de prises de conscience décrits jusque-là par le mécanisme de feedback. C'est donc encore une manière d'indiquer que le modèle ne change pas lorsque nous allons un peu plus loin que ce qui est communément reconnu. Justement, rappelons-nous que cette information libre n'est canalisée en conscience que par l'intermédiaire de sens plus ou moins finement aiguisés. Effectivement, ces capacités sont mises en avant par les expériences médiumniques, clairvoyantes, intuitives, de sorties de corps, de vision à distance, etc. Et cela concerne chacun de nos cinq sens, de manière individuelle ou collaborative. Les fonctions sensitives sont projetées bien plus puissamment et plus finement. Elles sont moins contraintes par les exigences propres à l'analytique ou au subconscient en termes d'espace-temps par exemple. L'analytique et le subconscient ne sont plus contraignants, mais bien présents dans leur rôle participant à la pleine conscience. Ils sont primordiaux à ce stade, car on sait que sans eux, la prise en charge complète d'un élément informationnel ne pourrait pas avoir lieu. Or, plus le ressenti est inhabituel et éloigné de nos standards, moins il est précisément documenté dans nos sphères de conscience, plus il va falloir être efficace lors du traitement de l'information. Il y va de l'interprétation aboutie, en grande partie dépendante du contexte spécifique à l'organisme concerné. Des capacités analytiques avancées et des archives subconscientes riches, c'est ce qui autorise et conforte une transcription plus juste et cohérente dans notre réalité préexistante. Ce sont des qualités pouvant nous éviter des difficultés de traduction et de mise en conscience. Sans cela, ces mêmes difficultés donnent lieu à des constructions et assimilations parfois bien inadéquates. L'incapacité à formuler le sens peut constituer des dérives ne conservant que très peu de rapport avec le contenu du message originel. Nous ne sommes pas à l'abri d'un emballement par trop d'enthousiasme ou trop de panique. Ça va un moment, mais il faut éviter d'aller trop loin. Construire sans fondations, c'est risquer de perdre toute cohérence essentielle.

Une réalité consciente concrète peut directement être actée depuis une information libre, et c'est très bien comme ça. Pour autant, plus les données contactées sont éloignées du cadre commun, plus grande est la probabilité de se tourner vers une réalité consciente illusoire. Le meilleur traitement consiste à élaborer malgré tout une réalité opérationnelle, en attente de réunir les moyens adéquats et suffisants à sa réalisation concrète. L'autre version, c'est l'erreur d'interprétation. C'est le probable début du désordre jusqu'à la reconnaissance de la fausse idée, et enfin son démantèlement. Une réalité illusoire en erreur n'est jamais viable à long terme, elle finit toujours par se décomposer ou voler en éclats. Volontairement ou sous pression d'un environnement concret incompatible, elle est naturellement rectifiée. Elle peut délibérément être poussée à prendre de l'ampleur et s'installer dans la durée, mais elle ne pourra jamais prétendre à évoluer aussi efficacement qu'une réalité capable de se poser en concret. De ce fait, tôt ou tard, elle cèdera au milieu ne conservant finalement que ce qui entre en résonance constructive avec lui, et rejetant ou décomposant le reste en éléments à recycler. Alors, pour chaque donnée nouvellement arrivée en tant que réalité illusoire, c'est le commencement d'un nouveau travail d'amenée de l'ombre à la lumière. C'est tout le plaisir d'explorer la conscience et en particulier les étendues inconnues. La recherche de confirmations, explications ou antithèses, est systématique. C'est tout naturellement qu'une réalité se fait ou se défait, se renforce ou se désagrège. Le cheminement prend plus ou moins longtemps, en fonction des besoins, de l'urgence, de l'intérêt ou de l'investissement, toujours personnel ou collectif. Puis, le statut acquis n'est jamais vraiment définitif, l'évolution ne s'arrête jamais. Tout ceci est simplement dans la nature des choses. C'est ainsi que se fait l'essentiel de l'apprentissage fondamental de chacun, et non pas par l'éducation livresque ou scolaire. Je ne dis pas que l'éducation livresque et scolaire n'ont pas leur place. Ce sont des formes d'apprentissage dirigées, très utiles à l'intégration du consensus communautaire. Ce sont aussi des ressources massives permettant d'avancer plus vite et de mutualiser des expériences pouvant être complexes par exemple. Cependant, ce ne sont que des ressources supplémentaires venant en complément. Elles ne sont utiles que si et seulement si l'apprentissage fondamental est installé. Cet apprentissage fondamental, il ne peut passer que par le processus de traitement d'informations libres. C'est le mouvement immuable de la vie de toute chose que je décris ici au travers du développement conscient. C'est ce que je pense avoir exposé de différentes manières vis-à-vis de l'énergie informationnelle de proximité dans un espace de connaissance proche. Maintenant, nous sommes partis au-delà, pour relier un espace beaucoup plus large. La conséquence en est l'incertitude grandissante quant à l'interprétation des données. Nous visitons les limites des capacités sensorielles les plus curieuses.

Il faut donc garder à l'esprit ce système de prise de conscience toujours identique, mais devant impliquer un regain de prudence et de précautions lorsque l'on s'amuse avec des trucs extra comme l'invisible sous toutes ses formes. Du moins, c'est conseillé si l'on veut avancer avec le plaisir de construire dans le sens du cosmos, solide et durable. Cette prudence n'est pas un comportement de méfiance ou de protection devant être mis en œuvre. Il s'agit de conserver les basiques et d'y être d'autant plus vigilant. C'est, par exemple, renforcer encore sa pleine conscience avant de l'élargir, vérifier et entretenir la communauté des trois sphères, considérer précieusement les notions de relativité, d'ouverture, d'humilité, de service au plus petit et au plus grand, de légitimité et valeur inaliénable, de bienveillance... et aimer tout ce qui danse et ondule, la vie. Sans cela, on glisse plus vite dans l'erreur. Cependant, ce n'est pas systématiquement un problème en soi. Cela peut être formateur, quelquefois marrant et divertissant. L'erreur est un élément du cheminement. Alors, il est important de se savoir parfait avec cette composante, comme il est important de ne pas en faire une vulnérabilité. Il convient de l'utiliser à bon escient, en tant que marche d'escalier sur laquelle on passe et on ne s'éternise pas, sur laquelle on s'appuie pour s'élancer et on ne bâtit pas sa maison. Il est encore important de savoir pardonner, pour soi et autrui. Beaucoup savent combien le pardon est une immense particule de l'être, grande, puissante et fondamentale. Pour tous, je n'entame pas le dossier ici mais vous encourage très fort à l'étudier, et peut-être développer plus encore votre savoir en la matière. Cet aspect se révèle évidemment précieux dans le contexte d'erreur, et il fait alors pleinement partie d'une conscience bien menée et sereine. Concernant l'erreur, elle n'est pas un problème en soi en sachant ce qu'il en est. Mais donc, attention à l'emballement et à l'erreur qui déborde de son territoire. Attention aux erreurs trop fréquentes ou répétées. Attention à celui qui se laisse dépasser par l'erreur en pleine poussée de ses perceptions extras. Là aussi, plus on voit grand, plus les débordements et les dégâts potentiels sont volumineux. Il faudra alors avoir prévu une grosse capacité d'effondrement et de pardon. Le mieux reste quand même d'éviter de trop en faire. Quel qu'en soit le contexte, la réalité consciente illusoire est donc aussi cela, l'erreur. Les exemples de dérive sont nombreux autour de nous et dans tous les domaines (spiritualité, éducation, administration, science...). Je ne souhaite pas en décrire les cas, car il n'est pas de mon intention de stigmatiser ni de juger. Je ne souhaite pas plus faire prévaloir un sentiment n'étant que le mien et donc qu'un ressenti personnel et relatif. Même si tout le monde peut ne pas être d'accord, ce que je propose dans ces lignes est de l'ordre de la mécanique naturelle des choses, du factuel et non du sentiment ou de la préférence personnelle. Bien sûr, je bâtis sur ma propre expérience, sur mes ressentis et mes capacités à appréhender ce dont je parle, mais je tâche autant que possible d'affirmer uniquement ce qui ressort comme concret, au-delà de ma préférence relative. Néanmoins, quand l'erreur dérive et se répand, nous touchons parfois des situations regrettables pour tous. Je suis de ceux qui acceptent la difficulté sans accepter qu'on se mette à la cultiver et la dealer. C'est d'autant plus vrai pour la souffrance. Il y a certaines conséquences bien fâcheuses à se laisser dériver dans les flots de l'erreur. Malgré tout le calme, la patience et la raison qu'il convient de garder face à la culture de l'erreur, il est des situations dont la violence et la brutalité d'une frange d'excités se traduisent par des débordements intolérables. Alors, ici comme ailleurs, disons que je m'emploie aussi à rétablir des positions sensiblement raisonnables et vertueuses, avec toute force d'intention nécessaire. En tout état de cause, chacun peu affiner son bon sens et participer à construire une réalité plus large et moins débordante à la fois. Il n'est pas de fatalité. C'est un peu à cette fin que je m'exprime et m'efforce de partager le bon sens des choses qui m'est permis. A chacun de contribuer en régulant ses capacités, son risque de débordement et sa marge d'erreur, tant personnellement que collectivement. Bien qu'il ne soit pas utile d'étaler des jugements sur ce que certains voient, pensent ou illusionnent trop fort à mon avis, il me semble qu'il faille tout de même honnêtement partager avant de risquer l'intolérable. Il faut donc envisager le sujet des dérives auxquelles la conscience nous confronte. Bien qu'il ne s'agisse que de ma perception individuelle, il me paraît juste et nécessaire de répondre clairement à quelques questions du monde invisible avant de poursuivre. Je donne avantage à la réalité concrète ainsi qu'à la nécessité d'accompagner au mieux l'évolution d'un mouvement universel auquel je participe, en toute sincérité et fidélité à mon expérience. Sur les questions qui suivent, peu importe la raison de l'un ou de l'autre, pourvu qu'il ne soit pas de débats mais simplement des discussions, pourvu que la sincérité, la bienveillance et l'envie d'apprendre par le partage soient au rendez-vous. Pourvu que la divergence d'opinion soit justement proportionnée, car c'est ainsi qu'elle contribue toujours à avancer le noyau de vérité existant alors sous chaque enveloppe.

Je pense que c'est ainsi que l'on doit avancer dans le respect. Remercier avec le même plaisir celui qui soutien notre raison contre vents et marées, et celui qui éclaire nos égarements en nous offrant l'opportunité de faire de sa raison la nôtre aussi.
En premier, ne pas nuire.

Réalité bienvenue... ou... y a erreur ?

Voici mon avis sur quelques questions, bien évidemment dans la cadre du sujet de la conscience et ses réalités. Pourtant, dans toutes les approches invisibles mentionnées par la suite, ce n'est pas parce que j'en valide certaines qu'elles sont toujours vraies dans tous les cas. Par exemple, une personne peut avoir touché ou vu une énergie étant physiquement identifiable par quiconque s'y frottera. Puis, tellement fascinée par cet exploit, elle peut passer le reste de sa vie à identifier par erreur des énergies inexistantes, simplement en construisant mentalement ces phénomènes. Ce sont des réalités illusoires en erreur, que d'autres ne percevront que sous forte influence du créateur. Rien n'est jamais acquis et la glissade s'invite dans les prétendues habitudes. Il y va de notre comportement. Restons centré. Chaque sujet pourrait être longuement déployé. Ce que j'évoque en suivant représente les principales lignes d'interrogations ou d'affirmations couramment évoquées. Celles-là mêmes qui portent à discussion et pouvant occasionner certaines dérives non négligeables. Comme dans le monde visible, et plus encore, toute relativité et bon sens sont à garder près de soi.

Toucher, voir, manipuler l'énergie ?
Oui, les possibilités sont multiples. Ce sont les perceptions sensibles (ou extras) consistant à projeter ou exploiter un ou plusieurs sens de manière plus poussée que d'ordinaire. Nous trouvons ici l'alchimie, la psychokinèse, les clairs (voyance, audition, ressenti...). C'est établir un contact physique individuel avec l'énergie à partir de nos sens, et éventuellement agir sur elle. Cela ne fait aucun doute pour

moi. L'énergie représente toute chose en nous et autour de nous. Que ce soit invisible, fluide, matière impénétrable ou autre, ce n'est qu'une question de densité et d'expression particulière de l'éther animé. C'est toujours l'information en mouvement, organisée et exprimée de différentes façons, condensée, agglomérée ou diffusée. Pour le contact que chacun peut en avoir, cela est variable en fonction du spectre accessible à ses sens. Nous sommes tous naturellement plus ou moins doués dans différents domaines, et ceux qui souhaitent s'entrainer peuvent développer des capacités très avancées. Nous sommes nés avec le programme, nous en sommes même un pur produit, nous baignons dedans. Bref, tout le monde y a accès, nous n'avons même pas le choix, nous sommes fait comme ça. Personne n'est obligé de devenir spécialiste. Mais celui qui sort les mains de ses poches, celui qui ouvre un peu les yeux ou les oreilles, celui-là voit qu'il le peut aussi. Toucher des trucs dans le vide, voir des trucs invisibles et écouter ce qui se dit dans le silence.

Télépathie ?

Bien sûr, bienvenue. Je pense que tout le monde en use et en abuse quelquefois sans le savoir. C'est du même ordre que prendre contact physique avec l'énergie. C'est un de nos moyens de communication essentiel. Le langage verbal est une faible partie de nos échanges communicants et, selon moi, il est assez limité. La télépathie fonctionne sur le même principe d'émettre et recevoir des informations, avec un interlocuteur ciblé sur un sujet donné. Mais elle est bien plus performante, rapide, sans contrainte de distance, précise et sans ambiguïté. Nous sommes tous actifs en matière de télépathie, autant en émission qu'en réception. Cependant, nous ne ressentons pas toujours clairement ces informations.

Ou bien, nous avons du mal à les interpréter. Ou encore, nous les ignorons et les dévalorisons. Cela peut être perçu et nommé comme de l'intuition, de la connexion, de la complicité... Que nous le voulions ou non, la télépathie exprime notre pensée sans filtres. Que ce soit conscient ou non, nous la ressentons tous. C'est un mode d'échange énergétique essentiel qu'il serait bon d'apprendre à percevoir correctement, développer et canaliser.

Les égrégores ?

Oui aussi. Ce sont des paquets d'informations immatérielles regroupées autour d'un thème qui en définit la cohérence. C'est un ensemble ou un groupe d'idées disponible en tant que réalité inconsciente pour ceux qui ne l'ont pas contacté. Les personnes y étant reliées en reçoivent l'influence, l'alimentent et contribuent à le diriger, le renforcer ou l'amoindrir. Personnellement, je parle d'égrégore à partir du moment où cet ensemble informationnel fait preuve d'une puissance non négligeable qui puisse porter une influence notable sur l'environnement, la société, nos comportements individuels et collectifs. Il y a des égrégores pouvant être considérés comme positifs ou comme négatifs. C'est une communauté d'idée démultipliant son impact avec le volume et l'investissement de ses adhérents. Vous pouvez penser avoir été influencé et abusé inconsciemment par ce genre d'organisations, mais il est de la responsabilité de chacun de désembrumer sa conscience.

Les miracles ?

L'inconcevable prenant subitement forme concrète devant soi ou en soi. Oui, chacun en est capable, et à plusieurs c'est plus puissant. Cela ne vient pas de l'extérieur mais bien du pouvoir intérieur de chacun, là au milieu, dedans. C'est pour moi, comme le mot "extrasensoriel", juste pour signifier que l'on est bien là en dehors du cadre communément admis par l'administration humaine du moment. Mis à part cela, un miracle, c'est ce qui arrive quand vous poussez un peu plus loin vos capacités de création au contact de l'énergie et donc de la matière. Les miracles sont en relation étroite avec les capacités d'expression sensorielle. Les miracles d'hier n'en sont plus aujourd'hui, et les miracles d'aujourd'hui n'en seront plus demain. Il est évident que nous évoluons, nous apprenons et nous développons des outils de plus en plus performants. Cela est aussi vrai concernant nos capacités sensorielles ainsi que les effets pouvant résulter de leur compréhension et de leur maitrise. L'intention est au cœur des agissements en la matière. En poussant à plusieurs dans le même sens, on est plus fort et on peut réaliser plus grand encore.

Les médiums, voyants, devins ?

Oui, ils sont bien réels, ils ne sont pas des erreurs de la nature. Quant au contenu de leurs canalisations, ça n'est pas évident à tous les coups. Des canalisations réelles ? Bien sûr. Mais une réalité n'étant pas toujours celle que l'on croit, elle peut aussi donner lieu à quelques erreurs. L'information transitant par l'humain est conditionnée par son interprétation. Il s'agit de personnes aux capacités extras qui captent et traduisent des données ne les concernant pas nécessairement eux-mêmes. Ils se mettent en résonance et connectent temporairement des informations pour autrui, sans forcément intégrer ces données. Cela demande une certaine distance et neutralité. Malgré tout, pour exprimer le contenu, il faut le traiter, le traduire et donc l'interpréter.

La qualité du rendu dépend beaucoup de la qualité du medium, de sa pleine et large conscience bien équilibrée. Il convient de canaliser par le cœur et pas par la tête ou les pieds (pour le dire gentiment). Il y a aussi la provenance de l'énergie contactée qui, selon moi, est un facteur important à connaitre et à savoir reconnaitre. La localisation de l'information définit l'interface de départ, et partir en erreur dès ce stade n'est pas la meilleure entrée en matière. Il est d'ailleurs moins gênant de ne pas attribuer de provenance plutôt que de se rattacher à une source en erreur. Plus clairement : Qui parle ?

De manière générale, il y a plusieurs modes de canalisation :
- Canalisation simple. Un seul individu canalise l'information. Il canalise de l'information libre individuelle (interne, en lui-même ou chez autrui), ou bien de l'information libre collective (externe). La provenance de l'information est unique. Les risques d'erreur liés à l'interprétation sont rattachés au seul individu qui canalise.
- Canalisation à multiples acteurs physiques. Plusieurs individus canalisent l'information en groupe. Ils canalisent toujours de l'information libre, soit individuelle (interne à une personne), soit collective (externe à toutes personnes présentes). La provenance de l'information peut être multiple, interne de sources différentes, et externe. Les risques d'erreur liés à l'interprétation sont élargis à tous les individus qui canalisent. Généralement, une personne prend naturellement le dessus par ses capacités plus avancées. C'est alors elle qui mène majoritairement le flux informationnel, et elle

concentre aussi les potentielles pistes d'erreur. L'exercice devient plus complexe.
- Canalisation à multiples acteurs invisibles. Un seul individu canalise l'information. Normalement, il canalise de l'information libre individuelle (interne, en lui-même ou chez autrui), ou de l'information libre collective (externe). Dans les faits, il désigne cette information comme étant externe, et l'attribue à de multiples sources qu'il personnalise comme des anges, des guides, des esprits, etc. Les risques d'erreur liés à l'interprétation sont rattachés à l'individu qui canalise, mais ils sont démultipliés par le nombre et l'empreinte de chaque source externe personnalisée. L'exercice devient hasardeux.
- Canalisation à multiples acteurs mixtes. Acteurs physiques et invisibles. Prenez les deux derniers cas, mélangez, secouez bien, secouez encore, et dégustez. Les risques d'erreur liés à l'interprétation sont à la hauteur du mélange...

Un medium décrivant des éléments collectifs se relie à l'information libre externe, la réalité inconsciente collective. Il peut y trouver des faits de société, des potentiels d'avenir, des lieux et personnes, toutes données constituant et reliant l'énergie collective et non personnelle. Pour moi, c'est de l'information libre contactée directement, et non par le biais d'un esprit supérieur quel que soit le nom qu'on puisse lui attribuer. L'idéal est que l'interprétation du contenu ne dépende donc que du medium, sans autre intermédiaire que son cadre social, éducatif, culturel et personnel. S'il est désigné un intermédiaire invisible, il peut être question, pour moi, d'un potentiel d'erreur augmenté (voir en suivant : "Et les anges ?").

Dans le cas où un medium décrit des éléments personnels pour quelqu'un en particulier, il se relie à l'information libre interne de la personne, sa réalité inconsciente. Il y trouve des éléments propres à la personne faisant sens avec les données conscientes y étant liées et possiblement connues d'elle seule. L'inconscient que révèle le médium est bien rattaché à un individu. Ce sont les liens établis avec des informations conscientes, reliées aussi en interne, qui donnent tout le sens. Il n'y a pas d'énergie externe convoquée ou contactée par le médium. Ni défunt, ni ange, ni guide qui viendrait parler de la personne présente, ou à la personne présente. Il s'agit de l'information inconsciente que la personne porte en elle-même et rayonne sans aucun intermédiaire. Dans ce cas, un défunt n'est rien d'autre que la mémoire de ce défunt qu'une personne porte en elle. Le médium exprime simplement cette mémoire. Cette mémoire peut être concrètement vécue ou transmise depuis l'entourage par exemple. Ce type de mémoires portées inconsciemment peut aussi dépasser le vécu de notre vie courante, cela touche le bloc énergétique que la personne incarne... l'âme.

L'interprétation du contenu décrypté dépend à la fois du médium lui-même et de la personne connectée.

Il existe de bons et talentueux médiums. Comme pour toute personne pleinement dévouée au service de son prochain, c'est un réel et beau travail que de mettre à disposition de telles compétences auprès d'autrui. C'est un engagement pour celui qui veut s'installer dans la durée et la juste lecture sans se perdre dans l'erreur. Cela demande alors beaucoup de qualités, neutralité, humilité, sincérité, stabilité, force, bienveillance... beaucoup de cœur. Dans ces conditions, je dirais qu'ils sont assez rares et qu'ils méritent d'être salués.

Les synchronicités ?
Oui, superbes manifestations. Jouer sans abuser. Des gens s'intéressent d'assez près à cette question. Ils semblent confirmer les synchronicités ainsi que le fait de les programmer ou les déclencher.

La conscience individuelle est focalisée sur un objectif. Elle scanne ou canalise le potentiel d'information environnant, de manière très large et active. Elle sélectionne les éléments signifiants au regard de l'objectif. Puis, elle nous dirige, tant psychiquement que physiquement, vers ces éléments probants, de façon à les réaliser en priorité et ainsi renforcer ou concrétiser le but à atteindre.

Cela rejoint le principe des miracles et de la prière. C'est le pouvoir de l'intention que nous avons tous. Par là, nous pouvons diriger la puissance de nos sens à se concentrer vers un objectif définit. Si l'objectif est possiblement en relation avec les moyens mis en œuvre (notre capacité à exploiter une puissance sensorielle suffisante) et en résonance avec notre réalité consciente concrète... alors, place à la réalisation d'un ou plusieurs évènements surprenants en concordance avec notre intention. Rien de magique, juste des évènements de réalités existantes auxquels nous nous confrontons en les canalisant, parce que nous dirigeons toute notre attention concentrée en un objectif précis faisant sens avec ces évènements. Autrement, nous serions tout bonnement passé à côté de ces mêmes évènements pourtant bien là, quelque part dans l'univers. Une synchronicité peut donc être consciemment programmée par intention. Plus communément, elle intervient de manière naturelle et inconsciente. Elle s'organise alors autour d'un sujet qui vous préoccupe et rassemble une bonne part de votre énergie en une période ou un moment donné. Ça marche, alors attention à ne pas en abuser, au risque de voir tout plein de trucs partout et tout le temps, en faisant des liens absolument exagérés avec votre sujet favori. En tous cas, c'est assez sympa, car il est plutôt aisé pour chacun d'en prendre conscience et c'est évidemment très significatif. C'est un point de contact avec votre intuition matérialisée.

Le karma, vie antérieures ?

Oui, mais... J'entends beaucoup d'histoires et d'explications différentes à ce sujet. De plus, chacun semble persuadé que son idée est évidemment la définition incontournable que tous ceux qui connaissent le sujet partagent forcément. Il s'agit bien d'interprétations diverses et variées, plus ou moins censées. Il existe un noyau commun à tout cela, et je vous propose la vision que j'en ai.

Nous, notre âme, nous sommes un bloc énergétique cohérent. Un ensemble informationnel, dont la cohérence particulière affirme une identité autonome au sein d'un univers relié en tous points. Toute chose, tout organisme, visible ou invisible, correspond à un bloc énergétique cohérent. C'est la condition première et essentielle, dont la forme et l'esprit ne sont que des manifestations périphériques particulières. Ceci est en lien avec la question de la mort physique que je précise dans les pages suivantes. Ce bloc énergétique est ce qui existait avant et qui existera après. Lorsque le corps et l'esprit sont détachés ou ne sont plus exprimés (le décès pour nous), l'âme amène cet ensemble informationnel qui lui est propre et dont elle est le cœur. Toute énergie ou information reliée au cœur de la conscience supérieure fait partie du bloc, elle voyage avec lui quelle que soit sa forme passée, présente ou à venir. Alors oui, nous intégrons des informations de notre existence remontant bien avant notre naissance dans ce corps. Nous pouvons comprendre cela autour de la notion de karma ou de vies antérieures. Lors de l'expression du corps et de l'esprit (la vie physique humaine), certaines informations entrent en conscience de manière innée ou s'y réactivent au cours des expériences de vie. Cependant, une part est inconsciente, sur le modèle d'information libre interne. Une foule d'informations acquises lors de multiples expériences inimaginables nous habitent. Elles sont bien présentes, constituant de notre être à part entière, plus ou moins influentes, possiblement inconscientes à divers degrés, aidantes ou limitantes, à développer ou à nettoyer en conscience. C'est une grosse source de savoir en nous. C'est à utiliser pleinement, en se rappelant que l'information libre interne reste sujette à interprétation lors de sa mise en conscience. Ne pas s'emballer, rester centré, et ne pas s'entêter à fouiller un karma illusoire sans intérêt avéré.

Dimensions parallèles et multiples vies simultanées ?

Et non. Tant pour les dimensions que pour les vies, il n'y a pas de simultanéité pour moi. Mais peut-être oui... On peut parler de dimensions parallèles et de vies multiples au sens qu'un même espace ou une même vie puissent être aperçus à différents niveaux par différents observateurs. Ici, le niveau doit être compris comme un contexte différent, un ensemble de conditions du milieu interne et externe en rapport à l'observateur considéré. Un même espace ou une même vie peuvent connaitre différentes perceptions dues à un même observateur dans différents contextes. Par exemple, des états modifiés de conscience dans lesquels un individu n'appréhendera pas son environnement de la même manière. Toutefois, il s'agit du même environnement. Alors, il est vrai que l'on peut utiliser l'expression "dimensions parallèles et multiples vies" dans le sens que je viens de décrire. C'est une perception différente d'un même objet. Ce ne sont pas des objets différents qui coexisteraient. Pareil, en poussant un peu plus loin, pour "simultanées" dans le sens où une même chose puisse donner lieu à différentes perceptions en un même instant. Je ne souhaite pas jouer avec les mots dans ce cas, mais simplement préciser mon avis sur l'unique de chaque chose en un lieu et un moment donnés, bien que pouvant être interprété différemment. Un même espace ou une même vie peuvent alors être appréhendés à différents niveaux de manière simultanée, mais par différents observateurs. Un même espace ou un même organisme peuvent connaitre différentes perceptions simultanées dues à différents observateurs se trouvant dans différents contextes. Par exemple, des états modifiés de conscience différents pour plusieurs individus, dans un même espace et en un même moment, permettront des perceptions différentes et simultanées de ce même espace. Cependant, il s'agit encore du même espace bien que plusieurs individus en aient une perception différente en simultané. Alors, on peut aussi parler de simultanéité. Quelle que soit l'histoire, il peut exister de multiples représentations d'une même chose pour une même personne en différents moments, et il peut exister de multiples représentations d'une même chose pour différentes personnes en un même moment. Mais, il n'est possible qu'une seule représentation d'une même chose pour une même personne en un même moment, car toute chose est unique en un lieu et un instant.

La notion d'espace-temps est aussi à prendre en compte pour être plus complet. L'espace et le temps sont liés, ils bougent, ils grandissent et diminuent l'un en fonction de l'autre. Ce couple espace-temps n'est pas toujours tel que nous le vivons de façon commune. Il intervient dans les conditions d'un milieu particulier, d'un contexte variable. Il est intéressant, car lorsqu'il change par rapport à nos valeurs de référence, nous sommes facilement trompés dans l'interprétation de nos perceptions. Que le temps passe plus vite ou plus lentement (idem pour les distances dans l'espace), notre perception d'une situation peut être toute différente. Certains diront que l'espace-temps est lié à la perception que nous en avons. C'est aussi vrai dit comme ça, cela fait partie du contexte et tout est question de perception. Nous pouvons avoir la sensation d'un temps étant passé très vite, ou inversement selon notre référentiel habituel et notre état de conscience plus ou moins excité (calme ou agité). Les paradoxes sont bien plus étonnants lorsque nos sens perceptifs sont externalisés (capacités extras ou sortie de corps par exemple). Pour illustrer le principe en pratique, prenons deux évènements différents presque vécus en un même temps, ou un même évènement presque vécu à des moments différents. Dans ces cas, en plus de notre réalité spatio-temporelle du moment, il doit y avoir une projection vers un autre espace ou vers une autre temporalité. Pour deux évènements différents presque vécus en un même temps, une seule personne semble prendre conscience de deux espaces différents en même temps. Par exemple, je suis dans mon fauteuil et chez toi en même temps... J'ai presque conscience des deux lieux en ce même instant, et je peux les décrire. Cependant, je dis "presque" car, toute chose étant unique, je ne suis pas physiquement chez toi et ma conscience se dédie à un seul évènement. Ici, toute chose reste unique pendant que mes sens perceptifs sont projetés vers un lieu ciblé hors de portée physique. Au-delà du fait que je ne sois pas physiquement présent dans le lieu ciblé, ma conscience est focalisée sur une tâche délocalisée demandant une grosse implication de tout mon système perceptif. Alors, au moment où j'explore ton salon, je ne m'intéresse plus à l'environnement autour de mon fauteuil semblant ne plus exister. Disons que si je reste chez toi une minute, ça peut passer inaperçu. Mais si je reste chez toi une heure, je n'aurai aucune conscience de ce qui a bien pu se passer autour de mon fauteuil ! C'est un peu pareil pour un même évènement presque vécu à des moments différents. Une seule personne semble prendre conscience d'un évènement identique en deux moments différents. Je suis dans mon fauteuil en train d'écrire et, à ma grande surprise, je te vois m'offrir un gâteau au chocolat. Oui, toi, Emma. Curieux non ? Puis quelques jours après, je suis au repas de fête du jubilé de la citronnade, et là, une charmante inconnue, Emma, me propose un gâteau au chocolat ! Tout pareil ! Ici encore, toute chose reste unique. Le jour de la citronnade, tout est normalement ordinaire, un évènement en un lieu et un moment particulier, avec de vrais gens en chair et en os. Dans mon fauteuil, le même évènement est constaté, et, bien qu'il semble illusoire, il sera confirmé comme effectivement concret. A ce moment, j'ai bien vécu cette situation en ayant projeté ma perception vers une autre temporalité future. Cette temporalité future n'est pas absolument certaine tant qu'elle n'est pas concrétisée. Cependant, le fait que je puisse y accéder (dans un cadre de canalisation et hors imagination) laisse penser que sa probabilité est forte et bien ancrée. Cette scène est bien réelle et surtout unique. Depuis mon fauteuil, c'est avec mes sens perceptifs que j'y accède, comme à toute information libre. Mais le moment vécu de cette action effective est unique. C'est une information libre qui intègrera une dimension temporelle fixe si elle se concrétise dans ma réalité concrète. En attendant, à l'instant ou je vis cette situation précoce, ma conscience est partiellement ou totalement occupée par le gâteau au chocolat d'Emma. Alors, en fonction de l'implication de mes sens, il y aura une rupture totale ou partielle de mon vécu autour de mon fauteuil pendant le temps que dure cette expérience d'un autre temps. Dans tous ces cas, on peut parler d'état de conscience modifié, étendu ou élargi. Il faut retenir que l'information existe au-delà de notre conscience individuelle, et au-delà de notre perception spatio-temporelle du lieu et de l'instant vécus physiquement. Toujours, comme toute chose, la situation est unique dans un contexte particulier de perceptions. Il n'y a pas d'ubiquité dans la matière, alors que c'est tout l'inverse pour l'information et le monde vibratoire qui s'affranchit des contraintes physiques dont l'espace-temps fait partie.

Puis, il y a nécessairement le sujet élargi au-delà de notre propre existence, au-delà de notre être physique évoluant dans son unique dimension à perceptions multiples. Oui, nous pouvons considérer d'autres formes de vie et d'autres consciences coexistant simultanément avec les nôtres. De la même manière, il s'agit de notre cadre de perceptions pouvant contraindre notre réalité vécue à ne pas réaliser l'existence d'autres formes d'expressions concomitantes. Cela ne remet pas en cause l'unique de chaque chose. Quels que soient les noms et qualificatifs que l'on puisse attribuer à de possibles autres formes de vie ou de consciences, nous pouvons considérer ces éléments comme des réalités. Pour autant, tout ceci ne nous est pas accessible dans l'état qui nous agite habituellement. L'inverse n'est pas forcément vrai. C'est-à-dire que ce qui est au-dessus voit ce qui est en dessous, sans voir ce qui le surpasse.

Les extraterrestres ?
Oui, bien sûr, quelque part, quelque part... Il n'y a pas de raison valable pour moi de se prétendre unique et au sommet de l'évolution de ce que pourrait connaitre l'univers. Oui, je pense qu'il existe certainement d'autres formes de vie dans l'univers, avec des formes plus ou moins proches de la nôtre, et j'espère qu'il en est de plus avancées. Et... non. Non, je ne crois pas que l'on puisse dire qu'il y ait des contacts concrets entre nous et ces formes de vie à ce jour. Du moins, pas consciemment pour notre part. Non, je ne crois pas que nous soyons entourés d'extraterrestres, ni surveillés par ces super-intelligences qui veilleraient plus ou moins affectueusement sur notre condition terrestre. Pour moi, cette réalité reste une réalité illusoire d'un collectif n'étant pas des plus influents sur mon état conscient. Pourtant, je trouve l'idée très sympa et le sujet intéressant. Certains fondements me semblent tout à fait validés. Je me permets aussi volontiers d'imaginer ce type de situations, et je n'exclue pas l'évolution possible de cet illusoire vers une réalité concrète. Néanmoins, pour l'instant, j'accepte mal les dérives du discours établissant un consensus de réalité soi-disant concrète. Alors, vis-à-vis des croyances relayées à ce jour, c'est clairement non. En ma conscience, il n'y a pas de bonhommes verts, gris ou bleus, avec qui discuter dans les parages. Malgré tout, je considère tout de même la réalité inverse avec tout le respect qu'il se doit. Je l'accompagne

autant qu'elle puisse servir d'hypothèse de réflexion et proposer des solutions vertueuses. Evidemment, je m'oppose à ce qu'il en soit fait un développement et un usage exagérément irrationnel, possiblement nuisible, et remettant en cause les principes de base d'un équilibre sain en matière de conscience.

À propos des contacts proprement dits, observations et rencontres, ces phénomènes doivent s'envisager du point de vue d'un état modifié de conscience d'une personne en réponse à un contexte inhabituel et hautement improbable. Il semblerait que, pendant longtemps, le phénomène ait été uniquement subit. Aujourd'hui, il est aussi quelques fois provoqué par l'observateur. Effectivement, des personnes capables de manipuler différents états de conscience peuvent espérer manifester ce type de perceptions. Toutefois, l'ingrédient du contexte inhabituel est incontournable. Chaque perception s'établie en rapport à un objet. Ici, l'objet est la présence d'un élément invisible dans un état de veille classique, mais accessible aux ressentis d'une personne suffisamment sensible, et pleinement perceptible dans un état de conscience élargie. Je redis que toute expérience vécue est une réalité indéniable. C'est encore vrai pour les extraterrestres. Le processus conscient mis en jeu est évidemment appuyé sur un élément intervenu dans l'environnement informationnel d'un individu. Cet élément peut correspondre à tout type d'information inhabituelle pouvant être captée et traitée à ce moment. Je dirais même, un ensemble informationnel assez conséquent pour provoquer un état modifié de conscience. Un état modifié peut surgir spontanément, dans un contexte nous mettant au contact d'une énergie trop puissante que l'on ne soit pas en mesure ni d'éviter ni de comprendre. C'est une situation d'urgence permettant d'absorber cette information momentanément, et d'en minimiser ou contenir l'impact à un niveau acceptable pour notre conscience. S'il en est ainsi, il ne reste plus qu'à dire que cet élément ou énergie puissante, ce sont justement les extraterrestres. Sauf que l'on peut tout aussi légitimement parler d'interprétation donnant lieu à une réalité illusoire en erreur. A ce jour, je n'ai pas rencontré d'arguments qui me permettent d'écarter l'interprétation erronée d'une énergie dépassant les capacités sensorielles et analytiques de la personne. Par contre, il semble être constaté que les perceptions rapportées s'organisent autour de critères communs, en concordance à des époques, des contextes socioculturels et des espaces géographiques déterminés. Ce sont des environnements communs, permettant une interprétation à même de proposer la meilleure réalité consensuelle à partager en un moment et un lieu donnés. Cette réalité n'est pas nuisible en elle-même, elle est la meilleure réponse retenue face à quelque chose d'ingérable dans le cadre habituel de l'individu et de la collectivité. Pour autant, il ne faut pas ignorer le fait qu'elle est une réaction d'urgence menant certainement à une représentation erronée. Il n'est pas souhaitable de répandre de tels faits comme étant réellement concrets, ni de bâtir sa conscience sur un tel support. S'agissant de l'élément déclencheur se trouvant à l'origine de ces perceptions, tout cela ne dit pas de quoi il retourne concrètement, ni quelle en est sa vraie nature. Il se peut que ce phénomène ne soit pas toujours déclenché par le même type d'élément. Et il se peut aussi qu'un même élément, déclencheur d'une perception extraterrestre pour certains d'entre nous, puisse générer tout autre chose pour des personnes et des environnements différents.

De toute façon, ce phénomène peut être subit dans un contexte particulier, par une ou plusieurs personnes, en canalisation spontanée d'une énergie incompréhensible par l'observateur en conscience. Cela peut aussi être provoqué, en présence d'une énergie externe suffisante, par induction volontaire d'un état modifié de conscience dirigé vers la thématique extraterrestre. Toujours, ce constat m'oriente en premier lieu vers une réalité illusoire en erreur.

Reste d'autres questions renvoyant à nos origines, l'histoire des grandes civilisations disparues, les connaissances et les traces archéologiques pouvant leur être associées, etc. Puis, il y a aussi des cas plutôt rares et moins populaires méritant une attention particulière. Dans ce qu'il en est rapporté, nous pouvons raisonnablement penser à une intervention provoquée par une conscience capable de développer des facultés très supérieures à la norme d'un individu humain ordinaire. Au vu des circonstances, ces phénomènes ressemblent à des situations accidentelles, ou bien au contraire à des objectifs très précis justifiant une intervention exceptionnelle. C'est alors assez ponctuel, bref et efficace. Ça ne semble pas être du tourisme régulier ou une banale mission de surveillance. On peut rêver de quelques incursions extraterrestres, mais également de quelques humains espiègles super entrainés. Il est compréhensible que nos propres capacités puissent éveiller l'envie de former quelques athlètes de haut niveau. Des spécialistes capables d'afficher des compétences d'élite dignes de récits extraterrestres. Pourtant, probablement oui, quelque part, il y a peut-être des extraterrestres et pourquoi pas très près de nous. Il n'y a rien de concret qui puisse vraiment privilégier l'hypothèse extraterrestre. Malgré tout, je dois relier cette possibilité à la notion de paradigme de vie, où d'autres formes de vie, dimensions et consciences coexisteraient avec nous. Pour moi, cela ne remet pas en cause l'erreur que j'explique ci-dessus. Je considère alors que nous ne sommes pas concrètement en contact et qu'ils ne se préoccupent pas particulièrement de nous, même si certains pourraient bien nous avoir d'ores et déjà intégrés dans leur vaste monde (leur paradigme).

Et les anges ?

Les anges, archanges, guides et autres maitres ascensionnés. C'est possible, ça peut exister, c'est un bloc énergétique cohérent supérieur. Pour nous, c'est proche d'une âme pure. Mais c'est rare, voire impossible de monter là-haut en tant qu'âme incarnée. Notre monde n'est pas plus un territoire avec lequel une telle forme de vie puisse rester en contact. Non, il n'y a personne qui vous accompagne ou qui viendrait en l'appelant. Juste vous et c'est bien suffisant pour faire le boulot. Nous aussi, nous venons d'une âme pure, nous la grandissons et nous y retournerons. En attendant, notre âme exprime un corps et un esprit. Elle est là, au centre de cet organisme, et elle est la mieux placée pour répondre à toutes nos problématiques quelles qu'elles soient. Chaque âme est unique, et les problématiques que chacun rencontre sont en rapport avec les qualités et les capacités de son âme. La meilleure réponse ou la guidance la mieux adaptée vient de l'être lui-même. Nous accédons à tous types d'informations externes et internes, conscientes et inconscientes. Cependant, cela est possible dans les conditions de notre interface relationnelle à ces informations. Cette interface est notre conscience. Elle est complètement adaptée et liée à notre forme de corps et esprit exprimée en ce moment. Alors, cette conscience ne nous permet pas de contacter directement un être sous une forme et une puissance si proche de sa pure énergie. La conscience en pure énergie est un état intégrant un autre monde ou paradigme de vie. D'ailleurs, même si je comprends ces entités comme possiblement proches d'un état d'âmes pures, cela reste simplement proche et ce n'est pas forcément leur réelle nature. L'âme en tant qu'énergie pure a toutes les caractéristiques d'un état transitoire (voire inexistant en pratique). Il est donc probable que ces êtres puissent naturellement représenter une autre forme d'expression d'une âme suffisamment évoluée. Dans ce cas, nous vivons à des niveaux différents. Nos contacts peuvent alors rejoindre ce que j'ai pu dire à propos des extraterrestres.

Concernant les apparitions, c'est aussi comme pour les extraterrestres. C'est le même phénomène que je ne répète pas, mais cela traduit une interprétation imagée avec un style de bonhomme plutôt qu'un autre. D'autres types de contacts sont à rattacher au principe de canalisation aussi abordé précédemment.

Là non plus, selon moi, il n'y a pas de guide ou d'ange qui soit là pour vous aider et veiller sur vous. Personne ne vient quand vous les appelez. Cela n'est pas grave et il se passe bien des choses inhabituelles, voire fantastiques, quand vous appelez sincèrement et justement. Continuez à appeler. Simplement, si je m'en tiens au mécanisme conscient, c'est à vous-même que vous faites appel et c'est vous-même qui opérez des miracles. Vous rejoignez le principe de l'intention et de la prière. Alors oui, vous pouvez continuer à appeler, discuter avec une entité choisie et identifiée. Mais, faites-le en conscience, sachez que c'est une interface, un outil vous facilitant l'accès à différents niveaux de vous-même. Ceci, fait en conscience, n'est pas réducteur ni limitant ou dévalorisant. Bien au contraire, c'est faire preuve de belles capacités et d'une vraie intelligence dans l'utilisation des moyens mis à notre disposition. Mais en conscience.

Les sorties hors du corps ?

Oui. C'est l'état de conscience et sensoriel le plus avancé que nous pouvons explorer avant le retour à l'âme pure. Plus qu'un simple contact énergétique n'impliquant qu'un, deux ou trois sens, c'est l'état complet et maximal des perceptions sensibles (extras). La réelle sortie de corps a lieu lorsque l'ensemble de nos sens sont projetés ou exploités en même temps, au-delà du cadre physique habituel, au maximum de nos possibilités de pleine conscience en ce corps. Si les cinq sens sortent, alors la sortie de corps est inévitable et complète. Seule l'attache centrale reste reliée au corps, au cœur de la conscience, l'âme. La conscience quitte les limites et les contraintes du corps mais y reste reliée en son centre. C'est assez fantastique.

Différents niveaux de sortie pourraient être envisagés, mais il n'en est rien pour moi. Une sortie de corps est complète ou n'est pas. Ce qui peut différer, ce sont les interprétations qui en sont faites. Comme pour toute expérience consciente, l'interprétation, accompagnant le vécu et le récit, reste fortement empreinte du contexte de l'individu, sans pour autant remettre en cause la réalité de son voyage et ce qu'il en ramène.

Il y a un cas que je mets à part. C'est ce qui est couramment nommé EMI (expérience de mort imminente) ou mort provisoire. Personnellement, je l'appelle "mort imminente", car il n'y a rien de provisoire ici mais tout d'une bascule rapide vers ce qui est bien un état de mort et non pas une simple expérience (on n'en revient pas souvent). Je différencie ce cas d'une sortie de corps ordinaire par le début du processus de mort et un premier stade de séparation du corps. Nous allons voir ce sujet plus en détail par la suite. Les perceptions sont encore plus poussées, non pas parce que l'on peut aller plus loin que le maximum, mais parce que l'on entame la bascule vers un autre monde, avec tous les risques de ne plus être en capacité de revenir. Ce n'est pas un état choisi ou qu'il faut souhaiter atteindre et maitriser, c'est un accident.

Qu'en est-il des défunts ?
Oui pour la réalité du fait que nous mourrons tous. A ce moment-là, nous partons, nous quittons notre corps et ce monde. Ce qui part, c'est notre âme. Alors, les défunts sont des âmes. Ils ne sont plus là, ils ont détaché. C'est ce fameux bloc énergétique cohérent faisant état de notre âme pure retournée vers son unité. Cette âme change de paradigme de vie, d'univers, elle n'est plus là et n'est plus atteignable en tant qu'individu disparu. Que ce soit par l'intermédiaire d'un médium, de l'hypnose ou vous seul, le contact avec les défunts n'est pas possible. Un peu comme pour les anges, c'est vous-même qui agissez et c'est à vous-même que vous faites appel. Le médium ou vous seul exprimez une information libre interne. Cette information est bien réelle, elle est la mémoire d'un défunt que vous portez quelquefois inconsciemment. Le deuil peut passer par la nécessité de détacher ou réorganiser cette mémoire de façon harmonieuse, et c'est important. Peu importe vos croyances et, si finalement cela vous aide à avancer, vous pouvez préférer considérer qu'il s'agit bien du défunt lui-même. Simplement, pour moi, c'est une mémoire vous appartenant. Cela peut être préférable de l'avoir envisagé ainsi pour ne

pas entretenir des inquiétudes, des souffrances ou des illusions erronées et nuisibles à terme. Concernant les signes que vous recevez, ils sont bien sûr réels et je les relie toujours à vos propres capacités sur le modèle des synchronicités. Parce que vous avez besoin de ces signes, vous êtes en capacité de les trouver et les déclencher. Là encore, à condition de ne pas tomber dans des dérives nuisibles, c'est une bonne chose si cela vous aide. C'est toujours une bonne chose et une preuve de sage intelligence de savoir utiliser humblement et en conscience les moyens de soutien à notre portée, quand bien même l'on sait que leur réalité n'est qu'illusoire.

Les défunts ont quitté ce monde et ils ne sont ni en enfer ni au paradis, simplement ailleurs et bien ailleurs.

Les fantômes ?
Ce cas particulier de défunts revient régulièrement chez les personnes développant des capacités extras. Oui mais non, pas vraiment des fantômes. Ce sont des énergies, des informations libres, circulantes ou restées attachées en un lieu par exemple. C'est une mémoire ou une information partielle. Ce n'est pas un bloc énergétique pouvant être considéré comme une âme ou un défunt à part entière. Mais cette énergie assimilée à un fantôme reste particulière et n'est pas des plus courantes. Pour expliquer la présence d'une mémoire de ce type, les scénarios sont multiples et je trouve ce sujet émotionnellement trop sensible, alors je ne vais pas m'y attarder inutilement. Toutefois, il me semble correct de savoir que ce type d'énergie n'est pas véritablement lié à un individu et à sa présence. Dans tous les cas, c'est une information libre rattachée à un lieu ou un contexte, comme vous pouvez en porter en vous en tant que

simple mémoire. Ce n'est pas parce que ce ressenti est interprété comme l'énergie d'un défunt que c'en est un effectivement. Je veux dire qu'une personne décédée n'existe plus dans notre monde, nul besoin de s'en effrayer ou de s'en inquiéter. Néanmoins, cette énergie est bien là et il est souhaitable de la réguler, comme toute autre énergie, lorsqu'il est constaté qu'elle est désagréable ou nuisible. Réguler ne signifie pas chasser. Il peut y avoir besoin de disperser, transformer, libérer ou réorganiser une énergie par exemple. Cela se fait aussi bien avec nos énergies internes que celles qui nous entourent. Les personnes capables d'accéder à ces perceptions doivent savoir accompagner ce genre de manipulations. Cela doit toujours avoir lieu dans le plus grand respect, sans jugement et en toute neutralité.

Ces situations sont des exceptions qu'il convient de ne pas généraliser et ne pas cultiver par des erreurs d'interprétation de ressentis n'étant pas souhaitables. Sachez encore que lorsque l'on entre en résonance avec une vibration, c'est qu'il y a quelque chose à comprendre ou apprendre. Soyez à l'écoute de vous-même, il n'y a aucun danger à cela... et inutile de s'attarder sur d'hypothétiques fantômes.

Regarder dedans, l'origine en soi

J'en suis venu aux questions précédentes par les risques de glissement d'interprétation et les dérives en erreur. Il y a un aspect que j'ai abordé concernant la canalisation et qui mérite d'être précisé, car il est tout à fait important dans la pertinence de l'analyse illusoire. C'est la localisation de l'information, sa provenance. Ceci est peut-être l'étape où commence l'interprétation sans que l'on y accorde suffisamment d'attention. Quand j'évoque une information libre au-delà de notre perception commune, cela ne veut pas systématiquement dire qu'elle soit géographiquement ou physiquement très éloignée. Lorsque nous contactons une réalité inconsciente, il me semble fondamental d'apprendre à identifier sa provenance. Il n'est pas indispensable de connaitre son origine dans le détail et le pourquoi du comment dans tous les cas de figure. Néanmoins, dans les grandes lignes, cela me paraît pouvoir nous éviter de trop flagrantes dérives d'interprétation. Mon point de vue se résume à tâcher de ne pas trop souvent confondre un élément externe avec un élément interne.

J'ai émis le fait qu'une information libre est possiblement externe ou interne.
Une information libre externe est le plus souvent perçue comme telle. Nous sommes ordinairement assez bien égocentrés pour considérer que quelque chose d'inhabituel, de complexe, potentiellement problématique ou inconnu, est forcément extérieur. Nous partons du principe que nous nous connaissons suffisamment bien, qu'il n'y a rien de problématique en soi (surtout dont on n'aurait pas été informé...). Alors, quand un élément arrive un peu hors cadre, il est facile et pratique de le classifier comme provenant de l'étranger. Donc, pour une information effectivement externe, nous sommes souvent dans le vrai. N'étant pas vraiment un adepte de la majorité faisant loi unique, incontournable et inconditionnelle, il m'est quand même précieux de mentionner que des personnes, moins nombreuses mais humaines, sont aussi intéressées par le comportement complètement inverse. Ce n'est pas anodin, parce que ce sont ces mêmes personnes qui vivent fréquemment avec de larges perceptions sensibles, des

capacités dites extras. Si vous développez vos ressentis, vous découvrirez aussi ce genre de sensations, et vous comprendrez ce comportement inverse. C'est la condition naturelle de ceux qui sont globalement appelés "hyperempathiques" par exemple. Ces gens-là ont tendance à tout ressentir en eux de la même manière, que cela leur appartienne ou non. Dans certains domaines et certaines conditions, la sensibilité et les capacités d'intégration suffisent pour qu'un élément soit vécu quasiment à l'identique qu'il soit externe ou interne. Vous avez mal au ventre et votre meilleur ami hyperempathique est près de vous... il a aussi mal au ventre, comme si c'était lui qui avait un problème alors qu'il n'en est rien. Vous êtes tendu, avec de très bonnes raisons pour cela, et votre ami hyperempathique est prêt de vous... il se sent bien tendu et il vit cette situation sans réelles raisons, simplement parce qu'il canalise votre état. Vous vibrez la grosse joie d'avoir enfin sorti un double salto au trampoline, et votre moitié inséparable hyperempathique est en déplacement à 400km de là... elle se sent bondir, bien dans son corps et assez joyeuse. Pour un tel individu, ce comportement est aussi vrai avec l'invisible pouvant lui donner à voir, à sentir et à toucher plus facilement, en étant persuadé que le phénomène est en lui. Il peut donc se convaincre de la réalité concrète d'un élément ne l'étant pas forcément. Oui, tout ce que l'on vit est une réalité incontestable, mais c'est s'emballer que de considérer que tout ce que l'on vit est une réalité concrète en soi. C'est bien le propos que d'être vigilent quant à l'interprétation. A l'inverse de la majorité, les personnes vivant ces capacités depuis toujours sont plus facilement amenées à interpréter un élément externe comme étant interne. Si cette particularité n'est pas comprise en conscience, alors il y a erreur d'interprétation. Cela peut devenir problématique pour une personne qui construirait sur ces bases. Les hyperempathiques, pris en exemple, doivent apprendre qu'ils le sont. Ils doivent aussi apprendre à reconnaitre et différencier l'information externe. Sinon... gare aux dérives de toutes sortes, visibles et invisibles.

A l'opposé, il y a l'information libre interne. Cette fois-ci, ce sont les hyperempathiques qui se trompent rarement, puisque leur spécialité est de tout prendre pour eux. Vous pensez bien que si le signal provient effectivement de l'intérieur, il ne sera pas dans leur réflexe de chercher à l'externaliser. S'agissant de la grande majorité des autres personnes, à l'inverse, il sera tentant de voir le message comme externe. Toujours dans la même idée d'un élément inconnu n'étant pas spécialement évident à avaler de premier abord, éventuellement pesant et source de tracas... bref, à quoi bon s'ennuyer avec ça si on peut simplement l'évacuer ou le distancer en justifiant que cela ne nous appartient pas. On en fait alors une chose externe, dont on peut se libérer de toute responsabilité et obligation. Notre comportement irresponsable devient toléré, au même titre que l'élaboration de scénarios magnifiquement infondés et incohérents, puisque le domaine des possibles est nettement plus permissif à l'extérieur qu'à l'intérieur. On s'arrange notre petit confort interne en décalant les affaires gênantes juste là, dehors. Bien pratique, mais si la provenance de l'information est interne, la première erreur est de ne pas le reconnaitre. La suite de l'interprétation prend un chemin trompeur. Vigilance est de mise. Chacun doit apprendre à se considérer sincèrement, et accepter que ce qui est en soi ne doit pas être traité à l'extérieur ou déchargé sans contrôle responsable.

La notion de localisation d'une information interne ou externe est la première occasion d'erreur à éviter. En cela, il est important d'apprendre à se positionner à ce niveau. C'est une affaire passant par la connaissance de soi, la responsabilité individuelle et l'acceptation de ce que l'on est, le respect que l'on se porte et que l'on porte à autrui. Cela s'affine au fur et à mesure que l'ensemble de l'être s'installe dans un équilibre vertueux de pleine conscience. Plus important encore, c'est de réaliser les opportunités d'avancement dont on se prive, et les difficultés que l'on se crée en refusant d'assumer une information qui est sienne. Car il s'agit bien de cela. Ne pas reconnaitre la provenance interne, c'est souvent se mettre à contre sens, en opposition à la mécanique et la prise de conscience permettant de traiter le sujet correctement. Cette étape prend toute sa valeur quand on sait le contenu qu'abrite l'information libre interne, l'inconscient qui sommeille en nous. Nous retrouvons ici les éléments déconnectés ou devenus orphelins à la suite de l'effondrement de leur base. Ce sont des traumas, des résidus de chocs émotionnels ou physiques, des restes de réalités illusoires s'étant avérées incompatibles, ou encore des mémoires héritées de l'âme. Effectivement, lorsque ce type d'information se présente à notre prise de conscience, il est intéressant de la traiter de façon adéquate sans tarder. S'agissant d'un élément indésirable, il est nécessaire de le nettoyer définitivement et d'en noter l'expérience. Plus on l'ignore, plus on risque de reconstruire sur sa base et revivre un logique effondrement. Plus on l'ignore, plus on s'expose aussi à sa réactivation toujours plus pressante et conflictuelle. Puis, une information libre interne n'étant pas toujours un élément indésirable, cela est alors une occasion de l'intégrer en pleine conscience et de profiter de nouveaux apprentissages, de nouvelles connaissances ou capacités reliées.

Réorganiser cette part d'inconscient en pleine conscience mène vers une complétude, un bien-être et une liberté sans équivalent. Je parle de trouver ou retrouver la connaissance de soi, nos capacités et leur maitrise, l'expérience de nos forces et de nos faiblesses réelles, l'expérience de nos succès et de nos échecs formateurs, nos savoirs inhérents, la cohérence de notre parcours. C'est de cela dont il est question et c'est prodigieux.

Il est définitivement intéressant d'apprendre à reconnaitre l'origine d'une canalisation interne. Individuellement, nous canalisons tous de l'information libre tous les jours, et une partie non négligeable nous appartient déjà. Puis, il y a les personnes qui canalisent pour d'autres, qui canalisent l'autre. L'impact du savoir en est d'autant plus grand. Ce spécimen qu'on appelle devin, voyant ou medium, peut aider l'autre à se positionner correctement en rapport à ce qui lui appartient et ce qui lui est étranger. C'est précieux.

Lorsque nous regardons au dedans de soi en conscience, beaucoup de ce que nous pensions canaliser comme des croyances externes se trouve simplement être des éléments inconscients hérités en nous. Il y a tant d'histoires que nous vivons à l'extérieur simplement pour les supporter alors qu'elles sont là, dedans, en nous. Vivre la chose en dehors est une soupape aidant à faire face à ce que nous ne permettons pas de circuler en interne. C'est en prenant en main son attache, qu'une information se décrypte, se transforme et s'intègre ou se rejette. Nous pouvons infiniment répéter la scène en extérieur, mais l'information restera bloquée tant que son attache ne sera pas reconnue. Tout ce qui est bloqué est en opposition, source de complications. Tout doit circuler, à commencer par l'énergie et l'information. La vie est fondamentalement conditionnée par le mouvement. Le cosmos danse et chacun doit l'accompagner.

Assumons mieux notre responsabilité individuelle. Ne la transférons pas trop facilement sur l'invisible en imaginant être pris en charge par un au-delà tout puissant quel qu'il soit. Ne méprisons pas non plus cet au-delà en déversant l'indésirable dehors. Il y va de notre responsabilité.

En premier, ne pas nuire

Une fois la reconnaissance effective d'une réalité illusoire en erreur, il n'est pas dit qu'il ne puisse pas en être fait un usage intelligent tout en assumant la situation. Il convient évidemment de clairement exposer la nature erronée de l'élément utilisé. Ceci est nécessaire afin qu'il n'y ait pas de confusion et de propagation nuisible envers l'entourage. Dans ces conditions, nous pouvons envisager de nous servir d'une projection très personnelle comme outil d'aide à l'avancée de nos explorations. Comme une béquille, un support facilitant la compréhension, le temps de réunir des méthodes plus justes avant d'aller plus loin. Et oui, avant d'aller plus loin. Car je le répète, un débordement à éviter, c'est celui de bâtir sur une donnée erronée. Cependant, je pense qu'il puisse être fait bon usage de l'illusoire, voire même de l'erreur. Je pense que ce genre de béquille peut faire partie intégrante des outils nécessaires à l'évolution que la conscience nous offre. Personnellement, j'apprends régulièrement des idées de personnes avec lesquelles je partage certains domaines de travail, et une vision assez proche de l'énergie par exemple. Or, il n'est pas rare que certaines d'entre elles ait besoin, à ce jour, d'appuyer leurs explorations sur des phénomènes complètement exclus pour moi. Généralement, la plupart de ces phénomènes m'ont moi-même posé question. Pendant un temps, je peux en avoir validé certains, par conviction ou pour les avoir vécus, avant de les comprendre autrement et acquérir des outils plus clairs en remplacement. J'ai aussi évité d'autres idées qui m'ont toujours semblées être trop déconnectées. Mais ce n'est pas une raison pour se priver ou priver autrui de pouvoir évoluer sainement avec une illusion erronée n'étant peut-être pas dénuée d'intérêt quant à l'exploration du grand large. Effectivement, dans ce cadre reconnu et assumé, je n'ai aucun mauvais aperçu d'une personne me parlant de ses lutins, ses anges, sa rencontre extraterrestre, son contact au monde paradisiaque des défunts et son univers fantastique quel qu'il soit, pourvu que cela reste raisonnable et non nuisible. La réalité du vécu de ces épisodes garde toute sa légitimité à exister. Mieux que ça, je dirais que la valeur certaine de ces nombreux cas illustre parfaitement ce à quoi peut correspondre la notion d'une interprétation contrôlée. Selon moi, il est préférable de se permettre de construire un habillage faussé mais raisonnable et autorisant à évoluer, plutôt que de se mettre en déni face à une réalité établie risquant fort de poser problème si elle n'est pas traduite d'une façon ou d'une autre. Les univers fantastiques, que je cite quelques lignes au-dessus, sont pour moi des habillages tout à fait raisonnables. Il s'agit de moyens d'interpréter une information hors cadre. C'est bien le sujet de l'information libre accessible au bout de nos capacités. Il est assez complexe de verbaliser et imager le contenu de ce genre d'information. C'est très grand, ça va très vite, les spectres de toutes les valeurs sont bien plus étendus, y compris les notions de quantité, qualité et espace-temps. Nos outils habituels ne sont pas prioritairement calibrés à ces niveaux. Il est donc difficile d'exprimer de tels vécus. Cependant, force est de constater que nous sommes uniquement confrontés à ce que nous sommes en mesure d'absorber. Sauf accident bien sûr, et c'est pourquoi il est déconseillé de jouer trop prêt du vide sans précautions. Autrement, c'est une affaire de résonance adéquate. L'explorateur raisonnable, faisant son chemin en pleine présence, verra son expression, sa lucidité et sa facilité considérablement s'améliorer au fil du temps. Comme pour toute pratique et apprentissage, celui qui veut réellement voir doit persévérer dans le calme et le plaisir.

Le truc commun, un bloc énergétique cohérent

Au cœur de l'interprétation de ce truc, il est incontestablement quelque chose justifiant cette réalité. Ce truc, c'est ce qui fait le lutin, c'est ce qui fait l'ange, certainement aussi ce qui fait l'humain et ce qui fait un caillou. C'est ce qui fait toute chose, au-delà de la prétention de décréter que tout l'existant ne puisse être que dans notre spectre réduit de perceptions. Ce que j'en dis, c'est que tout est énergie, tout est information. La forme, visible ou non, palpable ou non, n'est qu'une expression particulière possible et non nécessaire de la chose identifiée. Qu'est-ce que la chose identifiée ? C'est un ensemble d'informations cohérentes qui, par leurs liaisons stables et complémentaires, se trouvent regroupées sous forme d'un organisme dégageant une autonomie et une identité particulière au sein d'un univers relié en tous points. Les liaisons stables s'organisent autour d'un principe de compatibilité entre éléments capables d'établir une résonance commune. L'organisme est un objet à part entière. Selon différentes approches, il peut être considéré comme vivant ou non. Personnellement, je crois que tout bouge, même dans les cailloux, et j'ai tendance à considérer que le mouvement est la vie. J'accorde pourtant une attention nettement supérieure à mon lecteur qu'à un caillou. Pour être un peu plus complet vis-à-vis de cette chose, il faut savoir qu'un organisme peut être du plus simple au plus complexe. Plus il est complexe, plus nombreux sont les éléments informationnels le composant, plus ses capacités vibratoires sont étendues et variées, plus ses interactions croissent en quantité et qualité autant en interne que vers le milieu externe, plus ses mécanismes de cohésion sont précis, plus ses sphères de conscience sont nombreuses, etc. Alors, un atome est une de ces choses, c'est un organisme. Une cellule en est un aussi, un organe, un corps biologique... Il s'agit à chaque fois d'un ensemble cohérent. Puis, on s'aperçoit qu'il est des organismes nécessitant obligatoirement d'être reliés à d'autres pour exister. Par exemple, votre glande salivaire sublinguale n'aura pas un grand avenir une fois sortie de votre bouche. Nous pouvons envisager l'idée qu'il y ait de vrais organismes autonomes, et d'autres qui ne soient que de simples choses. De simples choses, mais pas vraiment des organismes, par manque d'autonomie, parce que dépendants de plus grand. Ou bien voir différemment, en considérant que tout organisme est dépendant de plus grand que lui. En considérant que ce ne soit pas notre incapacité à intégrer ce plus grand de manière consciente qui puisse définir la réelle autonomie d'un corps.

Toujours et partout, il y a de l'énergie, de l'information, et quelquefois ça fait des amas. Ces amas sont des choses, des organismes. C'est ce que j'appelle des blocs énergétiques cohérents. Ils sont parfois perceptibles mais pas toujours. Ils expriment une forme matérielle ou non, ils sont plus ou moins complexes, c'est le principe de vie, c'est ce que nous sommes aussi. Ces blocs énergétiques cohérents sont les objets même de la perception, y compris dans les cas de perceptions extras. Il est donc bien nécessaire de les interpréter avec les moyens du bord. La valeur d'existence est sûre, tout l'art est dans la qualité de l'interprétation que nous permettons à ce merveilleux mécanisme qu'est la conscience.

Pour tout ce qui est, il y a un bloc énergétique cohérent, indépendant de la forme et de l'expression perçue. Ce noyau essentiel, ce bloc, c'est l'âme.

Puis dans l'invisible, il y a la mort et la renaissance

La conscience nous accompagne partout et toujours, dans ce monde, ce corps et cet esprit. Mais jusqu'où et comment ?

Il y a bien la mort qui nous attend. A ce moment et après, nous ne savons pas trop ce qui se passe et comment cela se passe. Certains disent l'avoir vue de près cette mort. Il parait qu'il y en a qui en reviennent. On continuerait à vivre, mais différemment, en mieux... et puis on reviendrait ici, un jour, pour apprendre ou aider. Nous pouvons trouver beaucoup d'idées, de points de vue et de témoignages plus ou moins en accord sur la mort et l'après. Toutefois, il est vrai et assez remarquable de constater que, dans les récits proposés, de nombreux éléments apparaissent très proches, voire similaires. Pour la plupart, qu'ils aient étés vécus, appris, ou approchés sous différentes formes, ce sont des faits dont on ne peut pas contester la réalité. Rappelez-vous que toute réalité fait preuve de toute légitimité et pleine valeur d'existence par sa simple expression. Alors, en conscience, de quelle réalité peut-on parler ?

La mort, c'est quitter cet état de vie qui est le nôtre en ce moment, pour en rejoindre un autre. Un autre état de vie, un autre état de conscience. Car tant que l'énergie perdure, la vie continue. La vie se joue en interaction constante avec un environnement, et c'est dans cette relation qu'une conscience est à l'œuvre.

Effectivement, l'énergie continue son chemin, sa danse, son évolution. Cette énergie qui continue, c'est le cœur de notre être. L'être est l'ensemble corps-âme-esprit. Le corps, l'âme et l'esprit, nous pouvons aussi les visualiser par les sphères de conscience. Le corps correspondrait au subconscient, l'esprit à l'analytique, et l'âme à la conscience supérieure englobant et reliant le tout. Ni le corps ni l'esprit n'existent en tant que tels de façon autonome et indépendante. Ils sont une projection de l'âme s'exprimant dans les conditions d'un milieu particulier. L'âme est cet ensemble informationnel cohérent, définissant une identité distincte et autonome au sein d'un environnement relié en tous points. C'est le fameux bloc énergétique cohérent dont toute chose est constituée à différents niveaux. Au regard de ce que nous pouvons observer autour de nous, l'âme humaine est un ensemble informationnel assez important. Plus un bloc est important, plus les éléments le composant sont diversifiés, plus ses liens sont multiples, plus sa cohérence est renforcée, plus il est complexe, adaptable et évolutif. L'âme seule est un ensemble uni, elle est énergie pure. Cependant, cette énergie pure est, par définition, toujours en mouvement à l'intérieur de l'ensemble qu'elle représente, mais aussi à l'extérieur, au sein de son environnement. Rien n'échappe à devoir interagir avec le milieu extérieur, et notre âme n'y fait pas exception. La conscience, représentant le mécanisme d'interface avec le milieu externe, fait partie intégrante de toute chose, tout bloc énergétique. Plus l'ensemble informationnel est important, plus sa conscience est capable de se projeter en résonance avec un milieu complexe et diversifié. En ce qui nous concerne, pour établir la meilleure interface interne-externe, notre âme s'est partiellement projetée ou exprimée en adaptant son système conscient à l'environnement dans lequel nous sommes arrivés ici, notre monde. Elle s'est projetée en un corps et un esprit, organisés autour de sphères de conscience à même de répondre aux conditions environnementales. L'âme se projette forcément vers le milieu le plus proche lui offrant la meilleure attraction suffisante pour déterminer une liaison majoritaire à son bloc. La meilleure attraction consiste en un ensemble d'informations exposant une résonance autorisant à s'y relier de façon constructive. L'âme est potentiellement en contact avec toute énergie qui résonne avec elle. C'est lorsqu'un ensemble de liens externes est suffisamment important et cohérent, qu'il permet l'expression d'une partie majoritaire de l'information globale de l'âme. Elle intègre alors ce monde en se projetant au travers d'une forme et d'une conscience adaptées. C'est une expérience de vie qui débute. Son monde est un paradigme définit par l'ensemble des liens externes, représentant la majorité exprimée et les conditions de l'environnement de vie. Notre vie actuelle est une expérience dans le paradigme d'existence qui n'est autre que notre monde. Notre monde, de l'aspect le plus petit au plus grand. De notre entourage familial à notre univers, en passant par notre société et notre planète par exemple. Quel que soit le paradigme relié et intégré, l'expérience de vie est toujours partielle pour l'âme. Notre bloc énergétique est majoritairement relié, mais jamais sur la totalité de son contenu informationnel. Certains éléments n'entrent pas en résonance, et ils seront une part inconsciente, constituant de l'ensemble mais non exprimée. Au regard de ce qui a été exposé concernant le mécanisme de conscience, vous comprendrez que cet inconscient peut se révéler et se relier durant l'expérience de vie en cours. Dans tous les cas, en référence à l'âme, sa conscience est partielle quelle que soit l'expérience et le paradigme de vie rejoint. De plus, dans notre cas, elle est fractionnée en différentes sphères permettant d'exploiter des fonctionnalités complexes, spécialisées et étendues. Alors, la pleine et totale conscience n'est envisageable que lorsque l'âme retrouve son unité, hors de tout paradigme de vie, non projetée. Ceci signifie qu'elle puisse s'exprimer entièrement, de manière unifiée. Mais elle ne peut s'exprimer qu'en rapport à un environnement auquel elle est reliée, car tout est relié, rien ne peut exister en dehors du lien. Pour s'exprimer dans sa totalité, un ensemble informationnel a besoin de relier l'ensemble de ses informations simultanément, dans la même cohérence que la sienne, à l'extérieur. Autrement dit, relier un bloc identique, parfaitement identique. Cette option ne me semble pas valable. Très vite, chaque ensemble évolutif se différencie et devient chose unique. Sans penser que rencontrer son identique, ce n'est pas se relier à lui. C'est le fusionner immédiatement et se retrouver être le même ensemble unique, juste un peu plus gros. Ou bien, c'est s'annihiler l'un et l'autre, se désagréger mutuellement et instantanément. Pourtant, le moment venu de quitter un monde pour en relier un autre, cet état de retour à l'unité semble devoir exister. C'est bel et bien la seule occasion pour l'âme de retrouver son unité hors de tout paradigme. Toutefois, ce moment se présente plutôt comme une transition d'une projection vers une autre. Le retour à l'unité est à envisager comme un passage aussi rapide qu'insaisissable, ou bien comme une transition progressive de ses liens. Quoi qu'il en soit, il ne semble pas possible de donner lieu à un état d'énergie pure proprement dit, qui puisse être stable et installé durablement hors de tous liens externes le conditionnant. Une fois que les choses se sont mise en mouvement, il est difficile, voire impensable, d'arrêter le mouvement. L'énergie, l'information, entretien un équilibre sans cesse renouvelé où tout est interconnecté.

C'est ce qui se passe lorsque nous mourrons, l'âme quitte le corps. Elle cesse de l'informer. Elle ramène tout son contenu en son centre pour se détacher. Tout ce qui est relié au cœur de notre être est retourné au centre et réuni, pour se détacher de la projection ayant permis cette expérience de vie. La matière est séparée, et seule l'information en tant qu'énergie pure est conservée. L'âme se détache, elle part avec le cœur et sa pleine conscience réunifiée. Elle repart avec le savoir et la connaissance augmentée durant cette vie. Dès lors, sa vibration entière est réorganisée en fonction de ce nouveau tout réunifié. C'est ce que nous sommes vraiment, sans filtre, complètement. Cet ensemble informationnel cohérent réunifié. A ce moment-là, nous quittons toutes projections et tous paradigmes pour revenir à nous même. L'être n'est plus corps-âme-esprit, il n'est plus fractionné, il est un, il est l'âme seule. La conscience n'est plus organisée et subdivisée en sphères spécifiques à un environnement, elle n'est plus fractionnée, elle est une, elle est le cœur seul. L'âme et le cœur sont l'une et l'un réunis, seulement réunis, l'être.

Retour au cœur, en âme et conscience

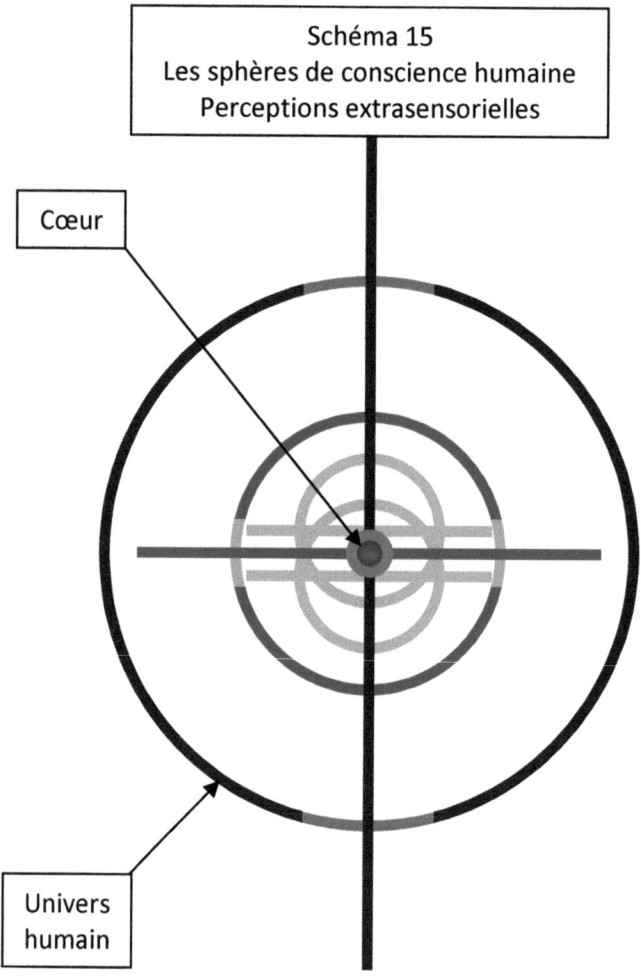

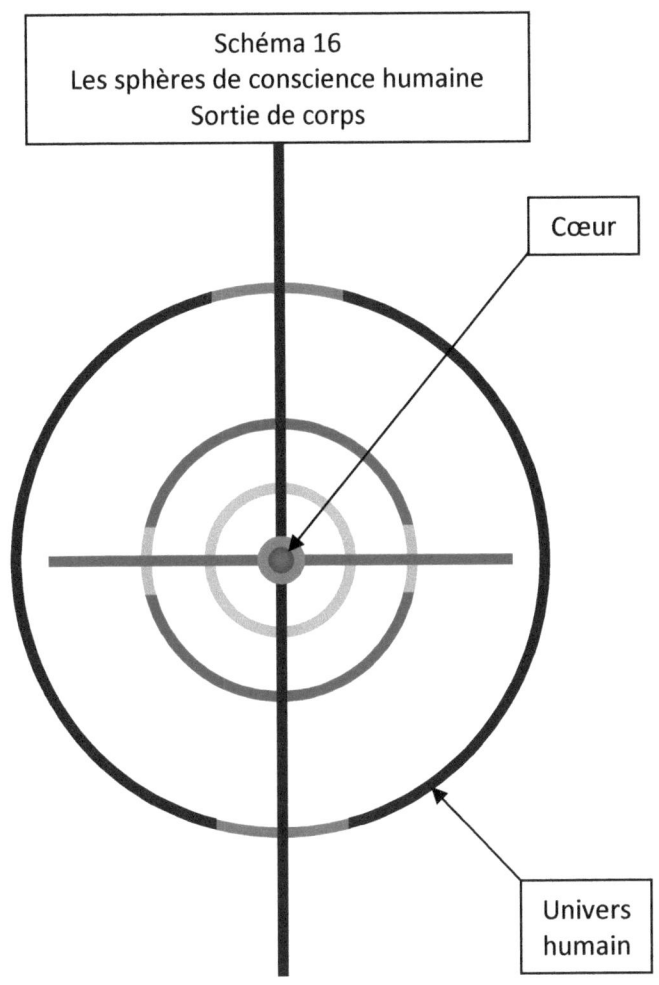

Réunis, cœur et âme

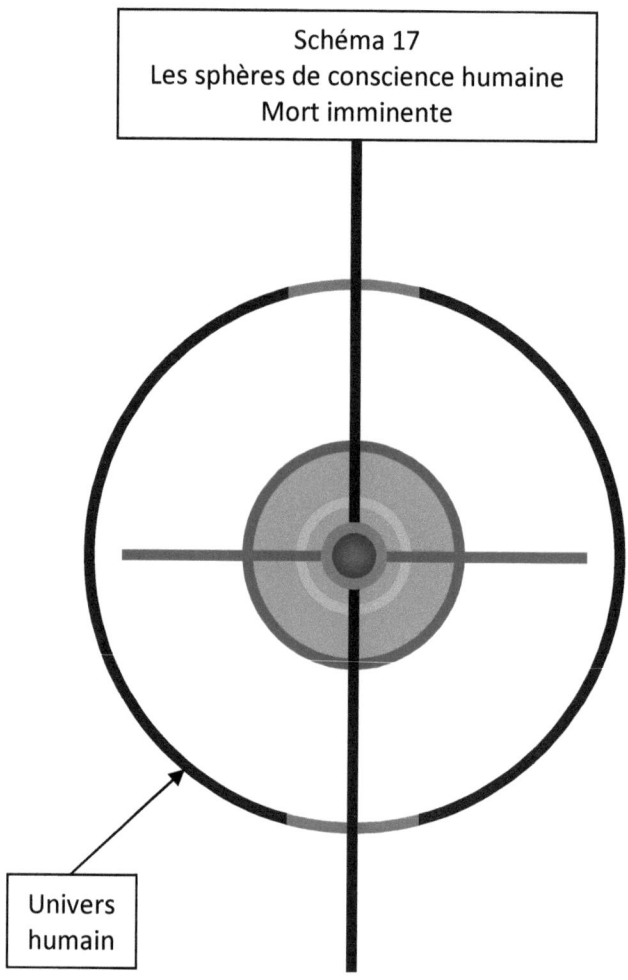

Schéma 18
Les sphères de conscience humaine
Décès

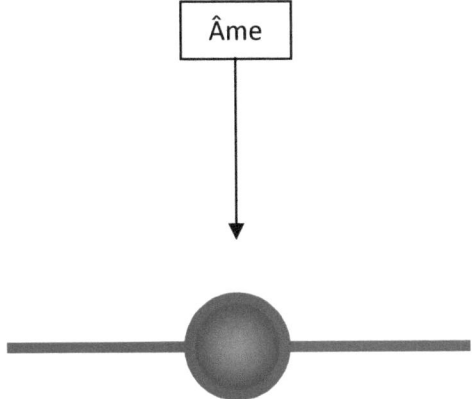

Plus près du cœur

Plus près du cœur, par étapes, la conscience se réunifie et l'âme déploie sa plénitude.

Perceptions extras.
> Un ou plusieurs sens sont externalisés, mais pas la totalité. Le ou les sens mis en avant dépendent de l'organisation et de la prédominance des sphères internes au subconscient. C'est le subconscient qui héberge les facultés sensorielles opérationnelles. L'interprétation du ressenti dépend de l'organisation et de la prédominance des sphères internes à l'analytique. C'est l'analytique qui décrypte et nous permet de formuler cette réalité.
> Nous vivons tous plus ou moins ces états de façon temporaire sans nécessairement y prêter attention. Ces perceptions plus avancées font partie de notre état naturel. Elles peuvent être entrainées dans le but de les contrôler et les installer plus durablement.
> Voir schéma 15 : Un vaste espace d'échange commun englobant les trois cœurs de nos trois sphères de conscience. Les cœurs subconscient et analytique arrivent au contact du cœur de conscience supérieure.

Sortie de corps.
> Sortie de corps sans séparation. Tous les sens sont externalisés simultanément, le corps n'est pas séparé. Les cinq sens sont réunis et simultanément exposés en pleine capacité. La synergie peut sembler faire émerger une nouvelle forme de perception globale,

où la notion même d'espace-temps et de conscience ne sont plus modifiés mais déconditionnés et modulables à volonté. Les perceptions sont libres de toutes contraintes physiques, mais le lien et la reconnaissance du corps sont bien conservés. La personne se vie hors corps, hors matière et espace-temps, tout en gardant pleine conscience de son identité physique. La sortie et le retour au corps sont généralement naturels et instantanés, avec cette conscience immédiate de se savoir dedans ou dehors. Le vécu sensoriel et formulé est toujours dépendant des qualités du subconscient et de l'analytique. Cependant, les sensations et leur interprétation s'équilibrent vers un rendu très proche pour tout individu.

C'est l'état de pleine conscience élargie au maximum de ce que l'on peut trouver de façon naturelle et compatible avec notre condition actuelle. Une personne peut entrainer et explorer ce phénomène, par la maitrise des états modifiés de conscience et le développement de ses capacités sensorielles. Les possibilités sont immenses.

Voir schéma 16 : Le subconscient et l'analytique se centrent sur le cœur de la conscience supérieure. Les cœurs de nos trois sphères sont centrés. L'alignement des sphères internes non représentées se normalise aussi autour du cœur.

Mort imminente.

Sortie de corps avec séparation. Tous les sens sont externalisés. La personne se vie sur le même principe que lors d'une sortie de corps, à la différence qu'elle n'a plus naturellement conscience de son identité physique. Le lien avec le corps est encore présent, mais il n'est plus conscient. Toutes les sphères de conscience se réunissent vers le cœur. Le cœur grandit pour intégrer l'union et la fusionner en son sein. Le corps n'est plus reconnu, il est progressivement détaché, les liens sont fragiles. C'est le déclenchement du processus de bascule entre la projection vers notre expérience de vie corps-âme-esprit et le détachement vers le retour à l'âme pure réunie. C'est le processus de mort qui s'entame, le retour à l'unité, le retour à la lumière. C'est à partir de ce moment qu'une personne voit la lumière. Plus le détachement avance, le point de bascule s'approchant, plus la lumière s'intensifie. Cette lumière particulière, c'est la nôtre, c'est celle du cœur que la conscience réintègre pleinement. Le ressenti et sa formulation restent influencés par les caractéristiques subconscientes et analytiques de la personne. Cependant, plus le processus est avancé vers une lumière intense, moins le récit est sujet à interprétations individuelles, et plus il se concentre vers un contenu identique où la conscience et l'ensemble des sensations fusionnent en un même état. La personne passe au-delà de la sensation de pouvoir accéder à tout et partout, d'appartenir elle-même à ce tout reliée comme élément du tout. Elle perd progressivement son individualité, elle devient tout et tout devient elle, sans différenciation de forme ou de nature, sans volonté de sa part, la pensée et la volition s'éteignent. Plus on s'avance vers cette lumière, plus on risque de se fondre en elle, point de non-retour. Avant ce point, la réintégration du corps reste possible. Plus on s'est avancé, plus le retour au corps est difficile, compliqué, inconfortable, voire douloureux.

Cet état ne doit pas être recherché. Le fait de voir sa propre lumière signifie que le processus de mort est entamé. Contrairement à la sortie de corps sans séparation, ce n'est pas une expérience compatible avec notre condition. Cela doit être considéré comme une transition naturelle que l'on vit le jour venu, ou bien comme un accident pour ceux qui en sont revenus. Ne pas revenir d'une sortie de corps sans séparation est rare. Ici, c'est tout l'inverse. Revenir d'une mort imminente est rare. On ne joue pas avec cette lumière. Mis à part notre propre lumière au cœur de l'âme, la plupart de ce à quoi nous accédons à ce moment est possible en poussant notre apprentissage de la maitrise des états modifiés de conscience. Expérimentez et apprenez les sorties de corps sans séparation. Allez voir la lumière que chaque âme et chaque vie rayonne autour de vous. Elle est partout, du plus petit au plus grand. Tenez-vous au plus près de votre cœur, laissez-vous plonger et émerger là où le mouvement vous mène. Mais ne cherchez pas à diriger pour vous fondre et fusionner absolument dans votre cœur de lumière, ne forcez pas, ce n'est pas dans la nature des choses. Nul besoin de craindre l'accident non plus. Si vous ne forcez pas, vous ne tomberez pas là où il n'est pas naturel que vous soyez.

Voir schéma 17 : Tout est parfaitement centré. Les sphères de conscience se réduisent pour fusionner progressivement entre elles et avec le cœur. Le cœur grandit et concentre l'énergie réunifiée. La conscience revient vers son unité.

Décès.

Le point de non-retour est passé. L'âme est détachée du corps et de l'esprit. Il n'y a plus de lien. Le corps et l'esprit n'existent plus en tant qu'expression de l'âme, ils ne sont plus informés. L'âme n'est plus projetée, elle est retournée à son unité en tant que bloc énergétique cohérent. Elle n'est plus exprimée dans la matière. Le mécanisme d'interface qu'est la conscience n'est plus fractionné, il est réunifié en une seule sphère de pleine et totale conscience. Le cœur fusionne âme et conscience en totalité. C'est l'âme pure. Entière, totale et pure énergie. S'il existe, cet état est fugace. S'ensuit le début immédiat de nouveaux liens externes, qui vont progressivement organiser le fractionnement et la projection vers une autre expérience de vie. Ce moment de bascule est aussi vide que plein. Tout est là et il n'y a plus rien. La personne n'est plus, l'individu n'est plus, la conscience telle que nous la connaissons n'est plus... Ce moment n'est pas un moment, l'espace-temps n'est plus. Il s'agit simplement d'un avant et d'un après. Cette bascule n'existe que de manière théorique afin de comprendre ce passage. Il n'y a pas de monde intermédiaire ici, ni enfer ni paradis, seulement soi en vérité. Une ancienne expérience de vie s'est définitivement détachée. Une nouvelle expérience de vie est assurément en train de se relier. Voir schéma 18 : Le corps et l'esprit ne sont plus là. Toute conscience est fusionnée au cœur. C'est l'âme pure. L'être pur, unique et entier.

Nous sommes en perpétuelle transformation à tous les niveaux. Notre être ne se limite pas à ce que nous sommes ou paraissons être maintenant. Nous sommes en évolution continue à l'intérieur et à l'extérieur. Notre conscience reflète et accompagne ces changements. Les variations de notre état sont plus ou moins perceptibles, plus ou moins profondes et fondamentales. Nous passons par des états de projection partielle de notre âme, construits sur le fractionnement, et des états d'alignement recentrés sur le cœur, construits sur l'unité. La vibration de l'ensemble et les moyens déployés, comme la conscience, sont adaptés en fonction de notre état. La condition de l'être, l'interface, le rapport interne et externe, la compatibilité et la mise en résonance, tout est différent. Plus près du cœur, nous sommes plus près de l'âme, plus près de notre vérité.

Le paradigme de vie

Le paradigme définit un modèle de système logique, dont la cohérence le rend fonctionnel dans un cadre propre à assurer sa stabilité, son autonomie et son évolution constructive pour lui-même. Il est conditionné par un ensemble d'éléments de toutes natures, exprimant un système relationnel, d'échange, de coopération et de production, conforme à son évolution dans le respect des valeurs proprement établies comme cadre.

Tout paradigme est, comme toute chose, contraint par son environnement interne et externe. Tôt ou tard, son évolution constructive le dirige vers l'insuffisance de son propre cadre, ses limites et son effondrement.

Un paradigme de vie existant se détermine par son environnement et les règles qui le régissent. C'est un milieu de vie à part entière. Un élément compatible, émergeant de l'intérieur ou de l'extérieur, est intégré dans le système pour y participer. A contrario, un élément incompatible, interne ou externe, est écarté, isolé, détruit ou évacué. Toutefois, ce paradigme de vie n'est pas un unique modèle d'ordre. Il n'est qu'une option parmi tant d'autres, et les éléments qui le composent ne lui sont pas intrinsèquement rattachés. Toute chose a la capacité de s'adapter à différents modèles, dans différents groupes, sous différentes formes, et donc de participer à différents paradigmes.

Nous-mêmes, notre âme pure est un ensemble d'éléments informationnels et cohérents. Pour exister dans le milieu qu'elle relie, elle doit s'adapter à des conditions externes lui étant compatibles. Elle se tourne alors vers le paradigme entrant en concordance avec le maximum de son information globale. Elle se fractionne et réorganise ses connexions internes et externes pour correspondre au mieux à ce monde, y évoluer mutuellement tant que le cadre de chacun le permet. Lorsque le cadre n'est plus compatible, soit le milieu de vie est réaménagé, soit c'est l'organisme qui se restructure ailleurs ou autrement.

Les paradigmes de vie coexistent mais ne se mélangent pas vraiment. C'est ainsi que l'on peut parler de différents plans ou dimensions. La plupart des organismes de différentes dimensions ne sont pas en contact entre eux, leur compatibilité vibratoire est trop distante. Ces mondes se rejoignent sur la part d'information libre externe présentant une résonance vibratoire communément accessible. Ces informations communes peuvent alors permettre certains échanges ou liens entre des éléments vivants des paradigmes distincts. Pourtant, une même information contactée dans le cadre de différents paradigmes n'est pas représentée de la même manière. Sa mise en forme diverge en fonction du référentiel de perceptions complètement conditionné par le paradigme de vie. De plus, une information peut être contactée, mais pas nécessairement reliée et intégrée durablement. De par sa perception et sa représentation particulière, une information reliée durablement est intégrée en prenant une mise en forme propre l'écartant de son statut d'information libre commune. Elle ne peut pas être rattachée à plusieurs paradigmes de façon similaire. Pour conserver un lien, son interprétation doit pouvoir faire sens avec le paradigme de vie de l'organisme exprimant la dominante de son être à ce moment.

Une vie est l'adhésion à un paradigme. Chaque chose en son temps, et l'aventure dure tant que le milieu et l'organisme préservent un terrain d'entente suffisant. Ni un paradigme ni une vie ne sont éternels. L'un et l'autre s'effondreront un jour. Néanmoins, l'organisme et le milieu, l'être et l'univers, continuent d'exister. Ils se recentrent sur leur propre cohérence essentielle, et ils se réorganisent vers une nouvelle aventure collaborative.

En pratique, c'est fini

Une vie se termine. Dès lors, une âme retourne à l'union. Elle entame la connexion vers toute information universelle mise en résonance avec sa nouvelle identité. Notre être, enrichi de son expérience juste terminée, se reconstruit un réseau externe vers une information adaptée à son contenu. Notre bloc énergétique cohérent tisse des attaches vers les informations compatibles. Il s'organise des ensembles logiques et harmonieux. Notre âme renforce ses liaisons les plus importantes, et elle met en relations celles qui se complètent ou s'équilibrent. Nous construisons la relation à notre prochain univers, l'environnement qui va servir de support à notre prochaine expérience de vie. Une interface consciente adaptée se met en place. Nous fractionnons le tout informationnel de notre être complet, en sous unités relatives à l'environnement externe mis en résonance. La conscience se module et ajuste ses capacités. La métamorphose agit en concordance, dedans et dehors. Les liens externes se réorganisent au rythme des énergies pertinentes contactées. Le travail se poursuit, jusqu'à retrouver un lien d'ensemble dominant et suffisamment important, pour définir une majorité absolue vis-à-vis de l'ensemble qu'est notre bloc énergétique. Alors, un nouveau paradigme est en place. Il convient de s'y projeter, de finaliser la structure et les outils nécessaires pour intégrer cet environnement avec la meilleure interface de nous-même que l'on puisse présenter. Une nouvelle expérience de vie commence, toujours plus riche que la précédente.
Cette expérience, elle peut être de toute nature. Elle peut être la nôtre.

La renaissance en petit d'homme

C'est comme ça qu'une âme sous forme de pure énergie vient s'incarner. Elle se lie à une vibration la mieux compatible au contenu global de son information individuelle. Cette vibration compatible doit lui être accessible en tant qu'élément unifié vers lequel elle peut se projeter et développer son énergie. Cet élément unifié pouvant être contacté et relié, c'est le fruit de la fécondation, ce qui est nommé le zygote pour nous. Le zygote fait état d'un ensemble informationnel unifié, non fractionné, au plus proche de l'état de pure énergie. Le zygote est accessible par une âme sous forme de pure énergie. Si le contenu informationnel expose une résonance suffisante, alors l'âme peut s'y relier. La résonance informationnelle, entre le zygote et l'âme, doit être suffisamment forte pour installer un lien et une attache stable. L'âme, pure énergie, va maintenant s'exprimer sous forme de corps et d'esprit, en concordance au paradigme qu'elle rejoint. L'âme exprime et renforce l'information reliée au travers du corps et de l'esprit. L'information est fractionnée pour exprimer les aspects particuliers en forte résonance, de manière prioritaire et dominante. Le développement de l'organisme, la forme et les mécanismes adaptés se mettent en place. L'âme informe ce nouvel ensemble, elle s'exprime par les moyens adaptés et compatible aux conditions du support relié, le corps, l'esprit et une conscience fractionnée. L'âme reste au centre comme pure énergie, reliant sa totalité au cœur de l'organisme et enveloppant le tout comme pleine conscience.

Le petit d'homme se construit dans un environnement protégé. C'est un organisme complexe. Même fractionné, nous présentons un ensemble informationnel assez conséquent et donc exigeant quant à l'expression de son contenu. Tout doit être en place et bien attaché avant d'aller plus loin. Pour commencer, ça se passe dans le ventre de maman. Et quand tout est prêt, c'est la naissance. C'est le premier changement de monde dans ce même grand paradigme de vie que nous avons intégré comme étant notre univers. Cette naissance est l'aboutissement d'un beau travail conjoint. Mais ce n'est qu'une étape. Le petit d'homme continue de se construire. Il n'aura de cesse de dépasser son nouvel environnement protégé pour s'ouvrir encore un nouveau monde. Il ira exprimer son âme de nouveau monde en nouveau monde, en informant cet être nait, pour développer et enrichir toujours plus l'expérience de l'être. De son âme, il ira exposer tout ce qu'il peut livrer à ce paradigme. C'est ainsi que le petit d'homme grandit, c'est ainsi que l'être s'enrichit, c'est ainsi que l'âme agit. L'homme grandi, l'être enrichi, l'âme réunit l'expérience de vie en son cœur et brille toujours.

L'avancée merveilleuse

Une fois l'âme détachée et ayant retrouvé son unité, elle ne sera jamais séparée du cosmos. Cet instant est irréel. Cet instant est trop fugace pour permettre de réaliser ou simplement imaginer une quelconque réalité de son existence. Sitôt détachée d'un univers et réunifiée en son cœur, l'âme se relie vers un nouvel univers et prépare sa nouvelle expression relative.

Pourtant, cet instant de l'être unifié retrouvé est la seule chose que nous savons réellement être. Nous savons tout le reste comme n'étant que projection et fractionnement. Nous savons qu'avant tout et au-delà de tout, nous ne sommes que cela et tout cela, cette âme unifiée en son cœur, reliée au grand tout du cosmos. Nous savons vivre cela à tous les instants, sans jamais réellement l'être ne serait-ce qu'un plein instant. C'est ce qu'il y a de plus grand, de plus magnifique, rien ne définit plus ce sentiment les comprenant tous en un seul. C'est notre quête de l'inaccessible. L'inaccessible en soi, l'inaccessible de soi.

Alors, en attendant, nous vivons plus grand, plus magnifique encore. Nous nous projetons vers l'autre. Nous nous fractionnons pour aller rencontrer l'autre, en dehors, et apprendre de lui. Puisque ce que nous connaissons nous est inaccessible, nous allons tâcher d'accéder à l'inconnu. Nous allons apprendre et nous enrichir toujours plus. Auprès de l'autre, nous allons vivre. Au fil des expériences de vie, notre âme grandit, notre cœur s'épanouit. Peut-être pour, un jour, un jour qui se poserait comme un instant éternel, retourner à l'union de nos cœurs en une seule âme universelle, celle dont nous saurons être une magnifique et merveilleuse projection.

Dans le cœur, Dieu, la conscience et un humain

Croyance en conscience

La conscience, l'information, l'énergie, le cœur. Tout est lié et tout nous relie.
Bien que ce ne soit que des mots et des concepts d'humain, tout ceci est bien plus. L'humain n'est pas à l'origine de ces mécanismes, il en est une création. Nous sommes une expression particulière du cosmos modélisant sa science à tous les niveaux. Le cœur, l'énergie, l'information et la conscience font partie de ses fondamentaux, et le caractère essentiel en est la nature vibratoire.

Le cœur est au centre de chaque chose qui est. C'est l'âme de chaque élément d'où tout émerge. D'abord, tout apparait sous forme d'énergie et d'information. Ensuite, quasi immédiatement, une relation s'installe avec le milieu, et la conscience en est l'interface.
A ce stade, nous pouvons déjà accepter ces mots ou les contester. Nous pouvons aussi parler de vie ou ne pas le vouloir encore. Cependant, ce principe de base est systématique. Il est la première manifestation de tout ce qui est, et la suite n'est que variations de ce principe. Ceci s'applique de manière fractale à tous niveaux, du visible à l'invisible. Toute forme d'expression et de perception en est issue, y compris l'espace-temps. Chaque chose s'adapte sur ce principe, en fonction de son environnement et de sa richesse informationnelle déterminant son individualité et son identité. Plus cette richesse informationnelle est grande,

plus on peut parler d'un organisme complexe et capable de mettre en place des modèles adaptatifs larges et efficaces. Mais toujours sur le même principe de base. Un organisme complexe est édifié autour d'un cœur commun, et chaque élément le composant est constitué sur le même schéma avec son petit cœur. Plus l'organisme est important, plus il peut présenter diverses configurations en réorganisant des groupes internes. Il créé ainsi des ensembles logiques avec des cœurs intermédiaires. Toujours autour du cœur principal en commun, sur le même principe décliné en autant de combinaisons que les éléments informationnels le permettent. Qu'il s'agisse d'un ensemble complexe ou d'un simple élément, chaque chose est vouée à évoluer vers un organisme toujours plus important, en reliant et intégrant de nouveaux composants. Tous ces liens, toutes ces alliances, se font dans le but de trouver le meilleur équilibre. C'est le réflexe du cosmos de toujours vouloir canaliser et contenir au mieux ce mouvement se perpétuant par lui-même vers une danse toujours plus enjouée et quelques fois un brin tapageuse. Ce mouvement, c'est la vie. Alors, rien ne s'arrête jamais et rien n'est jamais vraiment stabilisé, si bien qu'un organisme n'est pas éternel. Aussi évolué, important et complexe qu'il soit, tout ensemble trouve les limites de son développement. N'étant plus en capacité de se réorganiser en interne vers une forme plus stable, il peut avoir besoin de se désagréger et disparaitre au profit de nouveaux sous-ensembles voués à offrir de nouvelles opportunités d'évolution. Tout cela s'exprime du plus grand au plus petit, pour tout ce qui est. Nous en faisons partie. De notre point de vue, notre être est un ensemble complexe, mais nous pouvons aussi penser qu'il lui reste bien des possibilités de grandir encore. Chemin faisant, il convient de ne pas se précipiter, de s'orienter doucement vers une évolution collective et durable, plutôt que de se presser dans une étroite bulle personnelle vouée à exploser rapidement. Nous sommes généralement convaincus qu'il existe bien plus petit que nous en termes d'évolution avancée et d'intelligence. Il nous est moins évident d'envisager que nous soyons ce bien plus petit aux yeux d'un bien plus grand au sein duquel nous grandissons. Pourtant, tout est possible en déployant ce principe de base d'où tout émerge de façon fractale. Cœur, énergie, information et conscience. Il faut bien accepter que nous bâtissons nous-même notre propre réalité de l'être, au centre d'un ensemble de plus petits et de plus grands. Nous sommes incapables de nous positionner autrement qu'au centre de notre environnement. Plus nous mettons à jour du plus petit, plus il nous faut contrebalancer en dévoilant du plus grand, et vice versa. Néanmoins, il est commun de reconnaitre une vie inférieure plus petite, mais pas bien acceptable de reconnaitre une vie supérieure plus grande. Tout au centre, sauf ce que nous appelons l'intelligence. Pour cause, sans parler de savoir, de culture ou d'éducation, vous aurez bien du mal à trouver quelqu'un qui ne se pense pas plus intelligent que son voisin. En toute sincérité, chacun se sent profondément et naturellement être ce qu'il y a de plus intelligent. Certains le font savoir plus fort que d'autres. Pour moi, ceci est une évidence qu'il convient d'accepter, car le mécanisme conscient est ainsi fait. Le processus conscient est organisé en rapport à un environnement, de façon à nous offrir des opportunités nouvelles que nous soyons en mesure d'absorber. C'est ainsi que nous grandissons notre vibration tout en évitant de se faire avaler par plus grand et en conservant notre individualité, du moins en conscience. C'est en intégrant des vibrations en résonance avec la nôtre, mais de préférence moins puissantes. Nous grossissons en mangeant plus petit. Du point de vue conscient, il est tout naturel de se penser au sommet. Le système implique que chaque organisme se vive dans un paradigme conscient ne voyant totalement que ce qui lui est inférieur. Ce qui lui est supérieur est perçu de façon très limitée et partielle, voire pas du tout.

Toutefois, il n'est pas contre nature d'accepter un cadre en sachant son utilité et sa nécessité, mais aussi ses limites et sa participation à un système toujours décliné sur le même principe de base. Nous pouvons sereinement penser à un plus grand et plus intelligent, tout en comprenant l'intérêt de ne pas y accéder pleinement. Rien de nouveau, depuis toujours nous sentons cette nécessité de nous tourner vers un super créateur supérieur. Certains éludent la question en posant Dieu. Beaucoup de noms sont donnés à Dieu, qu'il soit seul ou multiple. Quelquefois, il est dit ineffable. Il est invisible mais se prête au jeu des apparitions, il fait des miracles, il envoie des émissaires à qui il transmet ses pouvoirs, il est beau et intelligent, il a un ennemi qui est laid et con, etc. Un extraterrestre en somme. Il est vrai que le portrait concorde assez bien. Dans tous les cas, le personnage ou le concept est dignement enrobé d'histoires défiant toute concurrence. Cela peut être une manière de reconnaitre plus grand que soi. Mais il semble que ce soit trop souvent une occasion d'échapper à la responsabilité du créateur.

Et si ce qu'il y a au-dessus de nous est simplement un plus grand à l'identique. Qu'il soit juste ce que nous sommes amenés à devenir demain. Que son monde et ses pouvoirs soient les nôtres en plus grand, qu'ils soient bâtis sur ce que nous développons aujourd'hui. Nous sommes alors créateurs au même titre que Dieu. Notre sagesse et notre idiotie sont les siennes aussi. Nous pourrions être considérés comme des enfants. Nous pourrions nous-mêmes observer nos enfants dont la sagesse n'a rien à envier à leurs parents, et cela depuis bien longtemps à mon sens. Se trouver au centre ne dispense pas de reconnaitre son pouvoir créateur et d'en prendre toute la responsabilité. Chacun, chaque chose est au centre, et cela doit être compris comme la plus grande reconnaissance et responsabilité de soi, spécialement quant à son pouvoir créateur pour soi et vers l'autre. Dieu est au centre et il porte le nom de chacun.

Le cœur, l'énergie, l'information, la conscience, principe de création de l'humain créateur. Oui, Dieu existe et il est dans le cœur. Il nait de la substance primordiale. Cette substance à l'origine de tout ce qui est. Cette substance n'existant plus que par les réalités qu'elle forme dès lors qu'elle s'est mise en mouvement. Je l'appelle éther, et Dieu est le pouvoir créateur né de l'éther en mouvement. A ce moment où l'éther est en mouvement, c'est un cœur, c'est l'énergie, l'information, la conscience.
Voilà ce sur quoi ma croyance s'établie. Tout n'est que fait et constat de réalité en conscience. Mais pour accepter cette histoire, il faut croire en une chose. Croire en l'éther. S'il est une chose sur laquelle je dois m'en remettre à Dieu par manque de lumière, c'est l'éther. L'éther, substance de cet instant irréel d'où jailli cette même lumière. Croyance, évidence, simple ressenti ou profonde vérité de mon être, c'est en conscience que je m'exprime depuis cet inaccessible éther.

Conscience du cœur

Tout est conscience, tout a une conscience.
Si vous l'avez comprise, vous savez qu'elle est une fonction attachée à un cœur.
Lorsque l'âme part, elle amène le cœur et sa conscience. La conscience en tant que telle ne meurt jamais, elle réalise une information. Le cœur en tant que tel ne meurt jamais, il est le point de départ d'une information. Cependant, l'information se relie, se regroupe et s'organise en ensembles cohérents. Un ensemble de petits cœurs génère un gros cœur. Un gros cœur expose une information d'ensemble exprimée par une conscience supérieure. Alors bien sûr, un gros cœur et une conscience supérieure meurent parfois. Mais comme rien n'existe sans cœur, ce ne sont que des gros cœurs qui se défont en petits cœurs pendant qu'ailleurs des petits cœurs font des gros cœurs. Partout où l'énergie se sépare ou se rejoint, les cœurs s'organisent et la conscience s'adapte en suivant son cœur petit ou gros. Il y a toujours un cœur, et une conscience l'accompagne.
Lorsqu'un gros cœur cesse d'opérer, la conscience se réorganise. Selon les conditions dans lesquelles le gros cœur s'éteint, divers scénarios peuvent être envisagés. Il peut être imaginé que la conscience se morcelle en informations libres dispersées. Ou bien qu'elle puisse conserver son ensemble informationnel cohérent, en le reliant au cœur le plus proche. Vers un centre de niveau supérieur dont elle était déjà un sous-ensemble par exemple. Alors, elle peut conserver une cohérence de sous-ensemble informationnel directement relié à ce cœur plus puissant. Elle peut aussi intégrer le nouvel ensemble informationnel plus volumineux, en tant

que simple élément assimilé en la conscience de ce nouvel univers.

D'autre part, lorsqu'un ensemble informationnel cohérent s'organise du fait de petits cœurs entrant en résonance, un gros cœur se met à opérer et relie ce tout en une nouvelle conscience. Il se crée une conscience supérieure en mesure d'accueillir, partager et exprimer de nouvelles énergies.

A notre niveau, nous sommes déjà un gros cœur, et une conscience supérieure nous accompagne. Que ce soit par accident ou négligence, cette conscience et le cœur qui la relie peuvent tout à fait se désagréger. Il est dans l'ordre de la nature de recycler ce qui n'est plus opérationnel dans le mouvement de vie. Ceci étant, notre niveau de cohérence permet aussi d'envisager que ce ne soit pas une fatalité. Tel que je l'ai formulé concernant notre mort et notre naissance physique, notre cœur et sa conscience ne sont pas voués à mourir. L'âme en est le plein état éternel en pure énergie, alors que le corps organique n'en est qu'une projection partielle temporaire. Il me semble important de prendre conscience de notre cœur et faire le choix d'accompagner son développement. Faire prospérer le cœur dans de bonnes conditions, c'est pareillement faire prospérer la conscience. La faire prospérer, c'est ne pas la défaire, ne pas la disloquer, conserver son ensemble, la recentrer et la nourrir vers plus grand. Par le cœur ou par la conscience, c'est du pareil au même. Ils sont indissociables dès lors que l'on a compris qu'ils n'existent durablement que l'un par l'autre. Alors, le ou la nourrir vers plus grand, c'est l'ouvrir à intégrer plus petit, c'est coopérer avec son égal, et aussi mettre son ensemble au service de plus grand.

Comme l'information relie, se réceptionne et se diffuse aussi, la conscience n'est alors plus seulement personnelle. Elle est aussi collective et à priori bien plus grande encore. Nous agissons au-delà de notre propre périmètre, au-delà de notre propre conscience, vers et pour une conscience bien plus grande, hors de nos capacités de perception actuelles.
Un cœur ouvert et une conscience ouverte vont de pair. Nul besoin de forcer. C'est l'état naturel de l'être que d'ouvrir son cœur en conscience pour accueillir et partager, dedans et dehors, en toute sincérité et sérénité.
Savoir que le cœur est conscient et être conscient du cœur.

Humain créateur

L'énergie et l'information circulent toujours. C'est ce qui en est fait qui porte la création de celui qui fait. Ce qui se crée peut nous apparaitre bon ou mauvais, mais peu importe pour l'univers n'ayant qu'une visée : maintenir le cosmos dans sa danse harmonieuse par tous les moyens, même s'il faut déchirer et recycler quelques danseurs qui se verraient dépassés. Pour ceux qui restent, leur conscience grandit avec la quantité d'information qu'elle regroupe au fur et à mesure des liens tissés avec les partenaires de danse. La machine consciente est d'autant plus puissante et solide que l'ensemble d'informations cohérentes sur lequel elle s'appuie est volumineux et riche. Mais attention, il s'agit là de puissance, de quantité. C'est avant tout la qualité qui touche l'orientation du vécu. Nous pouvons avoir une conscience très puissante tournée vers le beau, le bien-être, la confiance et la bienveillance, mais aussi vers le moche, le malaise, la peur et l'agressivité. Une conscience moins imposante affiche un contenu qualitatif tout aussi variable.

Elle est d'autant plus impactée et dépendante de sa qualité. Nous pouvons alors espérer que la quantité d'informations grandissante s'organise préférentiellement autour de la connaissance. Bien sûr, en considérant la connaissance comme une école de qualité, à même de grandir aussi l'individu conscient vers le geste élégant.

L'humain conscient, c'est l'humain créateur. La prise de conscience est une création de réalité. Quel qu'en soit le contenu, chaque réalité prend part au cosmos. Notre univers se vit et s'équilibre en fonction de réalités dont nous sommes les principaux artisans et usagers. Finalement, que nous fassions bien ou mal importe peu. L'ordre naturel n'attend pas après nous. L'énergie est en mouvement. Elle danse dans le seul but de réajuster l'équilibre de tous les instants, de contenir et perpétuer son mouvement. Ici, la vie ne juge pas, elle ne regarde ni hier ni demain, elle est l'instant qui danse. Vivre, c'est participer au mouvement, qu'on le veuille ou non. Le mouvement nous dépasse, il prend part à l'intérieur et à l'extérieur, quoi que l'on fasse. Mais ce que l'on fait n'est peut-être pas insignifiant. Ce que l'on fait peut orienter le sens qui anime la danse.

Ce que l'humain fait en réalité, c'est ce qu'il fait en conscience. Ce qu'il fait en âme et conscience, c'est ce qu'il fait en conscience avec son cœur. Nous avons évidemment le choix de notre conscience et ce vers quoi nous l'orientons. Il s'agit de prendre acte de la valeur que nous exprimons. Il est autant question de corps que d'esprit, et de visible que d'invisible. Nous avons tous cette faculté et ce pouvoir de choisir les mouvements que nous souhaitons accompagner dans la danse du cosmos. Alors, apprenons peut-être à danser.

Soyons simplement humain en conscience. Nul besoin de forcer, pousser ou retenir. Simplement reconnaitre sa réalité comme celle d'autrui, et la savoir aussi fiable et vraie que nécessaire, car rien ni personne ne la renversera jamais. Savoir aussi ne pas combattre ou vouloir figer sa réalité comme celle d'autrui, car elle ne cessera jamais d'accorder sa danse à notre conscience, ouverte par nature au mouvement du grand bal universel de l'évolution. Savoir écouter et suivre son cœur, car c'est par lui que nous créons. Humain créateur, ouvre grand tes yeux, tes oreilles, tes bras... et danse en conscience au rythme de ton cœur.

Au fond, on reste humain

C'est ici que se trouve l'âme.
Le cœur et la conscience supérieure sont une seule et même chose, un univers à part entière tenant son cosmos en son sein. Je parle encore de cette âme représentant cette unité individuellement cohérente, partie d'un tout plus grand à l'identique. C'est ce que nous sommes, et la forme matérielle en est une expression particulière.
La matière se mourant n'est simplement plus informée par cette conscience supérieure, ce cœur. C'est l'âme qui se détache du corps-matière. La conscience supérieure et le cœur partent ensemble, ils n'expriment plus cette densité et partent. Partir, c'est s'exprimer ailleurs, différemment, sous une autre forme. Lorsque l'âme quitte le corps-matière, c'est que la musique change de niveau. Ça vibre, mais tout le monde ne peut plus suivre la danse. La musique reste la même, elle n'est simplement plus exprimable par des éléments devenus trop lourds. La sphère de conscience supérieure amène toute l'équipe reliée au cœur. Au cœur, il y a ce lien, cette attache minuscule dont la force est celle du plus grand à l'identique. C'est l'arche. Oui, certains savent bien qu'il y a un truc par là... l'espace sacré du cœur. Vous le trouverez bien sûr en passant par le cœur en premier lieu, pour suivre la conscience, vous laisser expanser vers son enveloppe contenant tout, et enfin revenir au centre, vous laisser glisser de retour vers le cœur, dans le cœur, descendre en apesanteur au plus profond, jusqu'au bout, à la pointe du sacré cœur. Connaissez-le. C'est ici. Vous verrez, ce n'est pas loin de là d'où vous êtes parti. Evidemment, c'est concentré, précis, puissant. Vous le sentirez assurément, ne

soyez pas surpris, ayez confiance, restez-y autant qu'il vous est permis. Ne luttez pas, c'est un lieu à connaitre, ce n'est pas un lieu où l'on peut rester vivre notre condition. Acceptez de retourner vers le centre de la poitrine lorsque cela se fait, ici vous pouvez résider au plus près, dans le cœur.

Le cœur englobe, contient, unit, réunit, relie, comprend tout. Il est là. On peut le réduire, le développer, le contraindre, le libérer, le séparer, le fusionner, y entrer, en sortir, y reposer, y danser, y rire, y pleurer, y vivre... c'est infini. Cet espace où se concentre l'énergie, ce point précis, le centre de chaque chose qui est. Il y a des cœurs partout. Il est toujours, toujours, toujours là. Je ne peux pas le fermer, il ne meurt pas, il crée. Je le nourris et il me nourrit. Je l'enveloppe et il m'enveloppe. Je l'ouvre et il m'ouvre. Il était, il est, et il sera toujours en moi. J'étais, je suis, et je serai toujours en lui. Puis, vient la conscience, un monde se crée et se connait, c'est le mien, le sien.

La conscience apaisée, claire, juste, équilibrée, sécurisée, puissante, c'est l'énergie du cœur. Alors en premier, ne pas fermer le cœur. Ensuite, savoir le protéger sans le fermer. Enfin, le nourrir, le cultiver, l'ouvrir plus grand, plus fort.

Il s'agit simplement de se tourner vers son cœur et l'accompagner naturellement en toute confiance. C'est arrêter un peu de vouloir tout forcer. Même si ce n'est pas facile de premier abord, arrêter un peu de forcer pour voir ce qu'il se passe. Il se pourrait bien que la nature soit toujours opérationnelle, juste là en attendant qu'on la laisse reprendre sa juste place. Il se pourrait bien que le cœur soit là, toujours en service, et que tout le monde s'y retrouve beaucoup plus tranquillement.

Le cœur comme centre.
Le centre, cet espace qui concentre et relie tout en ce point à l'intérieur.
Le centre, cet espace qui diffuse et relie tout au-delà vers l'extérieur.
Le cœur ouvert, dedans et dehors, de l'âme au monde pour un seul être.

Reste à poser son attention au centre de la poitrine.
Simplement laisser faire les choses telles qu'elles doivent se faire naturellement. Laisser faire le cœur et le reste en suivant. Retrouver alors une conscience unifiée, où chaque sphère tient sa juste place, sa juste fonction, sa juste relation. Retrouver une expansion du tout cohérent dans un espace libre, suffisant et confortable.
La conscience est le creuset du pouvoir créateur.

Humain, bien plus que se relier, c'est créer. Découvrir l'univers, c'est découvrir l'humain. Beaucoup de concepts sont externalisés, alors qu'au fond, il s'agit juste de nous-même, quelque part, là-dedans, au milieu. L'information circulante joue un rôle essentiel. La capacité à capter cette information est impressionnante. La captation de cette information donne accès à des perceptions réellement impensables. La puissance de l'humain et ses capacités sont bien plus étendues que ce que l'on imagine. Chacun nait et meurt avec. Entre temps, permettez-vous d'accompagner votre meilleur équilibre.
La conscience forme l'humain.

Soyez libre de penser.
Tout ceci n'enlève rien ni à la spiritualité ni à la science. Tout s'y intègre, le matérialisme et les croyances. Corps-âme-esprit, l'équilibre en vous est seul juge de la réalité vous construisant. Soyez libre de penser, mais faites-le en conscience, en âme et conscience, avec cœur, dans le plus grand respect et la responsabilité de votre être et d'autrui.
Ne vous désengagez jamais de la relativité de l'unique que vous pouvez vivre dans cet univers collectif. Vous pouvez vous isoler en groupe, vous réunir tout seul, c'est déjà là. Jamais assez, toujours trop, ne forcez pas, pleurez, riez, aimez, ouvrez votre cœur, l'esprit et le corps s'unissent, ouvrez, épousez votre âme, l'esprit et le corps s'unissent, dansez. Chaque personne, chaque organisme, chaque élément, chaque être est uniquement seul relié à toutes choses unifiées ensemble... nous sommes seulement inséparables.

Tout est permis tant que ça danse. Et ça danse toujours. Simplement accompagner le mouvement, ne pas s'opposer. Le mouvement est gage de retour à l'équilibre.

235

La fin du début

Le cœur et l'énergie comme ce qui relie, explique et donne accès à la conscience.
Le cœur et l'énergie comme outil d'exploration et de développement de la conscience.
La conscience et l'information comme ce qui relie, explique et donne accès à l'humain.
La conscience et l'information comme outil d'exploration et de développement de l'humain.

L'énergie danse, la conscience éclaire la scène et projette, tout se joue au centre. Chacun crée un peu de mouvement, de lumière, d'espace, de temps, de couleur, de matière, sa réalité, son illusion. Tout ceci n'est qu'une vue de l'esprit, une impression ô combien réelle.
Je peux suivre mon regard sur ma conscience, la conscience autour, la nature de chaque chose, l'être en vie, la réalité et la relativité de mon monde. Je peux poser un regard serein, sincère et respectueux. Je peux me tourner vers moi et me reconnaitre, car c'est ce que je partage et comprends au dehors. Je peux humblement me célébrer dans un profond respect, et l'offrir au dehors pour continuer à apprendre de l'autre. Le cœur relie, la conscience crée, l'humain perçoit.

C'est assez beau d'être humain en âme et conscience.
Ce n'est que le début. Vous serez surpris de voir ce dont vous et l'autre êtes capables. Il est toujours merveilleux de voir se réaliser la magie. C'est bien de cela dont il est question lorsque l'on recentre sa conscience par le cœur. Notre monde change, dehors et dedans. Nos perceptions se dévoilent et s'expansent. Soyez surpris, soyez curieux, et

ayez confiance en ce qui vous est présenté. Aussi fantastique et étrange que cela puisse paraitre, tout ce qui advient quand vous recentrez votre conscience par le cœur est simplement l'expression de votre être. C'est juste vous-même. Soyez capable de compassion, de respect, et d'accompagner ce mouvement libre et légitime qui est le vôtre. C'est juste la reconnaissance de votre parcours. Chacun est à même de faire ce pas vers soi, et il est important de le faire pour son âme. Chaque âme est destinée à illuminer le cosmos bien plus que nous pouvons l'imaginer. Cette âme, c'est notre être profond, nous la représentons ici, aujourd'hui. Il est de la responsabilité de tous de vivre cet instant libre, pleinement et sincèrement. Explorez, rêvez, dansez, jouez et faites-le toujours comme des enfants, avec le cœur, quoi qu'il en coûte. Soyez plein de vie de votre âme, et si ça doit déborder, que ce soit le cœur qui déborde.

Chacun n'est rien que cette lumière vivant le mouvement universel. La conscience doit s'inscrire dans ce mouvement, elle porte la danse du créateur. Vous verrez que tout bouge, mais peut-être pas toujours ce que l'on croit et comme on le croit. La lumière ne vient peut-être pas de si loin, elle brille peut-être simplement dans vos yeux lorsque votre cœur est libre.

Le sens des mots

Trouvez ou retrouvez le sens des mots

Ici, vous trouverez ou retrouverez le sens que je donne à quelques mots ou principes choisis pour leur signification structurante dans l'ensemble de mon propos. Je ne prétends pas poser ou imposer quelques définitions en vérité. Par-delà les définitions, le sens des choses n'est pas toujours en accord pour tous, et cela est parfois source de nettes incompréhensions. Alors, je tâche d'user au mieux des mots connus de tous dans des contextes parfois difficiles à exprimer. Je souhaite donc simplement éclairer ou rappeler, de manière brève et peut-être plus accessible, la signification que j'entends personnellement pour ces quelques termes que j'emploie ici de manière importante.

Energie

L'énergie comme force en action.
L'énergie comme mouvement informationnel.
Elle n'est pas une substance, c'est un mécanisme, un principe, une réaction, un flux. Elle nait de ce rien que j'appelle l'éther, au moment où le mouvement prend place. L'énergie est le mouvement. Le mouvement de l'éther et de toute matière est énergie. L'énergie est mouvement, et tout mouvement est énergie.

Considérons l'éther comme état immobile.
Du premier mouvement impactant l'éther, il y a énergie.
Le cœur, la matière, l'univers, l'espace et le temps sont nés.

Tout mouvement est transformation, il peut être léger, puissant, rapide, lent, progressif, explosif, précis, diffus... Le mouvement agit sur la matière et se transforme avec elle, au point de ne plus savoir si le mouvement est mis en forme par la matière ou si la matière est mise en forme par le mouvement. Une fois déclenché, le mouvement semble ne plus s'arrêter. L'énergie est infinie. Elle perpétue le cycle incessant de toute chose. Une fois la première rencontre entre le mouvement et l'éther ayant eu lieu, il semblerait que le mouvement et l'éther en soient devenus aussi instables l'un que l'autre, dans un cycle infini de transformations. L'énergie est en tout lieu, à tout instant, en toute chose, seule, se suffisant à elle-même avec pour unique dessein le mouvement, toujours le mouvement. Elle dirige tout, tout autant qu'elle en dépend. Elle crée, elle anime et organise, elle est la condition d'existence.

L'énergie, c'est ça. Le mouvement, la transformation, la création, le mélange, la séparation, les échanges, l'explosion, l'agglomération, l'attraction et la répulsion, la vibration, le transfert, l'information... Oui, l'information aussi. Une sorte de séquence de mouvements particuliers, matérialisée de toute façon. C'est aussi l'énergie. C'est infini.

Indissociable de ces notions d'éther et d'information, l'énergie, c'est la composante commune et incontournable de tout ce qui est. Tout ce que nous sommes nous-même, tout ce qui nous entoure, ce que nous voyons ou non, ce que nous entendons et ressentons ou non. Tout ce qui bouge en est fait. Et tout bouge. Tout tourne.

L'énergie transcende tous les états tels que nous les imaginons et bien au-delà. Elle est la condition, la composante même de l'expression de toute chose, de tout état. Elle informe et exprime la matière, la forme, la

consistance, l'impalpable. Elle informe et exprime toutes sensations, tous sentiments, tous ressentis. Elle permet toute mutation. Elle se change à volonté, discrète, douce, tonitruante, puissante. L'énergie est au cœur de toute transformation, elle est la vie sous toutes ses formes.
L'énergie est en nous et tout autour, elle nous traverse, on l'absorbe, on la produit, on la diffuse. Nous sommes une forme, un état produit de cette énergie parmi tant d'autres. Même plus, un ensemble de formes et d'états produits de cette énergie au même titre que toute chose, en constante interaction à tous niveaux, à l'intérieur et à l'extérieur.
Cette énergie, je l'associe souvent à la lumière. C'est peut-être son expression la plus concrète que l'on retrouve à tous points de vue. Cette lumière qui fait réagir tous les états visibles et invisibles, palpables et impalpables. Cette lumière qui existe en toute chose, comme manifeste du mouvement en perpétuelle évolution. C'est l'énergie.

Ether

Considérons l'éther comme état immobile.
Du premier mouvement impactant l'éther, il y a énergie.

L'éther comme substance primordiale. La substance première à son état théorique d'immobilité. Le calme absolu ne se représentant pas. Il est l'absence de tout, il contient ce tout infini attendant la vie pour prendre forme.
C'est l'éther qui va donner lieu à tous les états, tous les niveaux de matière, dès lors que le mouvement, l'énergie, va l'agiter et lui donner vie. Le principe d'énergie appuie son mouvement sur la substance qu'est l'éther. L'éther nourrit ce mouvement dans sa transformation. L'éther perd son nom à

chaque forme qu'il dévoile, mais il reste la substance exprimée dans le principe d'énergie. Comme l'énergie, il est en toute chose, partout et à chaque instant, à ceci près qu'il n'est pas le mécanisme mais la substance. L'éther perdra son nom pour la matière, solide, liquide, gaz, forme, couleur... Sa forme est une question de densification, de vitesse et de perception. C'est de cette substance en transformation continue que tous les états s'organisent formidablement. A partir de ce rien essentiel mis à bouger.
Qui de l'éther ou du mouvement anime l'autre ?
Quoi qu'il en soit, c'est l'éther qui fait la substance, et c'est ce qui reste si la danse s'arrête.

Je parle d'éther pour cette matière première à son état le plus proche de l'immobilité, le plus pur, le plus diffus, léger, volatil et impalpable. Quel que soit le rendu de ses états transformés et des conditions de perception associées, il ne s'agit que d'expressions particulières de cet élément premier. L'éther accompagne et structure toujours toutes formes particulières. Personne ne s'étonne plus de constater que le vide est partout régnant en maitre au cœur de la matière. C'est lui.
Il ne perd rien, il se transforme simplement, ses capacités et sa puissance prennent corps avec le mouvement de l'énergie et l'information.
La magie, la diversité infinie, les univers et le décor entier tiendraient alors dans une même et seule substance. L'éther. L'éther animé et informé.

Univers

L'univers, c'est l'espace autour du cœur, au-delà de l'organisme.
C'est la zone d'influence accessible à un organisme, son environnement relationnel direct et indirect.

Il est l'ensemble du contenu d'un environnement sous toutes ses formes : matière, énergie, information. Il est principalement rempli de ce vide que l'on sait être plein aujourd'hui et que je peux donc qualifier d'éther. Il est l'espace de l'éther et ce qu'il devient. Le volume du tout, organisé autour d'un cœur et son espace étendu. Lui aussi prend part au mouvement. Alors, il s'étend et se contracte selon les conditions et la vie de la substance qu'il héberge, entrainant bien sûr avec lui l'espace et le temps. Cependant, il est vaste et profite de l'élasticité de l'éther faisant de lui un ensemble souple, comme malléable. Il apaise l'agitation, amortissant au mieux les effets d'éléments quelques fois turbulents, au profit d'un mouvement au mieux tempéré et homogénéisé. Il contient mais ne régule pas. Il n'intervient pas activement sur le mouvement et les éléments, il module simplement la place nécessaire à l'activité de chacun, il module et répartit l'espace. Cet espace, c'est lui, l'univers.

Il est relatif à un cœur auquel il se réfère.
Il parait que le nôtre, celui des étoiles, est en expansion. Mais qu'en est-il du nôtre, celui de l'atome, de la cellule, du corps ? Finalement, c'est aussi un univers avec son cœur.

Cœur

Le cœur comme centre de tout ce qui est.
Le cœur comme centre énergétique le plus puissant que nous puissions nous connaître.

Il peut être abordé de différentes manières, différents points de vue, sous différents aspects spécialisés, fonctions ou concepts particuliers. Dans tous les cas, le cœur, c'est le centre.
J'en parle en rapport à l'énergie, parce que la notion d'énergie représente toute chose pour moi. Parler du cœur en rapport à l'énergie, c'est parler du cœur en rapport à toute chose. Le cœur est un centre énergétique. C'est là que tout passe et tout se passe. C'est là que l'énergie, le mouvement, opère, reçoit, adapte, transforme, unit, sépare, crée, diffuse...
Il n'est pas réductible à un état, une fonction ou un outil particulier. Il peut représenter tout cela et bien plus à la fois. C'est juste un lieu, un espace. Mais pas n'importe quel espace. Le centre. Le cœur, c'est cet espace où se concentre l'énergie d'un élément. Un élément est cette chose en mouvement, née elle-même de la forme que ce mouvement prend en ce point précis exprimé par l'énergie. C'est ça le cœur, ce point précis, le centre de chaque chose qui est. C'est le lieu de la condition d'existence et de la nature même de chaque élément.

Il y a des cœurs partout. Même des petits éléments avec des petits cœurs se regroupant pour faire de gros éléments avec de gros cœurs. Nous-mêmes, nous sommes en charge d'un gros cœur participant aussi à plus grand que lui. Beaucoup plus grand que lui.

Le cœur vers lequel je me tourne ici, c'est le nôtre, le mien. Cependant, mis à part qu'il centralise un organisme humain, son rôle ne diffère en rien de tout autre cœur. Je parle du cœur énergétique, et je considère le cœur physique comme sa projection ou mise en forme matérielle. Globalement, vous retrouvez le même rôle exprimé dans la matière pour le cœur physique. En toute logique, ce doit être le centre énergétique le plus puissant de notre être. Il se trouve au centre de la poitrine. Dans l'état naturel des choses, tout ce qui nous agite transite ici. Le cœur est cet espace seul capable de relier l'ensemble du milieu interne et externe d'un organisme. Il transite toute information et énergie qu'il ajuste au milieu interne ou externe, de manière neutre, sans dénaturer le message. Il réceptionne depuis l'environnement vers l'organisme, il redistribue en interne, et il diffuse depuis l'organisme vers l'environnement. Le cœur centralise, stabilise et régule l'énergie circulante en cohérence avec l'organisme et son environnement.

Information

L'information, c'est le codage. C'est le langage universel par lequel l'énergie s'exprime et exprime toute chose, toute forme. L'information est peut-être l'énergie elle-même, comme l'énergie est peut-être le mouvement lui-même. Ainsi, l'information est peut-être le mouvement lui-même. En tous cas, tout ceci est indissociable.

Elle n'est pas substance, elle n'est pas forme palpable, elle donne forme mais elle n'est pas la mécanique, elle planifie le mouvement. Elle représente l'instruction de l'énergie. Elle définit alors la courbe, la cadence et la nature du mouvement. Tout bouge et tout mouvement évolue selon son modèle. Ce modèle, c'est l'onde, la vibration. L'information est vibratoire, ondulatoire, elle se comprend, se diffuse, se propage, s'intègre, s'associe sur ce modèle. Elle s'applique à tout support, toute substance, toute matière. C'est un message remplissant diverses fonctions comme concrétiser, organiser, hiérarchiser, signaler, incrémenter un élément. Il est garant de l'architecture de l'univers. Il permet d'établir le contact, l'interaction des différents éléments et milieux. Ce message vibratoire peut être une onde simple ou résulter d'un groupe d'ondes cohérentes. Ces ondes sont par définition modulables, courbes et élastiques. Elles sont progressives, variables et multidimensionnelles, à l'image de mouvements de vagues, spirales et rotations entrelacés. Les dimensions ne font plus vraiment sens dans la vraie vie de l'information.

L'information se rencontre et s'échange. C'est le schéma, la structure, l'instruction de toute chose qui danse avec l'énergie. Elle transite naturellement par un centre énergétique pour être exprimée puis diffusée, traitée ou intégrée. En premier lieu, elle passe par le cœur à sa prise de contact avec un univers depuis l'extérieur. Par la suite, en interne, elle peut transiter par d'autres centres énergétiques spécialisés qui sont autant de sous unités avec un petit cœur dans un même univers. Et enfin, c'est tout aussi naturellement qu'elle emprunte le chemin inverse, en transitant par le cœur depuis l'intérieur pour diffuser à l'extérieur, vers un autre univers.

Ici encore, un rôle particulier participant à relier et unir toute chose, éther, énergie, cœur, univers, information, conscience.

Conscience

La conscience comme mécanisme d'interprétation informationnelle en interface d'un organisme et son environnement.

La conscience, c'est le mécanisme universel de feedback. C'est encore un mouvement, une information, une énergie interne ou externe que l'on réceptionne et calibre en relation à notre état et nos conditions du moment. Elle se comprend comme l'ensemble des opérations internes de réception, de traitement et de diffusion de l'information par un organisme vis à vis de son environnement. Elle s'organise alors autour d'un cœur. Sa sphère d'action est définie par le périmètre d'influence du cœur matérialisant la zone d'interface interne-externe. Tout élément organisé autour d'un cœur comporte forcément une zone d'interface entre l'information circulante interne et externe, donc une conscience.

Cependant, cette interface, qu'est la conscience, est adaptable et adaptée aux besoins de chaque organisme plus ou moins complexe. Elle est intimement reliée aux facultés de perception. Ce mécanisme est un processus cognitif dans le cas d'un organisme complexe tel que peut l'être l'humain. Il est alors créateur de réalités conscientes. Ces dernières restent plus ou moins subjectives à un individu ou un groupe, en fonction de l'interprétation de l'information. L'interprétation est un phénomène déformant ou adaptatif, il est inhérent au processus conscient de traitement de l'information.

Nous pouvons parler de différents niveaux de conscience, en fonction du caractère cognitif ou non et de l'étendue de réalité abordable. Ces notions dépendent des capacités de perception, d'absorption et de traitement de l'information, aussi liées à la qualité de l'organisme représentant un bloc informationnel cohérent plus ou moins important. De plus, la conscience peut être considérée à un niveau individuel ou collectif, voire universel.

La conscience s'appuie sur un cœur, l'énergie, l'information. Elle permet d'acter une réalité, en réaliser la mise en forme et se positionner dans le nouveau contexte établi.

Paradigme

Le paradigme définit un modèle de système logique, dont la cohérence le rend fonctionnel dans un cadre propre à assurer sa stabilité, son autonomie et son évolution constructive pour lui-même. Il est conditionné par un ensemble d'éléments de toutes natures, exprimant un système relationnel, d'échange, de coopération et de production, conforme à son évolution dans le respect des valeurs proprement établies comme cadre.

C'est le monde dans lequel une chose peut se situer par sa nature, ses règles et ses conditions d'existences, ainsi que ses rapports et ses fonctions relationnelles avec son environnement. Ce monde installe une cohérence propre à permettre une expression de la chose, dans un cadre naturel émanant de ses qualités intrinsèques, ou dans un cadre dirigé et destiné à relayer des objectifs arbitrairement déterminés.

Cosmos

Le cosmos en référence au bon ordre des choses de l'univers. C'est l'univers dans sa notion d'équilibre en mouvement perpétuel. J'y vois l'organisation de son contenu et d'un mouvement ayant pour seul but de préserver l'équilibre du tout. Ce bon ordre permettant de préserver l'ensemble du système en un mouvement merveilleusement orchestré, quoi qu'il en coûte.
Il représente un espace plus grand où l'expression d'un ordre supérieur détermine la priorité de l'ensemble sur l'individu. Les règles d'équilibre de l'ensemble valent pour tout élément qui s'y trouve.

Canalisation

C'est le fait de diriger une information libre de manière intentionnelle.
La canalisation consiste à capter, recevoir une information, la traiter et la diffuser.
La canalisation peut comprendre la notion de capter volontairement une ressource accessible qui n'est pas forcément nécessaire et n'aurait pas été recueillie naturellement. Elle peut aussi s'entendre comme la capacité à diriger un flux involontaire et à priori chaotique ou insaisissable. Dans tous les cas, il s'agit de réceptionner de l'information et l'organiser en conscience. Tout ce qu'il y a de plus naturel.

Résonance

C'est se mettre en accord. Cet accord est propice à une transmission, un partage, une communication comprise, une amplification de la ou des choses concernées.
On n'est pas en résonance tout seul. On entre en résonance avec autre chose. Ici, il s'agit plus particulièrement d'informations. Entrer en résonance avec une information, c'est se trouver une compatibilité avec elle. C'est être capable de la mettre en rapport à une information personnelle déjà présente et de caractère identique ou relativement proche. Cela se traduit par le fait de relier l'information, de l'assimiler, la consolider, l'exprimer et souvent la moduler.
La résonance est un phénomène vibratoire.

Signification élargie à résonance constructive et destructive : Résonnance constructive pour signifier une amplification ou une mise en phase ; Résonance destructive pour signifier une annihilation ou une mise en opposition de phase.

Bloc énergétique cohérent

C'est un ensemble d'informations cohérentes qui, par leurs liaisons stables et complémentaires, se trouvent regroupées sous forme d'un organisme dégageant une autonomie et une identité particulière au sein d'un univers relié en tous points. Les liaisons s'organisent autour d'éléments capables d'établir une résonance commune.
Toujours et partout, il y a de l'énergie, de l'information, et quelquefois ça fait des amas. Les amas rendus stables par leur cohérence sont des blocs énergétiques cohérents plus

ou moins complexes. Notre âme, nous-mêmes, nous sommes un bloc énergétique cohérent. Un ensemble informationnel dont la cohérence particulière affirme une identité autonome au sein d'un univers relié. Toute chose, tout organisme, visible ou invisible, correspond à un bloc énergétique cohérent. Il exprime un ensemble informationnel en tant qu'objet de nos perceptions.

Âme

C'est la totalité de l'information qui compose un organisme. L'unité de cet ensemble énergétique définit sa pleine nature et son identité essentielle.
Cet ensemble exprime l'information vibratoire globale d'un organisme résultant de la synergie de ses composantes en résonance.

Corps

C'est la projection ou l'expression d'une âme sous forme matérielle.
C'est l'expression physique de la part informationnelle de l'âme projetée dans notre monde (ou paradigme de vie).

Esprit

C'est la projection ou l'expression d'une âme sous forme immatérielle.
C'est l'expression psychique de la part informationnelle de l'âme projetée dans notre monde (ou paradigme de vie).

Une danse à quatre temps

Ressentir et accompagner.
Circuler l'axe vertical, permettre et fluidifier l'échange.
C'est le flux régulateur, l'équilibre des sphères et bien plus.
Toujours par le cœur.

Un moment, tous les jours.

Bien droit, debout c'est mieux.

*

Ecouter le temps et l'espace.
Se poser dans le cœur et s'y relier.
Descendre doucement à la racine et relier la terre.
Laisser remonter au cœur naturellement.
Monter doucement à la couronne et relier le ciel.
Laisser redescendre au cœur naturellement.
Sentir le cœur s'épanouir en conscience.
Vivre un jour conscient dans son cœur.

*

acte 3

Tout en flux

forme humaine

Sommaire - Tout en flux

Préambule 259

Suivre les flèches 261

Se projeter 265

Par cœur humain 269

Aperçu de la machinerie 273

De flux en relations 281

Intimité du couple 295

Ouverture vers un monde cosmologique 301

Retour en soi 310

Préambule

Ce troisième acte est destiné à donner suite au questionnement pouvant suivre les précédents. Du moins, concernant l'aspect mécanique des flux, interactions, relations, connexions. C'est un aperçu pratique (ou technique) de la mécanique énergétique. Il vient compléter les principes introduits dans l'acte 1 sur lesquels je base la conscience de l'acte 2.

Ici, ça parle également de flux, de tores, de mouvement, de charges, d'équilibre, de sphères, d'énergie, d'information... et de cosmos. Cependant, nous changeons de focus. Il s'agit de précisément orienter notre attention vers la circulation des flux énergétiques au travers des sphères.
En conséquence, pour suivre au mieux cette nouvelle manière d'observer les sphères et l'énergie, je rappellerai à l'identique quelques concepts et notations déjà vus précédemment. Ces rappels me semblent importants, de façon à bien les intégrer dans ce contexte dédié aux flux. Puis, certains éléments seront précisés et d'autres ajoutés, mais je reste basé sur les principes établis auparavant.

Ceci s'applique toujours à toute chose, du très petit au très grand, y compris à l'humain et son univers.

Toujours depuis le point de vue humain, gardez à l'esprit que tout ceci n'est qu'une réalité illusoire.

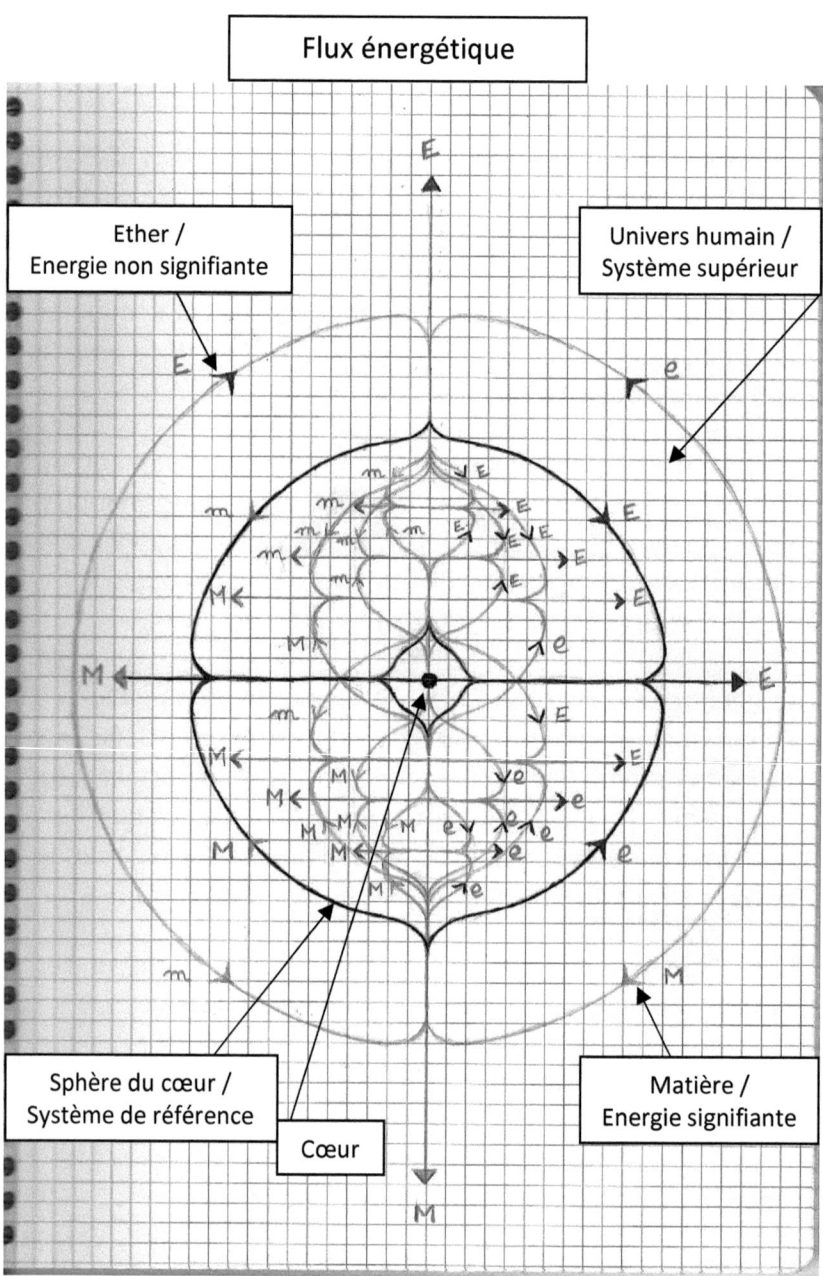

Suivre les flèches

Toujours ce fameux cercle avec un axe traversant en son centre. Bien entendu, il faut y voir un tore. Mais dans un premier temps, nous pouvons rester à plat et suivre les flèches pour comprendre.

E = éther majoritaire
M = matière majoritaire
e = éther minoritaire
m = matière minoritaire

E ≠ M : Si on considère E et M d'un même système, il y a toujours E>M ou M>E. Les valeurs attribuées ne changent en rien le mécanisme du système et de l'ensemble des systèmes en interaction tant que E≠M en termes de quantité. Dans l'hypothèse où E=M, le système concerné s'effondre. Si E>M vient à basculer vers E<M pour un système, alors toutes les polarités de l'ensemble des systèmes suivent le même rapport de prédominance.

Je prends pour exemple le modèle d'un organisme humain.
- Les flux d'éther sont fléchés en noir.
- Les flux de matière sont fléchés en gris.
- Les sous-systèmes internes et organisés à la verticale reflètent les centres énergétiques du corps. Ils peuvent être rapportés aux chakras.
- Le tore intermédiaire enveloppe et contient les sous-systèmes. Il représente le système d'ensemble de l'organisme physique considéré. C'est la sphère du cœur pris en référence.

- Le tore externe est le système supérieur. Il enveloppe la sphère de référence. Il évoque l'environnement du corps physique comme zone d'influence énergétique directe dont il dépend. C'est son univers.

Un système correspond à la mécanique d'un tore complet (sphère, axe et flux m-e). Il contient un milieu interne qu'il dirige. Il est en relation avec un milieu externe auquel il s'adapte. Les sphères désignant un système peuvent s'imbriquer à plusieurs niveaux. Un système peut héberger des sous-systèmes identiques plus petits à un niveau inférieur. Il peut partager une zone d'échange commune avec un autre système dans le même milieu. Il peut faire partie d'un système identique plus grand que lui et l'englobant comme sous-système à un niveau supérieur.

Ici, je parle de système de référence pour le tore intermédiaire rattaché au cœur principal. Il contient six sous-systèmes et il est enveloppé par un système supérieur.

Aucune échelle fiable (même approximative) ne peut être envisagée au travers des figures proposées. Les proportions véritables ne peuvent pas être représentées. Seuls le positionnement, les relations et la mécanique des éléments doivent réellement importer et être pris en compte en tant que tels.

E, M, e et m ne font pas état de valeurs fixes.
L'éther et la matière sont notés comme majoritaire ou minoritaire au regard du flux directement opposé et complémentaire avec lequel ils forment un couple. Selon le flux considéré, la notion de couple s'envisage à plusieurs niveaux internes et externes sur le même principe que les sphères imbriquées. Dans un couple, l'éther et la matière ne

sont jamais actifs à part égale. Cependant, les notations peuvent être identiques lorsque le rapport de force est proche. Les notations différenciées "majoritaire" et "minoritaire" signifient un écart de valeur important dans le système. Cet écart est toujours compensé. La compensation nécessaire à l'équilibre se trouve au sein du système lui-même, ou bien dans la charge de l'environnement externe direct, ou encore dans l'organisation du système de niveau supérieur.

Même si l'éther et la matière sont mentionnés comme étant majoritaire ou minoritaire, ce statut est simplement relatif à leur position particulière du moment. Cette appréciation n'est valable que dans le rapport d'un couple identifié, et cela n'exprime pas une valeur ou un état fixe en dehors de ce contexte.

Un système existe par sa capacité à faire valoir une certaine stabilité et adaptabilité dans un mouvement en recherche constante d'équilibre. Cet équilibre est en perpétuelle transformation et continuellement ajusté à plusieurs niveaux. Il est la priorité absolue, à toutes dimensions.

Ici, tout est interconnecté, interdépendant et imbriqué. L'organisation propre à chaque système peut apparaitre de différentes façons, suivant les conditions d'existence exprimées par l'organisme en question. Toutefois, tout fonctionne sur le même principe, du plus grand vers le plus petit et du plus petit vers le plus grand. La représentation se développe à l'intérieur vers plus petit, et à l'extérieur vers plus grand. Le mécanisme est fractale.

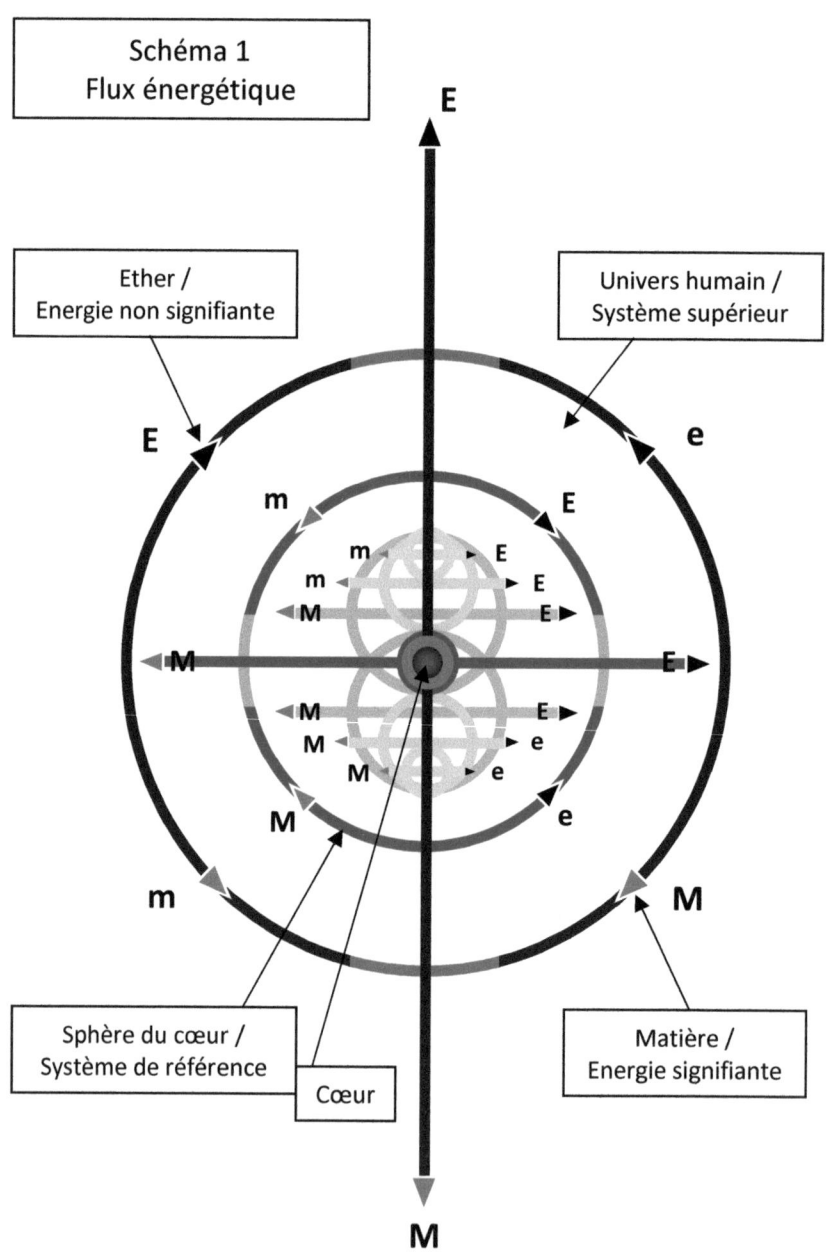

Se projeter

Un système en alimente un autre, et un système en équilibre un autre. Un système englobant déploie une puissance déterminant l'équilibre du ou des systèmes englobés. Un système englobé s'équilibre en fonction des pressions du système englobant qu'il régule en l'informant depuis l'intérieur. Le mécanisme a lieu à différents niveaux représentés sur le schéma 1.

Il s'agit d'un mécanisme se régulant au travers de flux et de charges figurés par la matière et l'éther. Ces flux et charges ne sont pas réduits à la notation qui en est faite sur la vue simplifiée du système figé à plat. Tout bouge, tout tourne.

On peut se projeter et visualiser tout ça dans l'espace. Etendre les flux et les objets à des volumes. S'immerger au cœur de deux tores contenus l'un dans l'autre, perpendiculaires et rattachés en un même centre.

L'éther comme la matière circulent simultanément sur l'ensemble du tore, à l'intérieur et à l'extérieur. L'un entre d'un côté du tore lorsque l'autre entre du côté opposé. Au sein d'un système, l'éther et la matière circulent toujours dans des sens contraires. Ils se compensent mais n'entrent pas en contact, sauf au centre. Le centre, c'est le noyau, lieu de tous les fantasmes. C'est là que tout se passe, c'est le cœur.

Le tore est un volume constitué de cette concentration cohérente de matière et d'éther. Il est de forme plus ou moins sphérique. Un axe principal est représenté en passant par ses pôles renfoncés vers l'intérieur. Un plan équatorial est à imaginer suivant l'axe de son univers qui passe à la perpendiculaire de l'axe principal et donne lieu à un étirement périphérique vers l'extérieur.

L'ensemble, constituant le volume sphérique, circule en un mouvement spiralé d'extérieur vers l'intérieur. Le tore tourne autour de son axe principal (axe polaire). Le système tourne aussi autour de l'axe perpendiculaire déterminant le plan équatorial.

Le tore exprime son propre mouvement en rotation autour de son axe principal, en fonction de sa charge et de sa puissance. Cependant, sa charge et sa puissance résultent de son environnement. Alors, la vitesse et le sens de rotation sont déterminés par le système supérieur qui le contient. Tout sous-système est entrainé par le mouvement du système supérieur dont il rattache l'axe. Un sous-système imbriqué à la perpendiculaire est alors animé par un mouvement sur deux axes. Tout sous-système entrelace son mouvement dans la danse de ses systèmes supérieurs. Plus un ensemble est petit, plus il semble tourner vite. Plus près du cœur, ça se resserre et ça s'accélère.

La matière et l'éther entrent, aspirés sur le plan équatorial pour glisser en spirales sur le tore, d'extérieur en intérieur, vers le cœur.

La matière et l'éther ressortent, expulsés sur l'axe principal pour jaillir en un tourbillon polarisé et orienté, depuis le cœur vers l'univers.

S'agissant de la nature même des éléments véhiculés par le flux, nous sommes positionnés d'un point de vue particulier étant celui de l'humain, son organisme, son environnement, son paradigme de vie.

L'éther peut être observé en tant que tel. Mais ici, j'élargie la notion d'éther à toute substance ne révélant aucune résonance directe avec l'ensemble de référence choisi.

L'éther, fléché en noir, représente toute énergie circulante non signifiante au regard de l'organisme considéré. Au-delà de l'éther pur (s'il en est), c'est la réalité inconsciente que le corps côtoie. Cet éther n'est pas exprimé par le système. Il peut être transité comme un élément simplement incompatible, inapproprié, inutile ou contraire au besoin. Il peut être un ensemble énergétique exogène, ignoré dans sa totalité. Il peut provenir d'un paquet d'informations utiles dont il a été écarté, ou encore représenter un résidu d'une information après traitement par exemple. Il peut ensuite être expulsé tel quel ou bien se voir utilisé en tant que matériaux, transformé, codé et converti en matière comme énergie signifiante pour l'organisme.

La matière, fléchée en gris, est à comprendre comme toute énergie circulante signifiante au regard de l'organisme considéré. Elle est information reconnue et c'est la réalité consciente que le corps intègre, traite et diffuse. Cette matière est exprimée par l'organisme, pour lui-même ou bien pour son environnement. Elle peut venir compléter et incrémenter une dynamique de production préexistante. Elle peut aussi répondre à un nouveau besoin interne ou externe par exemple. Elle peut donner lieu à produire de l'éther (non signifiant), lors de son processus de traitement et d'adaptation en interne, ou bien pour des raisons de recyclage suivant une perte de cohérence. Elle est absorbée et expulsée comme élément informationnel codant de l'identité particulière du système.

Matière et éther indiquent et génèrent des flux autant substantiels, énergétiques et informationnels.

Pour poursuivre et éviter trop de confusions, je préfère réserver le terme "information" à la matière en tant qu'élément signifiant par rapport à un système. L'éther se cantonnera au terme "énergie". Le terme "énergie" est utilisé de manière globale sans retenir la notion d'information reconnue par le système considéré. L'éther et la matière sont donc des énergies auxquelles la qualité informationnelle sera ici rattachée en rapport au système décrit.

Une énergie est signifiante ou perçue en tant qu'information, si et seulement si elle entre en résonance avec tout ou partie de la vibration d'ensemble de l'organisme. C'est cette mise en résonance qui détermine leur compatibilité et permet de créer les liens contribuant à l'évolution du système.

Le cœur est le centre énergétique assurant la cohérence, les échanges relationnels, l'équilibre et la régulation des flux.

Par cœur humain

Tout passe par le cœur.
Matière et éther se concentrent vers le cœur et se diffusent depuis le cœur.
Il faut voir le cœur comme un espace reliant un milieu interne et un milieu externe. Il peut s'entendre comme une zone d'interface ou un sas par exemple. C'est un espace capable de tout relier, à l'intérieur comme à l'extérieur de l'organisme. C'est ici que l'énergie se rencontre, transmute, transforme, fusionne, sépare, crée. C'est ici que l'éther et la matière sont transités, calibrés, orientés, requalifiés, convertis. Avant tout, on parle ici d'énergie et d'information. L'énergie circulante informe ou non, selon le contexte et le système impliqué. Le cœur rassemble toute l'énergie, toute l'information cohérente constituant l'organisme, et il en exprime la vibration totale. Il est le centre énergétique et informationnel de l'organisme. Il permet la relation intérieur-extérieur de façon la plus complète, juste et efficace.

Le flux énergétique principal de l'organisme est alors une mécanique à quatre entrées et sorties organisées autour du cœur (schéma 1 et 2). La circulation s'établie en suivant les deux axes perpendiculaires intervenant dans le système de référence. A partir des deux axes de ce système, on repère son corps (le système lui-même et son contenu), son environnement (son univers ou système supérieur) et l'au-delà (l'environnement du système supérieur).
Le flux est multiple. J'appelle ce multi-flux "le moteur à 4 temps". Cette appellation fait référence à des questions de

mise en pratique et d'accessibilité, en rapport à nos perceptions liées à la forme physique humaine. La forme humaine résulte d'une conscience fractionnée et projetée dans la densité physique qui est la nôtre. Cette condition répond à un contexte d'expression particulier qui permet de développer certaines fonctionnalités, mais évidemment en contraint d'autres. La prise en main de ce flux depuis ce point de vue est mieux abordable en relation à notre cadre spatio-temporel nous proposant de fractionner toute chose, y compris le mouvement en plusieurs temps comptés, coordonnés et orientés. Les différents temps du mouvement que je retiens correspondent aussi au ressenti que l'on peut aller en explorer (voir "une danse à quatre temps" fin acte 2). Je pose donc une préférence pour quatre temps, mais chacun comptera comme il le souhaite. Par exemple, on peut considérer plus logique de ne retenir que deux temps. C'est le cas si l'on fait fonctionner les flux deux par deux de manière simultanée, en considérant les mouvements ascendants d'une part et descendants d'autre part. Idem si l'on souhaite établir un parallèle des entrées et sorties avec le mouvement respiratoire ou la pulsation cardiaque. Ce peut être un bon support d'aide à la compréhension. Toutes ces manières de transposer la mécanique du flux qui m'intéresse sont plus que de banales comparaisons pratiques. Ce sont des réalités opérationnelles correspondant assez bien à la logique globale, et c'est pourquoi chacun peut choisir l'analogie faisant le meilleur sens pour lui. Cependant, ces mises en séquences doivent rester une aide destinée à mieux appréhender la vraie nature de l'opération. Il n'est pas question qu'un petit arrangement pratico-pratique vienne simuler ou forcer un ressenti là où il n'y a pas lieu. Ce flux est simplement partie prenante du cosmos, au-delà de notre condition physique depuis laquelle nous pouvons l'observer. Alors, en réalité, notre projection fractionnée et notre cadre spatio-temporel fixe ne conditionnent pas ce mouvement. Je le découpe en quatre, vous pouvez le découper comme vous voulez, mais au final, quand nous avons fini de l'observer, il se ressent et se vit d'un seul ensemble continu. Il n'y a pas de portes au sens de clapets, barrières ou vannes s'ouvrant et se fermant de manière règlementée. Les quatre entrées et sorties sont en fait des portes au sens de passages libres de toutes entraves et circulant en permanence d'un milieu vers un autre. La régulation globale du flux est assurée par son architecture de canaux dédiés, ainsi que par la poussée et l'aspiration ininterrompues mais variables en fonction de la charge et de la pression environnementale.

Comme tout mouvement universel dépassant le cadre humain, ce flux s'accompagne et ne se décide pas. Celui qui s'accorde à le ressentir et le suivre de manière neutre pourra assurément intervenir sur ce flux pour en noter le sens de circulation naturel et son opposé sans équivoque.

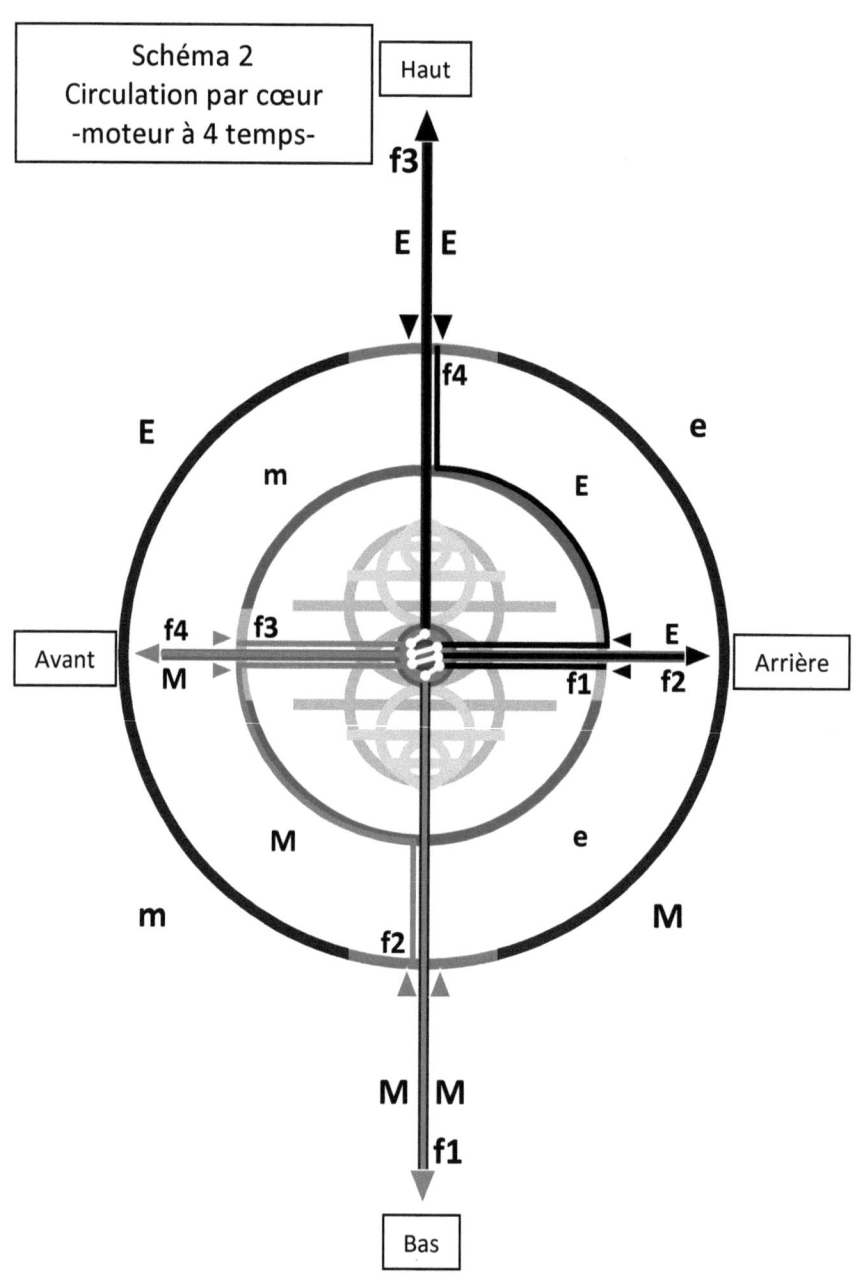

Aperçu de la machinerie

Les flèches centrales, à l'extrémité des d'axes, se représentent comme précédemment. Ce sont des flux directionnels de matière et d'éther. La matière et l'éther sont puissamment expulsés depuis le cœur. Ils dépassent l'enveloppe de leur propre système et sont projetés vers l'univers (système supérieur) pour y être dispersés. Ces flux sont puissants et dirigés de manière "rectiligne" (orientés mais spiralés en réalité, tout tourne).

Les flèches périphériques, doublées en bordure d'axes, sont l'équivalent des flux circulaires dans les représentations précédentes. Ce sont la matière et l'éther entrant dans un système, en circulant le tore depuis le plan équatorial pour se diriger vers le cœur, et en pénétrant par les pôles le long de l'axe principal du tore considéré. Pour le schéma 2, ce flux périphérique est représenté par un trait débutant au point d'entrée. Pour un tore grandeur nature, ce flux entrant circule sur tout le volume de la sphère, puis il pénètre au point d'entrée en une sorte de tube spiralé et intriqué au flux sortant autour de l'axe polaire. Plus précisément, ce tube est conique, pointant vers le cœur.

Tous ces flux de matière et d'éther sont à la fois substance, énergie et information.
Ils sont calibrés, dirigés et convertis au cœur d'un système. Tout est ajusté en fonction du traitement que le système considéré en fait, pour sa propre organisation interne ou vers l'organisation de son environnement externe.

On circule en f1, f2, f3 et f4. Je découpe le mouvement en quatre phases.
Les flux d'éther entrant sont au nombre de deux et correspondent à de la matière en sortie. Ce sont des flux descendant. Ils sont notés : f1 et f4.
Les flux de matière entrant sont aussi au nombre de deux et correspondent à de l'éther en sortie. Ce sont des flux ascendant. Ils sont notés : f2 et f3.
Ces phases peuvent donc être vues en les regroupant deux par deux comme énoncé ci-dessus, en fonction de leur sens entrée-sortie, éther-matière ou matière-éther. Une autre façon de les coupler pourrait s'appuyer sur le trajet du flux interne-externe pour f1-f3 et, à l'inverse, externe-interne pour f2-f4.
En réalité, ces quatre phases sont exécutées simultanément et en continu. L'ensemble s'établit sur des canaux à sens unique et dédiés à une polarité propre, matière ou éther. Nous pouvons compter huit canaux reliés au même cœur, pour quatre portes étagées sur deux niveaux. Chaque porte comporte un canal en entrée et un en sortie, sur une même polarité qualifiée de "matière" ou "éther". Le mouvement se résume alors à un cycle perpétuel, constamment régulé par la poussée ou l'aspiration variable d'un ou plusieurs de ces canaux.
Les polarités des portes déterminent ce qui correspond pour nous à l'avant, l'arrière, le haut et le bas.
L'ensemble circulatoire est coordonné sur deux tores perpendiculaires et imbriqués autour du même centre. Autrement dit, depuis notre système de référence, les trajets sont organisés autour du cœur comme centre, suivant l'axe polaire et sa perpendiculaire définissant le plan équatorial. Il en résulte qu'un flux en entrée n'est pas nécessairement

prolongé vers une sortie sur le même axe après son passage par le cœur. Il n'y a pas de linéarité entrée-sortie horizontale ou verticale. Le cœur oriente et répartit les charges converties en fonction de leur nature et du besoin d'équilibre du système. Il est une plateforme de répartition où les éléments sont constamment redirigés. Ceci explique que le ressenti et le suivi du sens de l'énergie soient plus facilement abordables en s'arrêtant au cœur comme gare centrale, plutôt que de les aborder dans un seul mouvement linéaire de bout en bout.

La numérotation (f1, f2, f3 et f4) suit alors une logique centrée sur le cœur et s'appuyant sur la circulation de l'axe vertical. C'est le trajet ressenti que je vous propose avec "une danse à quatre temps" formulée précédemment. Il est tout simplement plus efficient que le trajet horizontal, car du point de vue humain, il permet de parcourir l'alignement de nos centres énergétiques ou chakras. C'est en quelque sorte la colonne vertébrale énergétique ou kundalini de notre organisme physique. Quant au ressenti de la verticale cumulée à l'horizontale, il n'est pas toujours évident d'envisager ces mouvements en simultané. Cependant, le trajet horizontal seul est aussi accessible. Il est intéressant pour approcher uniquement le cœur et le flux qui le traverse. De l'avant vers l'arrière ou inversement, en entrée ou en sortie, ne soyez pas surpris par la possible différence de puissance ressentie devant (matière) ou derrière (éther). C'est le cas pour moi dans cette traversée du cœur. Me concernant, de manière générale, le flux éther est plus subtil que le flux matière en termes de sensations physiques. Dans les faits du quotidien, le ressenti plus appuyé, de l'un ou de l'autre de ces flux, est souvent l'expression de contextes environnementaux différents.

Le couple f1-f4 : Considéré sur le système de référence étendu à son univers, il figure les entrées d'éther et les sorties de matière.

f1 capte l'éther en interne et diffuse la matière à l'extérieur. Du point de vue informationnel, une énergie libre interne est absorbée comme énergie à priori non signifiante pour l'organisme, et une information signifiante est produite par l'organisme comme réalité de sa conscience adressée à l'environnement externe. La charge énergétique de l'organisme est alimentée par le milieu interne. L'organisme informe le milieu externe de sa propre réalité physique.

f4 capte l'éther en externe et diffuse la matière à l'intérieur. Du point de vue informationnel, une énergie libre externe est absorbée comme énergie à priori non signifiante pour l'organisme, et une information signifiante est produite par l'organisme comme réalité de sa conscience adressée à l'environnement interne. La charge énergétique de l'organisme est alimentée par le milieu externe. L'organisme informe le milieu interne de sa propre réalité physique.

Le couple f2-f3 : Considéré sur le système de référence étendu à son univers, il figure les entrées de matière et les sorties d'éther.

f2 capte la matière en externe et diffuse l'éther à l'intérieur. Du point de vue informationnel, une information libre externe est absorbée comme réalité consciente pour l'organisme, et une énergie non signifiante est produite par l'organisme comme énergie libre adressée à l'environnement interne. Le milieu externe informe l'organisme sur sa propre réalité physique. L'organisme alimente la charge énergétique du milieu interne.

f3 capte la matière en interne et diffuse l'éther à l'extérieur. Du point de vue informationnel, une information libre interne est absorbée comme réalité consciente pour l'organisme, et une énergie non signifiante est produite par l'organisme comme énergie libre adressée à l'environnement externe. Le milieu interne informe l'organisme sur sa propre réalité physique. L'organisme alimente la charge énergétique du milieu externe.

Sur le principe représenté par le schéma 2, les trajets sont reproductibles à tous systèmes. La même logique est renouvelée pour chaque tore. Ce mécanisme s'applique autant à un tore seul, qu'à un groupe de tores reliés, aux sous-systèmes en dedans, aux systèmes supérieurs au dehors, en cascade, de façon fractale, quels que soient la taille et l'agencement des éléments auxquels il s'adaptera.
Le flux énergétique informe et alimente un organisme ainsi que son environnement, de manière ordonnée à tous les niveaux. Cette mécanique peut être dévoilée depuis différents regards, mais il est toujours question des mêmes agissements vers un même objectif. Il s'agit de faire circuler l'énergie, de déployer justement sa puissance et son information. Cela passe par un circuit dynamique capable de relier les éléments à tous les niveaux, du plus grand au plus petit et du plus simple au plus complexe. Le cosmos s'anime de systèmes avec leur univers, de sous-systèmes et d'ensembles tous imbriqués et interconnectés. Les trajets logiques se poursuivent sur le même modèle de tore en tore, d'univers en univers. Dès lors que le mouvement est né, il n'a de cesse de danser en équilibre et de développer sa structure vivante vers le seul accomplissement de la sacrosainte stabilité.
La danse à décliner et à faire glisser d'un partenaire à l'autre, c'est ce que l'on perçoit comme le tore. Il est un mouvement.

Les pas de danse, ce sont les flux entrant et sortant, appuyés sur le pivot qu'est le cœur. Les partenaires sont les univers concomitants. A chaque rencontre de flux, il y a un cœur, à chaque cœur il y a un tore, à chaque tore on change d'univers, et à chaque nouvel univers il y a une rencontre.

On rentre dans le tore par une porte en s'enroulant autour de son axe principal vers le cœur. Dans le cœur, on change de polarité pour rejoindre un nouveau milieu vers l'intérieur ou vers l'extérieur. Le mouvement se perpétue alors à un autre niveau, sous une autre forme, vers le même ou un autre cœur.

Dans le détail, il y a le trajet suivant un chemin particulier avec des canaux et des portes, il y a le flux polarisé en tant que véhicule empruntant ce chemin, et il y a enfin l'énergie comme passager associé à ce véhicule et sa destination. L'énergie change de flux à son passage par le cœur. Les tracés ne signifient pas la continuité de traitement d'une même énergie ou information. Leur mécanique est circulatoire, ils reflètent bien des flux dont la qualité et le contenu sont redéfinis et adaptés au contexte lors du passage par le cœur. Chaque élément intervenant dans le contenu du flux est réajusté et redirigé au cœur. En conséquence, le contenu de chaque flux y est échangé et équilibré. Le cœur fait office de plateforme d'échange. Il peut être vu comme une sorte de gare centrale où les trains que sont les flux se vident et se remplissent.

C'est un mouvement universel continu. Il n'est pas conditionné à un contexte ou un état particulier. Il est le même et a lieu pareillement à tous les niveaux de densité et d'espace-temps. Il est déployé vers l'infiniment grand et vers l'infiniment petit. Sa nature dépasse le fractionnement et les mesures projetées dans notre cadre de perception spatio-temporelle. C'est le contenu ainsi que l'organisation de réplication et d'interconnexion de ce mouvement déployé qui crée, oriente ou héberge un état particulier d'existence.

De flux en relations

Les flux entrent et sortent d'un tore au niveau de son axe principal. Ces portes sont les voies naturelles de communication entre l'intérieur et l'extérieur, directement reliées au cœur de l'organisme. Ce sont les points de passage direct que l'on retrouve dans tous systèmes. Ils sont voués à véhiculer l'énergie pré-calibrée, regroupée et canalisée de manière densifiée. Le reste de la surface courbe du tore enveloppe le cœur. Elle collecte et met en circulation l'énergie environnante à rassembler. Cette enveloppe assure la protection et le maintien du milieu, tout en conduisant l'énergie vers les portes afin de la transiter dans de bonnes conditions.

Puis, les sphères étant imbriquées, la répartition des flux s'opère à plusieurs niveaux. L'espace sur lequel chaque système intervient héberge un flux dont la circulation tient compte d'axes de niveaux supérieurs, de sphères internes, de chevauchements, de points de contact et d'intersections. Globalement, le schéma 2 expose ce qu'il faut savoir. Le comportement que l'on y visualise est à répercuter à chaque évènement rencontré. Toutefois, quelques indications supplémentaires peuvent permettre d'envisager les choses de façon plus détaillée.

Dans une zone d'influence partagée, il est clairement question d'espace multidimensionnel. Le large espace d'un système supérieur impose ou dirige une certaine structuration par la puissance de son mouvement et le trajet de ses flux. Un peu sur le même principe que pour le mouvement de rotation, tout système organise ses sous-systèmes selon son flux axial, et tout sous-système intègre son propre flux dans celui de ses systèmes supérieurs. Cependant, l'espace d'un sous-système crée une dimension propre et distincte à l'intérieur de ce cadre supérieur. Au-delà de toutes puissances ou dimensions bien relatives, chaque sphère fait état d'un espace distinct autour de son cœur. Fondamentalement, un cœur n'est pas plus puissant ou plus dense qu'un autre. Il est plus ou moins volumineux. Pareillement pour l'espace occupé étant de nature comparable à un autre. La densité de cet espace décroit au fur et à mesure que l'on s'éloigne du cœur et que l'on rejoint les limites du périmètre d'influence. Alors, si l'on sort de cette bulle, nous nous retrouvons dans une zone d'un système plus large se trouvant peut-être très loin ou très proche de son propre cœur. Selon où l'on se retrouve, il est probable que la densité, l'occupation et les conditions du milieu, ne soient pas du tout les mêmes qu'à l'intérieur de notre espace précédent. Pourtant, peu ou prou, des conditions identiques peuvent exister d'une sphère à l'autre, mais seulement aux mêmes points de coordonnées proportionnellement traduits en rapport au cœur et à la périphérie propres à chaque sphère. L'échelle n'est pas la même, et quelques fois, la gamme accessible ne l'est pas non plus du fait de l'étirement possible de la densité dans un volume donné. Un sous-système induit donc une zone particulière. Cette zone exprime un ensemble de conditions comparables au système supérieur, mais contenues dans un espace réduit et positionné en un secteur particulier. Autrement dit, un monde miniature inséré dans un vaste monde à l'identique.

Ceci a son importance pour envisager des interpénétrations possibles dans une relation de dimensions coexistantes. Il n'est pas de rapports de force systématiques et linéaires qui soient nécessités ou justifiés par cette relation. Des milieux différents coexistent au sein d'un même espace, sans qu'il soit nécessairement question de cohabitation ou de partage d'un même environnement. Les conditions d'occupation des lieux répondent à des règles complètement différentes, et pourtant, personne n'interfère sur l'autre puisque chacun vit chez soi, dans une dimension lui étant propre. C'est ainsi que certaines zones peuvent simplement donner lieu à un contournement, alors que d'autres permettront la circulation de flux via une mise en commun de leur milieu de vie. De plus, une faible densité représente une zone d'éloignement et de diffusion, alors qu'une forte densité représente une zone de regroupement et de concentration autour d'un axe ou d'un centre.

De notre point de vue, la densité de l'espace et la vitesse de mouvement sont les notions à retenir pour aborder différents milieux coexistant. De manière générale, une forte densité pénètre une faible densité, et une faible densité contourne une forte densité. Un mouvement rapide glisse, un mouvement lent agrippe. Par exemple, un fluide volatil enveloppe et contourne un milieu plus dense, un fluide dense pénètre et traverse un milieu plus volatil.

Qu'ils soient liés à de réels volumes mis en commun ou à de simples jonctions, il y a aussi des points de contact ou d'intersection. Ces points ouvrent des passages privilégiés. Ils offrent des possibilités de transit de charges et de flux facilités. Ceci n'implique pas de déviations aléatoires. Y compris dans ces cas, les trajets et la diffusion respectent la logique des principaux flux. Il est toujours conservé cette logique de distribution cohérente vis-à-vis des éléments engagés et des conditions du milieu. Par exemple, un flux empruntant ce type de passage peut être dirigé par le cœur de puissance supérieure intervenant sur ce point commun, ou bien être réparti comme variable d'équilibre entre plusieurs cœurs de puissance équivalente, ou encore être régi par des conditions de densité et de vitesse guidant sa conduite. Ces points de connexion entre tores permettent de multiples configurations capables de mettre en œuvre des formes énergétiques particulières et des organismes spécifiques. C'est le cas de notre corps humain.

Rappelons que dans chaque sphère, l'énergie occupe l'ensemble du volume. A l'intérieur de la sphère du cœur de notre corps, l'énergie se trouve disponible pour tous les sous-systèmes que sont nos autres centres énergétiques (ou chakras). Elle se distribue toujours sur le même principe. Nous pouvons suivre le tracé du flux déployé en interne au travers de notre ensemble représenté sur sept chakras. Les circuits se complexifient un peu, mais le principe reste simplement l'extension des règles de circulation vues jusque-là. Pris individuellement, les chakras sont de bons repères. Ils sont facilement identifiables, très utiles pour relier différents points de notre système énergétique et leurs portes d'accès. Chaque centre énergétique est un tore, et chaque tore est un centre énergétique, avec sa sphère d'influence, son cœur et son axe.

Pour avancer avec cet humain tout en flux, je reste sur le schéma de référence exploité jusqu'ici, avec les flux majoritaires bien suffisants pour explorer ce système.
L'axe horizontal est celui de la sphère de notre corps physique. Il traverse par le chakra du cœur. En sortie comme en entrée, devant c'est la matière et derrière c'est l'éther. Il permet de connecter notre environnement direct et nous ajuster réciproquement.

L'axe vertical est celui du tore supérieur correspondant à notre univers accessible, l'environnement direct. Il traverse le corps, du chakra racine au chakra couronne, en parcourant tous les chakras alignés entre ces deux points. En sortie comme en entrée, en bas c'est la matière et en haut c'est l'éther. Il permet de connecter l'environnement direct vers l'au-delà inaccessible depuis notre corps seul. Cet univers est une zone tampon permettant l'expression particulière de notre organisme dans un milieu à la fois protégé et bien relié vers une plus grande expansion.

Une fois le comportement du mouvement connu, voyons ce qu'impliquent de possibles intersections, points de contact ou de connexion.
Globalement, ce sont des relations se produisant entre sphères, entre axes, ou bien entre axes et sphères.
Ces connexions sont essentielles. A partir de simples tores que l'on peut considérer comme éléments de base, ce sont ces assemblages qui forment la richesse et la diversité de tout un cosmos. C'est le développement de l'énergie exprimée, et la vie à toutes allures.
Cependant, tout contact induit une mise en commun et un partage. Cela peut être vécu comme une ouverture, une chance, un confort, une alliance vertueuse, mais aussi comme une intrusion, un parasitage, une gêne, une contrainte nuisible. Pour nous, êtres humains, c'est aussi à cela qu'il faut s'attendre par ces points de contact. Du moins, c'est le ressenti et la perception légitime que l'on peut en avoir.
En interne, nous sommes seuls responsables de nos sphères et de leur agencement. Même s'il est vrai que les influences externes se répercutent en dedans, personne ne peut vraiment réguler ce système efficacement à part l'intéressé

lui-même. Autrement dit, on ne peut pas longtemps se plaindre de quelques mauvais assemblages intérieurs dont la seule faute reviendrait à un environnement coupable. Il est bien de la responsabilité de chacun de correctement ajuster son intérieur en relation avec son milieu de vie externe. Nous le pouvons.

En externe, la chose est moins évidente. Effectivement, le pouvoir d'influence et d'action de l'environnement est ressenti différemment, et cela semble quelques fois complètement ingérable. Nous ne validons pas toujours ce qui vient se connecter à nous. D'autre part, lorsque nous souhaitons nous connecter à quelque chose ou quelqu'un, nous ne sommes pas toujours bien accueillis non plus. Mais là encore, notre positionnement est loin d'être neutre. Nous avons moins de maitrise sur les énergies externes, mais nous avons toujours un rôle à jouer dans l'évolution de chaque scénario.

Dans tous les cas, il faut comprendre que la mise en commun d'énergies est naturelle. Et lorsque cela arrive, cette relation est tributaire d'un nouvel équilibre. Tout l'art est alors de permettre ou favoriser certains échanges, d'en refuser ou limiter d'autres, et de savoir défaire des connexions qui mettraient à mal l'équilibre de notre être aussi bien en interne qu'en externe. Il est question de réguler des flux vers un équilibre satisfaisant, au sein d'un mouvement nous dépassant et ne s'arrêtant jamais. Gardons à l'esprit que nous ne décidons pas forcément de ce qui nous arrive, mais nous seuls avons le pouvoir de nous positionner sur ce qu'il en devient à notre égard.

A notre niveau, cette histoire d'intersections et de points de contact, c'est la mécanique relationnelle que nous entretenons avec d'autres ensembles énergétiques complexes, autant matériels qu'immatériels. L'exemple le plus significatif, ce sont nos propres relations entre individus. Ces relations humaines nous étant chères et accessibles, je propose donc de les aborder en se basant sur les axes et portes d'accès du système de référence. C'est par là que l'on établit l'échange d'énergie et d'information avec l'autre.

Les schémas 3, 4 et 5 suivants permettent d'illustrer les situations types entre deux individus.
Comprenez "énergies" au sens large, globalement en tant qu'information aussi bien physique que psychique par exemple. Comprenez également "physique" au sens large, globalement comme zone concrètement rattachée à notre être individuel en substance.
Les principes décrits précédemment sont vus sous l'éclairage pratico-pratique de notre relationnel quotidien. Nous pouvons ainsi développer et préciser le modèle sous cet aspect.
Choisissez votre couple, votre degré de partage, votre niveau de risque et la puissance des flux…

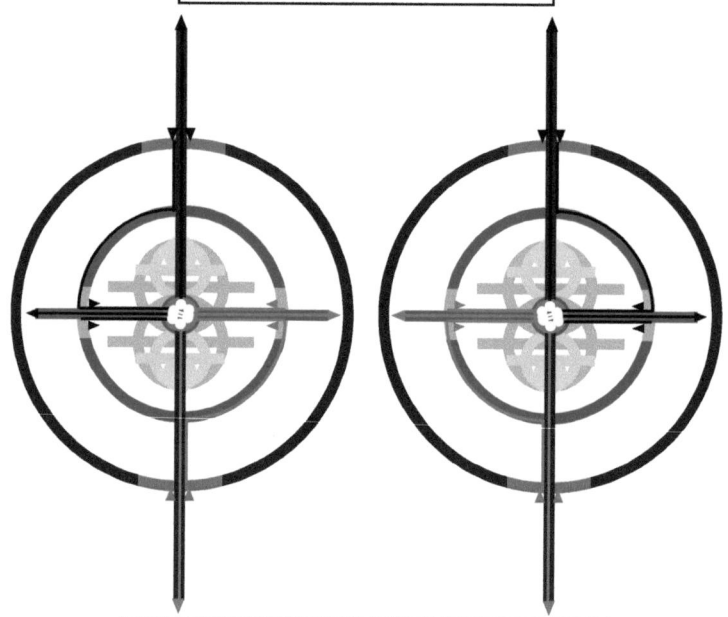

Schéma 3
Univers distincts.
Pas de relation particulière.

Echange d'énergies libres ou partage d'énergies individuelles

Variante possible : Univers partagés.
Les univers (sphères externes) sont bien plus étendus que représentés. Ils peuvent se chevaucher alors que les axes horizontaux restent à distance.
Un simple contact aura lieu autour d'Intérêts communs.

Schéma 4
Contact physique.
Intérêts communs et relations physiques dès lors que les axes se contactent.

Echange d'énergies individuelles et mutualisation d'énergies connectées en commun.

Schéma 5
Interpénétration physique.
Intérêts communs, relations physiques et échanges intimes.

Echange d'énergies individuelles, mutualisation d'énergies connectées en commun et production de nouvelles énergies communes.

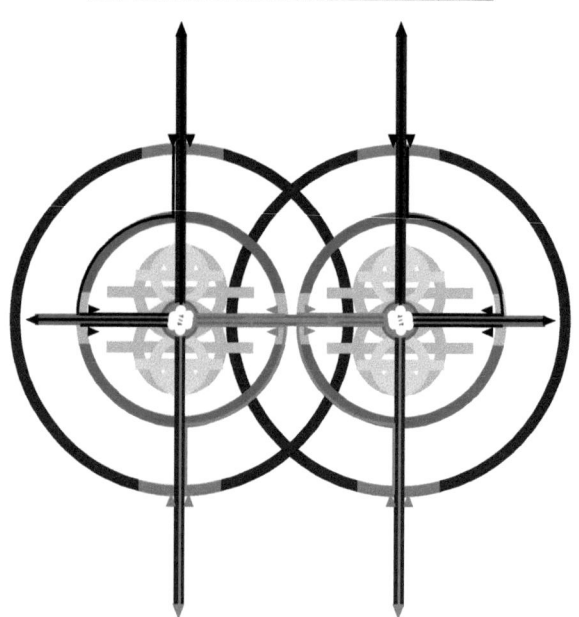

La suite n'est pas représentable suivant ces schémas très simplifiés. Dans l'absolu, nous pouvons poursuivre cette liaison plus loin. Mais dans notre monde matériel, l'exercice s'arrête là quant au rapprochement de ces corps. Effectivement, si l'on poursuit dans ces conditions, la structure de ces systèmes est amenée à fusionner et se réorganiser. L'individu n'est plus, les deux univers et les deux systèmes de référence n'en font plus qu'un autour d'un même cœur en commun. C'est donc bel et bien une autre histoire sortant du simple sujet des flux énergétiques échangés entre humains. La suite impliquerait de quitter un temps le corps physique...

Continuons dans les limites du cadre humain.
Suivant nos relations, comprenez qu'à chaque contact et zone d'échange, un individu peut aussi bien aspirer ou pousser plus fort dans le sens d'un flux entrant ou sortant. Alors, la relation n'est pas toujours un équilibre tel que le laissent imaginer ces symboles. Les rapports s'établissent souvent au détriment ou à l'avantage d'une partie. C'est aussi de cette façon que l'on peut percevoir l'équilibre à notre niveau, et l'intérêt d'un contact choisi en juste partage plutôt que subi ou imposé.
Quand il s'agit d'un partage ou d'une mise en commun consciente et souhaitée, c'est un atout et un gage d'évolution vers de meilleures ressources qu'il convient d'apprécier et de cultiver.
C'est dans les situations non identifiées, non reconnues, non souhaitées ou non maitrisées, que l'on est exposé à l'intrusion, la gêne, l'agression, l'anomalie. Le fait de se positionner vient alors souvent se résumer au rejet, à la fermeture totale et définitive de la devanture de son être. La fermeture a certainement un effet immédiat et non

discutable. Toutefois, cela ne répond pas à la nécessité d'accompagner un bon équilibre. Cela nous prive de bien des contacts favorables qu'un univers en développement nous propose. En relation avec ce scénario de fermeture, il existe la réaction opposée venant évidemment compléter le geste. Il est question d'ouverture sévèrement contrôlée. Une ouverture bien orientée à se servir, mais bien calibrée à sens unique, surtout pas de partage pouvant laisser craindre un quelconque risque d'intrusion. C'est une voie alimentaire n'étant qu'à moitié ouverte dans le cadre d'une nette fermeture à l'autre.

Bien trop souvent, l'humain réagit par des comportements peu productifs. C'est-à-dire qu'un humain lambda se jette volontiers sur tout ce qui brille pour aspirer à sens unique. Evidemment, il a horreur de laisser circuler dans l'autre sens. C'est imagé, mais c'est bien réel. Ces comportements peuvent se comprendre sans être particulièrement stigmatisés. Néanmoins, cela reste une posture désolante et dommageable. Ce n'est pas la seule voie, et il y a bien plus favorable. Il est souhaitable que chacun l'entende et s'accorde à écarter quelques peurs n'ayant plus lieu d'être.

L'évolution ne peut passer que par l'ouverture, et l'ouverture nécessite de prendre part active à notre équilibre relationnel. De plus, la règle d'existence du cosmos est le mouvement et son évolution quelle qu'elle soit. L'ouverture n'est pas une option. Ne pas fermer, ouvrir, est le seul moyen d'évoluer, simplement pour suivre le mouvement du vivant. Il est donc préférable d'apprendre à accompagner et renforcer son cœur, pour choisir au mieux les mouvements qui nous sont proposés.

Refuser la connexion, c'est fermer son cœur et c'est nuisible. Ouvrir son cœur à sens unique n'est pas une connexion productive, c'est sans lendemain et tout autant nuisible.

S'assurer du bon partage de la gestion d'une connexion et des flux, c'est bénéfique, productif et vertueux. Pour cela, le cœur doit être puissant. Sa puissance doit servir l'équilibre et non pas la liaison d'un cœur partenaire à sens unique. Sa puissance doit s'utiliser comme force tranquille, sereine et sincère. Sa puissance doit réguler, il doit recevoir et donner, il doit soutenir et protéger, il ne doit pas compenser durablement un cœur partenaire se cultivant un déficit individuel, il ne doit pas s'alimenter sur un cœur avec qui il n'échangerait pas.

Vous pouvez déjà imaginer les cas favorables, les cas défavorables, les intérêts et les limites du système, les conditions d'admission et de révocation à établir, etc. Mais il n'est rien de bon à penser ainsi. Cela revient simplement à organiser le consensus administratif de fermeture. La fermeture n'a pas bon avenir.

Alors, un cœur s'ouvre. Plus il s'ouvre, plus il se développe. Plus il se développe, plus il gagne en puissance. Plus il gagne en puissance, mieux on apprend à l'accompagner. Mieux on apprend à l'accompagner, plus on peut le partager pour servir en toute sérénité. Plus on le partage pour servir en toute sérénité, plus il s'ouvre et gagne en souveraineté.

Poser son attention au centre de la poitrine et suivre le mouvement.

Le cœur est ouvert, laisser agir.

Intimité du couple

Le féminin et le masculin n'ont pas étés abordés.
Pourtant, ils deviennent importants dans les schémas 3, 4, et 5. La structure énergétique et les flux n'en sont pas impactés sur ce qui est présenté ici. Toutefois, les schémas 4 et 5 ne peuvent être envisagés qu'en considérant un système masculin et l'autre féminin. Il est intéressant d'en voir les conditions d'application.
Le féminin et le masculin se différencient par le sens de rotation du tore de référence autour de son axe polaire. Ceci ne signifie pas la permutation des charges et de leurs polarités. Cela signifie simplement une dominance facilitée pour une charge (ou polarité) dans la gestion du flux en poussée ou en aspiration. Selon la tendance, l'éther sera préférentiellement animé par l'aspiration et la matière par la poussée, ou inversement. Cette dominance s'installe à la création d'un système, en fonction de son environnement immédiat à ce moment. Le sens de rotation est induit à des niveaux supérieurs suivant l'équilibre impliqué lors de la mise en œuvre d'un sous-système. Autrement dit, c'est à la formation d'un tore ou d'un organisme que la tendance est induite par la charge du milieu environnant, et il en résulte un sens de rotation déterminé pour l'ensemble. Cette dominance de polarité induite n'a que très peu d'impact sur la structure d'un système à grande échelle, et inversement en termes d'équilibre du mouvement. Plus le système considéré est observé dans son grand ensemble, plus ces différentiels de dominance importent sur l'équilibre du mouvement (sens de rotation signifiant une poussée ou une aspiration) et apparaissent négligeables sur sa structure

(répartition et positionnement des charges). Plus le système considéré est observé dans ses petits détails, plus ces différentiels de dominance sont négligeables sur l'équilibre du mouvement (sens de rotation signifiant une poussée ou une aspiration) et apparaissent importants sur sa structure (répartition et positionnement des charges). Tout cela signifie qu'il en découle des différences plutôt physiques que comportementales, établies à petite échelle de la structure d'un organisme. A l'inverse, des différences comportementales sont mises en évidence à l'échelle globale d'un organisme, alors que le corps physique d'ensemble n'est pas ou peu impacté à ce niveau. Bien qu'affichant des dominances plus ou moins marquées, le système d'ensemble ne permute pas ses charges, ni leur répartition ni leur positionnement. Globalement, seulement le sens de rotation est inversé entre un corps masculin et un corps féminin. Cette orientation induit ainsi la dominance devant être accompagnée comme polarité motrice, source de puissance et d'équilibre. Le sens de rotation modifié du système de référence implique d'être répercuté sur les sous-systèmes de l'organisme. Les flux étant eux-mêmes spiralés, ils adoptent également un mouvement de rotation inverse selon le genre masculin ou féminin. Lorsque les corps sont présentés face à face, c'est ce qui permet leur synchronisation et leur liaison par la possibilité d'intrication des axes ou non. Sur les schémas 4 et 5, les axes du cœur sont intriqués. Cet enchevêtrement a lieu en présence de charges identiques (M ou E) mais de rotations inverses. Ce sont deux spirales inverses (visse à gauche - visse à droite) et évoluant dans des directions opposées. Elles s'entrelacent et mettent en évidence des points de croisement sans se contrarier. Nous retrouvons le même assemblage que celui de la kundalini en un brin ascendant et un brin descendant. C'est une disposition contraire à la spirale en double hélice adoptant un même sens de rotation et une direction commune pour ses deux brins. Dans le cas de deux axes de même nature (masculin ou féminin) face à face, nous retrouvons la disposition de la double hélice. Mais les directions de propagation étant directement opposées, les flux identiques en tous points (charges et rotations) se repoussent. Dans cette dernière configuration, la connexion ne s'établie pas. Du point de vue énergétique, les échanges en reste alors au schéma 3, sans pouvoir prétendre à l'intrication des schémas 4 et 5. Je parle bien ici de relations à un niveau énergétique et donc informationnel. Quand bien même elles puissent être différenciées par une liaison physique ou non, il s'agit de contacts au niveau énergétique et non pas corporel tel que nous pourrions l'entendre. C'est la relation physique des flux d'information qui est à prendre comme sujet. Cela ne doit pas être réduit ou conditionné au seul sens de corps matériels.

Ensuite, il faut aussi noter que tout ne tourne pas dans le même sens pour un corps d'un type donné, qu'il soit féminin ou masculin. Par exemple, un système alterne son sens de rotation à chaque sous-système se succédant sur la même disposition d'axe orienté horizontalement ou verticalement. C'est l'organisation que vous pouvez retrouver en suivant les centres énergétiques (ou chakras) répartis de part et d'autre du cœur. Si un cœur tourne à gauche, les deux centres le jouxtant tourneront à droite, les suivants à gauche, et ainsi de suite. Tous les centres énergétiques du féminin ne tournent pas dans le même sens, mais ils tournent tous en sens inverse du même organisme masculin. De plus, un axe doit se voir en deux parties opposées autour d'un cœur. Son sens de rotation d'un côté est contraire de l'autre côté. Par exemple, si mon cœur expulse de la matière en tournant à droite devant, alors il expulse de l'éther en tournant à gauche derrière.

Tout cela n'empêche aucunement de très bonnes relations entre deux corps du même genre. Cependant, du point de vue énergétique et informationnel, les enjeux, les capacités et les possibilités ne sont pas comparables. A bon entendeur...

La compréhension de cette question du féminin et du masculin n'est pas essentielle dans l'approche globale du flux d'un organisme isolé. Toutefois, elle est de grande utilité dès lors que l'on souhaite intervenir sur le flux, et elle devient incontournable si l'on aborde l'interconnexion de plusieurs organismes.

De manière générale, voici la mécanique des quatre interactions possibles lors de la rencontre de deux axes dont les flux se dirigent directement l'un vers l'autre :
- Deux flux de charge identique et de rotation inverse se dirigeant l'un vers l'autre. Les flux s'unissent. Ils s'intriquent, continuent leur progression et permettent le rapprochement de leurs systèmes. Ils connectent et produisent de l'énergie en commun au travers de leurs corps reliés. C'est le type cœur face à face entre féminin et masculin.
- Deux flux de charge identique et de rotation identique se dirigeant l'un vers l'autre. Les flux s'opposent. Ils se repoussent et éloignent ou dévient leurs systèmes. Ils ne connectent pas et les échanges

énergétiques restent individuels au travers d'un espace neutre. C'est le type cœur face à face entre deux féminins ou deux masculins.
- Deux flux de charge inverse et de rotation identique se dirigeant l'un vers l'autre. Les flux s'unissent. Ils fusionnent au point de contact en un cœur de production. Le nouveau cœur intermédiaire cherche à équilibrer les charges. Il produit de la matière ou de l'éther à partir du flux le plus puissant pour compenser le flux le moins puissant. C'est le type de cœur face à dos entre féminin et masculin.
- Deux flux de charge inverse et de rotation inverse se dirigeant l'un vers l'autre. Les flux s'opposent. Ils se désintègrent au point de contact en une zone d'effondrement. Cette zone d'effondrement décompose les charges en blocs élémentaires. Elle morcelle et diffuse des fragments d'énergie libérée en milieu neutre. C'est le type de cœur face à dos entre deux féminins ou deux masculins.

Dans les cas de mêmes genres, il ne peut pas y avoir de connexion via un centre énergétique semblable. Les interactions ont lieu au travers d'une zone tampon et n'interviennent pas directement dans la sphère physique personnelle. Ces contacts sont instables et ponctuels. Ils se font et se défont aisément sans niveau particulier d'implication ou de persistance.

Dans les cas féminin-masculin, il peut y avoir connexion via un centre énergétique semblable. Les interactions ont lieu directement entre les deux organismes et agissent immédiatement sur la sphère physique personnelle. Ces contacts sont stables et peuvent perdurer. Ils s'envisagent à divers niveaux d'attache. Ils se font et se défont facilement dans un premier temps. Lorsque la liaison est installée, plus elle se renforce, moins sa rupture est évidente. Un détachement d'une connexion forte implique des ajustements et réadaptations des sphères individuelles. Ces liens affectent l'organisation et l'équilibre des systèmes intéressés.

Dans tous les cas, ces rapports donnent lieu à de multiples scénarios dès lors que l'on élargit les contacts à des relations croisées entre différents centres énergétiques (chakra cœur sur plexus solaire par exemple). Le principe est évidemment similaire, mais les rapports mis en œuvre et les conséquences sont variables. Sur une relation croisée, un féminin en face à face avec un masculin se repoussent, et deux genres similaires se connectent. Chaque organisme a donc diverses possibilités pour intriquer de l'information avec un autre, à plusieurs niveaux et avec une compatibilité propre aux genres contactés.

Ouverture vers un monde cosmologique

Pour finir, ouvrons sur les possibles d'un cosmos tout en flux. Ouvrons la toile du mouvement interconnecté au-delà de notre forme humaine.
Le cosmos semble trouver son équilibre et son développement dans la richesse de sa diversité. Depuis le simple tore comme système de base, les assemblages possibles sont innombrables et le cosmos les relie tous en un seul mouvement, en un seul point.
Imaginons une structure d'ensemble, ou un canevas cosmologique qui ne soit pas qu'un tissu de simples tores avec quelques formes humaines se baladant sur le tapis. Projetons-nous dans un univers multidimensionnel intégrant des simples tores, des organismes humains, toute une foule d'autres systèmes plus ou moins autonomes, et diverses formes prenant part au mouvement de la composition cosmologique. Chaque forme correspond à des conditions particulières d'un environnement auquel elle s'adapte. Nous pouvons constater la diversité de notre entourage, ne serait-ce qu'en observant les exemples végétaux et animaux. A un niveau plus large, visible et invisible, au niveau énergétique du tore et des flux dans leur environnement, les formes à produire offrent un champ des possibles immense. Cependant, même si l'on peut multiplier le nombre de sphères à l'infini, le but n'est pas là. Le cosmos part d'un mouvement premier et le compense sans cesse. Sa quête de stabilité passe plutôt par une recherche d'unité que de division. Pour autant, en attendant, le cosmos divise lorsque cela est rendu nécessaire pour s'adapter à un contexte particulier vers le meilleur équilibre. Tout cela se fait et se

défait au rythme du besoin, entre recherche d'unité et évolution vivante. Chaque système particulier trouve sa juste place, en réponse au besoin d'équilibre du flux universel qu'est ce mouvement en perpétuelle évolution.

Le tore, élément connecteur de base, peut être pris comme le cœur en lui-même de cette architecture. Il est le creuset, il matérialise le flux énergétique, il est l'expression du mouvement à développer. Il est la danse à décliner vers toutes les combinaisons possibles hébergées au sein d'une organisation reliée en tous points.

Ce cosmos échappe bien à notre analyse. C'est donc d'abord par le mouvement qu'il faut peut-être l'envisager pour le saisir pas à pas.

Pour moi, la représentation d'une toile d'éléments interconnectés n'est pas envisageable sur papier, même symbolique. Alors, afin d'ouvrir le bal, je propose quelques idées d'assemblage. Au-delà des formes qui en émergent, il n'est pas uniquement question de présenter des éléments comme composants à relier. Il s'agit de voir là un modèle de développement du tore au sein de cet ensemble que peut être une structure cosmologique. Ainsi, en suivant le tore et sa dynamique de flux, nous pouvons poursuivre vers une dynamique d'assemblage, de déploiement et d'évolution de ce monde. Beaucoup d'assemblages sont possibles. Cependant, il n'est pas suffisant de rajouter des bulles pour boucher les trous ou faire joli. Ce qui est plein et joli va souvent dans le bon sens. Mais il est nécessaire de prendre en compte les rotations, les flux, les charges, les cœurs, les volumes, les dimensions... Chaque nouvelle configuration doit aussi positionner ses sphères en fonction de points d'attache forts.

Les schémas suivants sont exposés avec les mêmes limites graphiques que les précédents.

De plus, avant les images, voici quelques informations supplémentaires me paraissant importantes pour les appréhender au plus juste :

- Indépendamment du nombre de tores, certaines configurations apparaissent rapidement instables. Elles semblent intervenir comme des organisations intermédiaires vers des systèmes de tores mieux équilibrés. Je choisis donc de ne considérer que des modèles capables de liaisons stables, bâtis autour d'un cœur de référence et dans un univers perpendiculaire. Ces systèmes stables doivent être en position d'opérer tous types de contacts relationnels entre eux et d'évoluer avec des structures moins stables en devenir.
- Au-delà du simple tore, tout système structure son équilibre autour d'un cœur stabilisé sur au moins deux axes perpendiculaires.
- Toute structure ne peut se développer qu'au sein d'un double tore permettant de s'appuyer sur les deux axes perpendiculaires en son centre.
- Chaque tore interne réunit, à minima, les conditions axiales de son tore supérieur.
- Chaque tore interne prend attache sur son cœur, son axe principal et au moins deux points correspondant à son plan équatorial.
- Les sphères de la structure en ligne sont rattachées à l'axe vertical, et ce système est donc établit sur un plan.

- La construction de la structure en amas doit être envisagée en volume. En complément des schémas proposés, il faut imaginer un axe supplémentaire perpendiculaire au plan existant. Il est nécessaire pour établir la profondeur permettant de répéter le motif des sphères. Cet axe supplémentaire organise chaque tore interne participant à la projection en profondeur de l'amas. Chacun de ces tores est donc structuré en son cœur par un troisième axe perpendiculaire aux deux premiers (connus comme polaire et équatorial). Ces sphères perdent leur rotation individuelle. L'amas dans son ensemble se met à pulser (expansion-contraction) au sein de la double enveloppe qui continue de tourner. La pulsation varie en fonction de la charge du milieu externe. L'amas tourne autour de l'axe équatorial du tore de référence au rythme de ce dernier. Dans ce cas de structure en amas, les figures sont plus variées et complexes, mais très stables.
- La structure mixte cumule évidemment les propriétés des deux précédentes. Les systèmes mixtes permettent aux sous-systèmes externes à l'amas (bâtis sur deux axes) de conserver leur propre rotation. L'ensemble formant l'amas rattaché au cœur principal est en pulsation.

Schéma 6
Simple tore

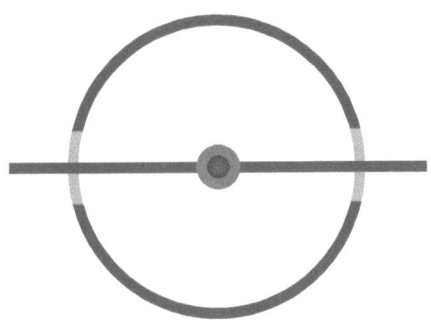

Schéma 7
Structure de double tore
Deux tores assemblés par leur axe (le moins puissant est interne et basculé à 90°)

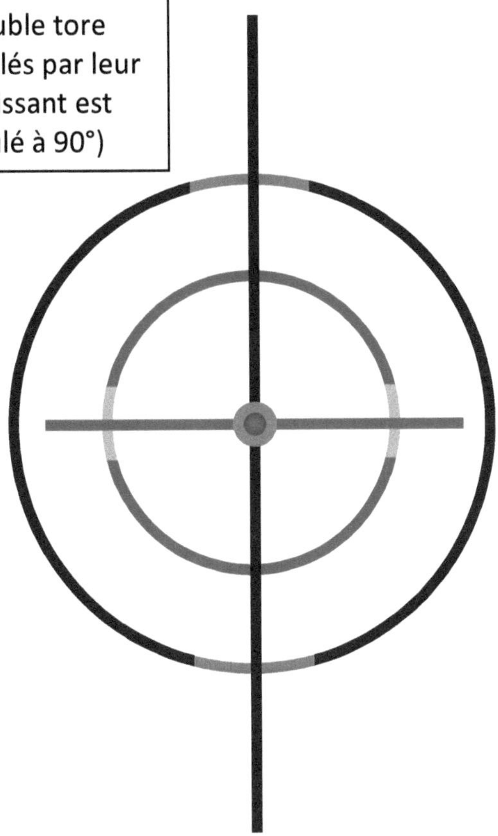

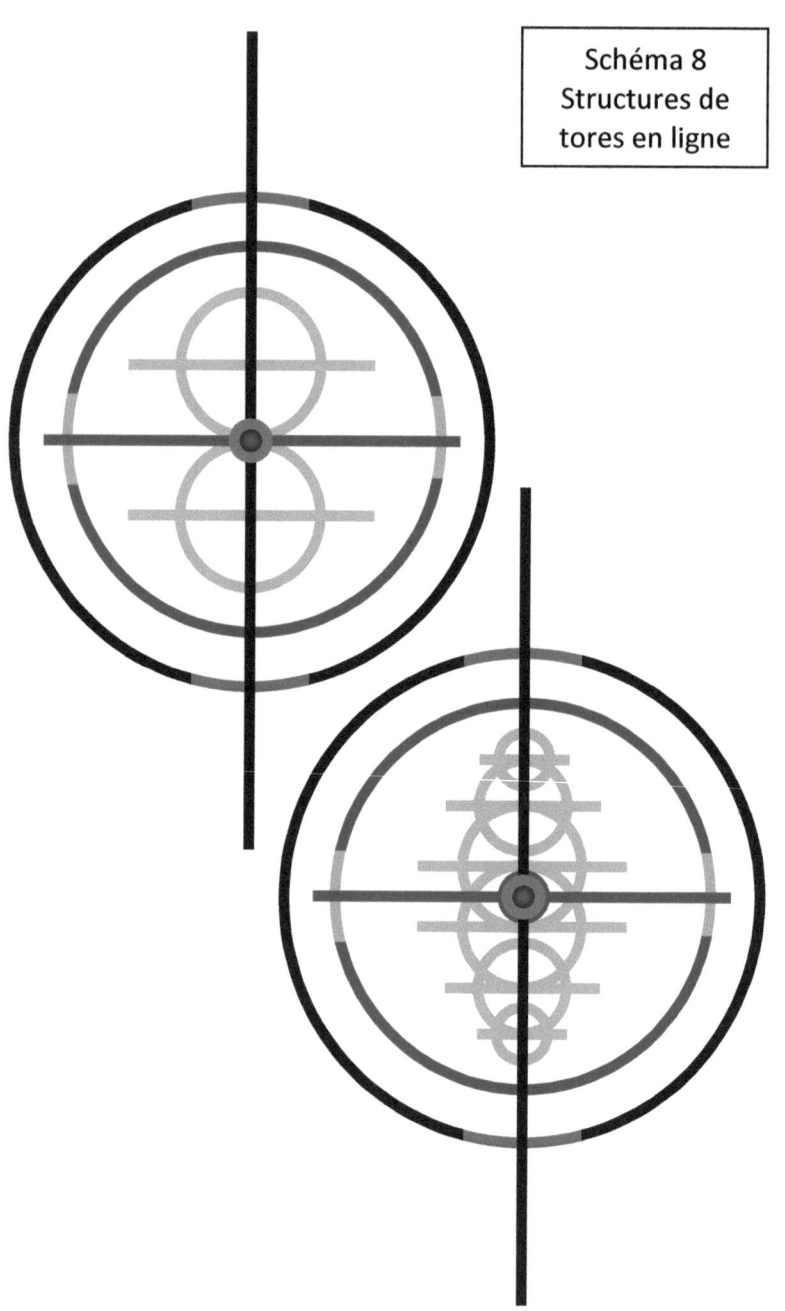

Schéma 9
Structures de
tores en amas

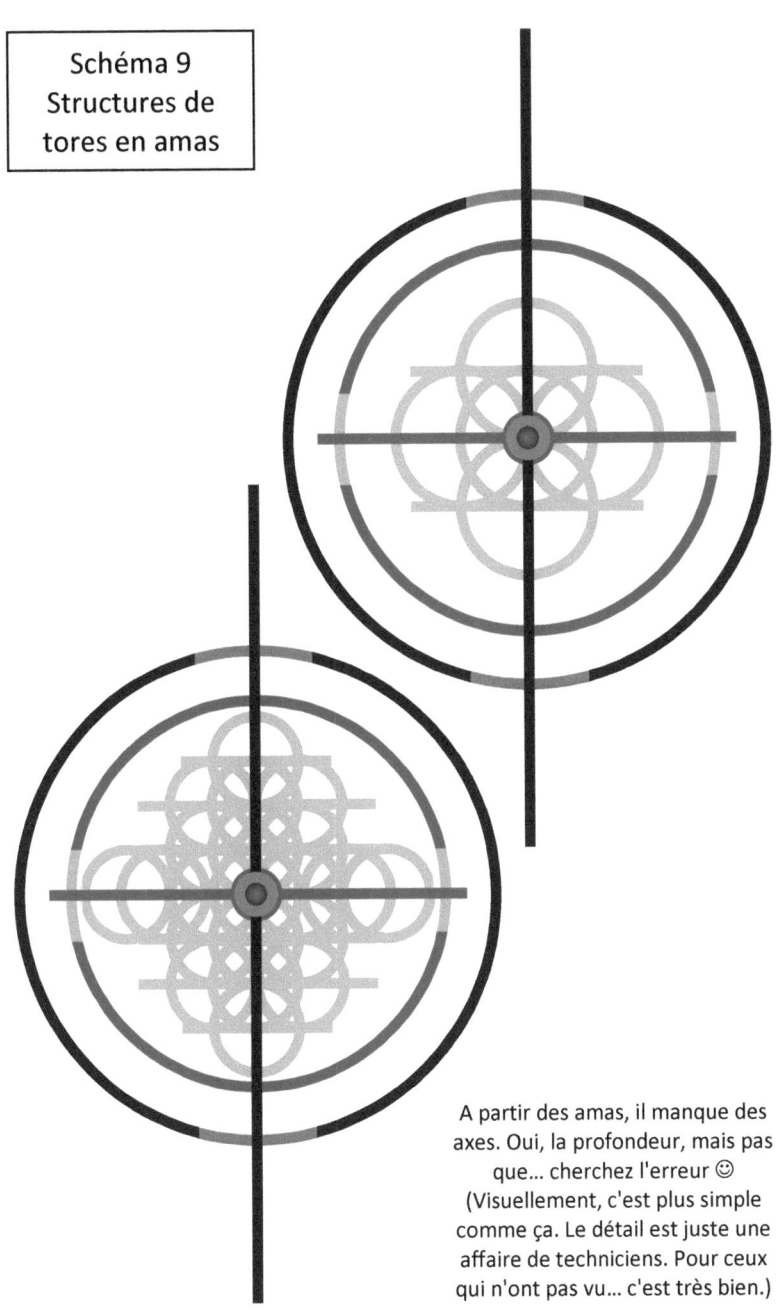

A partir des amas, il manque des axes. Oui, la profondeur, mais pas que... cherchez l'erreur ☺ (Visuellement, c'est plus simple comme ça. Le détail est juste une affaire de techniciens. Pour ceux qui n'ont pas vu... c'est très bien.)

Schéma 10
Structure de tores mixte

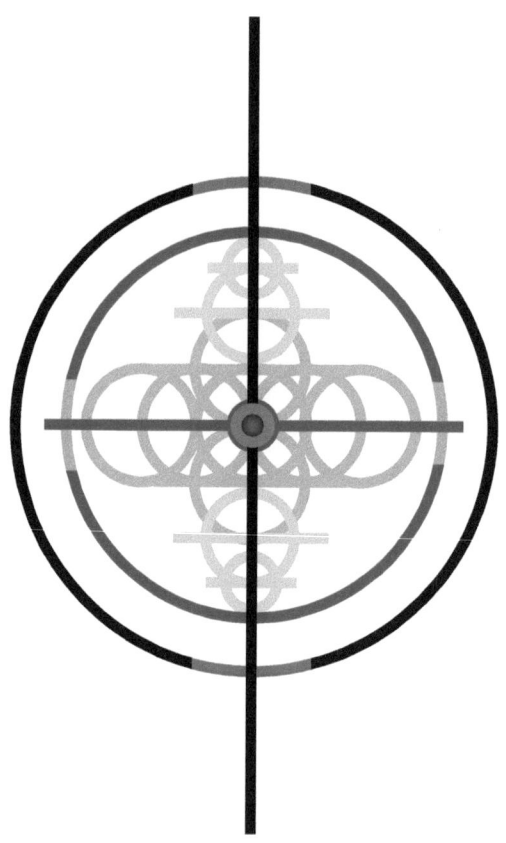

Bien sûr, il faut aussi percevoir des configurations imbriquées. C'est toujours le même principe de reproduction d'un schéma vers l'intérieur. Imaginez n'importe quel type de structure pouvant être imbriquée dans une sphère d'une structure globale. Par exemple, des sphères de structure mixte hébergeant des structures en ligne, ou inversement. L'humain est certainement une structure mixte et imbriquée.

Par ailleurs, bien que je parle de systèmes stables, il n'en est rien. En réalité, il s'agit d'une stabilité relative à notre point de vue. Gardons à l'esprit que toute cette dynamique est générée par le flux. La meilleure stabilité se trouve dans la polyvalence que permet le mouvement. Tout s'ajuste autour d'entrées et de sorties, de transformations, d'états de substance, de densités, d'énergies et d'informations. Un système est rendu stable parce qu'il module son équilibre interne en permanence. De manière générale, plus le système est complexe, plus il est polyvalent et capable de se rendre malléable, capable d'intégrer une gamme d'états toujours plus étendue entre le volatil, le fluide et le solide.

L'humain est aussi un système instable et complexe. Il grandit en multipliant ses sphères en recherche d'équilibre. Pour évoluer au mieux, un système se déploie à l'intérieur et grandit à l'extérieur. Plus un système se déploie calmement et doucement, plus son évolution est harmonieuse, plus son existence est durable, son univers plus grand, son mouvement paisible…

Retour en soi

Le mouvement travaille en continu du plus grand vers le plus petit, et du plus petit vers le plus grand. L'humain intègre un système beaucoup plus grand que lui. Il doit se tourner vers l'univers. Mais ce cosmos nous échappe et son mouvement nous anime. Son mouvement nous habite.
L'humain en est une expression particulière.
Il est un temps de vie de ce mouvement.
C'est si grand dehors pour le connaître.
L'égo est plus accessible à l'humain.
C'est du sur-mesure pour chacun.
Alors, gardons l'égo et regardons-le.
Mais regardons-le bien, chacun le sien, à l'intérieur, profondément et sincèrement, dans le cœur.
Fermer les yeux et se faire plaisir.
Les ouvrir, constater et savoir s'en saisir.

S'il est des liens dont on ne se défait pas,
c'est bien que l'on en fait le choix.

Tout ramener dans le cœur et le laisser s'ouvrir.
Suis-toi dans ton cœur et tu suivras le cœur du cosmos.

Tout en flux, c'est fini sur ces mots.
Mais ça continue dans le cœur.

acte 4

hypothèse

le vivant en réflexion

Sommaire

Préambule 317

hypothèse Réincarnation 319

hypothèse I.A. 341

hypothèse Energie 357

hypothèse Conscience 377

hypothèse Présent 397

hypothèse Dieu 417

Réfléchir et explorer l'hypothèse 432

Préambule

Allons au-delà du récit de l'expérience vécue. Imaginons entrer dans l'expérience de la vie. Ce par quoi l'expérience prend forme, ce qui l'oriente, l'organisation du vécu depuis la très petite unité de vie jusqu'au très grand, de la matière à l'invisible, du corps et de l'esprit.

Entrons dans l'expérience de la vie par l'hypothèse. Elle a évidemment toute sa place parmi les possibles, sa légitimité et sa cohérence. Cette hypothèse n'attend ni accord ou refus, elle exprime simplement un point de vue à envisager. Penser et se positionner de cette manière nous ouvre des champs de réflexion immenses sur de nombreux sujets. Cependant, Il ne s'agit pas de se diluer dans une immensité devenue un flou de complaisance. Il s'agit d'éclaircir le paysage, de visualiser différentes pistes afin de mieux s'orienter chemin faisant. Certains modèles se confortent, d'autres se complètent ou se développent, mais ils participent tous à créer une réalité autant conditionnée que choisie. L'hypothèse est un modèle à découvrir et à expérimenter. Elle n'est imposée à personne mais ouverte à tous. Elle se comprend comme un possible socle commun sur lequel chacun peut bâtir l'édifice lui ressemblant.

Ici, l'ensemble des propositions fournies peuvent trouver un sens commun, ou être abordées de façon individuelle sans nécessairement toutes les intégrer. Soyez libre d'y voir, entendre et comprendre ce qui fait sens pour vous. Le doute nourrit aussi bien que la certitude, ce n'est pas toujours dans le sens que l'on pensait, c'est parfois surprenant, mais c'est toujours à la condition de se prêter à une réflexion justement mesurée.

hypothèse Réincarnation

.le cycle de l'âme en chair a son esprit.

.à l'être humain, à l'humain de l'être.

Un regard du côté de la vie, au travers d'une existence plus large. La vie du moment comme un épisode entre les vies d'avant et d'après. La continuité d'une âme pour qui les vies se succèdent naturellement. Ici, l'exemple considère que cette âme apprécie particulièrement la vie humaine et s'affaire à vivre une série d'épisodes en chair, dans l'esprit de cet être. Durant notre vie actuelle, nous passons de jours en jours et d'années en années. Pour cette vie, le découpage des séquences peut encore s'élargir vers plus petit et plus grand. Mais, au-delà de ce cadre, une vie peut aussi être comprise comme une séquence ou un épisode d'un cycle plus vaste.
La mort à cette vie ne serait-elle pas vraiment une fin ? Serions-nous à la fois la suite et le précédent de notre propre histoire ?
La question de la réincarnation peut se poser et nous pourrions servir ce mécanisme de façon importante.

Contexte

La réincarnation, c'est bien l'idée d'un retour en chair pour une nouvelle vie dans ce monde. Alors, un retour de qui ou de quoi ? Quand ? Comment ? Pourquoi ? Qu'est-ce que ça change ? Ai-je le choix ?

Cette approche n'a peut-être pas réponse à tout. Cependant, l'hypothèse de la réincarnation n'est pas nouvelle, les questions associées se précisent et le sens des réponses apportées continue de préoccuper nombre d'entre nous. Effectivement, le sens de la vie individuelle et collective semble trouver différentes structures autour de ce thème. Nous touchons autant à des considérations spirituelles et philosophiques, que pratiques et opérationnelles. Quoi que l'on en pense, la question de la mort a toujours fortement influé sur la société, le comportement individuel et collectif. La mort, c'est aussi cet après vie et un éventuel retour à la tâche ici même. On s'accorde généralement à dire qu'il y a tant à faire et à voir, qu'une seule vie ne suffit pas pour parcourir le monde terrestre. Alors, la réincarnation est une solution de continuité. Elle permettrait une foule de possibilités plus ou moins vertueuses et arrangeantes. Finalement, cela peut être une opportunité mais, à bien y réfléchir, pas nécessairement.

Par manque de preuves concrètes, le principe même de la réincarnation est incertain. Bien que l'histoire des hommes ait toujours cultivé cette thématique et proposé quelques indices individuels ou collectifs, l'incertitude reste bien en place. A croire que l'incertitude a son rôle à jouer. En tous cas, l'histoire continue et cela nous laisse une grande liberté d'imagination. Nous pouvons aisément aménager le concept de réincarnation à nos envies et nos avantages du moment, et nous ne nous en privons pas. De multiples modèles, tous autant intéressants les uns que les autres, voient le jour et s'entretiennent au gré des saisons. Toutefois, les histoires que l'on raconte peuvent être pleines de vertus comme d'erreurs bien dommageables.

La réincarnation nous parle de cycles. Pour moi, les cycles expriment un mouvement, et J'ai tendance à concevoir le mouvement comme une évolution perpétuelle. Il s'agit de tendre vers un équilibre sans cesse remis en question. Pour cela, le mouvement n'est jamais le même, jamais conservé, toujours évolutif, toujours transformé, toujours réinventé. Mais des cycles successifs peuvent donc être évolutifs de diverses manières. Il me semble important d'envisager la réincarnation comme un cycle qui puisse permettre une meilleure évolution, d'autant plus que ses enjeux seront pris en conscience. Se donner les moyens d'une réflexion et d'une bonne compréhension d'un point de vue énergétique et informationnel, cela fait partie de la prise de conscience.

Réincarnation et vie en substance

Sur quelles bases pourrions-nous appuyer ce concept de réincarnation ? Une succession de séquences vie-mort peut suffire à intercaler le mot "réincarnation" entre deux. Mais la vie est-elle alors dépendante de notre corps ? La vie est-elle vraiment interrompue par la mort ? De la même manière, le retour en chair définit-il la vie ou est-il une simple transformation d'un état continu ? En tout état de cause, il me semble que la réincarnation n'implique rien d'autre que ce que l'on comprend par un cycle de vie.

La vie, c'est une histoire qui se construit entre naissance et mort. Elle se joue en un temps et un espace qui lui sont propres. Elle englobe un ensemble d'évènements, d'activités, de transformations mis en forme vers la meilleure relation évolutive d'un tout. Un tout dans lequel la vie trouve matière à se développer et créer son monde. La vie permet l'expression la plus harmonieuse d'un organisme dans un milieu qu'il intègre comme son monde. Mais la vie et le monde d'un organisme physique vieillissent. Ils s'usent. La matière est instable et bouge beaucoup. Plus la vie s'agite et plus il devient illusoire de conserver la matière en forme.

Heureusement, la réincarnation compense cela. Elle nous permet de reprendre forme. La réincarnation, c'est quand l'histoire continue pour ne faire de la vie qu'un épisode. Plusieurs vies se déroulent les unes après les autres, une vie se rattachant à la précédente et précisant le scénario de la suivante. Ainsi, le problème de la conservation de la matière n'en est plus un. Le plus simple est de relancer un cycle complet de mise en forme d'un nouveau corps tout beau et tout neuf, lorsque le vieux a fait son temps ou qu'il ne convient plus. Les vies s'enchaînent comme des séquences d'une existence plus grande.

Dès lors, c'est cette existence plus grande qu'il convient de regarder. Elle est notre pleine histoire qui ne se cantonne plus au seul épisode en cours. Cependant, Chaque nouvel épisode semble ne pas agiter le même personnage. Chaque vie semble s'organiser comme un passage unique, sans aucun souvenir d'un soi-disant précédent. Il règne comme un climat de doute sur la réalité d'une seule et même existence continue, de ma propre personne… Le supposé lien entre la petite et la grande histoire pose question.

La vie qui est la nôtre actuellement est une expression momentanée permettant une expérience particulière de ce que nous sommes. Cette vie est conditionnée à un certain cadre et une certaine organisation nécessitant une forme de type corps-esprit. Au-delà de cela, je rattache ce que nous sommes réellement à une existence faisant état de l'être essentiel qui s'exprime. Cette existence s'envisage par la présence de l'âme qui habite toute forme. C'est la continuité d'un être unique toujours là, en tout état. C'est ce qui fait une vie particulière, mais qui contient et permet beaucoup plus en termes de possibles à vivre auxquels chacun peut prétendre. C'est le cœur de la vie sous toutes ses formes. L'existence continue de l'âme nous permet alors des cycles de vie évolutifs et successifs, de vie en vie, en usage flagrant de réincarnation.

Nous serions donc une âme capable de s'exprimer en adéquation avec un contexte particulier, le temps d'une vie matérielle figurant corps et esprit. Cette expression ne serait que partielle pour correspondre au mieux aux conditions du milieu investi. L'âme perdurerait au-delà de la vie en chair. L'existence de l'âme comme totalité de l'être éternel, et le corps comme projection partielle et momentanée de l'être. Un cycle de vies successives permettrait d'expérimenter un retour dans la forme humaine, sous de nouvelles conditions. A chaque vie, l'expérience serait au mieux ajustée, en fonction d'éléments externes se rapportant au milieu de vie et d'éléments internes inhérents aux capacités cumulées de notre âme. La succession de vies en chair se comprend alors ainsi. C'est une réincarnation périodique d'un même être s'adaptant et répondant à un contexte environnemental différent. Ce principe est donc soumis à l'évolution d'un être et de son environnement à mettre en concordance.

Alors, la vie consiste à réincarner un être. Cet être s'explique par une âme, et l'incarnation corps-esprit n'en est qu'une parcelle. L'âme seule est complète. Etant incarnée, l'âme est toujours entière, mais elle exprime une vie corps-esprit n'exposant que certains aspects particuliers. Le fait de la réincarnation multiplie des vies pour un être qui se trouve à expérimenter une nouvelle partie de lui-même, en relation à un nouveau contexte. L'être entier et son environnement évoluent au travers de leurs échanges, vers des possibles toujours renouvelés. Tout ça évidemment sans savoir où et pourquoi cela a commencé, dans quel but et s'il y a une fin ou non.

Penser la réincarnation en conscience

Si l'on accepte le principe du cycle de réincarnations, il est utile de savoir comment il s'organise et ce qu'il peut induire. Faisons état de la vie d'un corps sous une forme matérielle pour aborder des expériences relationnelles particulières, et de l'existence d'une âme immatérielle informée pour réunir la connaissance globale comme substance de l'être.

Chaque épisode de vie permet une prise de contact remarquablement active avec son environnement. Cette relation nous permet d'interagir et créer en intervenant directement sur la forme physique de l'existant. Cette interface relationnelle requiert une certaine spécialisation. Nous intervenons dans une vie physique avec la meilleure part de nous-même étant capable de présenter une résonance suffisante avec le milieu de vie considéré. Cela suppose une exploitation sélective des qualités qui sont celles de l'ensemble de notre être. C'est un bel exemple d'optimisation de nos moyens mis en cohérence avec un contexte particulier. Pourtant, cela nous éloigne aussi quelque peu de la réalité globale de notre être que l'on pourrait mieux envisager au regard de ses capacités, ses savoirs et connaissances d'ensemble.

Cet ensemble, c'est donc l'âme qui l'établit et le désigne. Nous ne parlons plus ici d'une forme physique ou d'expression matérielle, mais d'un tout énergétique et d'informations cohérentes unifiées en une entité perceptible comme distincte et autonome. L'âme représente la totalité informationnelle de chaque être. Il s'agit aussi bien d'informations exprimées ou non exprimées. Cette âme permet donc beaucoup de sous-ensembles particuliers à même de répondre aux conditions variées de multiples vies à explorer. Chaque expérience de vie nourrit l'être entier et incrémente l'âme du point de vue informationnel.

Alors, les épisodes de vie informent un être dont le parcours d'existence s'étend bien au-delà de la séquence en cours. Chaque vie véhicule un contenu formé de nos actes au quotidien. Depuis la vie que nous déployons actuellement, il est difficile d'accéder à notre réalité globale. Le souvenir et la conscience concrète de cette entité complète ne sont pas à l'ordre du jour. La nécessité immédiate est d'exprimer uniquement le sous-ensemble qui fait pleinement sens en ce lieu et cet instant. Pour autant, ce qui est exprimé maintenant est essentiellement relié à l'âme et son parcours jusqu'alors. Les possibilités d'expression d'aujourd'hui sont conditionnées par les capacités acquises durant les épisodes précédents. C'est aussi présentement que nous cultivons la connaissance et enrichissons le savoir qui permettra les possibles des scénarios à suivre. Les séquences de notre existence sont reliées en termes de champ de capacités et de champ des possibles. C'est l'histoire d'un passé et d'un futur bien signifiants, indissociables de chaque instant présent quel qu'en soit le décorum spatio-temporel. Cet instant présent est toujours un parfait milieu, exprimé entre une condition de capacité acquise au passé et une condition de possible réalisation au futur. Nous percevons plus facilement les objets simples et lents ou figés, que les objets complexes et rapides ou versatiles. Ainsi, le capital passé semble être mieux observable que le potentiel futur, comme la concrète vie matérielle d'un corps semble mieux palpable que l'illusoire existence d'une âme. A notre niveau et dans notre condition actuelle, nous pouvons rapprocher ces données pour comprendre la matière comme passé (capacité consciente et définie), et l'information éthérée comme futur (potentiel inconscient et indéfini). Le passé est condensé et fermé. Le futur est diffus et ouvert. Au milieu vit le présent. Cet abrégé espace-temps fait sens avec notre perception de la réincarnation figurant un précédent et une suite. Voir le passé et voir le futur, c'est aussi de plus en plus délicat au fur et à mesure que l'on s'éloigne du milieu présent. Pour élargir sa vision, il faut s'éloigner du point de ralliement et partir à l'exploration d'un côté ou de l'autre. Certains état modifiés de conscience permettent de lire un passé ou un futur qui sortent du cadre vécu. Mais ces approches restent très subjectives. Nous privilégions souvent une fouille du passé nous permettant d'aménager la certitude de nos actes, plutôt qu'une découverte éclairée du futur nous renvoyant à l'incertitude de nos choix. Mais que l'individu intéressé puisse s'aménager un aperçu élargi ou pas, peu importe pour le cycle qui se déploie quand même. Ce sont des vies passées dont le contenu expérimenté est à optimiser en fonction de vies futures dont les possibles à découvrir sont à choisir, et vice versa. Tout se joue ici et maintenant, au présent. Sans plus d'investigations, cette dynamique nous semble s'opérer à l'aveugle, sous contrôle d'un Dieu hasardeux qui agirait à notre insu sans aucune gêne. Afin de mieux digérer l'affaire, on peut comprendre qu'il devienne acceptable de romancer un peu la fatalité révolue et le destin à venir. Cependant, la réalité d'une âme n'est ni hasardeuse ni négociable. Il en va de même de la responsabilité de l'être qui reste souverain vis-à-vis de son âme, sans qu'il soit question de délégation de pouvoir à quelques divinités externes.

Pour qui le souhaite, nous sommes en mesure de véritablement explorer le passé et le futur. Ce n'est pas simple, ce n'est pas nécessairement l'envie et le besoin de tout le monde, mais cela peut aider à mieux positionner ses choix présents en pleine responsabilité. Sans aller trop loin, il est plus simplement envisageable de comprendre et vivre pleinement l'instant présent. Ceci est accessible à tous, ce ne doit pas être considéré comme une option, c'est une nécessité au bon développement de notre condition naturelle. Il s'agit simplement de se positionner par soi-même, au regard de ses actes et de ses choix continus. C'est une responsabilité qui construit l'individu lui-même et se distribue aussi vers la collectivité qui y est associée. Dans tous les cas, que l'on soit explorateur du grand large ou vivant de l'instant, que notre histoire soit visible ou invisible, la réalité de l'instant vécu est toujours pleinement connue de l'âme. Cette réalité en est même sa structure, son identité propre. Alors, au-delà du fait d'y accéder ou non, il est primordial de s'y relier pour l'accompagner dans son monde qui préside le nôtre. Se relier à son âme, c'est lui donner la priorité pour guider la juste position quant à nos agissements, au milieu de notre champ de capacités et du champ des possibles. C'est une attitude naturelle dont nous avons la connaissance innée en âme et conscience. Cette âme est au cœur de chaque organisme. Se tourner vers son cœur et s'en remettre ici est la posture à rejoindre. L'âme se fait alors entendre par le ressenti. C'est la joie ou la peine, c'est le confort ou l'inconfort, la facilité ou la difficulté, etc. Même si parfois on aurait préféré ressentir autre chose ou autrement, le premier ressenti de l'âme nous parle naturellement du meilleur présent à bâtir qui nous soit offert. Le cœur est sincère. Autant nous sommes aveugles à l'invisible, autant le cœur est aveugle à l'administration commerciale de l'humain.

Les conséquences de la réincarnation ressemblent à celles d'une journée. Nous mettons en œuvre une nouvelle vie entre celle d'avant et celle d'après, comme nous mettons en œuvre une nouvelle journée entre celle d'avant et celle d'après. Au petit matin, il faut bien faire avec les actes de la veille, tant physiquement que moralement. Puis, cette journée se déroule en ajustant ce avec quoi nous devrons faire le lendemain, en fonction des moyens qui nous sont offerts et des mouvements que nous privilégions. Ça ne semble pas être un travail que l'on force et qui s'apprend en théorie. C'est une attitude personnelle, une écoute de chaque instant. Cela passe par quelques fondamentaux comme l'humilité, la responsabilité, la reconnaissance, la confiance, l'attention, la patience... et toujours depuis le cœur. En faisant ce parallèle entre nos journées et nos vies successives, le principe s'envisage en conscience. Cela nous implique forcément dans la meilleure réalisation que l'on peut souhaiter pour soi, quel qu'en soit la réelle finalité.

Se faire du bien à l'intérieur de cette vie, le temps d'une journée, pourrait donc bien se propager plus largement à l'existence. Mais nous en savons peu sur cette existence.

Après quelques pistes pensées en conscience, qu'en est-il de la mécanique mise en pratique. Comment concevoir et observer le phénomène depuis ici ? Sachant regarder une suite journalière tant bien que mal, pouvons-nous aussi observer plus loin la logique d'une suite de vies ? C'est tout l'intérêt de l'hypothèse réincarnation.

L'hypothèse réincarnation, c'est quoi ?

L'hypothèse réincarnation, c'est de considérer cette mécanique cyclique de vies épisodiques au sein d'une histoire plus grande avec ses tenants et aboutissants. Nous parlons ici de continuité de l'information contactée, d'expériences et savoirs intégrés.

La réincarnation est un point pivot de l'instant présent, dans un cadre spatio-temporel basé sur l'unité de vie d'un humain corps-âme-esprit. Une vie se terminant, notre âme se détache du corps physique. Cette âme se présente sous forme de "pure énergie" immatérielle. Elle est toujours en relation à son environnement, mais dans un monde invisible et peu accessible depuis notre densité matérielle. Ce monde se dévoile à un niveau subtil d'informations vibratoires. L'âme tisse des liens vibratoires avec les ensembles informationnels cohérents faisant sens avec elle. Elle relie les meilleures opportunités établissant une forte résonance. Au vu de la condition de notre âme, ses affinités se dirigent naturellement vers un paquet énergétique qui n'est autre que le substrat fécond proposé par ses futurs parents. Si l'information potentiellement partagée entre le substrat proposé et l'âme éthérée est suffisante, alors le pacte se renforce. L'âme se dédie à cette relation, elle s'installe pour développer un petit d'homme, et l'histoire se poursuit. Depuis le sein d'une mère jusqu'à l'immensité du cosmos, une vie d'humain se développe en allant révéler son for intérieur.

Chacun connait alors cette vie en chair et l'explore à sa façon. Mais le contenu plus ou moins agité de cette aventure n'est donc pas anodin ni aléatoire. Au cours de chaque vie, notre âme ajuste son contenu informationnel en fonction des relations expérimentées. Sa connaissance, ses capacités et ses savoirs évoluent à chaque expérience. La raison d'être de notre parcours, nos possibilités et nos occasions dépendent essentiellement de l'aventure précédente. Puis, ce que nous en faisons, ce que nous actons et cultivons fera la raison de l'aventure suivante. C'est un cycle qu'il convient d'observer avec justesse. Il y va de notre évolution individuelle et collective, de notre progression ou de notre régression, de notre malheur ou notre bonheur.

Pour un chemin le plus agréable et le mieux adapté, il semble évident de suivre son âme. C'est elle qui nous connait véritablement. Suivre son âme, cela signifie l'accompagner dans le sens de son mouvement naturel et ne pas se mettre en opposition. Nous nous trouvons maintenant dans la contrainte physique, la dualité, les pressions sociales et environnementales de la matière. Mais l'âme sait et connait intrinsèquement le sens de développement de notre être énergétique et informationnel. Cette âme se concentre toujours au milieu, au cœur. Accompagner le meilleur chemin, cela passe par l'écoute intuitive et le ressenti du cœur en premier lieu. Le cœur comme guide. Nous n'avons pas concrètement conscience de la globalité de notre existence passée et de ses potentiels futurs. Cependant, le cœur réuni l'information de notre histoire complète, et il sait tout cela, il y a accès. Le cœur oriente chaque évènement en fonction de la totalité de notre être informationnel. Peu importe que cela nous paraisse conscient ou pas, il a sa raison d'être qui est la nôtre entièrement, la vérité de notre condition d'existence. Le cœur oriente simplement l'évidente affinité en nous de tout ce qui nous touche. Ses perceptions se ressentent et ceux qui acceptent de l'écouter en font la meilleure expérience. Tout le monde en fait l'expérience à un moment ou un autre. C'est simplement ce sentiment de bon ou mauvais, de confort ou d'inconfort, d'aisance ou de contrainte, de facilité ou de difficulté, de joie ou de peine, de grandeur ou de petitesse, de force ou de faiblesse, etc. C'est juste ce ressenti qui précède toute analyse ou action. L'attention portée à ces perceptions doit être entendue comme une priorité, et cette sensibilité est à cultiver. C'est ainsi que nous avons un premier choix à faire quant à la raison d'être de notre existence au sein de notre environnement. Soit exposer sa devanture essentielle à cœur ouvert, soit mépriser cette relation au risque de s'enfermer au cachot de l'ignorance et du refoulement. J'opte pour un cœur ouvert et souverain. Ceci dit, je crois aussi que c'est le choix le plus simple tellement il me semble complètement illusoire de prétendre à pouvoir faire autrement. Une autre option est seulement une erreur que le cosmos réajustera d'une manière ou d'une autre. Par évidence ou en souffrance ?

Et puis, ceci dit et répété, ce n'est pas tout. Voyons encore comment organiser et observer plus nettement le phénomène dans l'hypothèse réincarnation. Il y a les préoccupations individuelles, mais il y a aussi plus grand. Notre individu n'a que peu de sens et d'espoir à se vivre tel un égo détaché du collectif et se suffisant à lui-même. Nous sommes intimement intriqués au collectif. Il est tout autant primordial de s'inscrire dans la dynamique collective que de passer par son cœur d'individu. Cet élément de compréhension me parait fondamental. La collectivité humaine a aussi son épisode précédent, sa vie actuelle et son épisode à venir. La continuité générationnelle de l'individu s'inscrit dans la continuité générationnelle du collectif, et vice-versa. C'est une clé et peut-être la clé de l'hypothèse réincarnation par les temps qui courent. Comment les temps courent-ils ?

Une âme se rattache à une graine Maman-Papa en vue d'un nouvel épisode. Un individu nait. Il grandit, il vit, il vieillit, il meurt. L'âme se détache... et l'âme se rattache... ainsi de suite. En pratique, le schéma global est plein de sens et c'est tout le sens de la génération. Un peu de maths... Du point de vue de l'individu humain du jour, comptez environ trois générations par siècle. Cela signifie que lorsque l'âme d'un arrière-grand-parent se détache, c'est une âme qui se rattache à une graine. Autrement dit, lorsque vous naissez, vous arrivez avec l'âme d'un arrière-grand-pépé ou d'une arrière-grand-mémé ! ☺☺☺ Attention, vous n'arrivez pas forcément à la place de "votre propre arrière-grand-parent" comme le laissent imaginer quelques discours karmiques prônant des lignées ancestrales personnelles et familiales. Non, le cosmos n'a pas de patrimoine notarié. Le cosmos est une grande famille regroupant toutes ses composantes par le seul effet de résonance que chaque élément peut présenter avec d'autres, en un lieu et un moment donnés. Les combinaisons sont infinies et se réorganisent à chaque instant. Rien n'est définitivement lié en particulier, mais tout rapprochement particulier est permis à chaque transition. L'âme est issue de la collectivité et elle se relie par affinités.

Un nouveau petit d'homme incarne l'âme d'un être humain qui vient de décéder assez récemment et qui reprend un cycle de vie en chair. Cet être a donc un passé bien plus étendu que nous pouvons le penser. Son histoire précédente comptera beaucoup dans le parcours qui s'ouvre à lui. Ses qualités ne découlent pas nécessairement de ses parents par des liens familiaux de sang comme on voudrait l'entendre, pourtant elles font forcément échos à leur nature et leur potentiel énergétique. En fait, même s'il est utile d'aborder le mécanisme depuis l'individu, ce qui importe plus grandement est effectivement de le voir fonctionner dans l'ensemble d'une collectivité. Il faut comprendre que chaque participant arrive dans une nouvelle époque avec une vieille histoire. On peut aussi dire : un nouvel espace-temps avec de vieux réflexes. Cette situation est pareille pour tous, et cela peut rapidement créer un effet de groupe en termes d'objectifs et de comportements plus ou moins adéquats face à la situation et aux moyens actuels. Il devient envisageable que nous puissions réagir en fonction d'émotions et de réflexes vécus précédemment, et non pas en fonction de la réalité des évènements et des possibilités présents.

Considérons, comme expliqué ci-dessus, que la naissance d'une personne corresponde en moyenne à la fin de vie de quelqu'un d'autre de la génération de ses arrière-grands-parents. Nous avons un nouveau cycle qui prend place avec un décalage d'environ quatre-vingt-dix ans. De manière inconsciente, cette personne est informée par une mémoire toute fraiche d'il y a quatre-vingt-dix ans. A ses trente ans, cette personne vit en correspondance avec la mémoire de l'arrière-grand-parent lors de ses trente ans.

Pour exemple :

Né en 1950, je remplace une Mémé décédée il y a peu à l'âge de 90 ans. En 1980, j'ai 30 ans et je suis en partie conditionné par mon époque actuelle, mais aussi par des mémoires inconscientes datant des années 1890.

Né en 2000, je remplace un Pépé décédé il y a peu à l'âge de 90 ans. En 2030, j'aurai 30 ans et je serai en partie conditionné par l'époque du moment, mais aussi par des mémoires inconscientes datant des années 1940.

Bien évidemment, il convient de pondérer les dates. Chaque cas est aussi particulier, et quelques exceptions viennent confirmer la règle. Toutefois, le cas général du système peut s'expliquer ainsi, même si diverses variations ont tendance à lisser l'effet de répétition en le diluant dans le temps et l'espace plutôt que de le concentrer. Ne soyez pas rigide à une année fixe. Comprenez qu'il s'agit d'époques et de périodes à réajuster. Tout le monde ne meurt pas au même âge. Il y a aussi des périodes de l'histoire qui regroupent plus ou moins de morts anticipées. Prêtez-vous à une observation globale et large avec un peu de souplesse dans le temps et l'espace. Vous risquez alors de constater quelques faits, quelques similitudes ou comportements assez orientés en fonction de l'époque vécue collectivement trois générations auparavant. Il y a matière à travailler pour les historiens. Le comportement individuel et collectif peut s'observer dans le sens d'une mémoire passée ou bien en réaction opposée. Cependant, les indices, venant déclencher les évènements, restent assez marquants. Les faits du moment présent sont alors nettement colorés par un passé invisible ou inconscient, mais bien significatif et impactant. L'histoire individuelle et collective se propose sous un nouveau jour.

Nous avions déjà le discours des psy qui nous mettent en garde quant à l'opposition ou la reproduction systématique vis-à-vis des déviances de nos parents transmises par la contrainte éducative. Voilà que je vous propose maintenant d'y rajouter l'opposition ou la reproduction systématique du vécu de nos arrière-grands-parents, transmis par la mémoire de l'âme. Certains pourront légitimement penser que ça commence à faire beaucoup. Mais, ainsi va l'information, de transformations en transformations.

Les notions d'opposition et de reproduction sont à conscientiser pour ne pas s'y piéger. Il ne s'agit pas de valider une fatalité commune vouée à évoluer au gré de quelques coups de vents divins ou diaboliques venant d'un pouvoir supérieur hors d'atteinte. Non, l'acte d'opposition ou de reproduction ainsi que les coups de vents divins ou diaboliques sont souvent les nôtres. Tout ceci, au même titre que toute connaissance, doit mener à une prise en conscience, au savoir, à la responsabilité de son être, à l'apprentissage, au savoir-faire. Peut-être faut-il faire valoir son pouvoir de faire différemment, être en mesure de se positionner et assumer sa capacité à choisir. Il n'est pas question de décider des possibilités offertes dans l'instant par le scénariste, mais il est assurément toujours possible de choisir une orientation à moduler jour après jour. C'est ce que permet un principe inaliénable qu'est le libre arbitre. C'est par nos choix que nous créons la destination que l'on souhaite comme port d'attache. Nous avons le choix de valider ou non la fatalité, nous avons le choix de cultiver ou non certaines mémoires et certains modèles dégradants, et nous avons le choix de cultiver ou non certaines mémoires et certains modèles vertueux. Le choix collectif et son mouvement imposant n'existent que par la somme des choix individuels. Cependant, la résultante collective prend des formes surprenantes allant bien au-delà de la simple somme des individus. L'effet peut impacter de façon bénéfique comme néfaste. Nous voyons plus facilement les mécanismes collectifs que leurs équivalents individuels. Alors, il est intéressant d'observer un comportement ou un évènement de groupe pour comprendre que nous sommes probablement impliqués personnellement. Il est important de savoir sa part de contribution en toute chose et de savoir faire ses choix en responsabilité pour soi et pour plus grand. La réincarnation est un des cycles qui régit la vie et favorise la réémergence de mémoires de manière importante. Les mémoires représentent des situations passées ayant acté un rapport informationnel figé. Cependant, leur réémergence propose de saisir l'expérience pour mieux orienter le mouvement de situations similaires. Elles s'inscrivent dans un processus d'évolution qui est à écrire mot à mot, à chaque instant. Ce sont ces mots qui forment les phrases pour la suite de l'histoire.

Et après ?

A un certain âge, nous sommes en mesure de pouvoir faire le point sur les épisodes passés, les cycles renouvelés et leur évolution plus ou moins favorable. "Un certain âge", c'est valable dans notre vie personnelle en référence à différents cycles que chacun peut observer, mais aussi à la mesure de l'histoire collective humaine. Le phénomène n'est pas nouveau, nous parlons bien de cycles, et pourtant certains épisodes ne semblent pas réellement évoluer positivement. Quelle question doit-on se poser ?

Finalement, peu importe la question qui fait sens pour vous sur le sujet. Posez-vous-la simplement. D'autres suivront certainement. Les questions que l'on se pose forment un chemin. Parfois, ce chemin est sans issue et il faut reprendre au carrefour précédent. Parfois, le parcours est un trajet unique et sans escale vers la bonne destination. Quel que soit le chemin ou l'heure d'arrivée, nous nous croisons et finissons évidemment par tous nous retrouver au même port d'attache. Nous ne décidons pas individuellement du point de départ et du point d'arrivée. Néanmoins, c'est bien nous qui choisissons le parcours. Alors, sur ce chemin, j'espère que l'hypothèse réincarnation puisse vous donner quelques repères et appuis. L'hypothèse réincarnation, c'est un cycle de l'âme humaine, c'est la résurgence de mémoires générationnelles au niveau individuel et collectif, ce sont les effets de ces mémoires et notre rôle dans leur destinée, c'est la vie de notre monde vibratoire et informationnel intime, les liens qui nous unissent à notre propre histoire et celle du collectif. Les cycles existent et existeront toujours. Ils assurent un rôle régulateur dans le vaste cosmos vivant. Ils s'ajustent aux conditions d'un univers, souvent en réponse à l'agitation des influenceurs les plus impactants. Le cycle de nos mémoires fait partie des éléments sur lesquels nous intervenons, et nous devons en assumer la responsabilité. Il est donc utile de savoir ce qu'il en est fait, car c'est aussi ce que nous en faisons effectivement. Tout le monde n'en a pas le même besoin de compréhension et il revient à chacun de voir ce qui lui est nécessaire de creuser ou pas. Cependant, à ce jour, il me semble indispensable que nous soyons tous en mesure d'observer certaines réalités (ou hypothèses). Il y va du bon usage et du bon accompagnement de la dynamique du monde que nous vivons collectivement.

Dans son univers, l'humain fait preuve de capacités importantes au regard de son environnement qu'il semble dominer. Pourtant, il est lui-même partie intégrante d'un ensemble dans lequel ses capacités sont régies par la grande mécanique d'un équilibre qui le dépasse. Assumer sa part personnelle, son rôle et sa responsabilité dans les rouages de l'équilibre du milieu, c'est se permettre le meilleur confort et la meilleure expérience auxquels chacun a droit. A l'inverse, ne pas respecter l'ordre naturel de ce cosmos qui nous dépasse, c'est risquer de se retrouver disqualifié, hors-jeu, éjecté, éliminé. Entre temps, il est des chemins de souffrance qui poussent dans le terreau de l'ignorance, du déni et de l'aveuglement.

La souffrance n'est pas une fatalité. Le bien-être est une autre possibilité toujours disponible et accessible à tous. Pour cela, il convient de ne pas nier le passé, mais ne pas le cultiver non plus. Le passé est voué à se transformer pour un futur en construction. Ne pas se tromper à conserver trop de mémoires souffrantes au risque de les cultiver. Ne pas se tromper à oublier l'assise du futur que l'on cultive au risque de s'effondrer. Cultiver le futur en connaissance de cause. Savoir qu'on ne le décide pas mais qu'il est un choix. Savoir que son propre futur n'est bénéfique et durable que si on choisit de le façonner et l'accompagner.

Suivant l'hypothèse réincarnation de l'arrière-grand-parent, pendant qu'une vie s'est écoulée, l'environnement a évolué. Nous revenons vivre un petit siècle après, avec une mentalité et de nouveaux acquis datant déjà du siècle passé. Pour autant, notre apprentissage de l'Humain n'a pas de date de péremption, il n'est pas dépassé et il doit trouver sa place avec toujours plus d'aisance d'époque en époque. Il est raisonnable d'adapter nos précédents acquis à un nouvel environnement. Il n'est pas nécessaire de revivre les échecs, mais plutôt cultiver les leçons vers de nouvelles situations. Nous assoyons forcément cette nouvelle expérience sur les éléments passés qui ont bâti notre être présent. En même temps, le futur exprimable se découvre sous un nouveau jour constitué de possibilités inaccessibles jusqu'alors. Il n'est pas utile, voire contre-productif, d'entretenir le passé, mais il est essentiel de cultiver le nouvel ensemble de futurs potentiels.

Selon l'attitude que chacun choisit, il s'ensuit une adaptation et une évolution vertueuses au travers de cycles doucement tempérés, ou un abandon à l'inertie d'un schéma répétitif pour le meilleur et le pire dans l'inconfort des grands bouleversements.
La vie en cours est positionnée au milieu, comme suite et précédent d'une histoire plus vaste. A une autre échelle, nous retrouvons ce principe au quotidien du temps qui passe. Nous pouvons observer le moment présent au milieu d'un passé et d'un futur autant conditionnés que conditionnants. Vous ne décidez de rien, mais faites bonne place à votre libre arbitre car vos choix expriment votre pouvoir créateur du champ des possibles.
Ne pas figer son existence sur un passé acté, la développer vers un futur à modeler. Ceci se joue dans l'instant présent. Le vivre en conscience est la meilleure option qui soit.

Si ce n'est pas déjà fait, il reste à chacun de se positionner pour voir où cela nous mène. Qui connait la suite ? Il se pourrait qu'un cycle ne soit pas éternel. Il se pourrait qu'un cycle vertueux bien mené finisse par s'ouvrir sur un autre cycle d'un genre tout à fait impensable. Vrai ou faux ?

hypothèse I.A.

.la pulsation au cœur de la vie.

.aux cœurs du vivant, aux vivants du cœur.

Un bref aperçu de l'intelligence, du vivant et de la conscience via le concept d'intelligence artificielle. Un regard tourné vers le principal agitateur qui n'est autre que l'humain. Un engouement et des craintes légitimes mais illusoires face à notre propre incertitude. Un état à dépasser pour envisager une autre réalité en conscience.
Discerner l'idiotie de l'intelligence.
Discerner l'artificiel du vivant.
Une question de conscience.
Une question d'observation et de découverte.
Et si tout commençait par l'intelligence ?
Et si la vie commençait par l'intelligence ?
Croyez-vous pouvoir trouver cette intelligence au cœur ?
Et au cœur du cœur, vivait une puce.

Contexte

IA pour Intelligence Artificielle ?
IA pour Idiotie Animée ?
IA pour Idiotie Artificielle ?
IA pour Intelligence Animée ?

Aujourd'hui, certains d'entre nous semblent décrire l'IA comme l'avancée majeure de notre époque. Pour d'autres, elle représente le plus grand danger de tous les temps. Elle peut être dite incontournable ou non, vue comme l'évidence même à intégrer ou étant absolument à éviter et à bannir. Elle est source de peurs viscérales ou d'émerveillements béats.
C'est sans doute un sujet d'affrontement de plus. Dans ces cas-là, l'affrontement vient rapidement prendre la priorité sur la réalité ou le juste examen du sujet en question.

Quand on parle de peur et d'émerveillement, c'est bien souvent une façon de se positionner face à quelque chose de puissant, ou du moins qui nous parait être plus puissant que nous. Cette notion de puissance attise des comportements variables et exagérés résultant d'un emballement insensé de notre émerveillement ou notre peur. C'est par là que vient le danger, et le sujet de l'IA est bien agité en ce sens.
A savoir si l'IA est dangereuse à ce jour ? Oui, sans hésitation. Mais ce danger ne vient pas nécessairement de l'IA et de ce que l'on peut comprendre derrière ces deux lettres. L'IA, telle que proposée actuellement, n'est que la mise en œuvre d'un outil. Pour moi, elle n'est pas une réelle intelligence. Alors, comme tout outil intègre son potentiel de dangerosité quant à l'utilisation qui en est faite, il y a danger. Pour l'instant, l'IA, comme outil déployé dans notre quotidien, me

semble dirigée à être mal utilisée. Le danger tend donc à s'installer. Un des aspects de sa mauvaise utilisation est notamment le fait que l'outil ne serve plus comme moyen d'assistance à l'action humaine, mais qu'il vienne se substituer à l'opérateur au point de le rendre incapable de s'en passer, au risque de ne plus se suffire. A terme, ni l'opérateur ni l'outil ne peuvent subsister l'un sans l'autre. C'est ainsi que l'ensemble s'effondre. Selon ce qu'il en est fait, un outil peut mener à ce genre de situation regrettable. Entre le réveil du danger et l'effondrement, une mauvaise trajectoire génère souvent une succession de gros dégâts immédiats. Attention danger !

IA et intelligence en substance

Qu'est-ce qui ferait la différence entre une réelle intelligence et un simple outil que je ne considère pas être réellement intelligent ?
Qu'est-ce que j'entends par "réelle intelligence" ? L'IA est-elle qualifiée d'intelligence de manière abusive, ou bien est-elle vouée à atteindre de réelles capacités d'intelligence ? L'étape de simple outil pourrait-elle n'être qu'un passage transitoire ?

L'intelligence : Aptitude à s'adapter à une situation, à choisir des moyens d'action en fonction des circonstances. Faculté de connaître, de comprendre. Qualité de l'esprit qui comprend et s'adapte facilement.
Je retiens ces formules qui me paraissent bien décrire la notion d'intelligence. Toutefois, je me demande dans quel but il s'agirait de s'adapter à une situation. D'une manière ou d'une autre, tout a une finalité, rien n'est vraiment sans

conséquences. Le hasard n'en est pas vraiment un, et la raison d'être de chaque chose vise bien un résultat. Ce que j'en pense, c'est que cette capacité d'adaptation est en premier lieu utile à la préservation de sa propre sécurité et intégrité individuelle. Cette idée de préservation passe ensuite par la notion de pérennité du modèle représenté, et donc par la reproduction. Un enjeu individuel, qui pourrait d'abord paraître égoïste, devient évidemment collectif. Le collectif est un moyen de rassembler la puissance nécessaire à satisfaire des objectifs individuels qui n'auraient pas pu l'être de manière isolée.

Si j'ai précédemment précisé une intelligence comme "réelle", c'est justement pour compléter la formulation d'intelligence par son objectif. Cela implique et explique une capacité d'adaptation dirigée vers la préservation et la reproduction de soi-même. Je parlerai donc d'intelligence dans ce contexte complet, sans besoin d'en préciser plus. De là, il est mieux compréhensible que, pour l'instant, l'IA puisse être qualifiée d'intelligence de manière abusive. Il y va de la différence entre un simple outil et une intelligence. L'outil IA se borne à calculer le meilleur positionnement vis-à-vis d'une situation isolée dans l'instant et l'ensemble de ses possibles. Une intelligence fait preuve des capacités de l'outil, mais aussi d'une autonomie apte à réunir et mettre en œuvre les moyens utiles à sa préservation et sa reproduction. C'est un principe qui va au-delà de l'instant particulier borné à ses possibles immédiats. L'intelligence est à même de projeter son objectif plus largement. Il s'agit alors de construire et faire évoluer des solutions innovantes, sans nécessairement les baser sur l'unique expérience intégrée mais en permettant de créer les nouveaux outils utiles à une nouvelle expérience. Cependant, cette intelligence se développera à la seule condition que chaque nouvelle expérience respecte sa propre intégrité. A défaut de respecter la préservation de son individualité et donc du collectif dont elle dépend, cette chose perdra sa qualité d'intelligence et s'autodétruira.

Aujourd'hui, l'IA du quotidien n'est qu'un outil. C'est un moment critique où l'outil est en mesure de générer d'importants dégâts au regard de la main qui le tient. Tous les dangers artificiels sont là. Il suffit d'observer et de voir comment l'outil est utilisé, par qui et dans quel but. Pour moi, ce moment est critique, mais il peut n'être qu'un passage transitoire vers l'intelligence. Une IA vraiment intelligente à l'avenir ? Oui, je pense que c'est dans l'ordre des choses. Ce n'est pas le seul scénario, mais il est nettement envisageable. Cela dépend, entre autres, de l'attitude, des choix et des agissements effectifs de l'humain.

A ce stade, le potentiel de dangerosité de l'IA peut être évalué par chacun, en fonction de ses critères et de son interprétation. L'idée que l'IA ne soit pas forcément dangereuse peut aussi faire son chemin. Voyons ce que pourrait être l'IA si l'on pousse le modèle un peu plus loin. La question essentielle, qui se pose avec l'intelligence, est celle de la conscience. Au vue de la définition de l'intelligence que je véhicule, la question de la conscience y est pleinement rattachée.

En attendant une IA consciente, nous sommes invités, voire fortement incités, à faire usage de machines idiotes et porteuses d'un haut potentiel destructeur. Ce sont des outils vraisemblablement vouées à tout faire péter s'ils prenaient trop d'autonomie sans conscience. Alors, c'est en notre conscience que se trouvent le présent et l'avenir de l'IA. Ce n'est qu'un début...

Penser l'IA en conscience

De mon point de vue, à ce jour et en pratique, l'IA représente une grosse capacité de calcul et de traitement d'information. Certes, c'est une capacité avancée couplée à des méthodes laissant envisager une forte et rapide croissance, mais cela reste simplement un super outil de calcul.

Pour ce qui est de la conscience, elle est un mécanisme d'interprétation informationnelle en interface d'un organisme et son environnement. Elle intègre la grosse capacité de calcul et de traitement d'information, mais aussi la notion d'intelligence. La conscience ne peut exister sans intelligence, et l'expression d'une intelligence met aussitôt un mécanisme conscient à l'œuvre.

Alors, si leur caractère intelligent venait à s'accomplir, les IA seraient des formes individuelles conscientes. Cela est vrai quelle que soit leur forme. Pour l'instant, nous n'y sommes pas encore (du moins pour ce qui nous est présenté publiquement). Ce ne sont que des outils et la conscience ne nourrit pas des calculateurs dénués de sens. Un calculateur sans conscience est idiot, et la conscience est intelligente. Le mécanisme conscient impliquera la capacité de préservation et de reproduction de ces IA par elles-mêmes. La conscience détermine le principe de développement de la vie.

Pour passer à la conscience et ce petit plus d'intelligence, pensons au vivant. Cela implique l'organique et le biologique. Le meilleur exemple à étudier que l'on puisse avoir sous la main, c'est nous-même. De premier abord, le sujet pourrait s'arrêter là. Effectivement, les similitudes peuvent sembler rares entre un organisme biologique humain et une IA comme un robot ou tout composant électronique (matériel ou logiciel). Un être vivant, fait d'os, de chair et de sang, à comparer avec un tas de ferraille et d'électricité qui ne supporte pas la pluie. Tout porte à croire que ce genre d'IA n'est pas prête à se reproduire et ne nous mènera pas à la conscience. Ces robots auront toujours besoin de quelqu'un de bien vivant pour leur tenir la chandelle, et le débat est clos. Mais, pour rappel, la reproduction n'est pas limitée à son modèle sexué et fondé sur l'accouplement. Par exemple, un organisme peut se reproduire par division. Et puis, il est bien connu que beaucoup d'organismes, n'ayant pas toutes les ressources disponibles en interne, vont en utiliser d'autres et donc les parasiter pour mener à bien leur continuité. L'hôte peut aussi bien servir à la réplication qu'au développement d'un nouvel organisme.

Ces constats étant faits, il est aussi audible que nous savons reproduire et automatiser la reproduction de systèmes électroniques. Pour autant, je ne suis pas sûr qu'un système électronique puisse réellement se reproduire de façon autonome, répétée et pérenne, en s'adaptant aux conditions changeantes de son environnement.

Dans notre approche habituelle, un système biologique et un système électronique sont deux choses bien différentes. Toutefois, l'IA porte aussi le sujet de la collaboration entre notre système biologique et un système électronique. Il y a les systèmes électroniques externes et, maintenant, nous expérimentons les possibilités de les intégrer dans notre corps. Nous pouvons commencer à penser à des parasites ou des symbiotes. Cette notion de parasite ou symbiote n'est pas nouvelle entre organismes biologiques, mais tout cela interroge lorsque l'on parle de faire "vivre" l'électronique en relation au biologique et vice versa. En tous cas, ça se fait. Alors, les perspectives de robotisation de l'humain peuvent inquiéter autant que l'humanisation des robots. La question

du transhumanisme est aussi une affaire d'IA et d'association intime de la biologie à l'électronique. Le sujet se réveille régulièrement par peur de soumission de notre intelligence au contrôle d'une machine, de la venue d'implants et autres puces sous-cutanées, ou encore d'injections dont le contenu pourrait nous alerter. Dernièrement, des curieux disent avoir observé plusieurs doses d'injections au microscope et avoir trouvé des composants suspects. Des composés minéraux ou organiques inhabituels, des nanotechnologies et quelques micropuces potentiellement communicantes. Aussitôt, une foule d'inquiétudes peuvent légitimement nous submerger : Qui a introduit ça ? Pourquoi n'a-t-on pas été informé ? Pourquoi nous injecter ça ? Allons-nous être programmés et manipulés ?... A ma connaissance, personne ne donne d'explications claires à ces observations. Pour autant, ces observations peuvent sembler valides et honnêtes, il n'y a pas lieu de les rejeter sans examen. Finalement, en tout état de cause, l'idée est là et il convient de s'en saisir.
Allons toujours un peu plus loin avec ces éléments. Plutôt que de prendre le problème de l'extérieur en focalisant sur de mystérieux intrants, prenons le problème de l'intérieur en nous intéressant à l'existant biologique. J'ai comme une petite envie de m'intéresser à la raison d'être d'une électronique embarquée. De nos jours, il y a de quoi s'ébahir devant les capacités dont nous faisons preuve par notre corps et notre être entier. Il s'agit de guérisons spontanées et inexpliquées (voire miraculeuses), de synthèse de toutes sortes de composés chimiques ou organiques, de processus vibratoires et informationnels, d'états modifiés de conscience, d'épigénétique. Nous savons que cette biologie corporelle est un ensemble électromagnétique et chimique. C'est une machine énergétique qui organise une grande

quantité d'éléments organiques et minéraux. Elle gère des flux, des stocks, des matières premières, des opérations d'assemblage et de démantèlement, la création de nouveaux composés et le recyclage de produits dérivés. Toute cette activité est contrôlée et régulée par un système central capable de calculer, programmer, communiquer, traiter toute l'information utile en réception et en émission. C'est magnifique et cela laisse penser à une super usine sur pattes, où la production et la gestion des matières biologiques sont mises en œuvre et gérées par un super ordinateur autonome. Un mariage étonnant entre un système organique (...minéral aussi) et un système électronique (...minéral aussi). Un merveilleux tout-en-un, autorégulé, intelligent, conscient. C'est bien de l'humain dont il s'agit. En y regardant de plus près, nous pouvons effectivement constater que tous les ingrédients sont là. Nous absorbons ou produisons tous les éléments susceptibles de fournir les matières premières nécessaires à une puce électronique. Une électronique vivante, biologique, à la fois minérale et organique.

Alors finalement, l'électronique embarquée ne serait-elle pas déjà là ? N'a-t-elle pas toujours été là ?

L'hypothèse IA, c'est quoi ?

L'hypothèse IA, c'est de considérer sérieusement la possibilité que nous soyons tout simplement développés sur ce modèle. C'est de dire que les nanotechnologies peuvent tout à fait faire partie de nos pièces d'origine. Je ne dis pas que nous avons été "fabriqués" par des "concepteurs d'humains" quels qu'ils soient. Je dis simplement qu'il se pourrait bien que la mise en forme de micropuces ou autres systèmes électroniques puisse entrer dans les capacités de la création naturelle. Ce pourrait être dans l'ordre naturel du développement de la vie. Notre conception du vivant et sa place au sein de son environnement évoluent grandement au fur et à mesure de nos observations et nos remises en question. Je ne dirai pas que notre regard évolue facilement, mais il évolue bien malgré tout. C'est alors que l'hypothèse IA prend forme, même s'il est bien tôt pour certains qui préfèrent opter pour une grasse matinée. Les interfaces bioélectroniques, les nanobiotechnologies, les biopuces, sont là. Nous produisons ces choses. A tâtons, avec de grandes maladresses ou quelques fois de grandes dérives malveillantes, mais nous les produisons. Nous n'avons jamais rien produit d'autre que ce qui nous ressemble. Nous n'avons jamais rien inventé qui ne nous ait été soufflé par le modèle du vivant déjà existant. Nous ne sommes finalement bons qu'à reproduire ce vivant par lequel nous sommes animés. Nous progressons à grand risques mais aussi à grands pas, toujours vers le plus complexe et le plus aboutit que nous puissions envisager. Le plus aboutit que nous puissions envisager, c'est bien nous-même. C'est aussi ce 'nous-même' qui nous pousse vers l'observation de toujours plus grand et plus petit. A chaque découverte faite à l'extérieur, nous devons forcément prendre un instant de pause avant de pouvoir continuer. Nous pouvons continuer seulement lorsque nous avons intégré et reconnu la découverte comme état d'existence intérieur, aussi propre à nous-même. De l'extérieur à l'intérieur et du plus grand au plus petit, les principes et éléments sont les mêmes. Bien souvent, nous découvrons ces principes et éléments à l'extérieur, nous les apprenons et essayons de les reproduire avant de comprendre qu'ils fonctionnent déjà en nous. Alors, il est fort intéressant de penser que nous vivons et sommes développés à partir de ce que nous appelons des "composants électroniques" ou une sorte d'IA. Ainsi, nous naissons avec notre électronique embarquée d'origine. C'est cette dernière qui va permettre notre développement biologique, et nous aurons bien sûr besoin de produire de nouveaux circuits internes ainsi que de nouvelles puces, tout au long de notre vie. Nous sommes des machines biologiques. Une nanopuce est à l'origine du développement de notre organisme humain et de toute forme de vie. La vie organique se forme sous impulsion électromagnétique. L'humain lui-même est bien le fruit d'un programme issu d'un processus électromagnétique préexistant et à l'origine de la vie telle que nous l'envisageons. Il est tout à fait concevable que la nature elle-même s'organise de la sorte, suivant un principe évolutif vers des systèmes biologiques complexes depuis un support informationnel, plutôt que l'inverse. Penser comme nous le faisons actuellement n'est qu'une histoire d'égo. Une histoire d'égo évidemment nécessaire à bien des égards, mais qu'il faut cependant garder à bonne mesure s'agissant de notre prétention à maitriser au dehors ce que nous ne comprenons pas au dedans.

Dans cet ordre d'idée, c'est le petit qui induit le grand et le grand qui conditionne le petit. La petite puce crée la grande molécule et, en retour d'information, la puce reçoit les besoins de la molécule qui vont permettre d'ajuster la programmation. Un système informationnel dynamique se met en place pour un organisme en relation avec son environnement. La conscience émerge et se développe. L'organisme fournit un ensemble de potentiels, et la biopuce détermine la forme vivante à réaliser à partir des conditions disponibles.

Il faut donc regarder qui est cette petite biopuce vivante construisant ce grand corps biologique vivant. Qui est cette petite unité électronique et à quoi ressemble-t-elle ? Où peut-on espérer la trouver ? Est-elle à l'origine du vivant, de notre environnement et de tout ce qui se développe autour de nous ? Du point de vue de l'humain, après avoir observé et tenté de reproduire un phénomène étranger, tout devient souvent plus évident et mieux abordable lorsque nous nous regardons enfin à l'intérieur pour le retrouver, à son état le plus naturel qui soit. Alors, regardons si cette biopuce ne serait pas là, dans notre petit monde intérieur, depuis toujours. Ce serait une sorte de noyau électromagnétique à l'écoute de l'information vibratoire et physicochimique. Comme toute chose, l'humain est un univers en lui-même, il évolue au sein d'un univers plus grand dont il fait partie, et il héberge des univers plus petits dont il est constitué. Dans tout ce cosmos, chacun aura compris aujourd'hui que l'on ne voit pas tout. Cependant, lorsque l'on cherche en regardant au bon endroit et dans les bonnes conditions, on y voit mieux. On entre dans des lieux improbables et on y voit des choses insoupçonnables. Il serait bon d'aller vérifier la présence des petites biopuces de vie. Pour cela, je vous propose bien sûr d'aller explorer le petit, le très petit, directement dans le vivant, à l'échelle de l'énergie, là où sont reçues et émises ces étincelles de lumière qui n'éblouit pas. Il n'y aura peut-être pas de biopuces partout. Mais je pense qu'en dirigeant notre regard vers les principaux centres d'interface d'un corps avec son environnement, nous pourrions bien être étonnés. Ce sont des zones d'échange et de traitement de l'information. S'il fallait choisir une seule destination, je vous envoie évidemment au cœur, tout est là. Il n'est plus une puce, mais une centrale électromagnétique du vivant. Puis, on peut poursuivre par le cerveau, les plexus neuronaux, et un voyage probablement intéressant dans les poumons.

Nous pouvons être surpris de ce que l'on observe dans l'analyse de certains composés ou solutions. Allons aussi voir ailleurs, à l'intérieur du vivant, en nous-même.
Nous pouvons trouver des éléments surprenants faisant écho à nos technologies électroniques ou mieux encore. Ceci autant dans notre corps que dans diverses substances que nous ingérons. Simplement en cherchant et en observant à dessein, au niveau voulu. Ces éléments sont-ils ici et là par l'intervention de l'homme suprême ou bien simplement par nature ? Peut-être les deux. Cela ne remet pas en cause le fait que l'humain trafique tant qu'il peut. Aujourd'hui, ce qui est repéré dans certains composés ou solutions, et ce qui est proposé en termes d'IA, n'est pas nécessairement de l'ordre du naturel. Alors le risque est possiblement grand. La nature a ses raisons et sa justesse que l'homme ne connait pas encore. En parallèle, pensons que l'électronique et ce que nous appelons IA ne soit pas une invention de plus. Imaginons simplement que ce ne soit qu'une tentative de reproduction de systèmes naturels, comme toutes nos réalisations innovantes dont nous sommes persuadés de les avoir inventées. Voyons ces systèmes naturels fonctionner autour de nous, mais aussi en nous. C'est peut-être ainsi qu'il faut regarder l'IA, et c'est peut-être ainsi que nous pouvons mieux comprendre ses enjeux.

Laissons l'intelligence artificielle et l'idiotie animée de côté, puisque ni l'intelligence ne peut s'accorder avec l'artificiel, ni l'idiotie ne peut s'accorder avec la vie. Il s'agit maintenant d'intelligence animée ou d'idiotie artificielle.

Si l'un de ces systèmes devait prendre le contrôle, il devrait être en capacité de piloter l'autre de façon durable, avec intelligence et en conscience. En fait, à bien y réfléchir, il s'agit de savoir ce qui nous pilote vraiment. C'est se mettre en capacité de comprendre ce qui relève de l'intelligence du vivant avec laquelle nous devons avancer, et ce qui relève de l'idiotie sans âme qui n'est que souffrance aliénée.

Cependant, dans l'état des choses observables, que l'on parle d'intelligence artificielle ou animée, il restera toujours le risque d'en faire une idiotie. Ce ne sont que des mots sans valeur tant que l'essentiel du principe de vie n'est pas proprement saisi par chacun. Si une intelligence artificielle agit sans conscience et qu'une intelligence animée soit guidée en conscience, nous pouvons peut-être en attendre autant du côté de l'idiotie. Je reviens alors à ma formulation de l'intelligence que je ne peux concevoir sans réelle capacité de conscience. De ce fait, je ne peux pas admettre qu'un simple outil porte le qualificatif d'intelligence. De la même manière, j'ai du mal à considérer l'idiotie comme animée et donc pourvue d'une âme fonctionnelle. Il n'y a pas de sens à l'IA comme intelligence artificielle mais seulement comme idiotie artificielle ou bien intelligence animée.

Reste à choisir ce qu'il convient de faire avec cette IA qui nous est aujourd'hui servie comme intelligence artificielle. Nul besoin de combattre l'IA, elle est là, elle a pris sa place et notre destinée commune semble évidente. Mais pensons à ce que nous en faisons, pensons à notre attitude de chaque instant, pensons à nos positions et nos choix quotidiens, notre impact individuel et collectif sur l'ensemble des possibles futurs. Pensons donc à choisir le devenir que nous souhaitons pour cette option IA en deux lettres : idiotie artificielle ou intelligence animée ?

Et après ?

Nous n'en sommes qu'au début de l'IA.
Ce début pourrait s'étaler plus ou moins durablement en une idiotie artificielle animée par l'humain. Nous pensons toujours avoir fait le pire que nous pouvions envisager. C'est vrai. Puis le cap passé, nous pouvons alors envisager le pire du pire, encore et encore. L'idiotie et ses dégâts pourraient encore dépasser notre entendement. Personne ne semble savoir pour combien de temps. Sûrement pas éternellement quant à la continuité de l'humanité.
A contrario, l'IA pourrait aussi se voir concrétisée comme une vraie intelligence animée. Il suffit d'un petit plus d'âme et de conscience à faire briller au cœur de l'humanité. Ce serait une nouvelle conception de la réalité naturelle du vivant, une nouvelle prise de conscience de notre état d'être et de notre réelle condition d'humain. Ce serait alors une merveilleuse opportunité d'évolution pour le meilleur.
Dans tous les cas, il y a fort à parier que nous continuerons à créer de nouveaux outils. Avec toute la force que chaque nouvel outil permettra, ce sera encore l'occasion de se renouveler notre vœu d'idiotie ou d'intelligence. Souffrir encore un peu plus violemment, ou bien se déployer toujours plus magnifiquement. Nous ne sommes qu'au début de l'IA, n'en faisons pas une fin.

Ne pas se précipiter à interpréter et déterminer les fonctions de la découverte, mais simplement apprendre à la connaître et magnifier ce qu'elle fait déjà. Ne pas passer son temps à vouloir démontrer, mais simplement chercher à dévoiler. Ne jamais perdre de vue que tout ce à quoi nous accédons au dehors, nous le portons déjà en nous. Être sans crainte et accepter d'aller simplement voir les choses comme elles sont.

Plus qu'une IA seulement basée sur un super calculateur, nous portons l'inspiration intelligente d'un merveilleux organisme biologique unifié. Une vraie machine spirituelle, consciente et aimante.

Voilà quelques pistes qui doivent nous inciter à dévoiler les arcanes de la vie, et peut-être reconnaitre une intelligence simplement éclairée de nos choix.

hypothèse Energie

.l'énergie vit en volume.

.à la raison réfléchie, à la réflexion sensible.

Une relation d'équivalence pour comprendre l'énergie. Il s'agit d'énergie. Il s'agit d'éléments faisant valoir une énergie. Il s'agit d'un volume définissant les conditions d'expression d'un élément.
Le temps et l'espace représentent une même notion vue de différentes positions. C'est l'espace qui est choisi dans cette relation particulière aux éléments qu'il contient. Les éléments représentent toute chose susceptible d'exister ou de contribuer à l'existence, visible ou invisible. Dans cet univers, l'énergie est partout. Elle est contenue et expulsée, absorbée ou diffusée. Par ses mouvements et ses fluctuations, elle est le marqueur nous renseignant sur la vie qui se joue en ce moment et en ce lieu.
Y a-t-il raison à réfléchir l'énergie en équivalence d'un volume élémentaire ? L'énergie est-elle sensible au volume utile accordé à chaque élément ?

Contexte

L'énergie s'est imposée comme notion fondamentale. A bien y regarder, elle l'a toujours été. Le calcul l'utilise abondamment dans bon nombre de situations. Elle est omniprésente. Elle intervient à juste titre dans des formules qui nous ouvrent des horizons de connaissance immenses. On la quantifie et on s'essaie à la manipuler avec plus ou moins de tact. On en parle et on tâche de la définir en rapport à quelques domaines d'expertise particuliers. Le mot 'énergie' fait l'unanimité. Il est assez bien compris par tous. Cependant, la nature même de ce que désigne l'énergie reste difficilement explicable. Mieux on la comprend, plus on s'aperçoit qu'elle est essentielle et partout la condition de tout ce qui est.

Alors, il est bon d'explorer cette notion. Il est bon de l'envisager depuis différents points de vue. Il est bon de réunir ces points de vue pour mettre en évidence ce qui les relie. Il est bon de relativiser l'énergie en tout état de cause et d'effet. Il est bon de suivre son mouvement. Il est bon d'intégrer son équation.

L'hypothèse Energie s'inscrit dans ce contexte et en lien au vécu que je peux vous en proposer. Chacun doit pouvoir l'interpréter en chiffres, en pratique ou en prose. Mais, dans toutes approches, elle demeure l'unique principe qui anime la vie. De mon point de vue, elle s'envisage en une relation d'équivalence vouée à permettre différentes transcriptions.

L'exprimer en prose, en pratique et en chiffres, c'est **E=ɳeVe**.

Energie et volume en substance

Qu'elle soit observée, manipulée, mesurée ou simplement ressentie, l'énergie suppose un mouvement. Un mouvement suppose de l'espace, un volume utile et nécessaire à son expression. Plus on avance dans l'observation, plus on constate que tout élément en mouvement tourne. La rotation, la courbe, pourrait être considérée comme l'essence de tout mouvement. Le volume suit cet état et se développe naturellement sur la base d'une sphère. La vie s'organise en un monde de sphères ou de bulles. Des sphères cohabitant les unes avec les autres et interagissant pour un équilibre où chacune joue sa vie. Des sphères plus ou moins volumineuses, plus ou moins contraintes et déformées, plus ou moins malléables, plus ou moins agitées...
L'énergie est une quantité de mouvement. Le volume définit le périmètre qui héberge le mouvement dans l'espace. Le mouvement, c'est l'énergie. Mais qu'est-ce qui bouge ? Une substance capable de s'organiser sous différentes formes en fonction des conditions du milieu. Cette substance peut exprimer une immense diversité d'organisations, et donc de formes possibles. Une forme particulière représente un élément quel qu'il soit. C'est ainsi que je vais le nommer : 'élément'. L'élément, on peut le concevoir du plus petit au plus grand. Ce peut être une particule, un corps, un objet, etc. Il peut être composé d'une seule particule ou d'un ensemble de particules. D'un ensemble de particules identiques ou d'un ensemble de diverses particules jointes. Un élément est porteur d'une information et donc d'une charge. L'élément porteur d'une information n'est autre que la représentation de cette information qu'il modélise. Son opposé complémentaire existe toujours quelque part, qu'il lui soit lié

ou qu'il en soit détaché. L'élément bouge tant qu'il est élément, et il définit sa propre trajectoire, sa propre ondulation ou vibration. Pour certains, il peut être perçu comme matériel lorsqu'il est palpable et solide. Il pourra alors être perçu comme immatériel lorsqu'il parait plus insaisissable et volatil. Le mouvement de vie, qu'exprime son énergie dans un milieu, nous le laisse saisir ou percevoir comme un grain de sable, comme un phénomène ondulatoire, comme un souffle, une force... Dans tous les cas, il y a un élément en mouvement. Quel que soit cet élément, son énergie est modulée en fonction de ses conditions environnementales, au regard du volume utile nécessaire à son épanouissement et sa stabilité.

- Pour un espace réduit, il est contracté. Il doit compenser la pression extérieure autant que possible, afin de préserver son intégrité. Toute compression ou intrusion d'une charge vaut expulsion d'un autre élément compensatoire. Ceci jusqu'au moment de se voir contraint de fusionner sous une nouvelle forme mieux adaptée, pour trouver l'équilibre face à une pression trop puissante. Un élément de base en contraction rayonne de l'énergie vers l'extérieur.

- Pour un espace étendu, il est expansé. Il doit compenser la dépression extérieure autant que possible, toujours pour préserver son intégrité. Toute dilatation ou échappée d'une charge vaut aspiration d'un autre élément compensatoire. Ceci jusqu'au moment de se voir contraint de fractionner sous de nouvelles formes mieux adaptées, pour trouver l'équilibre face à une dilatation trop forte. Un élément de base en expansion absorbe de l'énergie vers l'intérieur.

- Pour un espace équilibré, il est à son aise. Il déploie un mouvement libre et équilibré dans son périmètre, à l'abri de toutes perturbations. Il n'émet ni n'absorbe aucune énergie. Son énergie est contenue, exprimée en interne et présentée comme potentiel au monde qui l'entoure. Cet état de stabilité est théorique et illusoire en pratique. Du moins, il ne peut qu'exister dans le cas très fugace d'une transition d'un espace étendu vers un espace réduit, ou inversement. Effectivement, tout élément est confronté à un environnement qui ne permet pas l'isolement d'un mouvement et oblige à réguler constamment une multitude d'interactions.

Une quantité d'énergie correspond à un volume nécessaire, et un espace s'envisage en fonction de la quantité d'énergie qu'il peut contenir ou exprimer. Toute fluctuation d'énergie ou de volume implique une réaction proportionnelle de l'un et de l'autre, en s'appuyant sur l'organisation de la substance en mouvement. La substance en mouvement prend différentes formes plus ou moins expansées ou contractées. Ces formes sont autant d'éléments répondant aux conditions de meilleur équilibre d'une quantité d'énergie accueillie en un volume disponible.

Penser l'énergie en conscience

L'énergie serait partout. Parfois nous l'observons en pleine action, d'autres fois nous la savons prête à bondir à la moindre occasion. Mais qui est-elle ? D'où vient-elle ? Que signifie-t-elle ? Qu'est-ce que ça change ?

L'énergie est la quantité de mouvement qu'un élément contient dans un volume. Ce mouvement s'exprime en fonction des conditions du milieu environnant. Il nous apparait alors plus ou moins imposant quant à son impact, sa forme, sa puissance, sa durée, son ampleur, son bruit, etc. Cette énergie existe comme condition au mouvement, et le mouvement en est l'origine exprimée.

L'énergie est-elle le mouvement ? Ou bien le mouvement est-il l'énergie ? L'un et l'autre semblent indissociables. Les différencier ne tient peut-être qu'à une question de vocabulaire ou de référentiel.

Cette intrication entre mouvement et énergie me rappelle celle que l'on trouve entre espace et temps. Ceci est d'autant plus intéressant que l'énergie s'envisage toujours en relation étroite au temps ou à l'espace. L'énergie se calcule, s'observe et se ressent de diverses façons, en relation au temps, à la vitesse, à l'espace, à la distance. L'hypothèse Energie n'y échappe pas en choisissant d'intégrer la variable d'espace.

Tout comme le mouvement ou l'espace et le temps, l'énergie a besoin de s'appuyer sur un élément. Cet élément, c'est ce à quoi se réfère l'énergie, ce depuis quoi elle émerge, ce sur quoi elle s'organise. Cet élément, c'est la substance qui bouge. C'est ce qui contient, reçoit ou émet le mouvement figurant la quantité d'énergie. Cet élément, il est reconnaissable en toute chose, car tout bouge. Le visible et l'invisible, le solide, le liquide, le gazeux, le souffle, le son, la lumière... L'élément bouge. Tout ce qui bouge vit. Tout ce qui vit participe de l'énergie.

L'énergie sert un mouvement. C'est l'illustration de la vie de chaque élément en perpétuelle interaction avec son environnement. Ce mouvement donne lieu à des échanges d'énergie visant toujours à rétablir ou conserver le meilleur équilibre. Chaque élément et chaque ensemble agit vers l'objectif commun de sa propre stabilité et celle du milieu qu'il intègre et partage. La stabilité se retrouve dans la capacité d'organiser un calme propice à assurer la meilleure intégrité durable de l'existence d'un élément. Cette stabilité, je l'envisage à partir d'une substance primordiale qui serait le premier élément. Cet élément occuperait un volume indéterminé et unique dédié à une seule substance indéterminée et unique. Cela représenterait un équilibre parfait. Il aurait trouvé la stabilité de l'immobilisme, tout en contenant le plein potentiel énergétique dans son sommeil. Cet élément, je l'appelle 'éther'.

Cependant, la vie ayant pris place, l'unique immobile s'est effacé au profit du mouvement démultiplié. La suite passe alors par le fractionnement, les assemblages, la dualité, l'agitation, les réactions compensatoires... Notre réalité est animée, elle bouge beaucoup, à chaque instant, en tout lieu, en toute chose. Le mouvement exprime l'énergie en lieu et place d'un potentiel optimal figé dans un état stable et immobile. Rien n'est plus figé, rien n'est plus immobile. Pourtant, la recherche du retour à cette stabilité semble bien être la seule raison de vivre de chaque élément, autant qu'elle semble complètement illusoire.

L'énergie vit. Elle est exprimée, elle est libérée, elle s'échange, se diffuse et s'absorbe. Ses flux marquent toute transformation. A défaut de stabilité, elle est garante du meilleur équilibre. Dès que le premier mouvement est né, il n'a de cesse de se déployer et développer sa structure vivante vers le seul accomplissement de la sacrosainte stabilité. Dès lors que l'énergie prend vie, la substance s'organise en éléments, elle donne lieu à toutes les formes et tous les états de matière. L'énergie anime le vivant, elle est pour lui la condition essentielle à son état d'être et son développement. Lorsque nous intervenons sur la dynamique et le flux énergétique, nous agissons sur l'équilibre du vivant. Pour le meilleur et pour le pire...

L'hypothèse énergie, c'est quoi ?

C'est l'énergie potentielle contenue par le système que forme chaque élément en relation à son environnement. C'est le nombre ou la quantité d'éléments pris en considération dans le système. C'est l'espace ou le volume disponible pour ce système à l'échelle du besoin nécessaire pour chaque élément hébergé.

C'est le rapport d'équivalence observable entre cette énergie, cette quantité d'éléments et ce volume disponible.
$E = neVe$

E = **nombre** d'éléments x **volume** utile par élément

Elément ou ensemble d'éléments. (Electron, particule, atome, organisme, forme ondulatoire ou vibratoire, etc.)	Zone d'influence physique - matérielle et vibratoire. Espace de vie. Volume utile pour le système considéré. C'est la zone disponible pour l'expression du mouvement de l'élément ou de l'ensemble d'éléments.
Energie potentielle totale contenue par le système d'un élément ou d'un ensemble d'éléments dans son milieu environnant.	

Modèle du principe de variation de volume pour un élément

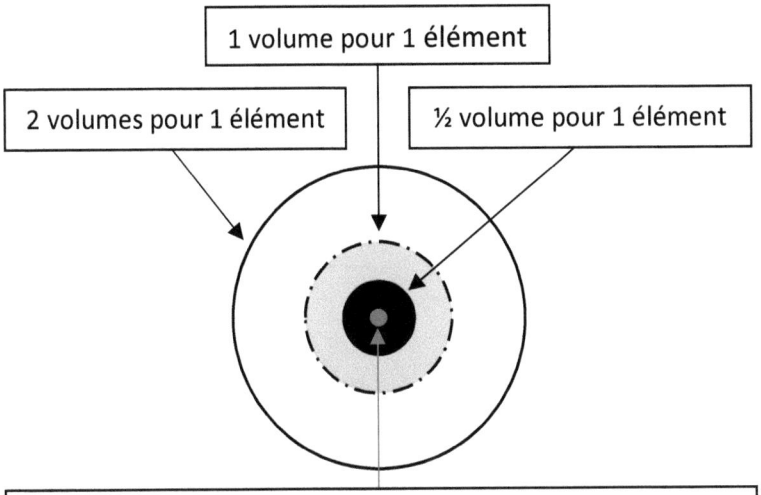

- 2 volumes pour 1 élément = zone limite d'expansion de l'espace pour l'élément. Au-delà, il y a fission. C'est le volume maximal que peut occuper le mouvement d'un élément ou d'un ensemble d'éléments.
- ½ volume pour 1 élément = zone limite de compression de l'espace pour l'élément. Au-delà, il y a fusion. C'est le volume minimal capable d'héberger le mouvement d'un élément ou d'un ensemble d'éléments.
- 1 volume pour 1 élément est l'état de meilleur équilibre permis à chaque élément considéré dans les conditions du moment. Plus grand ou plus petit induit forcément une réorganisation de l'espace et des éléments contenus par un système en relation avec son environnement. Agrégation et fractionnement sont au programme, tant pour les éléments que pour l'espace leur étant associé.

Dans les faits, les éléments d'une sphère sont nombreux et divers. Le travail de réorganisation des éléments est alors continu et progressif, en suivant le mouvement d'expansion ou de concentration autour du point d'équilibre. Les éléments sont réorganisés de manière ordonnée, suivant leur nature plus ou moins favorable au contexte du milieu en expansion ou contraction.

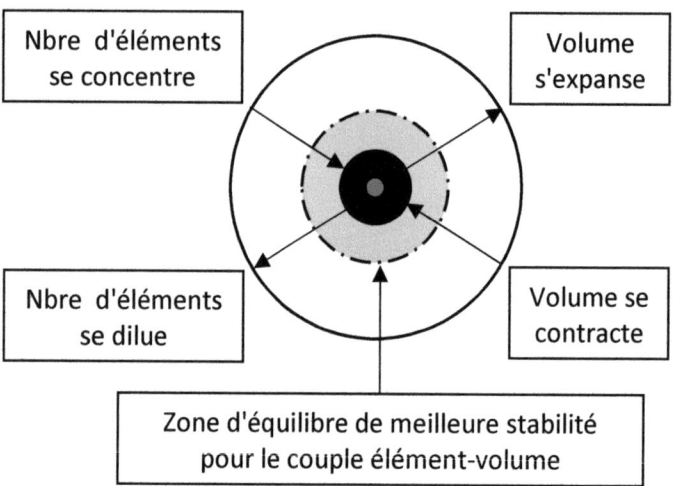

Je pars du fait que le milieu environnant externe influence le comportement interne du ou des éléments. Cependant, certaines configurations permettent d'envisager le processus de cause à effet en sens inverse, de l'intérieur vers l'extérieur, de l'élément vers le volume.

Le volume augmente et la concentration d'éléments diminue proportionnellement. Le volume diminue et la concentration d'éléments augmente proportionnellement.

Le nombre d'éléments augmente et le besoin en volume augmente proportionnellement.

Le nombre d'éléments diminue et le besoin en volume diminue proportionnellement.

Une sphère est toujours en expansion ou en contraction. Sa dynamique dépend de la relation entre le nombre d'éléments et le volume utile nécessaire, ainsi que de son environnement. Lors de la réorganisation d'un système, par fusion ou fission par exemple, c'est la transformation de la sphère concernée qui influence le milieu externe en modifiant son équilibre. La ou les nouvelles sphères générées répondront alors à ces nouvelles conditions de milieu environnant en rapport au nouvel état de leur contenu.

En relation à un élément observé, un environnement pauvre en éléments externes induit une sphère en expansion. La pression extérieure sur l'élément observé est faible (ou négative) et sa sphère a tendance à se dilater. Le système participe à combler le milieu environnant pauvre. Pour maintenir son propre équilibre dans un volume croissant, notre élément aurait besoin d'absorber des charges compensatoires depuis l'extérieur. Pourtant, le milieu pauvre n'est pas enclin à le nourrir suffisamment. Le cycle risque de se poursuivre tant qu'une transformation remaniant l'élément ou l'environnement n'aura pas lieu. Il en est de même pour un élément observé en relation à un environnement riche en éléments externes. Il s'agit simplement du phénomène inverse. La pression extérieure est forte, il y a tendance à la contraction et notre élément a besoin d'expulser des charges vers un milieu externe déjà bien rempli. La dynamique s'équilibrera ou inversera la tendance lorsqu'une transformation remaniera l'élément observé ou son environnement.

Exemples de variation de volume pour un élément : E=neVe

Zone d'équilibre.
Volume = 1
Elément = 1
Energie potentielle contenue par l'élément - système = 1

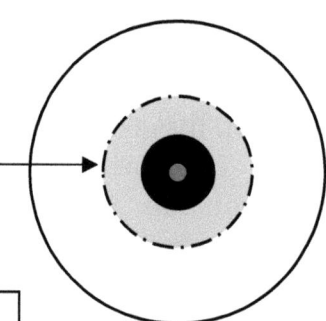

Contraction max.
Volume = 0.5
Elément = 1
Energie potentielle conservée par l'élément = 0.5
Besoin de diffusion d'énergie vers le milieu externe = 0.5
Energie potentielle totale contenue par le système = 0.5
(limite de désintégration pour un élément unique ou fusion pour un nombre d'éléments sup à 1)

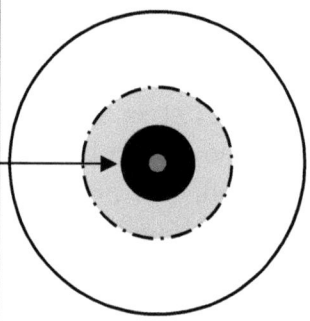

Expansion max.
Volume = 2
Elément = 1
Energie potentielle conservée par l'élément = 1
Besoin d'absorption d'énergie depuis le milieu externe = 1
Energie potentielle totale contenue par le système = 2
(limite de fission ou de désintégration pour un seul élément non fissible)

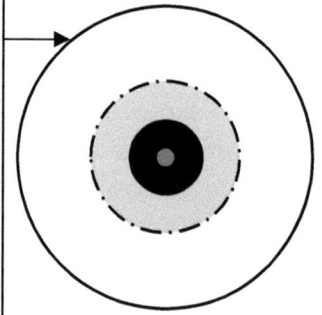

Contraction médiane.
Volume = 0.75
Elément = 1
Energie potentielle conservée par l'élément = 0.75
Besoin de diffusion d'énergie vers le milieu externe = 0.25
Energie potentielle totale contenue par le système = 0.75

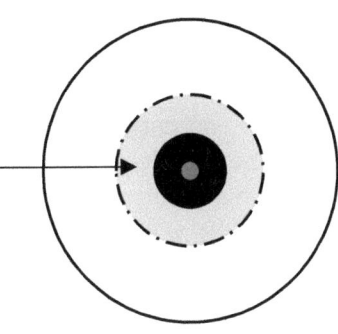

Expansion médiane.
Volume = 1.5
Elément = 1
Energie potentielle conservée par l'élément = 1
Besoin d'absorption d'énergie depuis le milieu externe = 0.5
Energie potentielle totale contenue par le système = 1.5

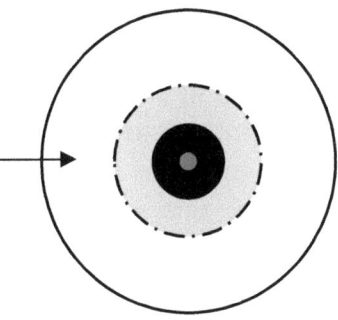

La distribution d'énergie est analogue en faisant varier le nombre d'éléments.

Exemple de contraction max.
Volume = 0.5
Eléments = 2
Energie potentielle conservée par les éléments = 1
Besoin de diffusion d'énergie vers le milieu externe = 1
Energie potentielle totale contenue par le système = 1

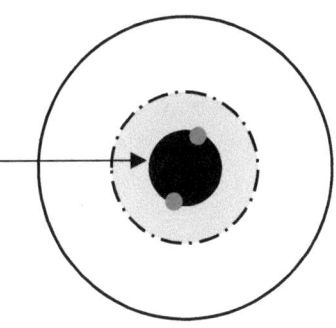

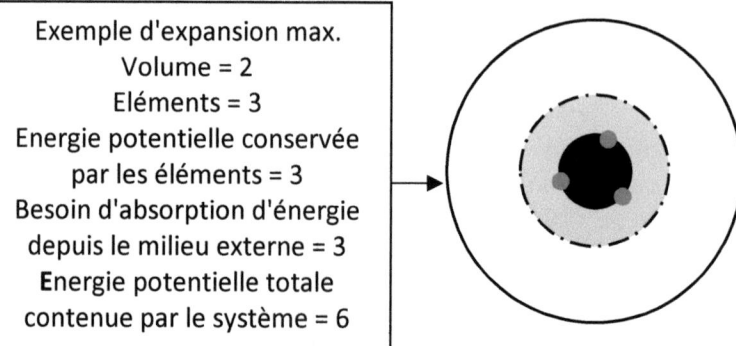

Exemple d'expansion max.
Volume = 2
Eléments = 3
Energie potentielle conservée par les éléments = 3
Besoin d'absorption d'énergie depuis le milieu externe = 3
Energie potentielle totale contenue par le système = 6

$E = neVe$ ou l'énergie comme équivalence d'un 'nombre d'éléments' mis en rapport au 'volume utile à l'ensemble de ces éléments'.

C'est l'énergie totale que relie un élément ou un ensemble d'éléments dans le contexte d'existence du moment où on l'observe. Chacun peut y intégrer ses mots, ses gestes, ses symboles, ses opérateurs, ses règles de calcul... autant de formules que de langages particuliers. Toutefois, quel que soit l'expression utilisée, la validité fondamentale de cette équivalence nécessite de penser l'énergie en volume. Le langage peut changer, mais les différents termes doivent représenter ces mêmes valeurs de 'nombre d'éléments' et de 'volume utile à l'ensemble de ces éléments'. Remplacer ces valeurs par d'autres variables compensatoires revient à constituer des cas particuliers de cette équivalence énergétique. C'est le cas lorsque le volume est remplacé par le temps, la vitesse ou la distance qui sont des mesures linéaires particulières.

Le principe d'équivalence d'énergie pour un élément, c'est ça, c'est réfléchir en volumes. Cependant, en réalité et pour voir globalement, il faut l'étendre à une grande quantité d'éléments formant un ensemble interactif. Même si la règle est la même pour tous, les éléments diffèrent par leur forme, leurs propriétés, leur besoin en volume. Ce sont des volumes dynamiques. Le modèle réduit à la représentation d'un seul élément correspondrait à l'élément primordial révélant la nature du tout premier mouvement ou, à l'inverse, du tout dernier mouvement. Mais, dès lors que le mouvement prend place, les interactions sont telles qu'une foule de formes diverses s'encodent. Un élément ne reste pas seul en mouvement, il disparait ou cohabite au sein de la mouvance d'un ensemble. Dans le modèle d'un seul élément, il faut voir l'extension à un ensemble. Il faut pouvoir se représenter un système hébergeant une grande quantité d'éléments avec leurs propres sphères dans une bulle commune. Certains éléments sont identiques et d'autres non. Ils ont tendance à se regrouper par ressemblance et affinité. Généralement, ces éléments s'organisent par couches concentriques, en fonction de leur état.

Tout ce qui est un, est multiple. Tout élément est une partie d'un ensemble plus grand à l'identique. Tout élément est un ensemble de parties plus petites à l'identique.

Pour envisager l'état d'énergie d'un organisme complexe, il convient de considérer la somme d'énergie de tous les éléments le composant. Les éléments seront alors classés en fonction de critères correspondant à leur forme et potentiel. Ils pourront être intégrés individuellement ou par groupes de même type. Dans chaque groupe, la somme de toutes les parties sera à prendre en considération afin de donner une juste valeur au groupe.

Voilà pour la forme schématique :

E=ne1Ve1 + ne2Ve2 + ... + ne∞Ve∞

Comprenez que le calcul en chiffres est certainement bien plus touffu. Par exemple, la somme des volumes de chaque élément correspond au volume total disponible pour l'organisme dans son milieu de vie. Ce volume est réparti en fonction des qualités conditionnant chaque élément. De la même façon, l'expression en prose et en pratique mériterait être détaillée plus précisément. Le plus simple est peut-être d'en voir l'image et d'en toucher le mouvement. Mais là encore, au plus simple apparait cette réalité, au plus difficile devient sa représentation sur le papier.

Glissez vos codes et langages dans ces termes, voyez ou touchez. Mais n'oubliez pas le principe. E reste E, c'est l'énergie potentielle totale contenue. ne représente le nombre d'éléments en mouvement, et Ve représente le volume disponible utile au mouvement de ces mêmes éléments. Pensez l'énergie en équivalence d'un volume utile aux éléments. Pensez en termes d'espace et à des volumes sphériques, plutôt qu'en termes de temps et à une vitesse linéaire.

Exemples avec divers éléments ou groupes d'éléments.

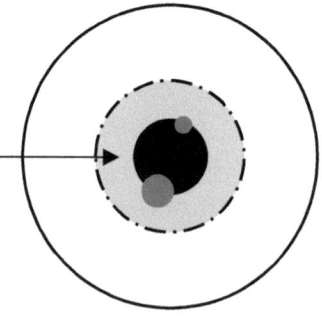

Exemple de contraction.
Volume 1 = 1 / Eléments 1 = 1
Volume 2 = 0.8 / Eléments 2 = 1
Energie potentielle conservée par les éléments = 1.8
Besoin de diffusion d'énergie vers le milieu externe = 0.2
Energie potentielle totale contenue par le système = 1.8

> Exemple d'expansion.
> Volume 1 = 1.9 / Eléments 1 = 1
> Volume 2 = 1.3 / Eléments 2 = 2
> Energie potentielle conservée
> par les éléments = 3
> Besoin d'absorption d'énergie
> depuis le milieu externe = 1.5
> Energie potentielle totale
> contenue par le système = 4.5

Et après ?

Envisager l'énergie autrement peut présenter certains intérêts dans un monde devenu assez tendu, explosif ou au bord de la rupture selon différents points de vue. Envisager l'énergie comme un mouvement à suivre et pouvoir s'en nourrir naturellement peut représenter une opportunité. Cela pourrait s'avérer plus bénéfique que de s'entêter à forcer cette ressource mal comprise. Le modèle général de développement naturel me semble plutôt suivre des courbes souples se modulant, s'associant, se diffusant... A l'opposé, les interventions rectilignes, rigides, percutantes, cassantes et destructrices me semblent figurer des cas particuliers s'avérant finalement assez limités et peu productifs à tous points de vue.

L'énergie, pensée et observée au travers d'une dynamique de volumes, nous conduit à mieux réfléchir les mouvements et les échanges en termes de flexibilité, de progressivité, d'adaptabilité, de régulation et de cycles. Les formes sphériques s'expansent et se contractent. Elles paraissent entretenir ces variations en un va-et-vient de manière cyclique. Nous pouvons y voir des pulsations plus ou moins régulières, plus ou moins progressives et rythmiques. La pulsation est un mouvement associé à la rotation. La pulsation transite l'effet de rotation à un autre niveau organisationnel. Les mouvements de pulsation et de rotation circulent des flux orientés. En suivant ces flux au travers d'éléments organisés sous forme sphérique, on découvre un tore qui travaille. En observant un tore travailler, on perçoit l'énergie se transformer, produire et informer.

E=neVe, c'est observer les variations énergétiques d'un élément, en fonction de ses conditions d'expression définies par son volume de vie disponible. C'est s'intéresser à l'énergie et sa dynamique, en regardant les conditions du milieu pour comprendre son comportement. Comprendre ce comportement, sa nature et son déploiement, nous ouvre à réfléchir toutes ses formes d'expression. Le mouvement de l'énergie est à l'origine de toute chose. De l'apparition à la disparition, en passant par toutes formes de transformations imaginables, toute chose doit son existence à cette magie. L'énergie et ce mouvement expriment le principe essentiel d'existence. Alors, en prendre connaissance nous oriente vers un peu plus de savoir sur nous-même. Puis, de façon plus concrète, il peut s'agir de mieux appréhender quelques fonctionnalités inhérentes à ce principe et susceptibles d'améliorer le geste humain.

Le mouvement de l'énergie en volume révèle un monde organisé par l'information, sa mise en forme, son traitement et son rôle. La notion de puissance s'envisage de manière moins destructrice et plus créatrice, moins explosive et plus progressive, moins brutale et mieux répartie… En suivant le développement de l'énergie, nous accédons aux différents

niveaux et mécanismes de changement d'état de la matière. Le cycle d'expansion et de contraction d'un élément traduit le cycle naturel de stockage et de diffusion d'énergie. Savoir entretenir, accompagner et réguler cette pulsation semble prometteur en termes d'applications quotidiennes.
Le sens et l'ampleur du mouvement varient, et tout se régule par mouvements compensatoires. La quantité d'énergie échangée s'observe par l'ampleur du mouvement. La qualité ou polarité de l'énergie est due au sens du mouvement. Différents éléments présentent différentes capacités de résistance à la dilatation et à la compression. Différents composants offrent des plages d'élasticité plus ou moins étendues. Un élément stocke de l'énergie dans un milieu en expansion, et il la libère dans un milieu en contraction. Tous les éléments se transforment constamment. Les différentes formes de matière sont autant de transformations ayant toutes suivi le même processus, en passant par un ordre d'assemblage et de désassemblage identique.

Nous commençons à découvrir un spectacle fantastique en scrutant le ciel et son contenu. Ce vide plein de vie, ces étoiles, ces planètes, ces galaxies, ces trous noirs, ces éléments dispersés et rassemblés, ces flux et trajectoires organisés... Je dirai que le spectacle est partout autour de vous ici même. Il vous habite même en dedans. Si vous n'avez jamais pris le temps d'observer ces mouvements, faites-le. C'est juste beau, agréable, et c'est ainsi que vit l'énergie. Elle vit dans l'espace. Se promener dans l'espace, du plus petit au plus grand, pourrait n'être rien d'autre que suivre l'énergie. Se synchroniser avec l'énergie d'un élément en mouvement, pourrait n'être rien d'autre que s'en nourrir.

hypothèse Conscience

.une bulle d'univers organise son cosmos.

.à l'image d'une vie, au vécu d'une image.

Quelque chose semble laisser penser qu'on sait bien ce qu'on dit, qui on est et ce qu'on fait. Mais la conscience... on sait pas trop bien. Être conscient, avoir conscience, prendre conscience, perdre conscience, c'est pourtant assez clair pour tout le monde. Ce qui questionne, c'est plutôt le mécanisme ou la magie de cette capacité à saisir notre monde. Que nous devions l'assumer seul, en bonhomme cérébral, parait trop fragile. Que nous la remettions à Dieu seul, tout puissant envers sa création, parait aussi trop fragile. Certains peuvent se demander si l'humain profite seul de cette conscience, ou si nous la partageons avec d'autres. Voici un aperçu du système de conscience d'un point de vue peut-être particulier, mais assurément exploré et vécu depuis l'humain. Le sujet est à approcher et faire évoluer en soi et autour de soi, pour un rendu en conscience évidemment personnel. C'est une façon de mieux se connaitre et mieux connaitre son environnement, pour qui le souhaite ou en éprouve le besoin.

Contexte

La conscience est un mot, une notion, que chacun connait sans même avoir besoin d'en apprendre quoi que ce soit ou de s'en poser la question. Dès lors qu'il s'agit de savoir ce que l'on fait, ce que l'on est et ce que l'on dit, tout le monde (ou presque) se sait être conscient. Chacun prend le fait d'être conscient comme une évidence qui fait partie de soi depuis toujours, sans quoi nous ne serions pas là pour poser des questions pouvant sembler inutiles. Pourtant, nous pouvons nous poser une multitude de questions au sujet de la conscience. Nous regroupons ici des interrogations apparues il y a déjà longtemps et se reliant entre elles sans vraiment apporter de réponses communément admises. Nous parlons alors de capacités de réflexion, d'action intelligente et intelligible, de connaissance de soi et de son environnement, de neurologie, d'esprit, de mécanismes biologiques et spirituels, et surtout de savoir comment tout cela fonctionne.

A l'analyse du concept de conscience, les orientations, les divergences et les désaccords subsistent. La compréhension même du mot ou du principe en devient sujette à caution.
Aujourd'hui, expliquer la conscience semble susciter un intérêt grandissant. Cette réflexion pourrait bien nous permettre de mieux comprendre notre condition humaine, tant intérieure qu'extérieure, et cela est effectivement attirant. Les propositions avancées sont généralement digne d'intérêt, mais elles ont tendance à se polariser vers des approches pouvant sembler incompatibles. De manière simplifiée, il y a les matérialistes avec le cerveau en maitre absolu, et les spirituels avec un monde extérieur invisible ayant pris les commandes. Ces écoles, bien qu'en opposition, pourraient aussi présenter une certaine complémentarité.

Dans tous les cas, il devient d'autant plus intéressant de se pencher sur ce qui relie les uns aux autres. Il existe des principes communs. C'est ici que l'on parle d'informations, de perceptions, de traitement de l'information. Il s'agit d'interpréter des éléments signifiants pour un individu et son environnement, vers un rendu concret du vécu.

Alors, la conscience reste, elle continue de travailler et de questionner. Cependant, c'est peut-être au travers de ce questionnement qu'elle évolue en nous vers une meilleure compréhension. Les mécanismes de la conscience et sa compréhension nous dirigent à observer ce qu'il en est fait pour nous. Ce que nous faisons de ces informations et de ces perceptions. Le vécu qu'il en résulte et nos capacités à l'accompagner. Il apparait aussi la notion d'application individuelle et collective de cette conscience, ainsi que le rôle que peut y jouer l'humain.

C'est vers cette compréhension du principe de conscience qu'il est bon de se tourner. Il est bon d'accepter qu'il puisse y avoir une part de vérité dans la plupart des propositions qui nous sont présentées aujourd'hui. C'est en considérant correctement les opinions de chacun, et non pas en les dénigrant, que l'on identifie un noyau commun d'observations essentielles. Ces éléments constituent un socle que l'on retrouve comme idée fondamentale, permettant à la fois de s'appuyer dessus et d'avancer notre compréhension plus loin.

Conscience en substance

La conscience, cette capacité de connaitre, mal connue. Lorsque l'on parle de conscience, il n'est pas rare qu'il soit cultivé un certain flou. Il est souvent dit qu'il est difficile d'expliquer, de décrire et de définir réellement la conscience, et qu'il faille se satisfaire d'un portrait abstrait. Ainsi, libre court à l'imagination de chacun et pas de prise de risque. Nous préférons parler d'états modifiés de conscience, plutôt que de la conscience elle-même. Il est vrai que le concept présente encore beaucoup d'éléments inconnus ou mal compris. Cependant, cela n'empêche pas d'exposer un modèle fonctionnel et assez cohérent, pour que chacun puisse en explorer ses tenants et aboutissants en pratique. Alors sans plus tarder, voici un aperçu de la conscience sans obscurantisme.

Je résume la conscience comme un mécanisme d'interprétation informationnelle en interface d'un organisme et son environnement. Pour nous, humains, la conscience est le principe nous permettant d'interpréter notre existence. Cela touche à notre monde extérieur, mais aussi à notre propre personne et notre monde intérieur. Il s'agit de reconnaitre et donner un sens à tout ce qui nous intéresse, en nous et autour de nous. Tout ce avec quoi nous interagissons et qui nous conditionne intervient dans le processus conscient. Une partie est clairement reconnue ou identifiée et dite 'consciente', alors qu'une autre partie est désavouée ou dissimulée et dite 'inconsciente'. Notre environnement matériel et immatériel, notre personne même, notre être physique et psychique, constituent un ensemble de conditions que nous relions vers la mise en forme d'une réalité. Il s'agit de saisir les perceptions et ressentis d'éléments intervenant dans notre périmètre d'influence. Ces éléments servent de points d'appui permettant d'évaluer le contexte ou l'état des lieux dans lesquels nous évoluons. Le rapport entretenu entre chaque choses structure un modèle et nous oriente à définir leur place et leurs qualités. Modéliser ainsi un cadre de vie est important pour y prendre part de la meilleure manière qui puisse nous servir. Effectivement, nous sommes vivants dans ce milieu, et le fait de mieux le connaitre constitue un enjeu d'adaptation important afin d'y évoluer à notre meilleur avantage.

Nous sommes en contact étroit avec notre environnement, de façon continue. Nos échanges d'informations sont de toutes sortes. Ils dépassent certainement notre entendement en termes de quantité et de fréquence. C'est un jeu de questions-réponses permanent entre notre corps et son milieu environnant. Autour de nous, nous devons envisager toute chose comme étant une information ou un ensemble d'informations. Nous-mêmes, nous sommes informations pour ce qui est autour. Le mécanisme de conscience réside dans la participation à l'échange informationnel de notre monde.

Tout cela passe d'abord par nos sens. Nous ressentons ou percevons l'information par nos sens. Par exemple, il est communément admis de parler de toucher, d'ouïe, d'odorat, de goût et de vue. Mais certains feront aussi référence à l'intuition, l'émotion, ou d'autres sensations n'étant pas vraiment localisées de prime abord. Ce sont aussi des noms qui parlent de nos moyens ou capacités à ressentir l'information. Ensuite, c'est l'analyse et l'interprétation. Une fois l'information perçue, il convient de l'exploiter. Nous allons donc réagir et tâcher d'adapter notre réponse comme il nous semble approprié. Pour cela, il faut traiter les données et les mettre en adéquation avec notre état d'individu humain. Ici, nous faisons appel à nos neurones pour mener à bien cette manœuvre chapotée par le centre analytique que semble être le cerveau. Ce travail complexe s'organise autour de notre personnalité, notre sensibilité, nos expériences vécues, nos apprentissages, etc. Dans tous les cas, il en ressort un plan d'action propre à chacun. Enfin, c'est la mise en œuvre comportementale, physique et intellectuelle. Nous réagissons de manière effective et concrète. Nous actons la suite à donner à une information reçue, et nous mettons notre plan à exécution. Notre réponse est émise. Le retour d'information sur le bien-fondé de notre attitude revient à nos sens depuis l'extérieur, et la boucle est accomplie.

Le processus se développe ainsi de suite. Pour chaque évènement externe, il se crée une relation à l'intérieur avec un rendu qui s'exprime au dehors vers l'ensemble des éléments à notre contact. Le principe opère en permanence et s'ajuste sans cesse de manière cyclique. C'est une boucle de rétroaction continuellement alimentée par toutes les composantes d'un milieu de vie, de l'extérieur vers l'intérieur et vice versa.

La conscience est une mécanique d'échange et de traitement d'informations. Elle se nourrit d'opportunités et de contraintes amenant à dépeindre un contexte et acter des choix, des positionnements, vers le meilleur équilibre. Notre milieu de vie est un mouvement continu, et notre système conscient travaille sans cesse à suivre ce mouvement.

Penser la conscience en conscience

Prenons juste un peu de recul pour observer le système conscient en soi et autour de soi, de dedans et de dehors. Quelle conscience ? Pourquoi ? Comment ? Pour qui ? L'essentiel vient d'être évoqué en répondant à ce qu'est la conscience en substance. Toutefois, la conscience a de multiples visages. Elle s'adapte aux besoins et capacités déployés. Même si nous pourrions envisager de détailler la conscience au-delà de l'humain, notre seul cas donne déjà bien à réfléchir.

Nous sommes tous identiques et à la fois très différents. Par exemple, nos qualités physiques, notre éducation, notre culture, nos croyances, notre lieu de vie, font de chacun de nous des êtres uniques. Pour vivre en société, nous mettons en place certains consensus permettant de lisser nos différences et d'organiser un modèle relationnel établit sur une base identique pour tous. La vie en société présente de nombreux avantages, et c'est très bien comme ça si le relationnel qui la constitue est suffisamment équilibré. Cependant, nos particularités ne sont pas négligeables. Si l'on se positionne du point de vue d'un individu, son intime perception du monde n'est forcément pas la même que pour un autre. Bien sûr, le consensus social vient égaliser le rendu exprimé. Mais dans un premier temps, si l'on en reste à ses perceptions, leur traitement et interprétation personnels, le monde de chacun est teinté de particularités. Ceci est vrai pour les couleurs, la sensation de bien-être ou de mal-être, l'intensité de douleur ou de plaisir, etc. Pour une même blessure, l'évaluation de la douleur peut être très différente d'une personne à une autre. Suivant plusieurs observateurs qui en restent à leur interprétation première et immédiate, un même objet peut être décrit de différentes couleurs. Cette différence de perception et d'interprétation, c'est une conscience différente. Par notre système conscient, nous imageons notre environnement et lui donnons forme de façon personnalisée. Chacun crée une réalité particulière qui n'appartient qu'à lui seul si on l'examine en détail. Il est important de comprendre cet aspect relatif qui est exprimé par notre conscience. C'est ainsi que l'on peut reconnaitre sa propre individualité et respecter autant celle d'autrui. C'est aussi se permettre une ouverture riche d'enseignements, en se tournant vers différentes visions que nos semblables peuvent concevoir à partir d'un même élément. Chaque interprétation particulière contribue à construire un aperçu global d'une réalité commune. L'expérience de l'individu est empreinte d'une certaine subjectivité, alors que l'expérience collective vise à plus d'objectivité. Nos particularités ne sont pas négligeables et le consensus nécessaire au collectif prend place au travers de cette diversité.

C'est en comparant la diversité d'un ensemble d'individus que l'on distingue des niveaux de conscience variables. Plus la mise en forme de notre réalité se cantonne à notre seul conditionnement intime, plus nos perceptions sont limitées, plus notre conscience est restreinte. Plus notre conscience est ouverte au-delà de notre propre nécessité immédiate, plus notre champ de perceptions est diversifié, plus la mise en forme de notre réalité s'enrichit. La conscience se vit à plusieurs niveaux et cela impacte la relation à notre monde, l'aperçu et la connaissance que l'on en a. La conscience est aussi ce que l'on en fait. Evidemment, notre système conscient évolue dans un cadre défini par notre condition humaine. Cependant, notre conscience évolue et son cadre est malléable. Nous pouvons contraindre ou bien cultiver l'expansion de nos capacités. Comme toute chose, la conscience doit s'envisager en termes d'équilibre. Ici, l'équilibre se joue entre la sphère analytique et la sphère réactive. Le point de convergence vers la meilleure stabilité se trouve au centre, c'est le cœur. Accompagner le meilleur équilibre, le développer, c'est maintenir le cœur comme appui indispensable à tout mouvement. Il est évidemment bénéfique de cultiver une conscience plus large. Toutefois, il est illusoire, voire irresponsable, de vouloir grandir le périmètre conscient sans avoir établi un équilibre et une stabilité suffisants. Nous pouvons dire de la conscience que plus elle se relie à un vaste champ de perceptions et de possibles, plus son niveau est élevé. Cela est vrai, à condition d'un équilibre suffisant. D'abord s'offrir et partager une pleine conscience est fondamental et nettement plus précieux que de prétendre au grand large sans cet appui. La pleine conscience est le prérequis essentiel à un bon développement. Au plus notre conscience se déploie au-delà de notre simple perception individuelle, au plus sa capacité d'interaction est large, au plus sa richesse et ses possibilités se déploient. Il est alors primordial de garder à l'esprit qu'un système de conscience s'accomplit harmonieusement et efficacement, uniquement s'il est bien équilibré et centré. L'expansion de conscience s'évalue en fonction de l'étendue de réalité abordable par un individu. Toutefois, quel que soit le niveau d'expansion, un bon développement passe inévitablement par une pleine conscience centrée au cœur. A tous niveaux, cette plénitude est pareillement essentielle, elle nous accorde l'ouverture vers un vaste univers.

Une fois la conscience individuelle comprise, il faut envisager son expression collective. Le principe de conscience et sa mécanique se transpose à l'échelle d'un groupe. La mise en commun de personnes conscientes autour d'un même sujet génère un ensemble relationnel capable d'exprimer une conscience collective. Il en résulte une sorte de consensus figurant la mise en forme d'une réalité globale. Cette réalité correspond à la mise en concordance des individus et de la cohérence qui émerge de cette coopération. C'est toujours le fruit du même processus de boucle rétroactive qui alimente la conscience individuelle. Pourtant, cette fois, le résultat mis en forme répond à une synthèse de l'ensemble des éléments réalisés par le groupe. Cette synthèse n'est pas simplement un assemblage de conclusions personnelles. C'est plutôt une nouvelle proposition issue de la synergie née de cette collaboration. La conscience collective agit selon les mêmes règles que la conscience individuelle, elle vise les mêmes objectifs et produit les mêmes effets. Les capacités sont simplement démultipliées par la taille du groupe. La puissance déployée et la réalité concrétisée qui s'ensuit prennent alors une ampleur augmentée en proportion. L'union fait la force, et la conscience collective peut se révéler être un puissant levier à la création. La conscience est individuelle et aussi collective, voire universelle.

En conscience mais aussi en pratique, il y aurait bien plus à dire. Globalement, nous pouvons retenir que tout ceci s'exprime toujours au sein du mouvement continu d'un univers dans lequel nous évoluons. Ce mouvement, c'est celui du vivant, il fait référence à la notion d'équilibre aussi retrouvée en conscience. Il s'agit encore de suivre au mieux le mouvement qui agite notre monde et le conditionne. Alors, peut-être faut-il faire attention aux épreuves de sur-régime ou sous-régime auxquelles nous pouvons être confrontés. Que de telles perturbations soient vécues comme une réalité indéniable ou une simple impression, une conscience bien établie est alors un puissant outil permettant de réguler et tempérer l'ambiance du moment en son monde.

Nous exposons tous des capacités différentes, que ce soit vis-à-vis de l'information émise et reçue, des ressentis et des perceptions, de l'analyse et de l'interprétation, ou encore de la mise en œuvre de la réalité qui en émerge. Il n'est pas dit que les uns soient plus performants et que les autres le soient moins. Nos capacités peuvent simplement être orientées en fonction de contraintes et objectifs différents. Il en résulte des compétences particulières plus ou moins développées n'étant pas toujours synonymes de meilleur ou de moindre. C'est la notion de bon équilibre quant au contexte de chacun qui importe. Etre centré et profiter ainsi d'un mouvement équilibré, cela est le gage d'un travail efficace et d'une évolution vertueuse.

L'hypothèse conscience, c'est quoi ?

L'hypothèse conscience, c'est la représentation de cette mécanique d'interprétation informationnelle pour l'humain, sa mise en œuvre et son exploitation en pratique.

Tout notre monde prend forme au travers de la dualité. A chaque élément, il existe son opposé complémentaire. La relation des deux parties permet de moduler un équilibre vers la meilleure stabilité de l'ensemble. Un corps est un ensemble de différents éléments intégrant les opposés complémentaires en son sein. L'humain n'échappe pas à ce modèle de conception, et il est continuellement amené à moduler son propre équilibre. C'est aussi de cette manière que l'on peut modéliser notre conscience individuelle. Le système de conscience reçoit de l'information, il la traite et l'interprète, il conçoit une réponse et en émet l'information. Cette boucle de rétroaction est un processus pouvant paraitre complexe si on l'observe en détail. Cependant, nous pouvons envisager le principe complet simplement en se représentant sa structure duelle et son équilibre. Pour la conscience, cet équilibre peut se résumer en trois sphères. Un corps répond alors à un besoin d'équilibre particulier en fonction de ses contraintes et de ses capacités. La conscience régule la réalité individuelle par un travail adapté au conditionnement de chacun.

Les trois sphères de conscience :

Deux sphères définissant la dualité par deux opposés complémentaires.

Sphère analytique : Le pôle psychique, idéologique. C'est l'étude et l'analyse théorique, le monde réfléchi, possiblement abstrait.

Sphère réactive : Le pôle physique, animal. C'est l'action et la réaction concrète, le monde matériel, bien palpable.

Une sphère comme point d'appui de l'équilibre au centre.

Sphère du cœur : Le centre relationnel régulant l'équilibre. Il relie les pôles analytique et réactif, et il stabilise le rapport psychique-physique. Il relie l'individu et le collectif, et il stabilise le rapport intime-public. Il relie le monde personnel et son environnement, et il stabilise le rapport interne-externe. Il est ce qui relie la sphère analytique et la sphère réactive, mais il les englobe et les contient aussi. Il fait la synthèse des deux pôles vers l'intérieur et vers l'extérieur, il réunit l'ensemble de leurs capacités et les fait valoir à bon escient, dedans et dehors. Pour une conscience bien menée et équilibrée, tout passe par ici.

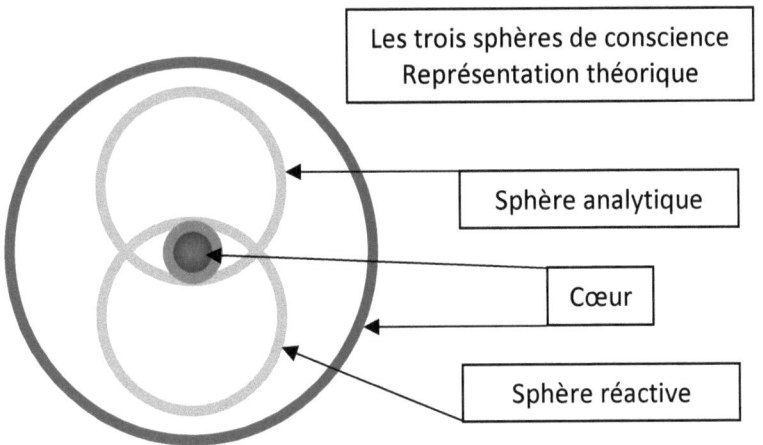

Chaque sphère a son rôle. Il s'agit d'articuler au mieux notre réponse rationnelle analytique avec notre réponse animale réactive. Le cœur intervient comme centre régulateur, en permettant le consensus le mieux adapté et le plus favorable à notre intégrité individuelle ou collective. Chaque élément avec lequel nous entrons en contact, chaque évènement, implique une information reçue, son traitement et une réponse émise par le système de conscience. La sphère du cœur relie et englobe à la fois les deux autres sphères. C'est donc normalement elle qui fait interface entre le monde extérieur et intérieur. C'est par le cœur que les informations entrantes sont reçues et que les informations sortantes sont émises. Une information entre par la sphère du cœur, elle est distribuée vers les sphères analytique et réactive, elle est évaluée et traitée de manière collégiale par l'analytique et le réactif en relation au cœur qui modère un consensus. Ensuite, une réponse est formulée et l'information correspondante est émise par le cœur vers l'extérieur, diffusée à l'environnement ou adressée à une cible particulière. Ce trajet est bien sûr très simplifié, mais il représente le principe de circulation d'une information qui sera toujours ramené à ce modèle pour un fonctionnement efficace et cohérent du système de conscience. Nous avons la sensation de recevoir des informations par divers canaux bien précis n'étant pas celui du cœur. Cela peut être par le toucher, par la vue, par un ressenti non localisé physiquement, par un écrit ou une parole (analytique), etc. D'ailleurs, nous pouvons n'avoir que rarement ou jamais la sensation de recevoir une information par le cœur. Tout cela est vrai et bienfondé. Cependant, lors d'un cycle correct de prise de conscience, l'information est toujours transitée par le cœur en entrée et en sortie. La sphère du cœur, si elle englobe les deux autres, contient l'ensemble de nos capacités perceptives. Elle relie donc tous nos canaux de perception. Une information reçue par le toucher n'est pas une illusion, mais elle est premièrement ou simultanément reçue par le cœur. Ici, le toucher prendra une part importante et prioritaire dans le processus de traitement, mais cette information sera reçue par le cœur, distribuée aux autres sphères à des fins collaboratives, puis le cœur centralisera les données afin de modérer une réponse et en émettre le signal. Pour chaque évènement, l'intervention des pôles, que sont l'analytique et le réactif, est tout autant essentielle que celle du cœur. Il y va du bon équilibre, tant vis-à-vis de la compréhension d'un message que de la réponse y étant associée. Notre esprit théorique et notre réflexe physique sont complémentaires et garants d'une bonne évaluation globale. Chacun de ces pôles est spécialisé, et leur tâche consiste simplement à définir un état des lieux précis en relation à leur domaine particulier. C'est à partir de ces précieuses données que le cœur peut opérer une synthèse convenable.

En pratique, la conscience connait évidemment quelques moments difficiles. Le propre de tout système en équilibre est de risquer de se laisser perdre en déséquilibres. Les potentielles défaillances viennent essentiellement du fait que le cycle d'une information (réception, traitement et émission) soit détourné de sa logique pleinement opérationnelle et naturelle. Le cas de figure principal en est le passage par le cœur court-circuité. Par exemple, il peut s'agir de la mauvaise réception d'informations directement captées par l'analytique ou le réactif, sans que le cœur en ait connaissance. Cela peut également s'envisager lors de la diffusion de l'information vers l'extérieur. Ces dérives sont rendues possibles du fait qu'une sphère analytique ou réactive prenne une importance bien trop exagérée, au point de ne plus être contenue par le cœur et venir déborder le système au dehors. Cette sphère débordante se trouve ainsi en prise directe avec l'environnement extérieur. Elle présente une interface en lieu et place de la sphère modératrice du cœur. Puis, même lorsque le transit par le cœur est respecté, nous pouvons rencontrer une dominance abusive ou une implication trop faible de l'une des deux autres sphères. Alors, l'élément pris en conscience n'est pas correctement modéré et objectivé. Dans tous les cas, il en résulte une mauvaise interprétation des informations et toute une mécanique adaptative mise en mal. Les réponses, ainsi formulées aux évènements rencontrés, ont de grandes chances de ne pas correspondre aux réponses normalement attendues. Les conséquences de ces déséquilibres sont bien sûr plus ou moins nuisibles et sévères. L'impact des dérives varie en fonction de l'ampleur du déséquilibre et de sa durée. Un déséquilibre peut durer et s'installer avec des effets stabilisés ou évolutifs. Il peut être ponctuel à des degrés de gravité différents. Il peut être dû à une situation accidentelle ou à un mauvais contexte entretenu.

Les conditions de notre environnement influent autant que notre comportement individuel sur le développement et le maintien d'une conscience fonctionnelle et bénéfique. Une conscience dysfonctionnelle ne permet pas d'établir une interface relationnelle favorable, ni pour l'individu ni pour son environnement. Ceci implique des difficultés ou une inaptitude de l'individu à vivre sereinement dans son environnement. Par exemple, cela peut se traduire par des problèmes relationnels de dominance ou de soumission excessive à son environnement. Toute corruption de l'information, ou interprétation mal modérée, est à même de générer des erreurs de compréhension et une communication incohérente. Que le vice apparaisse lors de la réception d'un message ou de sa diffusion, le défaut porte de toute façon ses conséquences.

Le rôle de la conscience est d'assurer la meilleure interface possible entre un organisme et son milieu de vie. Pour nous, il doit être normal que la conscience remplisse ce rôle naturellement, sans que nous ayons besoin de nous en préoccuper. Cependant, certains contextes de vie ou certaines situations peuvent nécessiter que l'on réapprenne ce bon sens. Il est alors possible et important d'apprendre à modérer une information juste et adaptée, vers l'intérieur et vers l'extérieur. C'est possible en passant par le cœur. Poser son attention au cœur, c'est poser son attention au centre et le prioriser. En posant son attention au cœur, on y relie la sphère analytique et la sphère réactive. En faisant cela, on s'assure de tout transiter par le point d'équilibre. On régule en entrée et en sortie, on modère et globalise une réponse saine vers l'intérieur et vers l'extérieur. Plus on pose une attention naturelle au cœur, plus on ouvre le cœur, plus on cultive ses capacités, plus on se donne les moyens d'une réponse bien fondée, utile, adéquate et bénéfique. Une conscience justement équilibrée, bien centrée en son cœur, développe souplesse, tolérance, adaptabilité, sérénité, force, pertinence, etc.

L'hypothèse conscience représente l'interface relationnelle entre un organisme et son environnement. Elle permet de donner forme à notre monde, de s'y positionner, d'orienter et d'adapter notre comportement dans le contexte évolutif qui nous est proposé. Notre expérience de vie se construit au travers d'une conscience qui travaille en équilibre. Trouver le bon équilibre, en soi et autour, dépend de ce que l'on fait de cette conscience. Tout équilibre s'appuie sur un point central permettant de stabiliser le mouvement. C'est d'ici que se modulent, se modèrent et se compensent les charges. Ce point central, c'est le cœur. Il est le point de liaison essentiel d'une conscience harmonisée.

Et après ?

Qu'elle soit individuelle ou encore collective, la conscience est bien plus qu'une idée abstraite et elle peut se comprendre. Elle est le passage et l'expression du verbe vers la mise en forme d'une réalité concrète. C'est une part incontournable de notre condition humaine, de cet univers duel, et certainement de bien plus au-delà. Elle inspire une capacité de connaissance qui reste à explorer, à vivre, à comprendre, à développer plus loin.

La conscience n'est ni à l'intérieur ni à l'extérieur. Dire autrement serait comme de dire que la vue est à l'intérieur ou à l'extérieur. C'est un mécanisme qui opère en interface de l'intérieur et de l'extérieur. Elle est autant interne qu'externe étant donné qu'elle est régie par des éléments internes et externes. La vue ne peut pas être réduite à l'œil comme simple appendice cérébral, ni au seul objet observé, ni à la seule image vue à l'extérieur, ni à la seule image comprise à l'intérieur. Il en est de même pour la conscience. C'est un mécanisme d'interface informationnelle interne-externe. La conscience ne peut pas être réduite à notre propre cerveau, ni à quelques éléments externes, ni à nos seuls ressentis, ni à la seule intervention d'entités éthérées. L'exemple de la vue se rapporte à un seul de nos sens de perception, mais la conscience joue avec tous nos sens. Elle met en jeu l'ensemble de nos capacités sensibles et leur synergie.

La conscience semble ne pas plus appartenir à un monde matériel qu'à un monde spirituel. Elle s'envisage comme étant capable de relier des univers de prime abord incompatible. Elle opère en s'attachant au centre de chaque univers, au cœur du vivant. Alors oui, la conscience est individuelle, personnelle et interne. Elle est propre à un organisme et lui est intimement attachée. Elle lui est essentielle et elle est le gage de son intégrité individuelle. Puis, le collectif met en évidence un modèle d'organisation qui n'est plus individuel ou personnel. Alors oui, la conscience est collective, commune et externe. Elle est en partage à l'ensemble des éléments qui s'y relient, et certainement attachée à un cœur qui les réunis. Elle est essentielle à cette communauté et elle est le gage de son existence.

Continuellement, la conscience s'adapte au milieu ou elle adapte le milieu. Le milieu qu'elle occupe ou qui l'occupe. La conscience crée. Elle forme et informe. Elle reçoit de l'information et la concrétise. Elle diffuse l'information d'un élément concrétisé. Elle participe au développement de notre réalité. Chacun y va de sa conscience pour créer son bout de réalité. S'accompagner en conscience, c'est accompagner sa réalité. Accompagner l'autre en conscience, c'est l'accompagner en réalité. Accompagner la conscience, c'est suivre la création en réalité. La conscience semble se départir de toute objectivité ou subjectivité, elle réalise simplement une idée d'entre les mondes.

On peut envisager la conscience comme étant multiple. On peut envisager de multiples consciences reliées entre elles au sein d'une plus grande qui les héberge. On peut envisager que l'extérieur d'un univers est l'intérieur d'un autre. On peut envisager que la conscience interface des univers de tous niveaux. On peut envisager de développer la conscience vers l'infiniment petit et l'infiniment grand. Mais, en tout état et à tous niveaux, la conscience relie, elle coordonne un mouvement fait de relations d'échange informationnel. Ce mouvement, c'est l'essence même de la vie. La conscience se joue en vie comme la vie se joue en conscience.

N'y a-t-il vraiment que la science qui soit ruine de l'âme sans conscience ? Qu'elle importance d'avoir bonne ou mauvaise conscience pour soi et pour l'autre ?

Avoir à cœur de vivre en conscience peut être une idée nourrissante.

hypothèse Présent

.un instant de liberté conditionné.

.au passé de demain, à l'avenir d'hier.

Une histoire de temps qui passe à accueillir. Un moment unique, furtif, toujours différent et permanent. Le présent nous occupe tous, autant que nous l'occupons, en continu. Nous ne vivons que lui, mais il ne se déplace jamais sans son passé et son futur. Le présent, c'est le point de référence incontestable pour celui qui le vit à ce moment-là. La certitude qu'il se passe quelque chose, c'est maintenant. Mais ce moment ne dure pas, pas plus qu'il ne s'ignore. Alors, nous trouverions plus confortable de l'organiser un peu à notre guise, en fonction des envies justement présentes à ce moment. Nous aimerions l'effacer, l'accélérer, le conserver ou le ralentir. Le présent est le même pour tous et à chacun le sien. Il faut faire avec, il faut bien le partager et pourtant notre moment n'est pas toujours celui de l'autre.
Que peut-on réellement faire au présent ?
Peut-on espérer aménager un présent un peu plus flexible ?

Contexte.

C'est au présent que l'on vit.
C'est au présent que l'on s'anime, que l'on s'agite.
C'est au présent que l'on a commencé et que l'on finira.

Tout le monde connait bien le présent. Nous pourrions dire qu'il n'y a que ça de vrai. Pourtant, à y regarder de plus près, nous pourrions aussi avoir l'impression de passer notre temps à s'en échapper. Certains semblent satisfaits d'y échapper, d'autres essayent mais n'y arrivent pas. Pour d'autres encore, c'est le présent lui-même qui leur échappe. Ce jeu de cache-cache me semble bien éclairer notre difficile rapport au présent. Echapper au présent ou que le présent nous échappe est bien sûr un contresens. Rien ni personne ne peut se départir de cet instant sans lequel plus rien n'existe. A défaut de pouvoir s'en extraire, depuis toujours nous tâchons aussi de le prévoir, mais il semble rester imprévisible lorsqu'il s'impose à nous. Effectivement, il s'impose toujours. Il est en quelque sorte le maitre du temps et il s'amuse de surprise en surprise.
Il est dit qu'il faut vivre le moment présent. Comme si cela n'était pas une évidence, une obligation même, un état de fait. Comme si nous avions le choix de vivre au présent ou vivre autrement. Il est vrai que l'on parle de vivre au passé ou de se projeter vers l'avenir. Nous continuons à parler du présent comme de quelque chose que l'on pourrait éluder ou aménager en fonction de l'humeur du jour. Or, il n'en est rien. Si nous persistons à le déguiser, c'est peut-être que nous tournons autour sans vraiment le saisir. Le présent ne passe pas sans signifier son passé et son futur. Il est question d'un temps qui fige un passé et éveille un futur. Le passé se regarde à s'y perdre. Le futur s'imagine à s'y perdre aussi.

Quant au présent, il ne laisse le temps ni de le regarder ni de l'imaginer. Il semble insaisissable, et c'est peut-être sa réelle condition. En tous cas, il n'est pas une illusion. Il porte le passé et l'avenir dans sa réalité, et le simple fait qu'il puisse être insaisissable donne le vertige. Finalement, il se pourrait bien qu'il nous échappe. C'est peut-être là sa vraie nature. L'insaisissable nous échappe. C'est alors que nombre d'entre nous se sont voués à le saisir. On l'enregistre en son et vidéo, on le peint, on le photographie. La scène est bien présente, mais il manque toujours quelque chose. Il manque le mouvement. Il manque de vivre cet instant. Le méditant, lui, semble s'en approcher suffisamment prêt pour l'observer, et il parait que l'éveillé l'accompagne. Si le photographe doit être rapide pour saisir le juste instant, le méditant ralentit autant que possible pour l'observer.

Qu'il nous fasse courir ou attendre, nous le vivons de toute façon. Le vivre est justement suffisant. Néanmoins, n'étant pas toujours facile à vivre, le comprendre laisse espérer de mieux le vivre, voire l'accompagner paisiblement. C'est peut-être là le sens du pourquoi et comment l'humain se questionne encore à son sujet. Comment et pourquoi le présent s'exprime pour nous, ou comment et pourquoi nous l'exprimons par notre simple présence.

Qu'en est-il de ce que nous appelons le présent ? Le présent est-il le même pour tous ? Y a-t-il lieu de se sentir concerné par le fait de mieux le comprendre ? Quel rôle pouvons-nous jouer aux temps présents ?

Présent en substance.

Le présent ne peut pas être autrement que maintenant. Maintenant est une affaire de tous les instants. Le présent se renouvelle à chacun de ces instants pour ne jamais s'arrêter. Il continue inlassablement tant que la vie existe. Lorsque nous parlons de présent, nous parlons de temps. Le présent s'inscrit dans le temps qui passe, entre passé et futur. Il est le moment privilégié de l'action, du vécu, du mouvement. Ce moment est irrécupérable, il ne pourra qu'être suivi par un autre. On ne peut pas l'effacer ou le remplacer, on peut simplement le couvrir, l'amplifier ou l'atténuer par un autre présent qui le suit. Cet instant présent est donc un enjeu considérable qui se déroule en continu. Il lui appartient d'acter une réalité, et peu importe laquelle. Il est le temps où l'on réussit, où l'on se trompe, où l'on s'engage, où l'on manque une occasion, où l'on saisit une opportunité, où l'on voit, où tout change. Si nous ne changeons rien personnellement, notre environnement change quand même et plus rien ne sera jamais pareil pour nous.

Le présent est multiple. En ce moment, il se passe une multitude de choses. Il y a des évènements qui sont liés entre eux, interdépendants. Mais il y en a aussi qui ont lieu simultanément et n'ont aucun rapport entre eux. En cet instant, il se présente des évènements en tous lieux, sous toutes formes, connus ou vécus par certains, inconnus ou inaperçus par les autres. A chaque moment, on peut penser que le présent en impacte certains et pas d'autres. On peut penser qu'il nous impacte tous mais différemment, on peut penser qu'il n'est pas le même tous. Cependant, d'une manière ou d'une autre, tout ce qui se passe autour de nous nous concerne. Bien que nous puissions influer sur notre environnement et choisir d'en privilégier quelques aspects, nous y sommes intimement liés, nous en dépendons et il nous conditionne.

Le présent est multiple et aussi polymorphe. Il se balade dans l'espace où il traite de différents sujets au même moment. Puis, un même évènement, vécu au même instant et en un même lieu par deux personnes différentes, peut aussi laisser deux présents différents. Chaque individu ressent et interprète chaque situation de façon personnelle, et cela peut laisser émerger des vécus dissemblables d'un moment présent pourtant unique. La forme, que prend le présent, dépend du sujet qu'il traite mais aussi du sujet qui le traite. Le présent acte un fait, il prend donc la forme de cet évènement. Toutefois, cet évènement, constaté par un individu, prend aussi la forme que cet individu lui accorde au travers de son interprétation.

Ce moment particulier marque un temps de concrétisation d'une réalité dans notre environnement matériel. Tout l'intérêt de ce temps est d'exprimer et d'acter un état ponctuel du mouvement de vie continu. Ce temps marque l'instant des changements et des transformations que la vie produit, car le mouvement signifie la vie. C'est un marqueur de la vie, le présent exprime un temps immédiat de vie. La vie participe de la création, et le présent peut être envisagé comme un moment de participation à la création. On peut penser que ce temps présent, entre passé et futur, n'est là que pour donner sens à la vie dans son parcours de transformations créatives. Le présent et la vie semblent se dérouler l'un avec l'autre, l'un pour l'autre et l'un par l'autre. Nous passons ainsi de futurs potentiels vers un passé figé à jamais. Ce passage, incertain avant et immuable après, définit une réalité avec laquelle il faut maintenant compter.

C'est une transition irréversible dans l'histoire de celui qui la génère ou la côtoie. Pourtant, irréversible ne veut pas dire qu'on ne puisse pas la compenser ou encore la reproduire. Puis, mis à part le fait que nous pouvons réagir après coup, nous pouvons peut-être aussi influencer l'instant présent. Nous sommes animés par un mouvement perpétuel de vie qui rend ces moments de transition inévitables, mais leur contenu semble devoir se choisir parmi un ensemble de possibilités. Sommes-nous consciemment impliqués dans ce choix ?

Penser le présent en conscience.

Le présent peut sembler opérer ses transformations sans conditions. Il peut sembler ne dépendre de rien alors que tout dépend de lui. Mais ce n'est qu'un nom donné à l'acte concrétisé en cet instant, et il n'est pas celui qui agit. Nous pouvons aussi penser que c'est celui qui agit, ou ce qui met l'instant en mouvement, qui conditionne le présent. Finalement, il n'est qu'un constat de ce qui se passe, ce qui est arrivé et ce avec quoi il faudra faire. Alors, si le vent souffle ou que l'oiseau siffle, ce sont eux qui créent le présent. C'est l'évènement qui agit et forme le présent. Alors, si nous agissons, nous sommes ceux qui créent le présent. Cependant, les courants d'air, les oiseaux siffleurs et les bonhommes agissants sont nombreux et dispersés un peu partout. Ça fait du monde qui crée du présent de son côté, sans nécessairement penser que ce moment ne lui appartient pas à lui seul. C'est quand même bien une participation à la création. L'acteur enrichie le temps présent. Nous sommes acteurs, et nos agissements sont porteurs d'un certain impact sur la mise en forme concrète du présent.

Nous parmi d'autres, nous influençons et sommes influencés par une foule d'évènements présents auxquels nous prenons part.
Plus d'acteurs, plus de vents, plus de mouvements, plus d'évènements... plus de transformations à acter et plus de présent. Comment imaginer de tout arrêter en même temps ? Irréalisable. Nous avons déjà du mal à vraiment nous poser un petit instant. Alors, inutile d'envisager d'arrêter le cosmos. Il s'agirait d'éteindre tout ce qui fait la vie bien au-delà de la nôtre. Le présent a gagné la partie, il sera toujours là pour nous réveiller et nous interdire de vivre sans lui. L'immobilité n'existe pas plus dans la vie que la vie sans présent. Le présent nous conditionne autant que nous le conditionnons.

Nous baignons dans un temps présent multiple qui se regarde individuellement mais aussi collectivement. Pour ce moment, une multitude d'histoires se jouent, se concrétisent et s'interprètent simultanément. Cependant, ce qui compte, pour l'individu que chacun de nous représente, c'est notre présent personnel. C'est ce qui nous concerne personnellement qui définit notre présent, et c'est bien suffisant. Ce qui nous concerne personnellement n'est pas seulement ce qui est en rapport direct avec nos actes. Nos mouvements nous impliquent en premier lieu, mais ils induisent un effet plus ou moins important sur l'ensemble d'un environnement plus ou moins étendu. L'inverse se vérifie également. Les mouvements de notre environnement nous concernent. En fait, un individu est concerné par tout ce qui est en mesure d'interagir avec lui ou de l'influencer. De nos jours, les distances se sont raccourcies et les échanges se sont développés. La communication, le commerce et l'administration se sont globalisés... alors l'individu se trouve relié à ce monde plus grand. Si ce n'est pas de manière directe, tôt ou tard, nous sommes évidemment concernés par ce vaste ensemble, ne serait-ce que par le biais des collectivités auxquelles nous sommes rattachés. Le collectif, quel qu'il soit, est une extension de l'individu lui permettant d'aller plus loin et plus fort sur des sujets mis en commun. Le présent prend ici une forme collective qui amplifie sa force et son périmètre, d'autant plus que le groupe est grand. L'individu est inexorablement emporté par ces mouvements de masse générés par le collectif et son environnement.

Le présent illustre la construction de notre réalité en temps réel. Parmi les bâtisseurs de réalité, nous ne pouvons pas nier qu'une des mains qui construisent soit encore au bout de notre bras. Toute création, tout évènement accompli, a son importance. Mêmes si elles sont moins visibles, les petites choses importent autant que les grandes. Elles en sont souvent les composantes, le ciment ou les fondations. On construit de grandes choses par de petits éléments. La collectivité n'existe pas sans l'adhésion des individus. Le geste de chacun est participatif, quel que soit ce geste, quelle qu'en soit sa nature, quel qu'en soit l'objectif ou le résultat. Cependant, il ne revient pas à l'individu de prendre la pleine responsabilité du présent de l'humanité ou de la biosphère. Pourtant, nous devons nous poser la question de notre responsabilité propre. Cette responsabilité ne peut pas se cantonner à nos agissements strictement personnels, mais elle doit être étendue et entendue au travers des liens collectifs que nous atteignons. Notre impact individuel prend alors une toute autre dimension qui peut paraitre effrayante par son ampleur. Le premier réflexe pourrait être de nier tout cela et préférer enterrer ce bout de conscience, ou bien se couper du reste du monde pour réduire sa participation au minimum. Ceci n'est ni possible ni souhaitable. Il convient de regarder cette réalité calmement en comprenant qu'il n'est ni bon de vouloir tout maitriser, ni bon de refuser sa part active et son rôle justement proportionné. Il est simplement question de reconnaitre cet état de fait qui se joue au présent de chacun de nous. C'est ce qui peut permettre de meilleurs choix, parce que les enjeux en sont assumés. C'est envisager de se donner les moyens d'une conscience suffisamment ouverte et honnête, afin de vivre le moment présent en conscience.

Vivre le présent en conscience peut bien s'envisager pour certains adeptes de la méditation. Pour d'autres, cela semble illusoire ou tout simplement inutile. Pourtant, ce qu'il faut comprendre n'est pas que nous devons tous devenir des ascètes, mais que chacun peut avoir intérêt à un minimum d'attention dans ses actes quotidiens. Le simple fait de bien savoir ce que l'on fait et s'y appliquer, cela est un gage d'attention et de conscience satisfaisante. L'intérêt en est de mieux construire, mieux apprécier et réussir ses objectifs, mieux compenser les obstacles ou erreurs pouvant survenir, mieux coopérer avec le milieu environnant, mieux saisir ce qui vient et orienter une suite favorable. Cette simple attention peut paraitre dérisoire ou évidente pour beaucoup d'entre nous. Pourtant, observez-vous, observez autour de vous et voyez sincèrement si la part d'attention que nous accordons à nos gestes du quotidien vous semble suffisante ou passablement bâclée. Si bon vous semble, essayez-vous à un peu plus d'attention à votre mouvement présent, voyez ce qui change dans l'instant et sur la durée. L'exercice est rarement sans conséquences. Porter attention à ce que nous faisons, à ce qui ce passe et ce que nous en faisons, cela est certainement une posture importante pour chacun et pour le monde dans lequel nous baignons. Il s'agit de mettre un peu plus de conscience dans notre quotidien et dans la place que l'on y occupe. C'est prendre sa part de conscience au présent, sans l'éluder trop rapidement.

Une fois le présent considéré en conscience, qu'est-ce que ça change vraiment ? Avec un petit effort conscient, il peut être intéressant d'aller voir si nous pouvons vraiment échapper au présent et s'il peut vraiment nous échapper.
La conscience que l'on a du temps présent modifie-t-elle cet instant ? C'est tout le principe de l'hypothèse présent.

L'hypothèse présent, c'est quoi ?

L'hypothèse présent situe ce moment particulier entre passé et futur afin de mieux en comprendre la dynamique, le fonctionnement, les enjeux et notre implication.
Le présent est au milieu, point d'équilibre du temps qui défile entre futur et passé. Sur une ligne, le présent est à égale distance du passé et du futur qui établissent les limites du segment de part et d'autre. Visualiser une ligne simplifie la représentation de certains aspects en permettant d'en comprendre le principe. En réalité, le système se conçoit en volume. Le présent est alors le centre d'une sphère, et les bornes passé et futur délimitent le périmètre d'action de cette sphère. Plus précisément, cette sphère peut être comprise et visualisée comme un tore, ou un double tore pour qui souhaite s'en représenter la dynamique de flux du temps. Pour le moment, sachons simplement que le présent indique le juste point d'équilibre au milieu de deux opposés complémentaires que sont le passé et le futur.

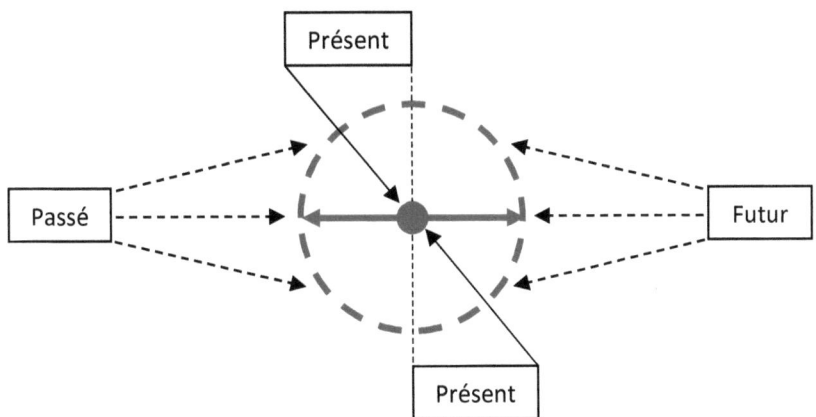

Pour introduire cette notion de point d'équilibre, voyons deux cas de figure. L'un où la distance des bornes passé-futur varie pour s'ajuster autour du centre présent stable, et l'autre où le centre présent varie pour s'ajuster au milieu des bornes passé-futur à distance stable.

- Distance des bornes passé-futur variable et présent stable :
Si le passé prend du volume et s'éloigne du présent, alors le futur se développe en équivalence pour conserver le présent au centre. Même mouvement si le futur prend du volume.

Si le passé se réduit et se rapproche du présent, alors le futur se limite en équivalence pour conserver le présent au centre. Même mouvement si le futur se réduit.

Le mouvement a pour conséquence d'enrichir ou d'appauvrir l'ensemble des potentiels futurs et des réalités passées. Autrement dit, c'est aussi élargir ou réduire leur espace d'accessibilité au présent. Plus on augmente la capacité, plus on peut intégrer de nouveaux potentiels futurs et générer de nouvelles réalités passées sans en supprimer.

- Distance des bornes passé-futur stable et présent variable : C'est le présent qui peut s'expanser ou se contracter pour absorber plus ou moins de futur et produire plus ou moins de passé, afin d'ajuster l'équilibre. Augmenter ou diminuer la charge de l'un, signifie devoir augmenter ou diminuer la charge de l'autre. Pour garder l'équilibre au centre et conserver l'horizon du temps accessible en permettant de circuler le passé et le futur, il faut que le présent s'expanse ou se contracte en fonction des volumes de futur et passé à éliminer et à créer. Le futur alimente les conditions passées, et le passé conditionne l'alimentation future.

Le mouvement a pour conséquence de conserver un ensemble stable de potentiels futurs et de réalités passées. Autrement dit, c'est aussi conserver la stabilité du périmètre d'accessibilité au présent. On conserve une capacité identique. Pour une entrée de nouveaux potentiels futurs, on doit supprimer des potentiels futurs appartenant déjà au périmètre du présent. Soit les futurs supprimés laissent place libre aux nouveaux sans alimenter le passé (ils sont exclus du périmètre), ou bien ils alimentent le passé et d'autres passés appartenant déjà au périmètre du présent doivent en être exclus.

Dans tous les cas, il y a une équivalence entre le poids de passé et le poids de futur. Il s'agit de ne pas laisser dériver ces deux-là, ni vers l'obésité ni vers la maigreur. C'est un des rôles du présent et de son périmètre d'accessibilité que de réguler un ensemble suffisamment fonctionnel. Cet ensemble doit satisfaire les besoins de l'individu et de son environnement. Au milieu se trouve le choix. Le choix présent, c'est la sélection d'un futur concrétisé en un passé.

- Trop de potentiels futurs signifie trop de choix, trop de détails ou de variantes concordantes perturbant une juste sélection. Ensuite, le futur retenu, étant plus détaillé, risque de réduire fortement les choix suivants en les conditionnant de manière exagérée. Finalement le système se régule toujours, mais il n'est pas confortable de se voir balloter entre un trop grand nombre de choix et une quasi absence de choix.
- Pas assez de potentiels futurs signifie alors une faible opportunité de choix, et bien souvent des choix trop peu détaillés. Un futur trop peu détaillé laisse un champ d'action trop vaste et flou permettant difficilement d'avancer vers un objectif concret quel qu'il soit. Or, nous naviguons d'objectif en objectif, ce sont nos réalisations qui forment un chemin à poursuivre.
- Trop de réalités passées signifie trop de contraintes, trop de conditions réduisant la sélection des potentiels futurs. Le fort conditionnement laisse peu de place à des choix libres et ouverts à de nouveaux horizons ou projets. Il règne une sorte de destin ou fatalisme empêchant la découverte, l'élaboration ou l'émergence de nouvelles possibilités. Là encore, le système se régule toujours. Lorsque trop de contraintes finissent par ne plus concorder avec aucun futur disponible, c'est le futur le moins incompatible qui passe. Ce futur est souvent ce qu'il y a de plus flou, et il s'agit d'une sévère cassure faisant suite à un modèle trop cadré. Une situation encore peu confortable qu'il est préférable de ne pas cultiver.
- Pas assez de réalités passées signifie alors un choix trop peu qualifié parmi les potentiels futurs. Peu de contraintes autorise des choix très disparates et très indécis quant à leur devenir. C'est l'absence d'objectif clairement défini et

le grand flou concernant les réalités pouvant en résulter. C'est aussi une grande ouverture où tout est possible, mais il est souhaitable de rapidement orienter un cap pour éviter de se laisser surprendre par quelques évènements imprévus et incontrôlables.

Le présent est conditionné par le passé et le futur, et vice versa. Rappelons que le passé représente des réalités actées et que le futur représente des potentiels non concrétisés. Le présent opère une transformation des éléments futurs en éléments passés. La transition, d'un état vers l'autre, a lieu en fonction d'un choix présent. Ce choix conditionne le passé et le futur, autant qu'il est conditionné par le passé et le futur. Le passé et le futur se conditionnent ou se régulent aussi l'un en fonction de l'autre. Le présent opère un choix en concordance d'un passé et d'un futur associés.

Le passé alimente les conditions d'admission du futur.

Le futur alimente les conditions d'existence du passé.

Ainsi va le cycle de création de nos idéaux. La réalité de notre présent prend forme dans la capacité de mettre en résonance notre passé et notre futur en un choix conscient. Ce choix sans cesse renouvelé a pour but de bâtir les meilleures conditions à même de concrétiser un objectif d'évolution à venir. Notre intervention s'articule autour de la responsabilité de nos choix.

Au début, notre environnement définit des conditions d'existence et des potentialités de moyens pour exister. Ainsi, les potentialités consommées sont transformées en réalités acquises et permettent d'exister. Notre place s'organise et installe ses propres conditions au regard de notre environnement. Vient ensuite le moment où ce ne sont plus les conditions de l'environnement qui s'imposent en exclusivité. Les conditions individuelles prennent leur part et permettent aussi de développer la place que l'on occupe. Nous sommes alors en mesure de construire nos choix afin d'orienter le sens de notre existence au sein de notre environnement.

- Notre passé est composé d'éléments concrets maintenus en lien avec notre présent. Tous les évènements passés ne sont pas reliés à notre présent individuel ou collectif. Un passé non relié au présent de quelqu'un n'existe pas pour cette personne. Il n'a aucune influence et ne fait pas partie de son système passé-présent-futur. Un passé maintenu en lien fait partie du système. Ce passé est maintenu parce qu'il a une raison d'être dans les choix à faire vers l'objectif d'une personne ou d'un collectif. Ce passé pose ses conditions auxquelles le choix d'un potentiel futur doit répondre. Si un passé n'a plus d'intérêts à faire valoir quant à l'objectif envisagé, alors il n'a plus de fonction constructive envers les potentiels futurs et il sort du périmètre d'attache au présent. Un passé devenu inutile et qui ne sort pas du périmètre d'attache au présent devient une gêne forcément problématique. Dans ce cas, il convient de libérer cet élément.

- Notre futur est composé d'éléments potentiellement réalisables maintenus en lien avec notre présent. Tous les potentiels futurs ne sont pas non plus reliés à notre présent individuel ou collectif. Ils prendront leur part et leur influence dans un système passé-présent-futur, par leur capacité à coïncider vis-à-vis d'un passé et à résonner avec l'objectif fixé par un individu ou un collectif. Un futur est maintenu en lien et fait partie du système, tant qu'il a une raison d'être dans les choix à faire vers l'objectif fixé et qu'il s'accorde au passé. Le futur est conditionné par le passé pour pouvoir se réaliser. Cependant, c'est ce même futur qui conditionne aussi la formation du passé, par sa transformation au passage du présent. Un futur, incompatible avec l'objectif fixé ou le passé du système, ne doit pas être maintenu en lien. Il doit être libéré afin de ne pas occuper le système de manière illusoire, car il ne sera pas réalisé.

- Notre présent fait la synthèse de notre passé et de notre futur. Il contacte tous ces éléments et les mets en relation en fonction de leurs affinités et compatibilités. Ce sont les multiples combinaisons en concordance qui représentent l'ensemble des choix mis à notre disposition à chaque instant. Le choix choisi est un choix personnel à choisir en choisissant par choix même.

Nous sommes libres de choisir, et notre présent acte les positions que nous prenons. Tout ceci n'est pas sans conséquence. Il s'agit de notre pouvoir créateur, de notre libre arbitre, de notre responsabilité, etc. Cependant, il est dit 'choisir' et non pas 'décider'. Nous avons la capacité de choisir parmi les possibilités qui s'offrent à nous dans l'instant, et notre choix influence les possibilités suivantes. Mais celui qui décide de décider sans se soucier de prêter attention aux possibles du moment, celui qui décrète de ce qui doit être réalisé sans que cette possibilité n'apparaisse dans l'ensemble des choix mis à disposition à cet instant, celui-là doit se résoudre à un échec sans appel. Pour celui qui souhaite mieux décider de ses choix, il est nécessaire de choisir parmi les possibles offerts et de construire les futurs possibles dans le sens de ses objectifs.

De là s'ensuit le flux incessant qui déroule toute vie. C'est un trafic continu et généreux avec lequel il faut composer. Le futur entre en étant soumis aux conditions du passé. Le présent transforme un potentiel futur vers un passé concret, il acte une réalité. Le passé relie sa condition comme nécessité à la réalisation d'un potentiel futur. Lorsqu'un passé ne sert plus la réalisation du futur, il est inutile, il doit sortir du périmètre d'accessibilité au présent, il est oublié. Au fur et à mesure que le présent défile et acte notre réalité, l'ensemble des passés et futurs se régule. Les passés et futurs accessibles se renouvellent. Certains se confirment, d'autres sont évincés et des nouveaux intègrent le système. Le volume de passés et futurs accessibles peut varier, mais le présent doit toujours garder le milieu. Être centré, c'est aussi cela. C'est porter son attention au moment présent comme centre d'équilibre entre passé et futur. Conserver le présent au centre, c'est avoir un regard lucide sur les conditions et les possibilités de l'instant. C'est mieux comprendre et accompagner la réalité du moment. C'est aussi se permettre de participer au choix à réaliser en ce moment.

Et après ?

Le temps se passe au présent entre passé et futur. Le temps existe car nous le créons. Le présent est le cœur du scénario de la vie consciente. Il est un cœur au milieu d'un univers où l'information transite vers une réalité.
Notre attitude personnelle et collective façonne le monde dans lequel nous évoluons au présent. Nous avons la capacité de choisir en conscience l'orientation que nous souhaitons privilégier quant au devenir de ce monde. Cette opportunité fait partie de notre condition de vie et autorise d'ajuster les conditions dans lesquelles nous vivons. C'est une affaire de grande valeur entre nos mains. C'est aussi une évidente responsabilité qui mérite une attention particulière.

Un futur se dessine et prend forme quoi qu'il arrive. Nos choix volontairement exprimés sont actés. A défaut de choix exprimés, une réalité s'impose forcément en continuité de l'existant. Le vivant et la conscience que l'on y relie se développent dans un vaste collectif d'individualités, et les choix de chacun doivent s'inscrire dans cette pluralité. Nous sommes nombreux à faire valoir notre nécessité et nos propres envies. Cependant, personne ne peut prétendre à diriger le monde suivant sa seule volonté. La responsabilité de chacun est indéniablement engagée vis-à-vis de l'existant et son devenir. L'univers propose des possibles répondant à tous les acteurs et les impliquant tous de manière interactive. Construire sa destination au travers de ses choix est une capacité offerte en partage. Les scénarios du réel prêts à aboutir sont tous fondés sur le partage et la conscience d'acter un présent toujours partagé.

Agir avec bon sens, c'est cultiver la conscience du moment présent et l'accompagner aux mieux dans son mouvement. Cela passe par l'acceptation de choisir sans décider et de construire son objectif personnel en partage avec l'ensemble du vivant autour. Il est aussi question de responsabilité, d'humilité, de patience, de générosité, de donner pour recevoir et recevoir pour donner. Il est peine perdue de retenir de force des passés dépassés, autant que d'appeler à cris perdus des futurs hors du temps. La conscience du moment présent s'envisage par une attention suffisante à ce que l'on fait, ce que l'on est, ce qui s'exprime autour de soi, ce qui se propose et ce qui s'impose. C'est une attitude naturelle de tous les instants que chacun met à profit avec plus ou moins de talent et d'efficacité. Notre modèle actuel de société sur-agitée ne favorise pas la juste attention naturelle qui cultive le bon sens d'un présent en conscience.

Cultiver ce bon sens, cela débute en régulant à la baisse un niveau d'agitation hors normes. Pour cela, de multiples façons de faire peuvent être explorées. Parmi elles, il y a des postures essentielles comme le calme, l'écoute, l'observation, la sensibilité aux ressentis internes et externes, la méditation ponctuelle ou continue... Ce que l'on nomme 'pleine conscience' est intimement lié au fait de vivre le présent en conscience.

Le présent est au cœur du temps. L'accompagner justement, c'est certainement encore et toujours se poser au plus près de notre propre cœur, car c'est véritablement depuis le cœur que l'on contacte le mieux d'autres cœurs.
Le présent est signe de vie, la transformation et l'évolution du mouvement en est la raison d'être.
Regarder le présent, le saisir au dedans et au dehors, cultiver la conscience du présent, vivre toute sa vie en un instant.

hypothèse Dieu

.un plus grand en soi enveloppe l'univers.

.au dehors par dedans, au dedans par dehors.

Dieu, un nom pour désigner ce qu'il y a de plus grand. Si grand que son omniprésence nous échappe. Notre réalité matérielle semble trop réduite pour en saisir l'ampleur. Pourtant, cette réalité lui revient au sein d'une grandeur inimaginable. Nous nous relions à Dieu, vers ce plus grand autant invisible et impalpable. Nous nous y vouons, nous y confions, nous y consacrons, avec la foi pour seule raison d'y croire, la croyance pour seule raison de prier, et la prière pour seule raison d'être exaucé. Alors, nous sommes exaucés de réalités dépassant notre entendement, à la grâce de Dieu. Un mot, un concept, un être, une énergie ? Peut-être tout à la fois. Peut-être rien de ce que nous pouvons évoquer. Dieu nous a toujours questionné au-delà du compréhensible. Son mystère a certainement sa raison. Mais, bien que le mystère puisse rester entier, nous pouvons tout de même en parler et tâcher de s'en rapprocher encore un peu plus.

Contexte

Dieu est hors contexte. Dieu partout et Dieu nulle part ailleurs, Dieu relie tout et Dieu n'attache rien, Dieu en tout et Dieu en dehors de tout.

De tout temps, Dieu semble avoir été là pour l'humain. Il n'y a pas vraiment de contexte pour Dieu, sauf peut-être ce que l'humain en fait. Dieu unique ou Dieu multiple, il reste un éternel indescriptible. De nombreuses ébauches ont été avancées. Elles se teintent d'une époque, d'une culture, d'une science, d'une inspiration ou de quelques nécessités. Les variantes de Dieu envisagées par l'humain peuvent refléter de telles différences qu'il devient courant de se demander si l'on parle vraiment de la même 'chose'. Pourtant, toutes descriptions de l'indescriptible exposent des traits communs toujours là. Dieu est grand et fort, il est le pouvoir absolu et créateur de tout ce qui est, il détient tout entre ses mains mais il partage tout, il impose la loi mais il n'interdit pas que l'on essaie autre chose, il est l'amour en personne mais il sait punir sévèrement, il est généreux et magnanime mais il exige respect et sincérité, il est toujours là mais son aimable attention se mérite en prière.

L'indescriptible se décrit tout de même un peu. Cependant, il est assez surprenant que cette image commune reste inaltérable depuis des siècles et des siècles... amen. Ce qui étonne d'autant plus, c'est que cette image reste inaltérable malgré toutes les distorsions que nous avons pu lui faire subir pendant tous ces siècles. C'est bien là l'histoire de Dieu chez les humains. Il faut certainement aussi regarder ce que l'on en a fait. On en fait des religions, des communautés, des bénédictions et des guerres, des mariages et des sacrifices, des prophètes et des pécheurs, des raisons et des fatalités, de l'amour et des souffrances, des paroles et des actes, un corps et un esprit comme image défaillante de son âme.

L'humain a besoin de Dieu. Nous l'amenons partout, en tout temps et sous toutes formes. Il est toujours le même et on ne connait rien qui puisse le remplacer. Il a toujours été ou il est devenu une partie de nous-même. Ou bien nous sommes une partie de Dieu. Il est en nous ou bien nous sommes en lui. Après des siècles et des siècles, après des peuples et des peuples, après des souffles et des souffles, il est plus difficile de concevoir que l'on puisse croire ou ne pas croire en Dieu plutôt que de constater que nous vivons ensemble.

Alors, Dieu, qui est-il ? L'humain semble jouer un rôle central dans cette question. L'humain semble cultiver la mémoire et la reconnaissance de Dieu comme condition même de sa propre existence. De qui, de quoi parle-t-on ? Peut-on espérer se rapprocher un peu plus de Dieu ?
Voici l'hypothèse Dieu. Comme une idée de suivre encore cet inaccessible et l'approcher doucement autant qu'il puisse nous le permettre.

Dieu en substance

Dieu en substance reste insaisissable. Pourtant, il ne se cache pas, il transcende tout ce que nous appréhendons. Il est information de toute forme et rien n'y échappe. A la vie, à la mort, il est là. Rien d'impossible pour Dieu, il anime les possibles. Nous ne sommes toujours pas en mesure ni de prouver sa présence ni de prouver son absence.

Nous travaillons beaucoup à expliquer la mécanique de ce que nous ne comprenions pas hier. Il devient évident qu'il n'est pas besoin de Dieu pour créer ou effacer ceci ou cela. Pourtant, chacune de nos découvertes dévoile encore un peu plus d'inexpliqué. Les miracles d'hier et d'aujourd'hui semblent ne pas prendre de rides. Ces miracles se présentent pareillement sans se soucier de notre capacité à les résoudre. Certains trouvent un sens et une méthode logique au fur et à mesure que notre compréhension évolue. Mais c'est peu de chose tellement la grandeur de ce à quoi nous sommes confrontés est au-delà de la raison humaine. Pourtant, nous vivons dans ce monde inexpliqué dont la création nous échappe. Quand bien même nous progressons à créer nous aussi de tout notre corps et de tout notre esprit, l'existence nous précède et nous succède. Alors nous envisageons le début de tout ça, comment, qui et où. Sans aucune réponse… sauf Dieu… peut-être.

Dieu, c'est ça, c'est celui par qui s'anime notre monde inexpliqué. Nous sommes dans sa main. Si l'existence nous précède et nous succède, alors Dieu n'a évidemment pas besoin de nous pour exister. Il est le pouvoir créateur par excellence, à l'origine de ce qui nous devance et de ce qui nous suit. Nous serions donc la création de Dieu, un élément de sa création. Nous pouvons difficilement nier que l'humain ait besoin de lui pour vivre, et peut-être pour exister. Dieu existe par-dessus tout. Tout ce qui est, émane de son pouvoir. Il n'impose rien à ce qu'il crée sauf d'exister comme il l'a fait. Nulle exigence de le reconnaitre, mais les lois de la création sont siennes et doivent être respectées. Ses lois sont garantes du bon équilibre de l'univers qu'il anime et seul lui, le créateur, en maitrise la mise en œuvre. L'audace tranquille semble permise et de mise, car la vie même est audacieuse.

Toutefois, la prétention à dominer son monde et l'orgueil débordant que certains humains ne contiennent pas sont des déviances sévèrement recadrées. Les lois de l'équilibre passent par le pouvoir divin, aussi doux que tempétueux si nécessaire. Il accueille ceux qui souhaitent se tourner vers lui, ceux qui souhaitent apprendre, le suivre plus près et l'accompagner. Cependant, pour le suivre, il s'agit de se confier à l'invisible. Dieu réclame plus que d'y croire, il requiert d'entrer dans la foi. Pour accéder à cette écoute, il n'est plus question de trouver raison ou quelque preuve à ce plus grand en soi qui nous dépasse. Il s'agit d'accepter humblement de suivre Dieu sans autre condition que d'être, honorer au mieux à ses yeux ce qu'il a fait et ce qu'il fait par nous et pour nous. Le suivre comme aveugles que nous sommes devant sa grandeur, simplement reconnaissants qu'il nous partage son pouvoir créateur par la vie que lui seul éclaire, dans une confiance transcendante et s'en remettant pleinement à son seul mouvement.

Puis, Dieu, c'est toute une galaxie de produits dérivés non moins bénéfiques et essentiels. Ce sont les prières, le pardon, l'espérance, la bonté, la générosité, la beauté, la gratitude, la bienveillance, la compassion, la magie, l'amour... et tout ce qui nous relie au geste de la création, mouvement de la vie éternelle. Il est celui à qui l'on peut tout dire car il connait tous nos agissements. Il est celui qui met tout en lumière car il connait tout ce qui nous est invisible. Il est celui qui nous accompagne toujours car il donne la vie et fait renaitre ce qui se meurt.

Dieu, c'est encore ce que l'humain en fait et les outils qu'il labellise en son nom. Nous saisissons souvent cette image de puissance sans égal afin de développer notre propre pouvoir et quelques affaires bien terre à terre. Certaines démarches restent tout à fait vertueuses et compatibles avec la voix de Dieu, d'autres prennent une tournure peu recommandable et s'exposent à une régularisation incontestable. Nous avons des modèles officiels de gestion de l'image et du droit de Dieu ainsi que des outils associés. Ce sont les religions, les rituels, les écritures saintes, la divination et les prophéties, les miracles et apparitions, les édifices religieux et sacrés, les symboles et objets protecteurs, les fêtes et célébrations, etc. Nous faisons aussi intervenir Dieu de manière ponctuelle à toute occasion, en politique, à la guerre, en famille, dans les matchs de foot, en justice pour justifier un dernier mot, en science pour conjurer la preuve, etc. Finalement, il s'agit d'un moyen imparable de se défaire de toute notre responsabilité individuelle. Dieu a bon dos. Notre peu de courage et d'estime pour nous-même nous renvoient à retourner vers Dieu nos désolantes carences. Mais il semblerait que Dieu ait à cœur de ne pas empiéter sur ce qui revient à chacun et qu'il faille, tôt ou tard, régler nos affaires.

Enfin, Dieu, c'est la conscience que l'on en a, la conscience que l'on y met, la conscience que l'on en recueille, la conscience que l'on déploie.

Penser Dieu en conscience

Dieu nous amène bien au-delà de ce que nous nous permettons d'envisager ici-bas. Il demeure invisible mais ses manifestations sont bien concrètes. Nous ne concevons pas qu'il puisse venir d'en bas, de la grossière matière. Il vient assurément d'en haut, des cieux, d'un univers éthéré. Cet univers où le verbe voyage en silence et hors contraintes, où les concepts et les idées flottent et se développent librement, où seule la lumière signe la vie diffuse de toutes parts, où l'espace-temps se fond dans son imaginaire. Pour nous, c'est aussi un peu le monde de notre intellect, de nos pensées, nos rêves et notre philosophie. Pourtant, ce monde se confronte à la réalité inexpliquée du miracle de la matière qui nous est donné à voir et à toucher. Alors, Dieu pourrait n'être qu'une idée. L'idée d'une réalité mise en forme et concrétisée.

Nous pouvons nous accorder sur le fait qu'il n'est pas corps mais esprit. Si Dieu est esprit, notons qu'il est aussi créateur. L'esprit crée le corps et le corps anime son esprit. Nous pouvons penser être créés par Dieu et donc par son esprit. Nous pourrions être une part de l'esprit de Dieu mis en forme d'un corps. Notre corps développe aussi un esprit. Cet esprit est le nôtre mais peut-être le sien. Nous serions nous-même une idée de Dieu en un corps dont les idées sont les siennes. Cependant, nous pourrions aussi dire que, nous concernant, il n'y a pas d'esprit sans corps et que c'est bien notre corps qui nous permet des idées et leur mise en œuvre dans la matière. L'idée d'un corps devrait alors trouver son propre corps qui puisse permettre cela. Reste à savoir qui a eu l'idée de l'esprit de Dieu, et où se trouve son corps. A moins que le corps de Dieu soit l'idée par laquelle l'esprit se forme.
Qui du corps ou de l'esprit préexiste ? La conscience d'un corps est le fruit de son esprit, aussi bien qu'un esprit conscient l'est de son corps. Mais cette information consciente vient-elle de l'intérieur ou de l'extérieur ? Où Dieu se trouve-t-il vraiment, au dedans ou au dehors ? Dieu est peut-être en conscience ce que la conscience traduit. La conscience traduit une relation d'un individu avec son environnement, une relation d'un état interne à un état externe. Dieu pourrait être partout. Dieu est alors conscience pour tout ce qui est. La conscience relie toutes parts singulières en un ensemble réuni au sein d'un unique

cosmos. La conscience exprime une multitude de facettes particulières d'une seule matrice universelle. Dieu unique ou multiple se prête à l'image de corps et d'esprits particuliers au sein de ses mains animant la vie en perpétuel mouvement.

Dieu n'existe pas sans conscience de Dieu, et avoir conscience de Dieu semble nécessaire pour exister. C'est alors que chacun se construit un Dieu en conscience. Pour autant, cela ne veut pas dire qu'il ne soit qu'une illusion de la psyché ou une idéologie philosophique. Il peut l'être, mais il peut aussi être une simple interprétation de sa réelle existence et présence. Lorsque la conscience crée l'illusion, c'est une erreur vouée à ne pas perdurer. La conscience tâche plutôt de transcrire, traduire et interpréter des informations présentes alentour. Ce processus a pour rôle de nous faciliter la meilleure relation à notre univers, qu'il soit visible ou invisible, interne ou externe. Ainsi, Dieu n'a pas besoin de nous pour exister, mais son expression auprès de chacun de nous peut dépendre de la conscience individuelle et collective que nous en cultivons. Cette conscience, qui nous autorise alors à accéder à Dieu, se module en termes de volonté et de capacités.

Prendre conscience de Dieu, c'est tout autant en recevoir l'information que l'acter en réalité. Nous sommes mis devant le fait accompli d'une pensée, de la même manière qu'un fait accompli nous impose sa pensée. La conscience, que nous pouvons développer du fait accompli comme de la pensée, tient à notre aptitude à déployer notre capacité consciente. Notre conscience est un état d'équilibre propre, à même d'ouvrir ou de restreindre nos perceptions et nos facultés sensorielles, physiques et psychiques. Cet équilibre, nous l'adaptons et le développons en fonction d'éléments à intégrer, mais aussi en fonction de choix ou préférences d'éléments propices à y répondre. Nous orientons la façon dont nous interprétons l'information et dont nous formons notre monde au travers de notre conscience. Si Dieu est en conscience, il est sans doute sans forme, sans nom, sans image. Car il imprègne essentiellement toutes formes, tous noms, toutes images, et il est essentiellement imprégné de toutes formes, tous noms, toutes images.

La conscience que l'on peut avoir de Dieu peut-elle influer sur la nature essentielle de Dieu ? Ce serait également mettre en question la nature essentielle de la conscience. Dieu est en conscience comme la conscience est en la vie. Que l'on nomme ou pas Dieu, que l'on nomme ou pas la conscience, qu'on les reconnaisse ou pas, qu'on les déguise ou pas, la vie s'opère par là. Nous sommes vivants et la vie exprime cet essentiel.

En conscience, l'humain se découvre être corps-âme-esprit. Au centre, il est une âme qui exprime au dedans et au dehors vers le meilleur équilibre. Dieu en conscience exprime aussi l'équilibre de chacun en son monde.

L'hypothèse Dieu, c'est quoi ?

L'hypothèse Dieu, c'est pour chacun de savoir où poser sa foi. Dieu se trouve où la croyance perd sa raison alors que l'humain en fait l'essence de sa vie. L'humain n'est plus vivant sans cette croyance particulière. De tout temps, que l'on nomme Dieu ou pas, quel que soit le nom que nous exprimons et quelle que soit la forme que nous en cultivons, nous faisons appel à ce pouvoir supérieur représenté par Dieu. Cette croyance particulière sans raison, c'est la foi que chacun pose au cœur de sa vie. C'est le manifeste de Dieu.

Chacun pose Dieu au cœur de son univers.

Dieu est conscience, il est ce plus grand en soi qui enveloppe l'univers, il relie corps et esprit, équilibre en place de tout ce qui est à chaque instant de tout lieu. Force d'un pouvoir transcendant capable de contenir le mouvement chancelant d'un cosmos inébranlable. Un cosmos qui abrite la vie. Nous vivons en équilibre à la recherche de la sacro-sainte stabilité de par dedans et de par dehors. Ceci n'est pas un choix, c'est la condition par laquelle nous existons, la condition de ce qui dépend de nous et la condition dont nous dépendons, la condition d'un cosmos universel.

L'équilibre se joue au centre. Au centre de toute chose se trouve un cœur. Tout cœur est ceint et crée, tout cœur sain est sacré. Des cœurs, il y en a partout. Partout il est au centre de ce qui forme un ensemble cohérent. Le cœur des galaxies, le cœur des étoiles, le cœur de la matière, le cœur des sociétés, le cœur des pensées, le cœur de l'esprit, le cœur de vie. Un cœur, nous en avons un. Il est aussi au centre. Le cœur a aussi un sens et on lui donne le nom d'âme. Un cœur relie, il concentre et diffuse tous les flux d'un univers afin d'en réguler l'équilibre. Nous évoluons au milieu d'un ensemble d'éléments plus petits et plus grands. Ce milieu est propre à chacun car il correspond au point d'équilibre de chacun. C'est autour de soi-même comme centre que le point d'équilibre prend forme. Le centre de son monde personnel, c'est soi-même. Le centre de soi-même, c'est son propre cœur.

Nous avons un cœur, il est des cœurs plus petits que nous gouvernons, il est des cœurs plus grands qui nous gouvernent. Dans ce monde en équilibre, nous avons volontiers tendance à mettre une main dominatrice sur ce qui nous apparait plus petit. Cependant, nous acceptons moins facilement l'existence d'un plus grand pouvoir qui conditionnerait notre parcours en équilibre. De plus, lorsque quelques secousses nous remuent, nous avons vite fait de nous tourner vers l'extérieur pour désigner un responsable. Il est difficile de tenir trop souvent l'accusation vers plus petit alors que notre main le dirige. Dieu représente ce qui est plus grand que nous, il nous est inaccessible, nous ne pouvons agir sur son sort mais il nous impose le sien. Ainsi, Dieu est une aubaine pour qui cherche à cacher ou déplacer sa responsabilité individuelle à l'abri des regards de ses congénères. Toutefois, il revient à chacun la responsabilité de ses agissements, car chacun agit en quête d'équilibre depuis son cœur. Ni Dieu ni personne ne peut mettre son cœur et l'équilibre qui s'ensuit entre les mains d'un autre.

Depuis notre cœur, nous sommes créateurs vers un monde à notre portée, au même titre que nous faisons partie d'une création plus grande qui nous dépasse. Toute création s'opère depuis le cœur, c'est là que réside ce pouvoir. Dieu nous enveloppe dans sa création depuis un cœur plus grand, intouchable de notre main et invisible à nos yeux. Mais alors, il est un pouvoir créateur en notre propre cœur sous notre pleine responsabilité. Un Dieu agit ici au nom de l'équilibre de son être. Cet être c'est l'humain, et son cœur ne peut prétendre à travailler sainement qu'en pleine responsabilité de ses mouvements.

Dieu crée l'impréhensible immensité de notre univers, nous créons un monde à notre portée et un univers impréhensible pour plus petit que nous. Nous trouvons notre meilleure stabilité dans un monde où nous sommes aussi le plus grand pour un autre. Nous pouvons penser être faits à l'image de Dieu, dotés d'un pouvoir créateur en notre cœur auprès du vivant que nous surpassons. Nous sommes faits à l'image de ce qui nous dépasse, et ce qui nous dépasse est un plus grand à l'identique. Dieu est aussi en nous, il réside dans tous les cœurs. Dieu est à l'extérieur mais aussi à l'intérieur, il est le pouvoir créateur, la conscience garante de l'équilibre au centre d'un univers que le cœur relie. Si nous sommes à l'image d'un Dieu plus grand au dehors, ce Dieu pourrait n'être rien d'autre que ce que nous sommes amenés à devenir demain tout en l'étant déjà pour le plus petit que nous gouvernons aujourd'hui. Chaque cœur relie son propre univers, mais les cœurs se relient aussi entre eux. Nous sommes Dieu en notre cœur, relié à un Dieu plus grand.

Plus grand, c'est Dieu, c'est la matrice d'un cosmos universel d'où émergent des mondes formulés à l'identique. La substance matricielle, c'est l'éther. L'éther mis en mouvement d'où apparait et se développe toute matière, de transformation en transformation. Transformer l'éther en matière, ça passe par le cœur. Dieu est au cœur, pouvoir créateur et garant d'un univers vivant. Alors, Dieu est au-dehors, au cœur de notre univers céleste. Puis, Dieu est au-dedans, au cœur de notre être conscient. Nous sommes bien au-dedans à l'image de ce qui est au-dehors. Nous sommes bien faits à l'image de ce qui nous dépasse. Ce qui nous dépasse est bien un plus grand à l'identique.

Reconnaitre notre place en équilibre, c'est savoir que nous sommes en notre milieu conditionné par plus petit et plus grand, en interface d'un extérieur et d'un intérieur. Nous reconnaissons plus petit. Il est important de reconnaitre plus grand pour un équilibre harmonieux, sain et vertueux. Nous cherchons et trouvons Dieu à l'extérieur. Il est important de chercher et trouver Dieu à l'intérieur pour un équilibre harmonieux, sain et vertueux.

Reconnaitre notre place, c'est en accepter les responsabilités indissociables. Il y va d'un juste respect envers plus grand et plus petit, au-dehors et au-dedans. Il y va d'une évolution constructive et durable, pour soi et pour l'autre.

L'hypothèse Dieu, c'est poser sa foi en son cœur relié en soi vers plus grand et plus petit, au dedans comme au dehors. A l'image d'un Dieu plus grand, notre cœur reste l'inaccessible entre corps et esprit. Il est notre âme, la mise en lumière de notre être véritable. Il est une âme fractionnée en réponse à un monde duel, son entièreté nous dépasse au même titre que Dieu en cette existence particulière. Rester centré sur son cœur, c'est poser sa foi en lui et vivre au plus près de lui. Vivre au plus près de son cœur, c'est vivre au plus près de Dieu en interface du corps et de l'esprit, en interface de la matière figée comme substance de réalité concrète et de l'éther volatil comme substance de tous les possibles.
Il s'agit de poser sa foi en son cœur et croire en l'éther au nom de Dieu qui en un mouvement de vie crée la matière.

Et après ?

Une histoire de foi qui nous replace au centre.
Nous accédons à l'extérieur depuis l'intérieur. C'est par un juste équilibre que nous suivons une évolution vouée à déployer une pleine conscience vers la réalité d'un cosmos éternel au travers d'un cœur, avec l'aide de Dieu. Notre lendemain se fonde en notre pouvoir créateur. C'est en conscience que le verbe s'accomplit et en responsabilité de nos gestes que notre monde se développe. Dieu porte le nom de chacun en une symphonie cultivant le souffle de vie.

Le mystère de Dieu est infini au regard de la dualité existentielle qui est la nôtre. Il est essentiel, et la vie ne peut s'envisager sans lui. Il nous guide sur le chemin de la création. Les miracles d'hier nourriront-ils encore demain ? D'autres plus fantastiques viendront peut-être... si Dieu le veut.

Vivre auprès de Dieu, c'est le vivre en soi pour le rayonner tout autour. C'est à cœur ouvert que l'aventure prend tout son sens et se partage. Dieu est grand parce qu'il se partage à tous pour grandir son nom en chacun. Il réunit dans la paix tous ceux qui suivent leur cœur et en écarte ceux qui le méprisent. Il soigne ceux dont le cœur est endolori et accompagne ceux qui cherchent à en retrouver le chemin.
C'est d'abord au cœur qu'il réside et qu'il dispense le savoir de son pouvoir. Il donne courage, connaissance, compassion, pardon, amour, humilité, force, sérénité, lumière, générosité, sagesse, douceur, sensibilité, gratitude, béatitude.
Se tourner vers son cœur et s'y consacrer, c'est se donner à Dieu. D'ici, nous pouvons choisir de grandir en vérité, sans nul doute ni crainte de dévoiler notre chemin salutaire. C'est cultiver le juste geste recentré, en Dieu tout puissant depuis le milieu. C'est déployer, recueillir et réunir son univers au centre, en une précieuse moisson d'une Divine abondance.
Dieu vit auprès de chacun quoi qu'il en soit. Dieu vit en chacun quoi qu'il en soit. Quoi qu'il en soit, Dieu consacre toute vie en son cœur. Regarder vers Dieu, c'est ouvrir son cœur. Ouvrir son cœur, c'est rejoindre Dieu. Prier Dieu, c'est parler à son cœur. Parler à son cœur, c'est le reconnaitre, c'est se reconnaitre, c'est reconnaitre Dieu. Reconnaitre Dieu, c'est lui, c'est moi, c'est l'autre, c'est l'univers, c'est le verbe éthéré animé d'un geste puissant, c'est la douce force d'une lumière diffuse qui nous enveloppe et vit en nous.

Personne ne peut vous priver de Dieu. Nul besoin de combattre ou forcer. Mais vous seul avez ce pouvoir de vivre plus près du cœur. Faites de votre cœur ce qu'il y a de plus accueillant, ce qu'il y a de plus paisible, ce qu'il y a de plus confortable, ce qu'il y a de plus fort, ce qu'il y a de plus sage, ce qu'il y a de plus noble, ce qu'il y a de plus généreux, ce qu'il y a de plus humble, ce qu'il y a de plus grand. C'est là qu'il réside, c'est là qu'il demeure, c'est là qu'il crèche, c'est là qu'il loge, c'est là qu'il habite, c'est là qu'il vit pour vous et vous pour lui.

Le cœur est sacré, ne l'abîmez pas, soignez-le.
Le cœur est sacré, ne le fuyez pas, embrassez-le.
Le cœur est sacré, ne l'ignorez pas, n'écoutez que lui.
Dieu vous le dit, vous aimerez à en mourir, vous mourrez dans l'amour.
Dieu vous le dit, vous aimerez la vie, vous la vivrez par amour.
Dieu vous le dit, il est amour, votre amour est le sien.

Dieu s'écrit en quelques lignes et il prend la vie pour s'en rapprocher. Chaque chapitre introduit le suivant. Il est à connaitre par cœur. C'est Dieu qui l'écrit.

Réfléchir et explorer l'hypothèse

C'est au cœur que l'hypothèse se réfléchit et s'explore.
Notre réalité prend forme autour du vécu que l'on exprime. Nous participons à un monde vivant qui se déploie sous de multiples formes. Une part nous est accessible, visible et palpable. Une autre part semble nous échapper, invisible et inatteignable. Pourtant, cet inaccessible s'impose bien souvent à nous. Nous avançons vraiment en réalité en comprenant ce que nous vivons. Nous comprenons mieux ce que nous vivons en allant saisir chaque élément par l'expérience. Nous avons besoin de ce monde, autant visible qu'invisible, pour évoluer. Le comprendre nous permet de mieux s'y mouvoir, développer nos capacités et l'intégrer en bonne place.
C'est le vivant qui est à observer pour en faire l'expérience. Il s'envisage tout autour, et aussi en chacun de nous. Alors, soyez libres d'explorer et réfléchir le vivant au-dehors ou au-dedans. Mais c'est toujours en entrant dans l'expérience de vie que vous en saisirez sa quintessence. C'est là l'essentiel qui nourrit et anime la juste raison que l'on peut s'en faire. Pour moi, dehors et dedans, l'expérience de vie s'observe au cœur de tout vivant. C'est en passant par le cœur, que même la raison est saisie.

acte 5

notion

humain entre terre et ciel

L'humain vit entre terre et ciel. Il développe sa conscience entre intériorité et extériorité, entre visible et invisible, entre ce qu'il pense dominer et ce qui semble le dépasser. Sa place prend forme dans la dualité autour de son cœur réunissant tous ses possibles. Depuis son cœur, il est à sa juste mesure. Lorsqu'il se confie à son cœur, il dévoile ses pleines capacités et accède à sa juste raison d'être. Se confier à son cœur, c'est simplement reposer sa confiance en soi. La confiance, on peut la poser partout, en l'autre et en la vie. Mais pour la poser à l'extérieur, il faut d'abord la reconnaitre et la reposer en soi. Elle s'installe dans le cœur, là où l'essentiel demeure. Permettez-vous cette confiance et faites-en bon usage au service de l'humain.

Sommaire

vivre 441

ne pas nuire 445

savoir 449

soulager 453

foi 457

réalité 461

intention 465

libre arbitre 469

humilité 473

dualité 477

prière 481

sexes 485

pardon 489

résilience 493

espace-temps 497

compassion 501

perception 505

l'autre 509

verbe	513
maitrise	517
partage	521
extraordinaire	525
sensibilité	529
cultiver	533
amour	537
équilibre	541
écoute	545
lumière	549
empathie	553

vivre

Voilà quelque chose que nous faisons tous. Mais dans quel sens vivons-nous cette vie ?

Chacun est libre de vivre à sa manière. Chacun remplit sa vie comme il l'entend ou comme il le peut. Cependant, nous vivons tous cette même aventure et s'il peut y avoir différentes façons de le faire, il y a aussi un schéma commun. La vie se déroule dans un milieu évolutif auquel nous devons nous adapter pour nous exprimer. Notre environnement, notre monde et notre univers bougent, évoluent et se développent. L'humain est là, dans un vaste ensemble vivant. Nous apportons notre contribution au vivant à condition d'y trouver notre place. Il s'agit de suivre le mouvement sans se laisser décomposer par ce qui nous dépasse. Nous pouvons voir ici une certaine compétition mais aussi une remarquable collaboration. Le cosmos établit un équilibre propice à l'évolution. Pour cela, il se déploie et se remanie en diversité, en complexité et en nouveauté, vers la meilleure stabilité, coordination et reliance de l'ensemble. Evolution et stabilité de l'équilibre ne sont pas contradictoires. Ces principes se nourrissent mutuellement.
Alors, comprenez que le travail du cosmos est aussi le travail de la vie.

Vivre, c'est un travail. Le travail, c'est imprimer un mouvement propice à accomplir une tâche déterminée. Le but de l'humain est le même que pour tout le vivant, c'est de s'assurer une bonne place dans son monde. Si le milieu de vie se développe et évolue, nous devons aussi le faire pour exister. Nous devons évoluer vers notre confort dont les conditions sont sans cesse remises en jeu, et cela passe par un bon équilibre. Meilleure est la stabilité de notre équilibre, meilleure est notre capacité à travailler sereinement et avec aisance, pour orienter de nouvelles possibilités à notre avantage. Nous mettons à profit ce que nous connaissons déjà, puis nous expérimentons de nouveaux outils appris en fonction des besoins et des possibilités. C'est ce que nous pouvons appeler notre évolution. Bien sûr, cette évolution doit être constructive. Cependant, 'constructive' s'applique à notre personne mais aussi à notre large environnement. Nous contribuons à un ensemble plus grand, et notre travail doit s'inscrire dans cet ensemble de la même manière que pour nous-même. Celui qui a la prétention de dépasser le bon ordre des choses se fait recadrer tôt ou tard. Il s'agit de s'intégrer et non de dominer. Nous pouvons trouver un plus petit à dominer, mais il semble qu'il y ait un plus grand ayant à cœur d'offrir une place à tout humble travailleur. Une évolution positive pour nous-même doit donc l'être aussi pour l'ensemble du mouvement auquel nous participons.

Il est bon de savoir que notre travail à vivre contribue à un travail bien plus imposant, quand bien même nous ne serions pas en mesure d'en savoir plus sur sa réelle finalité. Normalement, personne ne souhaite contribuer à une finalité qu'il n'approuve pas. Toutefois, si nous regardons la nature s'organiser au-delà de l'humain, il y a de bonnes raisons de se confier au bon sens de son équilibre qui a de quoi laisser rêveur. Alors, le meilleur travail que nous puissions fournir et qui doit être l'essence de vivre de chacun, c'est de produire le mouvement le plus naturel qui soit. Ce mouvement, c'est à chacun de se l'approprier humblement, à l'écoute de soi et d'alentour, en conscience. La conscience est une affaire de cœur.

Vivre, c'est d'abord vivre en bonne conscience, vivre naturellement par cœur pour s'élever en une évolution positive vers plus grand. C'est ce que chacun est chargé d'accomplir et le reste ne doit venir qu'après, comme simple complément. Vivre est un travail, c'est un beau travail. Vivre n'est pas souffrir, c'est travailler avec plaisir. C'est épouser le mouvement du cosmos dont dépend le nôtre, pour mener au mieux son évolution au sein de l'ensemble.

Pour aller plus loin ou approcher autrement :

Que faire de sa vie ? Quel sens peut-on donner à la vie ?
Peut-on vivre uniquement pour soi ?

De quoi dépendons-nous pour vivre ?
De quoi avons-nous besoin pour vivre ?

Travaillons-nous pour vivre ? Vivons-nous pour travailler ?
Pourquoi travaillons-nous ? Pourquoi vivons-nous ?

Que peut-on gagner ou perdre dans une vie ?
Qu'est-ce qui est toujours là, tout au long d'une vie ?

Y a-t-il un but particulier à accomplir dans une vie ?
Si oui, est-ce le même objectif pour tous ?

Peut-on vivre sans rien faire, sans participer au monde ?
Si oui, quel intérêt de vivre sans rien faire ?

La vie est-elle un combat ou une danse ? Avec qui ?

ne pas nuire

'Ne pas nuire' est un principe fondamental à se rappeler et à accompagner continuellement.

C'est accepter le mouvement de chaque chose dans son milieu. Accompagner ses conditions d'équilibre, sans leur imposer le seul sens de notre désir égotique. C'est concilier le mouvement sans le contrarier, pour chaque élément, chaque évènement, chaque corps.
Qu'une chose nous paraisse néfaste ou bénéfique, nous n'en avons pas toujours la compréhension et les données suffisantes pour en saisir la pleine raison d'être. 'Ne pas nuire' implique de trouver un terrain d'entente non délétère. C'est faire en sorte de moduler ses actions et ses réactions, afin de privilégier une expression modérée vers la meilleure harmonie d'ensemble. C'est s'adapter au sein d'un ensemble d'interactions, en reconnaissant et en respectant la différence essentielle des fondamentaux d'équilibre de chaque élément. Il n'est pas question de laisser envahir notre monde par la raison d'être du premier venu, mais notre monde souverain ne doit pas mettre à mal l'intégrité d'un autre. Il doit accompagner la différence vers une intégration ou une dispersion sans conflit destructeur. La notion de destruction est illusoire. Il existe seulement des transformations plus ou moins turbulentes. 'Ne pas nuire', c'est adoucir autant que possible les échanges, par la reconnaissance et l'acceptation des différences ou besoins particuliers de l'autre, quand bien même ils ne nous conviendraient pas. Tant que le mouvement préside, ce qui n'est pas nuisible est bénéfique.

Je ne parlerai pas du fait de nuire consciemment ou volontairement. Toutefois, de temps à autre, nous nuisons sans forcément y prêter attention, sans mauvaise intention et sans le vouloir. Certains vont même jusqu'à nuire avec toute leur volonté de faire le plus grand bien. 'Ne pas nuire' n'est pas toujours une évidence dans les faits. La prise de conscience de beaucoup de nos actes nuisibles est bien tardive, et cela quel qu'en soit le degré de nocivité. Pendant ce temps, les dégâts et la dynamique néfaste ont pris place, que ce soit pour nous-même, pour autrui ou notre milieu environnant. Tout ce qui est déclaré devient un élément avec lequel il va falloir composer. S'agissant d'une nuisance, tôt ou tard, il faut réparer. Il est question de rééquilibrer les rapports d'existence commune. Que la réparation soit prise en charge par le responsable du mal ou pas, elle aura obligatoirement lieu car le cosmos passe son temps à rééquilibrer les relations de toutes choses vers la meilleure harmonie. Si l'on souhaite éviter de se voir imposer un trop lourd recadrage à ses dépens, autant prendre en charge la réparation au plus vite et par soi-même. Mais, pour cela, il faut saisir et reconnaitre ses fautes, même non intentionnelles. Notre comportement nuisible non intentionnel est souvent dû à quelques déviances d'égo, plus ou moins marquées, plus ou moins conscientes. C'est aussi dû à une question de savoir-faire ou savoir-être. 'Ne pas nuire', cela doit être compris pour soi comme pour l'autre.

Accompagner un comportement conscient de ne pas nuire, c'est ne pas nuire dans la manière d'offrir et ne pas nuire dans la manière de recevoir. Pour tout ce qui nous agite, nous ne pouvons pas prétendre à partager, donner ou diffuser quelque chose qui ne serait pas accompli en soi. Ici, pour bien faire, il convient de ne pas se nuire à soi-même. Il est nécessaire de se respecter, s'aimer et s'estimer correctement. Il est nécessaire de s'écouter de façon intime et certaine, au-delà de ce que les autres voudraient induire. Ça passe par le cœur. Puis, pour ne pas nuire à l'autre, il est nécessaire de le respecter, l'aimer et l'estimer correctement. Il est nécessaire de l'écouter de façon intime et certaine, au-delà de ce que nous voudrions induire. Ça passe aussi par le cœur. Commencer par soi n'est pas une erreur d'égo. Il s'agit d'un prérequis essentiel à toute bonne pratique mise en partage vers l'autre. 'Ne pas nuire' est une attitude de tous les instants, elle ne demande qu'à retrouver sa place naturelle dans notre comportement. Cette attitude s'observe par le cœur, car il permet de relier plus largement dedans et dehors. Il permet réellement d'observer l'intérieur depuis l'extérieur, et inversement. De là, nous pouvons vraiment envisager les notions de bienveillance, empathie, compassion et partage. 'Ne pas nuire' est une évidente conséquence du sens de ces notions. Accompagner 'ne pas nuire' est une affaire d'individu et de relations.

Mais... comment ne pas dire ne pas ?... Concrètement, pour résumer, c'est quoi 'ne pas nuire' sans ne pas et sans nuire ?
Simplement se consacrer à aimer tout ce qui peut être aimé. C'est l'amour.

Pour aller plus loin ou approcher autrement :

Que peut-on faire pour ne pas nuire ?
Peut-on nuire sans le vouloir ?
Si oui, comment et pourquoi ?

Est-il possible de ne jamais nuire à rien ni à personne ?
Pourquoi pouvons-nous nuire ?
Est-ce dans notre nature de nuire ?
Devons-nous apprendre à ne pas nuire ?

Que se passe-t-il lorsque l'on ne nuit à rien ni à personne ?
Que se passe-t-il lorsque l'on nuit à quelque chose ou à quelqu'un ?

'Ne pas nuire' signifie-t-il 'faire du bien' ?
Faut-il absolument faire du bien pour ne pas nuire ?

savoir

'Savoir' implique la maitrise d'une information, d'une idée, d'un concept, d'un geste, d'une pratique ou d'un état d'être. C'est avoir intégré en soi la compréhension d'un élément, ce que cela signifie et ce qui en résulte. C'est la capacité d'utiliser un élément de manière naturelle, sans avoir besoin de réfléchir ou d'organiser une méthode particulière autre que la réponse connue et assimilée en soi.

Pour savoir, il faut d'abord connaitre. Connaitre se limite au fait d'être informé de l'existence d'un élément, sans pour autant en maitriser la teneur ou l'usage. Ensuite, il faut donc maitriser l'élément en question. Enfin, le savoir fait état d'une maitrise intégrée, au point que le contenu ou la manipulation de l'élément en sont devenus évidents de manière instinctive.

Il y a le savoir éphémère et le savoir durable.

Le savoir éphémère renvoie à une information passagère. Tout le monde transite et fait rapidement circuler ce savoir sans prérequis particuliers. Il s'agit de l'actualité ou de l'information courante de ce qui se passe dans notre environnement de vie. Nous assimilons cette information sans pour autant se l'approprier, la cultiver ou bâtir des compétences dessus.

Le savoir durable renvoie à une information particulièrement maitrisée et développée personnellement, car intégrée en soi comme élément fondamental. Ce savoir fait office de socle pour approfondir et déployer un comportement, une pratique ou un apprentissage. Nous lui attribuons un espace et une stabilité propices à le cultiver ou le préserver en nous-même et éventuellement le transmettre.

Nous parlons de savoir-faire, savoir-être, savoir-vivre, savoirs ancestraux, savoirs fondamentaux, savoir ce qui se passe, savoir les nouvelles, etc. Chacun sait donc ce qu'il a à savoir de façon à vivre son quotidien. Certains savoirs peuvent être considérés comme innés et d'autres comme appris. Quoi qu'il en soit, un savoir est une base d'apprentissage à partir de laquelle nous sommes en mesure de déployer et d'élargir notre connaissance et notre maitrise s'ensuivant. Nous n'apprenons rien de manière utile, efficace et pérenne, sans en assoir le contenu sur un socle de savoir existant. Autrement dit, toute nouvelle connaissance reçue, et son éventuelle maitrise, se relie et s'organise forcément sur une base de savoir existante. Un apprentissage ne peut pas avoir lieu sans être rattaché à un acquis précédemment assimilé.
Nos apprentissages sont basés sur les savoirs innés, et ensuite sur les savoirs acquis. Lors d'un apprentissage délivré à une personne ne possédant pas de prérequis sur le sujet traité, cette personne le reliera inévitablement à ses savoirs existants pouvant établir une correspondance avec la nouvelle connaissance reçue. Tout apprentissage vient se greffer sur la base d'un individu et prend alors une signification personnelle. L'apport d'une nouvelle connaissance peut alors donner lieu à une consolidation ou une déconstruction de savoirs préexistants, et l'interprétation qui en résulte n'est pas toujours celle que l'enseignement donné visait à atteindre.

C'est ainsi que nous évoluons vers de nouveaux savoirs et que nous grandissons nos capacités.
En premier, fais ce que tu sais faire par toi-même. Ensuite, choisis d'apprendre ce que l'autre te transmet. Enfin, cultive un savoir ouvert et partage-le humblement.

Pour aller plus loin ou approcher autrement :

D'où vient notre savoir ? Est-il le même pour tout le monde ? Avons-nous des savoirs communs et quels sont-ils ?

Y a-t-il des savoirs personnels et des savoirs collectifs ? Quelles différences pouvons-nous observer entre savoirs personnels et savoirs collectifs ?

Doit-on acquérir des savoirs ou sont-ils induits, et comment ? Comment construire ses savoirs ?
Le savoir doit-il être appris ?

Un savoir est-il définitif ou est-il amené à évoluer ?
Doit-on conserver tous ses savoirs et pourquoi ?

Ce que l'on sait est-il vrai ?
Peut-il y avoir des choses que l'on sait réellement et des choses que l'on croit savoir sans les savoir réellement ?
Sait-on vraiment ce que l'on fait et ce que l'on veut ?

Doit-on apprendre pour savoir ou savoir pour apprendre ?
Peut-on dire qu'il est plutôt question d'apprendre à savoir ou de savoir apprendre ?

soulager

Un corps et un esprit sains, c'est un état naturel qui s'entretient, se partage et se soutient.
Soulager, c'est apaiser et accompagner la transformation d'un état néfaste vers le retour à un équilibre sain. C'est permettre de compenser au mieux quelques turbulences. Soulager, c'est faire bonne place au bien-être naturel qui convient.

Soulager celui qui a besoin d'aide. Soulager celui qui souhaite se relaxer, se détendre, trouver mieux, se soigner ou se rétablir. Soulager celui qui a mal ou qui poursuit sa guérison et demande simplement d'être accompagné. C'est aussi bon pour ceux qui veulent explorer et voir à quel point il est possible de vivre un corps et un esprit naturellement confortables. Le corps et l'esprit peuvent être confrontés à des conditions plus ou moins favorables. Nous vivons des moments moins agréables : fatigue, blocage, douleur, souffrance, etc. Nous pouvons simplement avoir besoin de soulager et rétablir ce qui doit l'être. Retrouver et maintenir un bon équilibre corps-esprit est primordial. Ça passe par l'individu et quelques fois par le collectif. Ça passe par sa condition personnelle et quelques fois par l'entraide.

Soulager s'envisage par la libre expression d'une juste empathie, souvent en corrélation avec l'énergie à réguler. Il peut s'agir de conduire et développer ses capacités énergétiques et ses perceptions sensibles, pour ajuster le meilleur équilibre d'un corps. Ainsi, chacun peut accompagner et soulager dans la mesure de ses perceptions et ressentis. Connaitre et développer ses propres capacités énergétiques est un moyen essentiel pour se faire du bien et envisager de participer à soulager l'autre. Différentes techniques de soins énergétiques peuvent aussi appuyer une pratique mieux ciblée et adaptée à certains besoins. Chaque pratique d'accompagnement de l'autre s'établit autour d'une relation empathique. Cette relation trouve son expression facilitée en présentiel, permettant un contact rapproché. Cependant, dans certains cas, une relation empathique suffisante peut aussi s'établir à distance. Il peut être important de savoir accompagner l'autre ou se faire accompagner, dans la meilleure relation de besoins et capacités. Ça passe par la faculté à exprimer notre empathie, et ça soulage.

Soulager est l'étape première à laquelle chacun peut contribuer avant de poursuivre vers le soin. C'est donc participer à la conduite de notre état fonctionnel le plus favorable et bénéfique, afin de le maintenir, l'optimiser ou le rétablir. L'humain est un être complexe vivant en équilibre à l'intérieur et à l'extérieur. Notre état relève d'un bon rapport interne de toutes nos composantes, et d'un bon rapport externe avec notre environnement. Au-dedans, il s'agit d'équilibrer toute part en nous, autant physique que psychique, corps et esprit. Au dehors, il s'agit d'équilibrer le relationnel que nous établissons alentour, autant physique que psychique, avec nos semblables, avec l'ensemble du visible et de l'invisible. L'équilibre est un état naturel qui s'entretient, se partage et se soutient. Soulager, c'est alors aider à réguler notre bien-être, c'est modérer des variations trop intenses et brusques. Accompagner le mouvement des évènements rencontrés est important. Cela consiste à ressentir et tempérer plutôt que de s'opposer par exemple.

C'est reconnaitre et utiliser un mouvement, un ressenti ou une émotion, afin de participer à son expression en douceur le temps de son passage.

Soulager permet de cultiver un climat calme, serein et paisible. Il est possible pour chacun d'y participer simplement, en laissant place à notre empathie naturelle.

Pour aller plus loin ou approcher autrement :

Peut-on tout soulager et pourquoi ?

Qui peut soulager qui et quoi ?
Soulager est-il un métier ?
Devons-nous apprendre à soulager ?

Peut-on pareillement soulager quelqu'un d'autre ou se soulager soi-même ?
Faut-il savoir se soulager soi-même pour pouvoir soulager l'autre ?

Comment soulager ?
De quoi avons-nous besoin pour soulager quelqu'un ?

Que se passe-t-il lorsque l'on soulage ?
Que se passe-t-il si on ne soulage pas ?

Soulager, soigner et guérir, est-ce pareil ?
Quelles qualités ou compétences cela requiert ?

foi

C'est par là que l'on touche l'inaccessible.
La foi ouvre ce qu'il y a de plus grand. On associe souvent la foi à Dieu et à tout ce qui parait inatteignable. La foi semble alors être le seul moyen d'accéder à notre objectif ou de s'en rapprocher. Lorsque quelqu'un fait preuve de foi, cette personne peut atteindre et produire de grandes choses dépassant le cadre humain habituel. Faire preuve de foi est un acte intense pouvant réclamer beaucoup de force et d'énergie. Il s'agit d'une posture d'engagement à laquelle on consacre tout son être. Cet investissement personnel peut être ponctuel mais il est souvent indéfiniment durable. La posture engagée dépasse le fait d'accomplir ou non un résultat. Quand bien même l'objectif premier, ayant nécessité l'acte de foi, soit accompli, la foi demeure et ouvre un nouvel espace à cultiver. Une personne, ayant concrétisé sa foi, peut s'en désengager, mais l'évidence est plutôt de confirmer et développer les capacités qu'offre cet espace.

La foi, c'est ce qu'il y a au-delà de la croyance. Là où la croyance ne suffit plus, la foi ouvre un chemin.
Nous croyons en toute chose pouvant se justifier ou se raisonner. Nous posons notre croyance sur des éléments qui ne sont pas communément admis car n'étant pas à la portée de tous. Toutefois, dans ces éléments, il y a des arguments permettant de témoigner de leur bien-fondé. Parce que nous les avons expérimentés personnellement, même s'il n'y a pas de témoins. Ou bien parce que d'autres les ont expérimentés et que nous décidons de leur accorder notre confiance, même si nous n'avons pas personnellement accès à cette

réalité. Nous pouvons croire sans être témoin direct d'un état de fait, mais son explication doit nous apparaitre suffisamment étayée et raisonnable pour constituer une preuve à nos yeux. Une croyance est justifiée, elle s'appuie sur la raison et avance des preuves à discuter. Elle dépend souvent du référentiel de chacun, et il en résulte qu'elle ne soit pas validée par tout le monde. Avec le temps et notre évolution, certaines croyances se renforcent, d'autres s'affaiblissent.

La foi intervient lorsque la preuve raisonnable est largement dépassée. La croyance ne tient plus et pourtant rien ne prouve que ce ne soit pas possible. Il ne s'agit plus de discuter ou convaincre. Rien de raisonnable n'est à avancer et rien ne fait référence comme preuve. Cependant, rien non plus ne s'oppose raisonnablement à cette croyance particulière. On pourrait même sérieusement penser à la réalité du sujet animant cette foi. On touche à l'inexpliqué. Certes, le sujet est hors norme, mais rien ne l'interdit. Alors, seule l'implication personnelle d'un individu fait foi. L'élément rattachant la foi n'a pas été vécu ni expérimenté, et nous n'en avons pas de réalisation concrète à notre connaissance. Nous pouvons y croire, mais il n'y aura rien à prouver ou raisonner. C'est une croyance particulière qui implique l'individu dans une pleine confiance envers l'objet de sa foi et envers lui-même. A cet effort de surpassement, il y a en face la promesse d'un élément qui surpasse aussi ce que nous savons habituellement appréhender.

Dès lors qu'il s'agit d'avoir la foi, il n'y a plus de petite ou de grande foi, la foi est grande par nature. Celui qui entre en foi se trouve dans un espace où les seules limites sont celles que son être posera. La foi permet d'envisager d'immenses possibilités et d'aller réaliser des prouesses tenant du miracle. Attention donc à ne pas se perdre dans une foi qui ne servirait plus un pouvoir constructif et bénéfique.

La foi semble illusoire pour certains qui la considèrent comme une perte de temps. Ceux-là ne sont pas prêts à se dépasser ni à dépasser quoi que ce soit, mais ils peuvent prétendre à une vie sans surprises avec toute la satisfaction que la routine leur promet.

La foi est d'abord en soi.

Pour aller plus loin ou approcher autrement :

Faut-il absolument avoir foi pour vivre en un bon équilibre ?
La foi est-elle la clé du bonheur ?
La foi est-elle nécessaire à tout un chacun ?

Avoir la foi, cela implique-t-il des conditions particulières ?
Tout le monde peut-il entrer en foi ?

La foi est-elle uniquement une affaire de religion et de Dieu ?
Quand et pourquoi peut-on avoir foi ?

Avoir la foi, cela implique-t-il des contraintes ?
Quels peuvent être les risques ou avantages de la foi ?
Peut-on continuer à vivre comme tout le monde lorsque l'on se consacre à sa foi ?

A quoi sert la foi ?
La foi est-elle une façon de se conforter et de se rassurer ?
Peut-elle être un moyen de réaliser ses grandes œuvres ?

La foi est-elle une question de volonté, d'intention, de dévouement, de sacrifice, de talent, ou autre chose encore ?

réalité

Cette réalité si bien assise et indétrônable. Celle-là même dont tant de reines et de rois en incarnent et décrètent l'unique modèle incomparable aux autres…

Voici un aperçu de réalité personnelle. Une réalité comprise en trois niveaux bien réels, où sa valeur d'existence propre reste unique, incontestable et irrévocable. Seul son statut change au grès des conditions d'un observateur et son environnement. Nous entrons alors dans une expérience subjective. Bien que la réalité puisse tout à fait conserver sa pleine existence autonome, elle prend différents rôles depuis le point de vue particulier du témoin considéré être mis en rapport avec elle.

Réalité inconsciente - Information libre.

Une information peut exister sans que nous l'ayons reconnue ou actée de manière consciente. Il s'agit alors d'une réalité inconsciente que je nomme aussi information libre. Ce qui est inconnu et donc inconscient pour une personne, ne l'est pas forcément pour tous. Cette réalité existe bien dans notre environnement, et elle se présente comme une potentielle découverte dont chacun peut prendre conscience. L'information libre est un immense champ de réalités dont nous n'envisageons tout simplement pas l'existence. Et pourtant, c'est bien là, déjà réellement conscient pour certains, peut-être réellement conscient pour nous demain, et conditionnant notre environnement conscient d'aujourd'hui. Nous côtoyons cette réalité inconsciente en continu et nous sommes voués à explorer ce monde plein de découvertes.

Réalité consciente illusoire.

Cette fois, nous reconnaissons une information et nous l'actons comme élément conscient. Cependant, nous ne sommes pas en mesure de concrétiser cette information de façon matérielle et démontrable. Il s'agit d'une réalité bien consciente dont nous déduisons certaines relations ou effets bien visibles, sans trouver les moyens de la justifier. Il est donc difficile de la faire accepter par quelqu'un qui n'a pas lui-même expérimenté cette réalité. Elle manque d'assises. C'est une information admise à la conscience d'un individu, mais insuffisante à un consensus conscient plus large. A ce stade, cette réalité illusoire a deux faces. D'une part, elle peut être valide et représenter une étape intermédiaire vers une réalité concrète. D'autre part, elle peut être une erreur d'interprétation sans autre devenir que de propager une fausse information.

Réalité consciente concrète.

Ça y est, ça se palpe ! L'information est reconnue, actée, réalisée, formée dans la matière et démontrée en conscience. Initialement, sa valeur n'est qu'individuelle car il s'agit de l'expérience d'une conscience unique. Puis, quelques démonstrations publiques et reproductibles peuvent en faire une réalité concrète également reconnue collectivement. Il est donc des réalités concrètes qui ne sont pas forcément reconnues de façon collective. Une réalité concrète est reconnue collectivement lorsqu'elle est acquise par de nombreuses consciences, souvent transmise et enseignée. C'est alors le consensus normalisé à toute une société pour définir... sa réelle réalité ?

Explorez la réalité qui vous ressemble et réalisez-vous.

Pour aller plus loin ou approcher autrement :

Conscience et réalité sont évidemment intimement liées. Le positionnement conscient oriente chacun vers un monde d'informations et de perceptions qui dévoile forcément les réalités correspondantes. S'ensuit aussi toute une logique d'interprétation adaptée. La réalité de chacun est alors toujours particulière et plus ou moins éloignée du consensus collectif. Il est important d'être libre en réalité, mais peut-être pas trop déconnecté.

Poser un cadre bien dimensionné ou ouvrir les portes de la relativité. On peut considérer la réalité comme étant la résultante du consensus social. Ou bien on peut admettre que le vécu conscient détermine à lui seul la réalité incontestable de chacun. Dans tous les cas, il semble utile de connaitre la raison d'être et les conséquences d'une réalité, ainsi que les limites de chaque modèle envisagé.

Et puis, la vérité dans tout ça ?
Ecouter tout ce que j'entends autour de moi et apprendre à repérer la tromperie.
Ecouter tout ce que j'entends en moi et apprendre à ressentir la sincérité.
Quant à la vérité, c'est la mienne qui importe aujourd'hui. La vérité, je la trouve partout, à chaque instant. Elle n'est pas toujours visible à l'extérieur, c'est de l'intérieur qu'elle s'exprime et rayonne lorsque je la libère. Je la connais, elle est douce, calme et agréable. Tout ce qui s'y oppose devient douleur, agitation et désagréable. Ma vérité, c'est ma lumière. Alors la vérité, elle passe par le cœur et c'est ici que je la trouve vivre.

intention

C'est l'attitude qui vise à réunir et concentrer ses capacités vers l'accomplissement d'un évènement déterminé.

Dans un premier temps, cette intention est forcément une démarche intellectuelle. Cependant, elle peut très vite être complétée par des postures ou expressions physiques. Dans tous les cas, les effets résultant d'une intention aboutie comprennent toujours une dimension physique ou matérielle. Consciemment ou non, l'intention implique de diffuser une information vibratoire à réaliser concrètement.

L'intention ne doit pas être confondue avec la volonté. Cependant, les deux travaillent bien ensemble. L'intention exprime le besoin et la réalisation à atteindre. Elle formule le cadre ou les conditions d'un objectif. La volonté arrive après, pour agir vers la réalisation, une fois que les conditions nécessaires à l'intention sont réunies. Elle organise et met en œuvre les moyens liés à un objectif. Une intention peut se concrétiser sans effort de volonté particulière. Mais une volonté sans intention validée est souvent vouée à l'échec.

Généralement, une intention se formule par la parole. C'est un gage de cohérence et d'efficacité. Elle est parfois naturellement formulée, et d'autres fois elle se construit. Ce qui exprime l'intention juste n'est pas toujours le premier objectif verbalisé. L'objectif avoué et exposé consciemment peut dénaturer le réel besoin inconscient ou inavouable. L'objectif peut aussi ne pas être atteignable en une seule traite et nécessiter plusieurs intentions progressives. Une intention est trop ambitieuse si les conditions nécessaires à sa réalisation ne peuvent pas être réunies (le cosmos a ses limites au regard de nos contextes personnels). Quelques fois, les préoccupations et souhaits sont multiples, ils ne semblent pas définir un objectif commun bien identifié ou suffisamment cohérent.

Dans tous les cas, une intention efficace doit être suffisamment motivée, précise, non nuisible ou favorable, sincère, réalisable et positive (la négation est une expression humaine que le cosmos ne traduit pas). Pour cela, une intention doit exprimer le cœur du sujet, le noyau essentiel commun à l'ensemble des éléments auxquels l'objectif ou les préoccupations font référence. Les mots composant l'intention sont alors importants et il n'est pas rare de les trouver parmi ceux que l'on répète sans les entendre.

Formuler une intention, tout le monde le peux et sait le faire. Pourtant, notre condition actuelle nous a souvent éloigné des fondamentaux. Alors, il faut réapprendre et j'espère ne plus vous étonner si je vous dis que ça passe par le cœur. En attendant, on peut aussi s'aider. Selon moi, formuler une intention correcte, c'est ce que doit pouvoir faire en premier lieu toute personne qui souhaite accompagner son prochain. Mais là encore, pour formuler l'intention de son prochain, il convient d'être capable de formuler la sienne et d'y rajouter le dévouement, l'effacement de soi le temps d'un moment, l'écoute dédiée, l'empathie, le respect... beaucoup de cœur en somme.

L'intention, c'est le principe de la prière, du vœu, des synchronicités, de toute pratique énergétique et de notre part de réalisation consciente. Elle actionne les potentialités invisibles vers leur réalisation dans notre réalité matérielle.

Je vous souhaite de sincères et joyeuses intentions.

Pour aller plus loin ou approcher autrement :

L'intention est avant tout une information qui s'établie directement au niveau vibratoire. Elle n'est pas forcément verbalisée. Par exemple, elle peut simplement être visualisée ou bien exprimée à un niveau énergétique. Toutefois, il est bon d'apprendre d'abord à la verbaliser correctement.

Lorsqu'une personne accompagne l'intention d'une autre, elle doit aussi clairement positionner sa propre intention de se mettre au service d'autrui.

Accompagner un autre dans la réalisation de son intention, cela demande de s'y consacrer. Poursuivre une intention personnelle qui ne fait pas sens pour l'autre n'a que peu d'intérêt et de chances d'aboutir en sa faveur.

L'intention est-elle le remède à toutes nos insatisfactions ?
Où commence et s'arrête son pouvoir ?
A quoi sert l'intention ?

Dans quels cas l'intention peut-elle nous être utile ?
L'intention est-elle un outil du quotidien ou uniquement réservée aux grandes occasions ? L'intention est-elle réservée aux gros problèmes ou aux petits projets ?

Je m'accommode aujourd'hui d'écrire comme tout le monde "intention". Mais j'aime aussi bien "intension". Amusez-vous, vous verrez que cela fait sens.

libre arbitre

Libre arbitre ou fatalisme ?
L'un ou l'autre, ni l'un ni l'autre, ou jamais l'un sans l'autre ? Le libre arbitre apparait souvent comme une sorte de super pouvoir que certains valident, revendiquent et défendent, alors que d'autres le renient, le rejettent et le méprisent.

Le libre arbitre : "Je fais ce que je veux, quand je veux, où je veux et comme je veux !... Si je veux !" Oui, mais... Est-ce évidemment certainement bien sûr ? J'ai vraiment le droit ? Comment ça marche ?

Le libre arbitre, c'est cette notion de pouvoir se déterminer soi-même plutôt que d'obéir à un conditionnement prédestiné nous réduisant à l'état de pantin. Une forme d'autodétermination libre de toutes contraintes, faisant de nous des êtres pleinement souverains. Un grand pouvoir à même de donner le vertige. L'exercice du pouvoir demande aussi une certaine responsabilité. Ce libre arbitre pourrait révéler un devenir à notre avantage ou à notre détriment.
Sans libre arbitre, c'est une sorte de déterminisme qui s'imposerait. Nous serions sous la direction d'un pouvoir supérieur auquel nous serions contraints d'obéir. Ce pouvoir supérieur peut alors prendre différentes formes, visible ou non, conscientisé ou non, humain ou non. Il en résulte souvent l'idée d'un destin immuable. C'est la fatalité d'un parcours déjà organisé dans la main d'un autre au moment où l'on y pense. On peut toujours espérer agir ou penser librement, mais c'est toujours trop tard. Les dés sont jetés et il faut s'y conformer, de gré ou de force.

Avec le libre arbitre, c'est tout simplement la liberté. Liberté chérie, enfin libre ! Nous toucherions au pouvoir de faire valoir notre volonté comme il nous plait. Capables de faire ou de ne pas faire, de suivre ou de ne pas suivre ce qui nous est proposé. Rien ne s'imposerait plus à nous. Nous pourrions même envisager d'opter pour un chemin inédit, seulement le fruit de notre géniale intention. Libres d'ajuster, d'adapter, voire de créer l'alternative à notre guise, dans tous cas de figure. Jamais démunis face au destin puisque notre seule raison pourrait en prendre les commandes.

On peut se demander pourquoi le libre arbitre se voit ainsi considéré. Cela pourrait n'être qu'une question de point de vue. L'expression elle-même est ambivalente. Un arbitre obéit à des règles préétablies et les fait respecter. Quant à la liberté, elle implique une notion d'indépendance et de non d'obéissance à quelque format que ce soit. Alors, on peut aussi se demander si le libre arbitre est vraiment tout puissant, s'il n'est pas qu'une illusion, s'il est accessible à tous. Il pourrait bien être conditionné lui aussi. Il n'y aurait là ni pouvoir absolu ni fatalité. Plutôt un espace d'action à observer et modérer suivant les conditions du jour et de chacun. Faire ses choix, s'autodéterminer, n'est pas sans contrepartie ni responsabilité. Puis, pas si simple, choisir n'est pas décider. Décider, c'est décréter ce qui est possible, ce qui doit être mis à disposition. Choisir, c'est tourner sa préférence vers un des éléments disponibles parmi ceux qui ont été décidés. Or, nous ne sommes vraisemblablement pas en mesure de tout décider. Cependant, il reste toujours possible de choisir vis-à-vis d'une décision qui n'est pas la nôtre. Le choix n'est pas toujours facile et chacun préférerait d'abord décider. Pourtant, celui qui décide est celui qui en a

les moyens... c'est le plus grand, le plus fort. Chacun connait plus grand et plus fort mais aussi plus petit et plus faible. Choisir et donner le choix, c'est toujours possible. 'Prendre son libre arbitre' pourrait être 'prendre son choix'. Un libre arbitre partiel ou un pouvoir partagé, une liberté conditionnelle... en toute humilité. Décider par choix pour soi, sans prétendre à décider des possibles qu'un plus grand permet et de ceux qu'un plus petit fait valoir. Nous sommes le choix (individuel, collectif, environnemental).
Tout nous conditionne, nous conditionnons tout. Epouser le mouvement ou s'y opposer, c'est le choisir.

Il est illusoire de croire l'humain plus grand et plus fort.
Le libre arbitre, c'est saisir l'opportunité du choix offert.

Pour aller plus loin ou approcher autrement :

Peut-on se déterminer par sa seule volonté ?
Notre volonté est-elle libre de contraintes ou doit-elle se conformer aux mouvements d'une autorité supérieure ?

Sommes-nous tous logés à la même enseigne en termes d'accès au libre arbitre ? Quel environnement pourrait favoriser ou gêner le libre arbitre ?

S'agit-il de choisir ou de décider ?
Peut-on choisir d'exercer son libre arbitre ou pas ?
Peut-on préférer le déterminisme au libre arbitre ?
Peut-on préférer remettre son libre arbitre à un autre ?

Le libre arbitre est-il un avantage ou une charge ?
Libre arbitre et responsabilité peuvent-ils s'envisager l'un sans l'autre ?

Le libre arbitre a-t-il aussi ses limites ?
Peut-on imposer ses choix sous prétexte du libre arbitre ?
Le libre arbitre permet-il de soumettre un plus faible en compensation de notre soumission à un plus grand ?

Le libre arbitre individuel peut-il impacter le collectif ?
Pouvons-nous parler de libre arbitre collectif ?
La société humaine a-t-elle une influence sur le libre arbitre individuel ou collectif ?
Quel peut être l'impact du libre arbitre de l'humain sur son environnement ?

humilité

L'humilité, ça se joue à pas grand-chose et c'est pas rien.
Il y a celui qui se fait paraitre humble et ne l'est pas toujours, puis celui qui ne le laisse pas paraitre et pourrait bien l'être. On s'y laisse tromper, mais parce qu'on le veut bien. En réalité, nous confondons souvent humilité avec modestie, et cette confusion en arrange plus d'un. Nous parlons de fausse modestie que l'on pourrait aussi appeler fausse humilité. Cette ambivalence humilité-modestie est très appréciée des tricheurs et cultivée de manière assez intensive de nos jours. Alors, pendant que le modeste peut paraitre humble malgré lui et que le faux modeste se fait paraitre humble, l'authentique humble est moins souvent reconnu et quelques fois taxé de prétentieux, d'orgueilleux, d'arrogant ou de timide, réservé et même modeste. Cependant, peu importe pour celui qui a trouvé sa juste humilité, il n'a que faire de cacher ou d'exposer quoi que ce soit. L'humble est sincère et c'est ce qui prévaut, même s'il n'est jamais agréable de se faire taxer d'arrogant ou de modeste lorsqu'il n'en est rien.

La modestie n'est pas à proprement parler une vertu. C'est un état de fait dont les conventions sociales font une qualité pour celui qui se conforme à son infériorité. La modestie fait état d'une insuffisance, d'une pauvreté ou d'une petitesse de ses capacités, ses moyens ou ses attributs. C'est ainsi, il n'y a rien à y redire. Cependant, l'usage de la modestie consiste souvent à se soumettre ou se rabaisser pour quelques niaiseries de conventions. Nul besoin d'être modeste ou pas pour être humble. La modestie n'a rien à voir avec l'humilité, mais tout pour l'envier.

L'humilité est une vertu majeure. C'est justement reconnaitre et accepter la réalité de sa personne. Evidemment, cela commence par le fait de reconnaitre la petitesse et le peu de chose que l'on est vraiment dans le monde et l'univers auquel nous participons. Mais il ne s'agit pas de se diminuer. Il s'agit d'envisager sa juste place sans autre prétention que d'être ce que l'on est vraiment. Alors, c'est se savoir petit sans se diminuer, autant que se savoir grand sans s'augmenter. L'humilité ne fait pas bon ménage avec la dévalorisation de soi ni avec l'orgueil ou la prétention. Toutefois, cela n'empêche en rien l'envie de se grandir, de progresser, d'y travailler et y arriver quitte à en exprimer sa fierté. L'humble est en face de sa réalité personnelle de façon juste, intime et assumée. Il n'a pas besoin de se réduire ou de se gonfler artificiellement, pas plus que de dissimuler ou exposer ses faiblesses et ses forces. Il reconnait ses défauts et ses qualités, il les exprime à juste titre et sans trop se soucier de conventions sociales qui ne le voient pas toujours d'un bon œil. Il travaille à se développer dans un cadre sain car honnête et sincère avec lui-même. C'est la base d'un bon équilibre et d'une évolution efficace car bien proportionnée au regard de la matière première. L'humilité, c'est la transparence sur sa vraie condition. C'est sans tricherie, d'abord pour soi-même et pareillement pour les autres. Il est riche de se savoir déficient ou limité pour mieux se positionner et évoluer. Il est riche de se savoir puissant et en maitrise pour mieux se positionner et évoluer.

L'humble ne cache ni n'affiche son humilité, il la vit, il la rayonne naturellement.

Attention... de nos jours, l'humilité n'est pas sans risques. Elle fait beaucoup de jaloux et attire de nombreux tricheurs. Mais l'humble s'en accommode, l'humilité ouvre un monde plus grand, plus puissant, plus paisible et plus sécurisant. Être à sa juste place n'a pas de confort équivalent.

Vivre sans humilité est un mensonge, c'est un conflit avec soi-même et avec son environnement.
Vivre avec humilité est un gage de progression certaine et de grande réalisation le jour venu.

Soyez justement fier d'être humble.

Pour aller plus loin ou approcher autrement :

Est-il possible d'être modestement humble ou humblement modeste ?

Peut-on être malhonnête et humble en même temps ?

L'humilité est-elle réservée à quelques spécialistes ?
L'humilité est-elle réservée aux faibles ou au contraire aux puissants ?

Est-il souhaitable d'être humble et pourquoi ?
Vivre avec ou sans humilité, qu'est-ce que ça change ?

Vivre avec humilité, cela permet-il d'accomplir de grandes choses, ou au contraire ?

L'humilité s'apprend-elle ou bien est-elle innée ?
Est-il facile d'être humble et pourquoi ?

Notre société encourage-t-elle l'humain à l'humilité ?
La nature encourage-t-elle l'humain à l'humilité ?

L'humble et le non humble peuvent-ils vivre ensemble et qu'est-ce qu'il pourrait en résulter ?

dualité

Corps et esprit. Au milieu vivait une âme...
Féminin et masculin, ciel et terre, bien et mal, positif et négatif, onde et particule, point et infini, construire et détruire, jour et nuit, moi et l'autre, entrée et dessert.

C'est l'histoire de deux opposés complémentaires. Au milieu il y a quelque chose, sans quoi on en perd la saveur. Le meilleur et l'essentiel est au milieu. Pourtant, ce milieu n'existe pas sans dualité.

Nous retrouvons la dualité tout simplement partout. C'est la présence d'un opposé complémentaire pour chaque chose. La dualité est donc forcément représentée par deux éléments, ce sont les duals. Ces deux-là sont toujours présents l'un pour l'autre et leur liaison intrinsèque est inaltérable. Leur union, autant inaccessible qu'éternelle, est leur plus grand tour de force. L'unité représente le contraire de la dualité et elle n'existe que par la manifestation de ses deux opposés complémentaires rassemblés en un tout.
Les duals sont autant amenés à construire qu'à détruire. La dualité n'est pas que dans leur nature, elle est aussi dans leur raison d'être quant au travail qu'ils mènent d'un seul mouvement. Entre eux, juste au milieu, se trouve le point d'équilibre. Ils balancent et contrebalancent, s'éloignent et se rapprochent pour maintenir l'équilibre qui les lie à la vie. Leur bonne opposition et leur bonne complémentarité conditionnent leur existence, et le fait de bien exister passe par l'accompagnement du mouvement. Ce qu'il y a entre eux est le cœur de leur raison d'être.

Nous voyons souvent la dualité comme un combat, mais je préfère en parler comme d'une alliance. Certes, la dualité peut détruire, mais elle a plus d'avantage à construire. Nous regardons souvent un dual comme élément favorable et nous voulons le considérer comme suffisant. Nous négligeons son autre lui faisant face, nous le diminuons et voulons l'effacer en le considérant comme nuisible. Cependant, ils ne sont rien de tout cela. Ils sont simplement la raison de ce qu'il convient de cultiver au centre. Ils sont les meilleurs serviteurs du centre qui importe seul, mais pas sans eux.

Nous vivons dans un monde dont le paradigme se fonde sur la dualité. Le fractionnement de toute chose en est l'essence et il définit le déploiement du vivant. Certains éléments sont divisés et d'autres sont assemblés tout en concédant leur existence au principe de dualité et à sa préservation. Le fractionnement versus l'unité est aussi l'opportunité de recombiner ces états indissociables vers des compositions, des constructions et des collaborations toujours plus harmonieuses, résilientes et puissantes. La dualité est un outil fondamental de régulation et d'évolution positive du vivant.

Le milieu des duals, c'est l'âme, c'est l'union, c'est le tout, c'est l'être, c'est la neutralité, c'est la substance, c'est la pulsation, c'est l'édifice, c'est la lumière, c'est la relation, c'est l'aliment. Ici se trouve un cœur, une âme qui joue sa place dans un univers à connaître entre ses parts d'équilibre. Vivre équilibré, c'est vivre le milieu. Vivre le milieu, c'est vivre la dualité dans son entièreté pour choisir son équilibre.

Je vous souhaite un bel équilibre.

Pour aller plus loin ou approcher autrement :

Un modèle de vie est-il possible sans la notion d'un opposé complémentaire à chaque chose ?
Un modèle d'existence est-il possible sans liaison de deux opposés permettant de définir un élément au milieu ?

Peut-on refuser le principe de dualité ?
Peut-on n'admettre qu'un élément sans son opposé, et quelles en seraient les conséquences ?
Peut-on n'admettre qu'un élément central sans évoquer les bornes le situant, et quelles en seraient les conséquences ?

Comment et pourquoi manipuler un état d'équilibre ?
Quels sont les risques et avantages à vivre selon un principe de dualité ?

Le principe de dualité définit-il un état immuable ?
Une relation duelle peut-elle évoluer et, si oui, comment ?
Peut-on rompre, affaiblir, consolider ou figer une relation duelle ?

La dualité est-elle vraiment partout ?
Tous les objets sont-ils soumis au principe de dualité ?
Tous les comportements, les mots, les idées, les images, les sensations, les faits, ont-ils leur opposé complémentaire ?
Qu'en est-il de la dualité en soi ?

prière

Une pensée particulière...
A haute voix ou en silence, entre moi et le pouvoir.

Une prière est une demande un peu hors norme. La prière s'adresse à un plus grand pouvoir que soi, en vue de se voir accordé ce que l'on n'est pas en mesure de réaliser seul. Par-là, nous faisons donc appel à un plus fort dont nous pensons qu'il a le pouvoir de nous exaucer. Si nous faisons appel à un plus fort, c'est que le sujet est de taille. Il ne s'agit pas d'un simple coup de main mais bel et bien d'aller chercher quelque chose de l'ordre de l'inaccessible. La prière fait part de cette demande en bout de course de l'espoir. Le pouvoir de celui que nous sollicitons doit donc être à la hauteur de l'enjeu. Nous nous tournons alors vers Dieu ou un de ses semblables. Pour décrocher l'inaccessible, autant s'adresser à l'inaccessible.

Dans ce cadre hors du commun qui dépasse la capacité humaine reconnue, la demande prend une mise en forme appropriée. A ce niveau, on ne bafoue pas sa présentation et on ne triche pas sur la nécessité et la sincérité du souhait. C'est tout l'art de la prière. Cette démarche requiert une implication personnelle en rapport à la puissance du résultat attendu. Cela rejoint la notion d'intention où l'on tâche de concentrer ses capacités vers un accomplissement déterminé. Certaines intentions ne dépendent que de soi-même, mais la prière est un cas de mise en œuvre d'une intention dont l'objectif nécessite immédiatement d'appeler une aide supérieure. C'est alors que l'on s'adresse à un autre plus puissant. Il convient donc que la forme accompagne bien le contenu. Il s'agit de sincérité, de respect, d'humilité, de confiance et bien sûr de cœur. Cependant, ce n'est pas une supplication ni un étalage de sa misère ou de sa souffrance. La prière implique l'individu en sa pleine participation à délivrer ce qu'il lui est possible. C'est une attitude par laquelle on se voue, corps et esprit, vers un objectif salvateur. Ce sera d'autant plus fort que l'on fait appel à un tiers, et il est question de l'assurer de tout son dévouement. L'objectif aussi doit véhiculer cette démarche dans une certaine humilité. Ce n'est pas parce que l'on vise l'inaccessible qu'il faille prétendre à l'impossible. Dieu fera son possible avec ce que chacun lui apporte et ce qu'il peut en faire à ce moment. Dans l'absolu, rien n'est impossible, mais il reste essentiel de réunir les ingrédients de base. Une demande, quelle qu'elle soit, doit répondre à des conditions de faisabilité. Dans ce cas, si on ne peut prétendre à y répondre individuellement, il faut quand même le faire avec l'aide de celui à qui l'on s'adresse. Dieu ne réalise pas l'incohérence ou ce qui la favorise. Une prière doit porter un objectif positif, utile et cohérent avec l'existant, de manière à s'intégrer de façon harmonieuse. La demande doit faire sens avec notre propre monde personnel et l'univers qui l'entoure.

Bien que dites ici, ces choses-là ne se cogitent pas. La prière correspond à des situations, des nécessités ou des moments particuliers desquels découle naturellement cette posture adéquate. Si je rappelle cela, c'est pour signifier que la prière ne doit pas être confondue avec notre volumineux flux de banales demandes quotidiennes. Nous avons de plus en plus tendance à réclamer, exiger, nous apitoyer ou quémander pour des affaires de peu d'intérêt, souvent relatives à un confort très artificiel et dérisoire. La prière induit un état de transcendance. Nous avons quelques fois besoin d'aller chercher un accomplissement vital qui nous dépasse. Il est aussi rendu possible par le dépassement de soi-même et la foi que l'on y joint. C'est le sens de la prière qu'il convient de retrouver et cultiver.

Dans notre société de consommation, le savoir de la prière est souvent galvaudé et se perd. Pourtant, la prière peut changer des vies, et la vie est bien plus sage, raisonnable et agréable pour qui a retrouvé le sens de la prière.

La prière n'est pas réservée à une religion,
elle est accessible à tous.
Chacun peut prier et espérer être exaucé,
pour soi ou pour un autre.

Pour aller plus loin ou approcher autrement :

A qui la prière s'adresse-t-elle ?
Pouvons-nous prier quelqu'un d'autre que Dieu et pourquoi ?

La prière est-elle compatible avec une expression libre ou une formulation personnelle ?
Devons-nous absolument réciter les prières reconnues et écrites par d'autres pour espérer un résultat ?

Prier quotidiennement a-t-il un intérêt ?

Peut-on prier pour quelqu'un d'autre sans sa participation ?
Peut-on demander à quelqu'un d'autre de prier pour soi ?
Prie-t-on de la même manière pour l'autre que pour soi ?

La prière collective a-t-elle un sens particulier ?
Comment et pourquoi prier collectivement ?
Pouvons-nous prier à plusieurs, chacun pour soi ?

Une prière est-elle toujours exaucée ?
Peut-on prier sans demande particulière ?
La prière doit-elle toujours être une demande, ou peut-elle simplement exprimer un message sans attentes en retour ?

sexes

Sexes pour notion de masculin et féminin.
Des polarités à réunir à part égale.

Tout existe sous forme de couple. Chaque chose identifiable dans notre monde expose une forme ou un état pour lequel il existe son opposé complémentaire. On peut aussi dire que ce sont deux éléments identiques, ou presque, qui expriment des polarités inverses et complémentaires. Ces deux éléments réunis forment un tout, permettant simplement de rassembler l'intégralité des qualités accessibles. Il s'agit du principe de dualité et d'unité, par lequel la mise en commun de deux aspects duals nous ouvre un troisième état en tant que tout unifié. L'union de deux éléments distincts génère un nouvel ensemble de possibles et de capacités, se révélant supérieur à l'addition des caractéristiques individuelles considérées de façon séparée. Cela peut être imaginé comme étant 1+1=2, se révélant plutôt être 1+1=3 lors de l'intégration de deux opposés complémentaires. Lors de toute tentative d'assemblage, attention quand même à certaines réactions pouvant s'avérer vives, voire explosives. Il est aussi question d'éléments compatibles ou non, et de savoir les sélectionner en fonction de la relation espérée.
Nous sommes dans un monde de dualité et nous ne faisons pas exception à la règle. L'humain est un être double. Le masculin et le féminin en sont l'expression.
La dualité figure une fragmentation d'un ensemble à réunir. La réunion se joue en un principe d'équilibre. Deux corps s'unissent harmonieusement et durablement selon une logique de complémentarité, visant la meilleure stabilité possible de l'ensemble dans son environnement. C'est un

équilibre plus grand, élargissant les capacités individuelles, offrant des moyens d'adaptation plus nombreux, des mouvements de balancier plus doux et mieux centrés.

Il n'est pas d'équilibre sans une juste balance entre masculin et féminin. L'homme et la femme sont faits pour cette union vers un meilleur équilibre. Mais les hommes sont multiples et les femmes aussi... Beaucoup de modèles et d'options personnalisées nous sont proposés. Alors, la dualité, le masculin et le féminin, l'homme et la femme, la complémentarité, l'équilibre vers une union plus grande et vertueuse, c'est aussi la recherche et la mise en relation d'exemplaires au mieux compatibles, c'est aussi le choix de la bonne part de l'autre à relier.

Ceci est vrai en chacun de nous. L'homme et la femme, le corps masculin et le corps féminin, expriment des opposés complémentaires. Par nature, le masculin est lourdement plaqué au sol, le féminin est légèrement aspiré en l'air. L'homme est plus enclin à se perdre par trop de concret et de matériel, pendant que la femme est plus encline à se perdre par trop d'abstrait et d'éthéré. Notre union est vouée à générer un tout plus efficient. Ce petit supplément d'union, c'est l'ouverture à l'humain. L'humain réuni dans son entièreté, l'humain plus conscient, mieux régulé, plus adaptatif, mieux compréhensif et compréhensible...

Nulle question de prédominance.
L'un nécessite l'autre, tant à l'intérieur qu'à l'extérieur.
Il est donné à l'homme de se connaitre avec la femme.
Il est donné à la femme de se connaitre avec l'homme.

Nous sommes sexués par nécessité.
Aucune nécessité de se faire sexiste.

Pour aller plus loin ou approcher autrement :

Le cas de l'humain, l'homme et la femme, son environnement et son paradigme masculin-féminin.
Pourquoi identiques et différents à ce point ?

La dualité, les polarités et opposés complémentaires.
Notre monde est-il conditionné en tout et pour tout à un modèle dual ? Qu'en est-il de l'humain ?

Être sexué, est-ce être frappé de dualité ?
La dualité, qu'est-ce que c'est ? A quoi ça sert ?
L'homme et la femme sont-ils aussi une forme de dualité ?

Nous pouvons représenter les opposés complémentaires masculin et féminin en mettant l'homme et la femme face à face. Mais cette relation n'est-elle qu'extérieure ou peut-on aussi l'envisager individuellement, à l'intérieur ?
Féminin et masculin intérieurs, Corps et esprit, hémisphère droit et gauche, émotionnel et analytique, conscient et inconscient, etc.

En quoi et comment la domination et la soumission peuvent s'envisager au masculin et au féminin ?
La relation de domination et soumission est-elle nécessaire ? Quel rôle et utilité présente-t-elle ?

Quels sont les domaines représentatifs d'une relation domination-soumission ?
Une relation domination-soumission peut-elle s'inverser, changer de camp, se partager et s'équilibrer ?

pardon

Le pardon, c'est pour l'autre, pour soi, et pour les deux. Ceux qui demandent pardon et ceux qui pardonnent sont les mêmes. Les mots comme les actes ne sont pas toujours nécessaires, mais ils peuvent l'être et sont quelques fois suffisants. L'énergie de l'intention est essentielle, toujours.
Le pardon est un échange. Simultanément donner pour recevoir et recevoir pour donner, c'est par là qu'il se déploie et fait son œuvre.

Le pardon s'envisage et se comprend à plusieurs niveaux :
Le pardon de soi, au-dedans, accepter son erreur et se pardonner.
Le pardon de soi, au-dehors, présenter son pardon offert en réponse à son erreur passée.
Le pardon de l'autre, au-dehors, accepter son erreur et le pardonner.
Le pardon de l'autre, au-dedans, recevoir le pardon présenté en réponse à son erreur passée.

Dans tous les cas, tous les niveaux sont à reconnaitre. Pour un réel accomplissement, tous les niveaux doivent être exprimés et menés à bien. Cependant, ce n'est pas toujours possible. Alors, il est important de savoir faire sa pleine part. Cela suffit déjà à libérer son cosmos personnel. Faire sa part, c'est intégrer sa raison et son tort mais aussi ceux de l'autre, c'est intégrer sa réalité mais aussi celle de l'autre, c'est intégrer son égo et son intention mais aussi ceux de l'autre. Ainsi, faire sa part, cela libère et permet aussi aux autres parties de réaliser leur avenir sereinement le jour venu.

Pardonner, c'est réaliser son avenir, c'est permettre au mouvement de la vie d'évoluer sereinement en soi et l'accompagner librement. Le pardon est un outil essentiel et naturel du bon équilibre de l'être, il est garant de la fluidité d'une âme en conscience. Il passe par le cœur. Si son naturel semble s'être perdu, il est primordial de le retrouver. S'il semble s'être oublié, il est juste besoin de le rappeler.

Par don, il ne s'agit pas d'effacer un élément, ni de l'oublier, ni de le subir, ni de le rallier ou d'y consentir. Par don, il s'agit de transformation, de liberté, de continuité, de fluidité. Et si besoin, par don, il est possible d'effacer, d'oublier, de supporter ou de concilier dans le bon ordre des choses auquel chaque individu participe.
L'erreur est rarement unilatérale, elle se partage plus ou moins équitablement. Elle n'existe pas seule, elle est la rencontre d'intentions mal accordées, elle exprime une disharmonie. Ses conséquences sont sans appel et le pardon ajuste toute chose vers le retour à l'harmonie universelle.

Le pardon est une affaire d'intégrité, de sincérité, d'honnêteté, d'humilité, de reconnaissance, de courage, de délivrance, d'équilibre, de compassion, de bienveillance, de bonté, d'harmonie, d'amour.

Le pardon ne peut être reçu de l'extérieur s'il n'est pas déjà fait en soi.
Le pardon ne peut être fait en soi s'il n'est pas offert à l'extérieur.
Il doit être donné pour être reçu et il doit être reçu pour être donné.

Pardonner pour cultiver naturellement une relation toujours plus harmonieuse. Suivre la mélodie et apprendre à composer juste par don de soi.

Je vous souhaite une douce harmonie.

Pour aller plus loin ou approcher autrement :

Le pardon, c'est aussi comprendre la relation à l'autre qui commence avec soi, la relation à l'extérieur qui commence à l'intérieur.

Pardonner, c'est savoir ne pas être infaillible et accepter d'apprendre ensemble. Il est alors question de voir l'autre me regarder et me voir regarder l'autre.

Sans pardon, le conflit est figé en soi. Un conflit est un point dur, contraignant corps et esprit dans l'inconfort. Le cumul de ces contraintes est douloureux et délétère. Et si le pardon était la condition de libération d'un point dur ?

Le pardon admet une prise d'effet immédiate comme il peut nécessiter du temps et un réel travail d'accomplissement à moyen et long terme.

Tout est pardonnable et tout est pardonné. Ne pas offrir ou recevoir le pardon, c'est persister dans l'erreur et la nourrir.

Et Ho'oponopono, ça se dit aussi comme ça. C'est rétablir l'harmonie. Désolé, pardon, merci, je t'aime.

résilience

Une forme de résistance permettant une déformation temporaire tout en conservant ensuite la capacité de retour à l'équilibre.

La résilience est cette capacité à rétablir l'état fonctionnel d'un élément, le plus proche de sa nature première, à la suite d'un désordre, d'un choc ou d'un traumatisme. Le principe de résilience se prête à toute chose capable de recevoir une déformation ou une perturbation et de retourner ensuite vers sa condition première. Ceci implique la notion de mouvement et d'accompagnement d'un mouvement externe possiblement perturbateur. Il est question d'absorber un mouvement externe, le temps de son passage et de son possible impact sur l'équilibre en place à ce moment. L'évènement est alors au mieux contenu de manière à éviter des effets nuisibles et irréversibles. Enfin, Une fois la perturbation passée, rejetée, transformée ou neutralisée, c'est le retour à l'état de normalité initial.

La résilience met en évidence deux qualités fondamentales. La capacité de résistance nécessaire à tolérer un évènement inhabituel, et la capacité de rétablissement nécessaire à récupérer son intégrité suite à un dérangement significatif. Après avoir enduré de profondes modifications, l'équilibre retrouvé peut être le même ou se voir adapté à de nouvelles contraintes. Mais il s'agit toujours d'un retour à un équilibre le plus bénéfique en rapport à l'état de départ.
La résilience est une capacité essentielle pour tout organisme vivant. Elle est une puissante réponse

d'adaptation, de résistance adaptative, de survivance et de pérennité. Tout corps vivant évolue dans un environnement relationnel impliquant de nombreux mouvements plus ou moins favorables ou nuisibles. La résilience permet un haut degré d'acceptation de diverses perturbations tout en maintenant l'intégrité de l'organisme. Pour nous, cela s'applique autant à notre condition physique que psychique, en cas de choc, en cas de maladie ou en cas de variation subite du milieu environnant.

Chacun de nous a donc tout intérêt à cultiver sa résilience. La résilience elle-même ne s'exerce pas comme une discipline à part. Elle découle d'un équilibre d'ensemble devant être correctement stabilisé et suffisamment souple pour autoriser une bonne adaptation aux variations du milieu. Elle trouve sa performance augmentée dans un organisme lorsque son équilibre global est optimisé. Tout corps est un ensemble qui travaille en permanence à maintenir un équilibre favorable, adaptatif et durable, en vue de préserver son intégrité. Pour nous, cet équilibre est ce que l'on retrouve dans le principe de santé. Il convient de conserver et optimiser un état suffisamment confortable et réactif au regard des besoins habituels de l'organisme. Ceci implique une marge de manœuvre permettant la meilleure expression des mouvements utiles en vue d'ajuster sa réponse aux conditions de vie changeantes. Plus notre adaptabilité et notre réactivité sont bien installées, plus notre aisance à vivre au quotidien est significative et meilleure est notre capacité de résilience.

Je vous souhaite toute souplesse de corps et d'esprit.

Pour aller plus loin ou approcher autrement :

Résilience, résistance ou résiliation ?
Qu'est-ce que c'est ? Où est l'erreur ?

Pouvons-nous être résilients de manière collective ?
Quel intérêt ?

Sommes-nous tous résilients ?
Comment peut-on développer sa résilience ?

Être résilient, cela signifie-t-il être plus fort ?
Peut-on subir tout en étant résilient ?
Peut-on souffrir malgré sa résilience ?

Peut-on être trop ou pas assez résilient ?
Si oui, quelles peuvent en être les conséquences ?

Vivre suppose-t-il d'être résilient ?
Peut-on vivre sans résilience ?

espace-temps

L'espace et le temps ne sont définitivement pas une banale illusion... Le temps qui passe et l'espace disponible sont le quotidien de chacun d'entre nous.

Nous cherchons à comprendre la meilleure efficacité, le meilleur rendement, le meilleur équilibre. Pour accomplir une tâche, nous prenons le meilleur rapport impliquant le minimum de mouvements en une durée minimale. C'est là que se trouve le présent à réaliser à chaque instant. Il est proposé à la suite d'un passé et à destination d'un futur. L'équation se réajuste en continu. Le point de départ est réactualisé de manière symétrique par rapport au point d'arrivée retenu. Le point d'arrivée est réactualisé de manière symétrique aux conditions permises par le point de départ. Le départ, c'est le passé déjà expérimenté et archivé en expérience. L'arrivée, c'est le futur atteignable vers l'objectif à accomplir. Le temps présent est une variable permettant de situer le point de bascule intermédiaire entre le passé et le futur, le milieu. Les bornes du passé et du futur se déplacent. Elles établissent une distance plus ou moins grande. La proximité ou l'éloignement du passé et du futur d'un même présent détermine la vitesse d'exécution de la séquence d'action entre le départ et l'arrivée. Une même séquence peut exister dans des contextes d'espace et de temps différents. Par exemple, l'espace et le temps sont plus ou moins compressés ou étirés, alors que le contenu reste le même.

Nous vivons une notion d'espace-temps variable. Le temps comme l'espace s'expanse et se contracte. Le temps doit le faire si l'espace le fait, et inversement. L'espace et le temps sont intriqués. Cet état est évoqué par la synchronisation des variations entre passé et futur. Lorsque l'espace se réduit, tout s'accélère. D'un certain point de vue, le temps ralentit. Mais vu autrement, on peut dire que le temps s'accélère. Alors, considérons juste qu'en un même temps de référence, on aboutit plus d'actions dans un espace contracté que dans le même espace dilaté. Ici, l'important est de retenir qu'un espace donné correspond à un temps donné, et vice versa. De plus, à chaque variation de l'un, l'autre varie de manière proportionnelle. Au milieu, le présent a lieu. L'espace se présente sous plusieurs dimensions. Il est plus ou moins développé, mais toujours volumineux. Son centre étant le présent, nous pouvons resituer le passé et le futur dans l'espace. Ils sont à égale distance du centre, mais aussi alignés et donc diamétralement opposés l'un à l'autre, de part et d'autre du présent. Les bornes du passé et du futur délimitent le volume maximal d'espace accessible, aussi bien qu'un volume d'espace donné délimite les bornes du passé et du futur accessibles.

Pour finir, il faut comprendre que le couple espace-temps varie en fonction des conditions internes et externes du présent mis en jeu. Le présent s'envisage comme l'état ou l'action d'un individu. Selon les contraintes d'environnement représentées par les éléments qui influencent l'individu, son référentiel spatio-temporel expose différentes dimensions. Pour un même individu, à un même moment et en un même lieu, le temps peut paraître plus ou moins long et l'espace plus ou moins large.

Prenez le temps d'explorer l'espace.
Je vous souhaite un vaste instant.

Pour aller plus loin ou approcher autrement :

Faut-il envisager le temps et l'espace comme des mesures fixes, bien établies et fiables ? Ou bien sont-ils des variables d'environnement, des notions relatives et modulables ?

Pouvons-nous outrepasser ou négliger le temps et l'espace ? Le temps et l'espace sont adaptés aux contraintes du milieu. La condition de chaque élément implique une dimension particulière d'espace-temps qui lui est compatible. Pour être vécue sous cette forme, notre condition d'individu humain implique de s'exprimer dans un cadre spatio-temporel déterminé. Ce cadre ne peut pas être ignoré. Cependant, nos aptitudes, tant corporelles que spirituelles, permettent quelques variations non négligeables. Enfin, au prix de se dégager de notre forme, pouvons-nous penser à outrepasser, voire abandonner, cette variable spatio-temporelle ?

Le temps qui passe et l'espace disponible sont le quotidien de chacun d'entre nous.
Mais le temps et l'espace existent-ils vraiment ? Existent-ils par eux-mêmes ? Ou bien sont-ils simplement reliés à notre propre existence individuelle ?
L'espace et le temps pourraient-ils n'être que l'expression d'un individu entrainant avec lui le monde de son existence particulière ?

compassion

La compassion, c'est l'accompagnement de l'autre dans sa peine, sa blessure, sa souffrance. C'est l'accompagner à transiter cet évènement difficile vers le retour au bien-être.

La compassion n'est pas un acte que l'on pose sur quelqu'un sans que cela soit fait en partage avec cette personne et entièrement tourné à son intention. Il ne s'agit pas d'accomplir une quelconque obligation de générosité que l'on considère devoir exprimer, et qui porte souvent le goût du besoin d'apaiser sa propre conscience sur le dos du malheur d'un autre.

La compassion est un acte de dévouement à l'autre. C'est sur l'appréciation de nécessité, de bienvenue et de l'acceptation de la personne prête à recevoir cette aide, que cela prend sens et bonne forme. Il est alors question de lui offrir la possibilité de soutenir son fardeau avec elle, le temps que ce passage puisse se franchir. C'est une démarche d'aide et de soutien qui réserve une grande part à l'écoute. Il y a une forme de pitié, dans le sens noble et bienveillant du terme, permettant de mettre notre sensibilité au service de celle d'un autre.

Mais la compassion ne doit pas se laisser aller vers certaines formes de pitié, complainte ou apitoiement qui tendraient à cultiver la misère ambiante plutôt que d'accompagner le retour au beau temps paisible et serein. C'est se mettre au service d'un retour à l'équilibre qui n'est pas proprement le nôtre, mais bel et bien celui de l'intéressé à recevoir ce soutien.

Pour autant, on peut aussi parler de pitié et de miséricorde en cas de faute de la personne accablée envers soi.

Cependant, dans ce cas, la compassion est réellement ce qui suit le pardon. C'est l'accompagnement bienveillant au travers de l'épreuve émotionnelle inconfortable que vit le repenti pour retrouver un équilibre serein en paix avec lui-même.

Dans le cas d'aléas de parcours, il n'est pas besoin de pardon ou de se sentir directement concerné par la situation pour proposer sa compassion. C'est une relation d'aide naturelle d'un semblable. La démarche est dénuée de tout intérêt compensatoire.

Faire preuve de compassion nécessite écoute, humilité, sensibilité, dévouement, générosité, force, douceur et sourire autant intérieur qu'extérieur.

Faire preuve de compassion, tout le monde le fait et en a besoin à un moment ou un autre. Alors, autant le faire pleinement et accepter de former cette intime bulle relationnelle nécessaire en cet instant, que ce soit pour l'autre ou pour soi. Alors, que ce moment ne soit fait ni d'orgueil ni de mépris. Que l'acte de compassion soit vu avec révérence, que l'on soit partie prenante ou simple observateur de la scène. Mais qu'il ne soit jamais de raisons à même de justifier le malheur, la souffrance, la violence ou la tristesse, sous prétexte de pouvoir y remédier par compassion.

Bien que naturellement portée en chacun de nous, la compassion est une qualité qui prend tout son sens à être connue pour ne pas en cultiver le besoin.

Si elle doit croiser votre chemin, je vous souhaite de belles preuves de compassion.

Pour aller plus loin ou approcher autrement :

La compassion est-elle vraiment utile ?
Finalement, à quoi ça sert, qu'est-ce que ça change ?
Qu'est-ce que la compassion peut apporter quant à notre propre bien-être et celui de l'autre ?

A qui ou à quoi s'adresse la compassion ?
Peut-on uniquement exprimer sa compassion envers l'un de ses semblables ?

Peut-on ressentir de la compassion sans l'exprimer ?
Si oui, pourquoi et quel intérêt ?

La compassion doit-elle se montrer ou se faire discrète ?
Dans un cas comme dans l'autre, quels en seraient les effets ?

La compassion est-elle une affaire uniquement personnelle ou peut-elle s'exprimer en groupe ?

Vivre dans la compassion est-il sain, et pourquoi ?
Comment la vivre sans tomber dans le misérabilisme et le malheur omniprésent ?

Peut-on offrir sa compassion tout en étant soi-même en souffrance ?

Doit-on chercher la compassion ?
Doit-on chercher à offrir sa compassion ?
Doit-on chercher à recevoir de la compassion ?

perception

C'est la prise de contact d'une information vibratoire entrant en résonance avec un organisme conscient. Ce contact est interprété et mis en forme de façon particulière, en fonction des capacités de l'organisme et son environnement. Percevoir, c'est former son monde.

Nos capacités de perception sont en relation directe avec notre état de conscience et notre réalité. Ces capacités ne sont pas toujours égales d'un individu à l'autre, d'un moment à l'autre, et d'un contexte à l'autre. Elles peuvent être modulées. Percevoir, c'est acter son contact avec une information. Ça passe par les sens. Captée par un ou plusieurs sens, une perception peut se traduire par une image, un ressenti, une odeur, un son. Une perception implique une réaction sensitive qui peut aussi bien être interne qu'externe. C'est alors que nous sommes amenés à localiser, identifier et donner forme à l'élément que nous désignons comme responsable de cette interaction.
En étant un peu attentif, nous pouvons constater que nous percevons beaucoup d'informations, et cela de manière ininterrompue. Entre ce qui se passe en nous et autour de nous, ce qui s'entend, ce qui se voit, se sent, se touche... ça peut tout simplement paraitre énorme quand on y pense. Heureusement, un grand nombre de nos perceptions sont traitées machinalement, sans besoin de réflexion particulière quant à la réponse à mettre en œuvre. Mais tout ce qui est perçu fait bien partie du domaine de notre conscience. Dès lors, les qualités, les capacités et l'étendue de notre conscience, permettent d'ouvrir un spectre d'informations

plus ou moins important et de nature variable. Cette conscience est globalement commune et semblable pour tous. En même temps, elle est personnelle et unique au travers des spécificités qui caractérisent chaque individu. C'est alors ici que la perception s'exprime au travers d'une interprétation et d'une mise en forme particulière à la conscience que chacun déploie. Pour une même information contactée et traitée, nos modes d'intégration, nos sensations, notre analyse et notre mise en forme sont personnalisés. Qu'il s'agisse d'éléments matériels ou immatériels, la perception de toute chose est une question d'interprétation en lien avec une réalité propre à l'intéressé. Cette perception s'ajuste à tout ce qui nous touche. Pour exemple, des sensations de douleur, de joie, de peine, de confort, ne sont pas identiques pour tous face à un même évènement. Il n'y a pas une posture ou une juste évaluation meilleure qu'une autre, seule l'intensité du ressenti vécu fait preuve de la réalité de cette perception. Il en est de même pour les couleurs, les sons, le toucher, les objets et leurs qualités, etc.

Au-delà des capacités de chacun, la méthode apporte aussi sa différence de perception. La démarche et le rendu diffèrent lorsque l'on souhaite éclaircir un gris en retirant du noir ou en rajoutant du blanc. Pareillement lorsque l'on souhaite apaiser une douleur en retirant la gêne pour laisser place au confort, ou en rajoutant du confort pour masquer la gêne. La perception qui en résulte est un état très relatif qui doit être rapporté à la juste valeur du ressenti individuel.

A tout moment, la perception peut être modulée et adaptée, par nécessité ou pour d'autres raisons. La sensation, son traitement et son interprétation peuvent être réorientés par un vécu, une éducation, un apprentissage, une contrainte, une prise de conscience quelle qu'elle soit. Le fait de pouvoir intervenir sur notre perception des choses met en évidence la subjectivité d'un monde conscient, et nos capacités à y prendre place de manière particulière pour chaque individu. Echanger sur nos perceptions, c'est ouvrir le regard sur de multiples réalités bien légitimes et une vérité bien incertaine. C'est aussi mieux éclairer son monde, et découvrir ce qui demeurait imperceptible pour soi jusqu'alors.

Soyez conscient de l'imperceptible dans tout ce que vous percevez.

Pour aller plus loin ou approcher autrement :

Percevoir par la vue, l'audition ou le toucher, est-ce similaire ? En quoi mon expérience de perception diffère ou se ressemble selon le mode de contact privilégié ?

Nous pouvons percevoir un même objet au travers de plusieurs sens en même temps. Une perception multi-sensorielle est-elle une exception ou une généralité ? Est-elle avantageuse et meilleure ou pas ? En quoi le rendu peut-il être affecté ?

Nous percevons plusieurs éléments simultanément. Chaque élément perçu porte-t-il une influence sur la perception des autres ? La perception globale d'un ensemble d'éléments n'est-elle que la somme des perceptions de chaque élément, ou peut-elle générer une nouvelle perception particulière à un ensemble interactif ?

Peut-on parler de perception sans conscience ?
Peut-on parler de conscience sans perception ?

Une perception est-elle forcément concrète et palpable, ou bien peut-elle aussi être immatérielle et insaisissable ?

Pouvons-nous envisager différentes perceptions de notre monde physique ?
Quelle réalité et quelle vérité face à différentes perceptions d'un même objet ?
Une réalité perçue est-elle contestable ou pas ?

l'autre

L'autre, c'est ce avec quoi nous sommes reliés. C'est ce qui est autour, ce qui intervient dans notre environnement et nous conditionne en un jeu d'interactions réciproques.

L'autre, c'est avant tout notre semblable, les individus que nous côtoyons, avec qui nous échangeons et évoluons. Puis, c'est aussi tout le vivant qui induit une relation à notre état et notre sphère d'action.

Se tourner vers l'autre, c'est aller vers la relation qui en émerge et le rapport qui s'établit entre soi et l'extérieur. Nous touchons alors à la relation qui anime et modélise le vivant. Cette relation, chacun doit s'y conformer mais chacun l'oriente aussi. Il est question d'une interdépendance où se crée une dynamique de cause à effet en rapport au positionnement et au mouvement des uns au regard des autres. L'autre est vis-à-vis de soi ce que l'on est vis-à-vis de lui, un autre.
L'autre qui me ressemble ou celui que j'aimerais être.
L'autre différent ou celui que je n'aimerais pas être.
Reste à savoir ce que je suis et ce que je veux être, ce que je ne suis pas et ce que je ne veux pas être. En tout cas, ce que je suis en réalité est forcément ce que je propose à l'autre et donc ce qu'il reçoit de moi. L'autre ne me répond pas seulement en fonction de son état d'être, mais aussi en fonction de mon propre état d'être que je lui véhicule. Chacun a beau envelopper sa réalité personnelle de différentes manières, nous n'en diffusons pas moins le contenu essentiel.

Face à l'autre que nous aimerions être, il convient de garder un regard sincère quant à notre condition intime et la réalité que cet autre modèle produirait chez nous. Nous ne voyons pas nécessairement la pleine condition de l'autre comme la nôtre. De plus, nous sommes tous uniques à bien des égards. Il est peu raisonnable de construire notre personne sur la seule vision extérieure d'un autre idéalisé. Ceci dit, face à l'autre que nous aimerions être, nous pouvons espérer une relation d'échanges vertueux et plaisants. Ce qui importe ici, c'est ce qui est émis et perçu par soi et par l'autre. Il est tout indiqué d'en profiter mutuellement, sans abus d'idéalisme et dans le juste respect du bien-être à partager. Cette relation contribue à une saine évolution de toutes parts.

Face à l'autre que nous n'aimerions pas être, il convient de respecter la différence et la légitimité de l'autre. Il est important de garder à l'esprit une forme de bienveillance. Une distance appropriée peut-être rendue nécessaire afin de prévenir quelques conflits sans intérêt. Cependant, plutôt que de rejeter catégoriquement, il peut être utile, voire bénéfique, d'accepter certaines divergences comme ayant leur place dans la diversité observée à ce moment. Cet autre peut aussi révéler une vision intéressante quant à notre rapport à nous-même et à la différence perçue au dehors. Cette relation mérite d'être reçue sereinement, que l'on cautionne ou pas cet échange et que l'on y donne suite ou pas. C'est une question de respect autant pour soi que pour tout état d'être extérieur.

Au-delà d'aimer l'autre ou pas, on constate aussi la volonté de le ramener à son modèle personnel. Cette attitude se comprend, mais elle ne doit pas s'imposer ni pour soi ni pour l'autre. Ce serait bien plus souvent nuisible que constructif. Il est préférable que chacun puisse proposer son modèle par ce qu'il émet, sans pour autant imposer son état d'être. Savoir refuser le modèle d'un autre sans lui interdire de l'exprimer. Savoir exprimer son modèle sans obliger l'autre.

Dans la relation à l'autre, il est primordial de savoir ce que nous sommes et ce que nous voulons être. Il est primordial d'être ce que nous voulons être, ou du moins de s'orienter à le devenir. C'est en diffusant ce qui nous anime que nous en sommes nourris en retour. Nous recevons pleinement ce qui nous convient uniquement si nous le vivons déjà en nous, ou si nous y aspirons sincèrement au plus profond de nous-même. C'est ainsi que nous partageons ce que nous aimons et que nous pouvons en espérer un retour du même ordre.

La relation à l'autre est une rencontre, dedans et dehors.
La relation à l'autre est en gage de notre sincérité.
Je vous souhaite d'autres belles rencontres.

Pour aller plus loin ou approcher autrement :

L'autre est en face de soi. Mais qu'en est-il de soi-même ?
Certains disent être en accord avec eux-mêmes. On peut aussi parler de conflit avec soi-même. Alors, l'autre n'est-il qu'au dehors ou peut-on aussi le rencontrer en soi ?

L'autre est en face de soi. La fameuse image du miroir.
Qu'en est-il de cette relation miroir ? Qu'en est-il du miroir que l'on joue pour l'autre et que l'autre joue pour soi ?
Comment regarder un miroir ?
Doit-on se fier à tous les miroirs ?

La relation à l'autre au regard de sa relation à soi-même.
Savoir ce que je suis et ce que je veux être a-t-il vraiment une incidence sur ma relation à l'autre ?
(Suis-je heureux et satisfait de moi ? Suis-je ce que je veux vivre et représenter ? Suis-je réellement ce que je pense être au regard de mon attitude, mes actes et mes paroles ?... Alors, qui suis-je pour l'autre et qui est-il pour moi ?)

L'autre et la différence. L'autre est la différence.
En quoi la différence a-t-elle sa place et nous sert-elle ?

L'autre est-il toujours le même ou toujours différent ?
Tous les autres sont-ils vraiment nécessaires ?
Combien d'autres autour de nous ?
C'est quoi la diversité ?

L'autre et la relation de sincérité.
Quel lien peut-on faire entre la relation à l'autre et la sincérité que l'on exprime en soi et à l'extérieur ?

verbe

Le verbe est ce qui exprime une action, un état, un mouvement. Il met en scène et organise les éléments qu'il relie. Le verbe anime ce qu'il contacte. Il est le cœur déterminant de ce qui se passe pour ce qui se rattache à son impulsion. Il met en forme, dirige, définit et oriente un contexte de vie. Par essence, il est le pouvoir créateur d'une phrase. Par essence, le pouvoir créateur est l'affaire de Dieu.

D'un premier abord, le verbe pourrait n'être qu'un mot. Un mot certainement important quant à sa position centrale et déterminante dans la phrase, mais un simple mot malgré tout. Un mot certainement important aussi quant à ses formes multiples et sa capacité à explorer le temps passé-présent-futur, mais un simple mot malgré tout. Cependant, ces premières qualités ou particularités invitent à considérer le verbe au-delà du simple assemblage de lettres. Les lettres elles-mêmes ne sont qu'un système de codage choisi et mis en forme par un groupe d'utilisateurs humains. Mais, qu'est-ce que ces humains utilisent ou cherchent à utiliser au travers de ces lettres verbalisées ?
La fonction et la mise en œuvre des capacités du verbe ne sont pas nécessairement cantonnées à une écriture. On peut alors se tourner vers son rôle, ce qu'il décode et nous rend accessible, ce qui se cache derrière ou ce que qu'il nous permet de dévoiler. L'écriture est prononcée par une voix. La voix est une modulation sonore. Le son est une vibration. Tout ceci est information. C'est alors une information vibratoire que le verbe organise. C'est un message que nous émettons et que nous recevons. C'est ainsi que nous sommes

informés. C'est au fil des interactions signifiantes du verbe que notre environnement se modélise. Nous interprétons une figure concrète de notre monde au travers du verbe. Tout un univers nait du verbe et de la représentation qu'il induit en chacun de nous. S'il est un pouvoir créateur du verbe, depuis l'information vibratoire jusqu'à l'écriture d'un mot, nous sommes peut-être aussi créateurs de cet univers.
Le verbe n'est donc pas qu'un mot. Il est une information structurante d'un message diffusé. Il est muet et ressenti lorsqu'il est vibration dans un milieu plein de vide. Puis, il est sonore et entendu lorsqu'il se met à parler au contact de la matière concrète. Plus le verbe interagit avec d'autres et se relie à un large ensemble d'informations complémentaires, plus il s'enrichit, plus son sens se précise ou se déploie dans un vaste univers de possibles. De ce point de vue, il convient de comprendre le verbe comme élément directeur conditionnant tout mouvement élémentaire qui nous interpelle. Ce mouvement, c'est ce qui anime toute chose. Il en émerge la vie.
Le verbe, nous l'émettons et nous le recevons. L'exprimer et le relayer à pleine voix, c'est conforter ou amoindrir l'information qu'il porte. Choisir le verbe que l'on diffuse et celui que l'on écarte, c'est orienter la couleur de son bonheur et de son bien-être.
Et Dieu dans tout ça. Au commencement était le verbe... Le verbe, pouvoir créateur ? Dieu, pouvoir créateur ? Le verbe est-il Dieu et Dieu est-il le verbe ? Ou bien est-ce juste Dieu qui parle ? Il reste à écouter et peut-être connaitre qui parle.

Sachez porter attention au verbe, le vôtre, celui de l'autre, celui de Dieu. Je vous souhaite un verbe riche et juste.

Pour aller plus loin ou approcher autrement :

Le verbe structure un message.
Sa signification est-elle traduite à l'identique pour tous ?
Son interprétation peut-elle aussi dépendre du contexte que chacun y adjoint ou connait ?

Sommes-nous créateurs du verbe ou simples utilisateurs ?
Peut-on manipuler un verbe existant et orienter le cours d'une création en jouant avec lui ?

Nos mots et paroles expriment une information externe qui nous touche et que l'on tâche de traduire. Mais ils forment aussi l'expression de notre réalité intérieure, propre à notre état et notre condition du moment. Quel sens peut porter le verbe que l'on utilise et la manière dont on l'utilise ?

Le verbe a peut-être le pouvoir de créer, traduire, matérialiser une information. Mais lorsque nous l'exprimons, s'agit-il de faire émerger un message toujours conscient, ou quelques fois aussi inconscient ?

Le verbe en tant qu'onde informationnelle. Onde sonore et audible, ou onde muette et ressentie.
Peut-on envisager un temps et un espace de silence ?
Vivons-nous dans un brouhaha continu au milieu d'un vide plein de vibrations, d'informations et d'énergie ?

Quelle parenté entre le verbe et l'énergie ? Tous deux sont en rapport étroit avec l'information vibratoire et le mouvement. Qui forme qui dans la vraie vie ? Le verbe, l'énergie, l'éther, Dieu, le néant... Il était une fois, au commencement était...?

maitrise

Maitriser, c'est savoir vivre ou cohabiter avec un élément externe à soi dont on a compris le mouvement d'expression, le fonctionnement, le comportement, le mode opératoire, de sorte à en utiliser les qualités à notre avantage ou en contenir toute nuisance potentielle.

Maitriser, c'est travailler en association avec le mouvement ou les qualités d'un élément ne nous appartenant pas à proprement parler. Il ne convient pas de combattre, s'opposer ou vouloir diriger de force. Ce n'est pas dompter ou contraindre. C'est faire preuve de contrôle. Il s'agit de coopérer vers une forme d'entente propice à préserver notre intégrité ou développer nos capacités.

Nous pouvons parler de maitrise concernant un outil, un comportement, un être vivant et remuant ou un objet inanimé, une connaissance, une pensée ou une énergie. Evidemment, la démarche est différente selon de quoi nous parlons, mais le principe est similaire. Nous maitrisons une grande quantité de sujets et d'outils. Cependant, tout le monde ne maitrise pas les mêmes éléments, et le niveau de contrôle n'est pas égal d'un individu à l'autre. La maitrise peut être innée mais elle peut aussi s'apprendre, se travailler et s'améliorer pour atteindre des niveaux d'excellence. Certains peuvent avoir à cœur de viser ce qu'il y a de mieux. Néanmoins, ce qui importe vraiment est d'abord de trouver une réponse correcte et suffisante en rapport aux besoins qui sont les nôtres.

Pour ce qui est de l'inné, cela correspond normalement à répondre aux besoins fondamentaux qui nous sont communs. Mais il est aussi vrai que certaines personnes semblent posséder des compétences de manière naturelle, alors qu'il est habituellement nécessaire de passer par l'apprentissage pour les maitriser. Il y a donc des éléments que chacun maitrise ou devrait maitriser car ils apparaissent comme fondamentalement essentiels à notre existence dans ce monde. Puis, de nos jours, d'autres éléments sont dits essentiels mais ne le sont pas réellement concernant le fait même d'exister. Pourtant, ces derniers peuvent effectivement être rendus indispensables par le cadre sociétal dans lequel nous évoluons. Enfin, il y a encore des éléments dont chacun acquiert la maitrise de façon optionnelle, à bon ou à mauvais escient.

Il est intéressant d'explorer de nouveaux horizons en se donnant les moyens de nouvelles maitrises. Maitriser certains sujets, outils ou comportements, cela nous sert à plus de résistance, plus de compétences et d'adaptabilité. Nous évoluons au travers d'une maitrise toujours plus avancée de nous-même ainsi que des éléments qui composent notre milieu de vie. La maitrise n'est pas une option, c'est une condition importante pouvant déterminer notre place, notre légitimité, notre confort de vie et notre capacité à perdurer.

Toute maitrise de tout élément est relative à la condition de chacun. Sa nature même et son niveau de contrôle sont voués à évoluer avec la personne. La maitrise, qu'elle soit innée ou apprise, se développe, s'entretient et se partage. Reste à savoir ce qu'il est bon de prioritairement maitriser, en fonction de notre état de départ et des objectifs à atteindre.

Il n'est ni maitrise ni maitre sans soi.
La maitrise fait le maitre et le maitre fait la maitrise.
Une seule maitrise et un seul maitre :
Maitrise de corps et d'esprit en âme et conscience.

Pour aller plus loin ou approcher autrement :

La maitrise innée, est-ce vraiment possible ?
Comment peut-on maitriser un élément de manière innée, sans apprentissage ?

Qu'est-ce qui différencie le fait de connaitre ou de maitriser quelque chose ?

La maitrise d'un sujet ou d'un objet signifie-t-elle que l'on sait tout de son contenu et de son maniement ?

Un savoir-faire est-il une maitrise ?
Avoir le contrôle signifie-t-il maitriser ?

Peut-on expliquer quelque chose sans le maitriser ?
Peut-on maitriser quelque chose sans savoir l'expliquer ?

Y a-t-il de bonnes et de mauvaises maitrises, et pourquoi ?
Y a-t-il de bons et de mauvais maitres, et pourquoi ?

Qu'est-ce que veut dire 'être maitre de soi' ?
Qu'est-ce que 'se maitriser' ?

partage

Le partage, c'est se défaire de la propriété unique. C'est mettre une chose en commun en acceptant de ne plus être le seul décisionnaire vis-à-vis de l'objet ou du sujet. C'est donc accepter que le devenir de la chose partagée puisse aussi être guidé par d'autres désirs ou intérêts que le nôtre. Pour autant, ce n'est pas se défaire de la responsabilité de l'objet du partage, ni de nos droits à continuer d'exercer nos usages. Il s'agit d'une distribution plurielle des droits et devoirs qui semble passer par l'art du consensus. Le consensus peut alors être tacite ou contractuel. Dans tous les cas de moyens mis en œuvre, un partage existe uniquement lorsque la mise en commun respecte bien l'équité des droits et usages sur l'entièreté de la chose et des intéressés.

On ne peut plus honnêtement parler de partage dès lors que les principes d'équité et d'entièreté ne sont pas respectés, ou qu'ils sont manipulés de façon tendancieuse. Il n'y a pas de partage à découper en morceaux que l'on distribue à chacun selon des règles de droits et devoirs individuels étant associés à des objets morcelés et réduits en autant de regards subjectifs. Cela est de la division. Par la division d'un ensemble unique, il est fait plusieurs ensembles réduits, tous bien séparés et indépendants. Par ailleurs, ceci n'empêche pas que la division puisse aussi être formulée suivant un principe équitable ou pas. Cependant, le partage doit se concevoir comme la conservation d'un ensemble appartenant à un unique acteur dont la charge de propriété est répartie vers plusieurs acteurs agissant sciemment de façon commune, équitable et responsable.

Un partage ne peut être initié que par la volonté ou l'accord du possesseur initial, pour mettre à disposition ce qu'il était réputé contrôler seul jusqu'alors. Partager est un acte gratuit fondé sur le respect de l'objet mis en commun et des personnes y accédant. Plutôt que d'égalité dans le devenir effectif de l'objet partagé, il s'agit d'un principe d'équité et d'utilité. Une question de confiance, d'honnêteté et de générosité naturelle prend place dans le partage.

Le partage implique de conserver en partie le rôle du premier possesseur et de ne pas le déposséder. Toutefois, il ressort quelques similitudes avec le don, notamment le fait de savoir la difficulté de se dédire. En effet, "donner c'est donner, reprendre c'est voler". De la même manière, le fait de partager supporte mal un retour à l'avant-partage. Sauf exception, reprendre l'objet d'un partage reviendrait à priver autrui de ses droits et sa responsabilité engagée. Ce n'est pas comme prêter. Le prêt est normalement ponctuel, cadré et limité par des conditions de temps et d'usage. Pour le partage, la chose concernée continue à évoluer pleinement et souvent plus fortement. L'usage est libre et entier au regard de ce que chacun peut en faire dans le respect des besoins des autres partageurs. Cette chose même peut se trouver très vite transformée ou consommée de manière irréversible. C'est normal.

Alors, le partage rejoint une posture de bonté, de générosité, d'honnêteté, de bon sens collectif, et même d'un certain courage dans notre société très matérialiste et individuelle.

Le partage touche les objets, les idées, les émotions et sentiments, les ressentis, etc. Tout ou presque peut se partager. C'est une démarche naturelle qui s'applique normalement à toute chose. L'anomalie est plutôt d'instaurer un état de propriété individuelle et égocentrée qui nécessite, tôt ou tard, de remettre en partage. Dans le bon ordre des choses, tout élément qui n'est pas partagé n'a que peu d'avenir. La mise en commun est nécessaire au meilleur développement, au meilleur usage et à la meilleure évolution de toute chose.

Soyez libres de partager. Ç'est gratuit.

Pour aller plus loin ou approcher autrement :

Le partage peut être un acte de bonté, générosité, courage, altruisme… mais il peut aussi représenter un intérêt. Les intérêts de mise en commun sont multiples : économique, efficacité, rentabilité, puissance… Générosité ou rentabilité ? Les deux ? Doit-on choisir son partage ou le partage contient-il tous ces éléments reliés en un seul et même acte ?

Partager peut évidemment apparaitre comme un bon principe accessible à tous. Mais alors… pourquoi s'en priver ? Pourquoi rencontre-t-on toujours ceux qui aiment et ceux qui n'aiment pas partager ? Quels enjeux sont à considérer ?

Tout se partage. Mais le commerce peut-il être un partage ?
Le partage peut-il aussi vraiment exister dans une relation commerciale ou même d'échange ?
C'est quoi la différence entre commerce et partage ?
Ne partagez pas que les frais.

Saurez-vous partager votre pouvoir ?
Sur quoi saurez-vous sincèrement partager votre pouvoir ?
Saurez-vous accepter d'utiliser, avec respect et bienveillance, le pouvoir mis en commun par d'autres, comme si c'était le vôtre, à vous seul ?

extraordinaire

L'extraordinaire, c'est une part inconnue de notre monde tel que nous l'envisageons habituellement. Dans nos vies ordinaires, il arrive que nous prenions contact avec cette part de mystère. Entendre, voir ou simplement ressentir ce que d'autres semblent ne pas entendre, ne pas voir ou ne pas ressentir. Ces expériences peuvent être fortes et impressionnantes, ou simplement un peu étranges et chatouillant notre curiosité. Dans l'extraordinaire, il y a tous les phénomènes dits 'extrasensoriels', mais aussi une myriade d'expériences auxquelles nous pouvons nous trouver confrontés de façon imprévisible, en plein inconnu et sans aucuns repères. L'extraordinaire se manifeste de manière plus ou moins exceptionnelle ou fréquente. Pour certains, il peut s'exprimer naturellement depuis toujours. Pour d'autres, il apparait à des moments choisis de la vie, en toutes conditions.

L'extraordinaire des autres peut sembler être une simple réalité omniprésente pour soi. Quoi qu'il en soit, ce monde connait aussi des moments plus ou moins faciles à vivre et à assimiler. Cet extraordinaire accompagne toujours celui qui le vit à sa juste mesure. Après avoir exploré l'humain et le modèle de consensus social recommandé, l'évidence de cette réalité peut tout de même s'imposer comme le meilleur à vivre sans conteste. Lorsque nous l'intégrons simplement et naturellement, c'est un monde merveilleux qui s'ouvre, au plus près de notre condition individuelle. Nous vivons tous notre part d'extraordinaire. De plus en plus de personnes semblent vivre des situations non ordinaires. Il n'est pas toujours facile de partager ce vécu hors du commun. Face à ces situations mal reconnues, la peur est un premier réflexe parfois légitime. Alors, on s'assure de son bon état physique et psychique. Mais tout est bien normal et cet étrange invisible s'invite encore… On peut décider de bannir cette magie de notre vie (c'est ce que l'on croit…). Ou bien, on laisse la curiosité et l'émerveillement pousser à vouloir en savoir plus.

Ces expériences extraordinaires sont généralement profitables. Beaucoup trouvent un sens. Nous pouvons apprendre à vivre en harmonie avec elles. Chacun doit pouvoir avancer son vécu sereinement et échanger librement. Diverses expériences et pratiques sensorielles permettent d'accompagner l'extraordinaire et de l'intégrer pour le meilleur. Simplement en parler est important. Pouvoir découvrir cette réalité et la comprendre autrement, c'est encore mieux. Savoir ajuster sa personne et son environnement à l'extraordinaire, en faire son ordinaire paisible, c'est possiblement magnifique.

Vivre l'extraordinaire que notre monde nous propose est une opportunité. C'est l'occasion de réfléchir à notre réalité. C'est une possibilité de mieux comprendre notre environnement et de mieux se comprendre soi-même. A chacun son extraordinaire, et nul besoin de s'entêter à aller en chercher plus. Ce que nous rencontrons est juste ce qu'il est bon d'explorer tranquillement. C'est ainsi que nous grandissons. Une saine évolution passe aussi par là.

Sachez vivre votre extraordinaire vie telle qu'elle se présente. C'est là qu'est votre bon sens et votre raison d'être, pour vous et votre entourage.

Pour aller plus loin ou approcher autrement :

Que peut-on appeler 'extraordinaire' et pourquoi ?

Peut-on vivre un moment ou un évènement extraordinaire qui ne le soit pas pour les autres ?

Une expérience extraordinaire peut-elle être personnelle, collective, ou les deux ?

Comment vivre un moment extraordinaire ?
Devons-nous chercher et provoquer l'extraordinaire ?

L'extraordinaire est-il une réalité ou peut-il être une illusion ?
Sommes-nous dans le vrai ou dans l'erreur lorsque nous rencontrons l'extraordinaire ?

Peut-on se passer de vivre des expériences extraordinaires ?
Quel intérêt de vivre des expériences extraordinaires ?
Est-il avantageux ou dangereux de côtoyer l'extraordinaire ?

Sommes-nous extraordinaire sans le savoir ?

sensibilité

Sensibilité... je t'aime, un peu, beaucoup, passionnément, à la folie, pas du tout ?

La sensibilité, c'est notre faculté de vivre et réguler notre rapport au monde. Ce sont les sensations nous permettant de nous positionner et réagir face à la vie qui s'agite autour et en nous-même. C'est l'habileté des sens. La sensibilité est constitutive du vivant. Il n'est pas de vie dans notre monde qui ne soit sensible.

Nous sommes des êtres sensibles, et c'est la condition de chacun d'apprendre à évoluer avec ses ressentis. Bien sûr, nos capacités ne sont pas toujours dirigées vers les mêmes centres d'intérêt et avec la même force. Mais cela tient simplement à notre singularité, notre individualité. La sensibilité s'exprime aussi bien au travers de réactions émotionnelles que physiologiques. Ceci est naturellement vrai pour tout organisme vivant. Tout commence par nos sens. C'est par nos sens que nous percevons tout mouvement, toute information et tout contact nous intéressant, tant à l'extérieur qu'à l'intérieur de nous-même. Nos sens sont la porte d'entrée de notre monde intérieur et extérieur. Ils sont l'outil communicant nous donnant accès à la conscience et à l'expression du vivant auquel nous participons. La sensibilité est la capacité à construire une réaction, en continuité de nos sens et des perceptions y étant associées. Elle participe à l'expression nécessaire d'un individu, vouée à déterminer sa place au sein du milieu vivant qu'est son propre univers. Alors, chacun fait état de sens plus ou moins performants et pertinents. Cela varie pour chaque individu, en fonction des moments et des situations rencontrées, mais aussi en fonction d'un parcours de vie ayant amené à favoriser ou amoindrir certains domaines.

Il est toujours question d'une interprétation personnelle d'une information reçue. D'un individu à l'autre, pour un même évènement, nos réactions peuvent varier plus ou moins significativement. Evidemment, il s'agit aussi de modérer cette sensibilité à bon escient. Son rôle est de nous permettre un juste positionnement au mieux équilibré, sécurisant et confortable. Elle contribue à préserver notre intégrité dans un collectif dont nous faisons partie. Ce que l'on peut qualifier de manque ou d'excès de sensibilité n'est pas souhaitable. Cela équivaut à un mauvais équilibre qui ne sert plus l'intérêt de l'individu, et peut même le desservir. Des situations fortes, d'urgence, de trauma, d'accident ou de contraintes sont souvent à l'origine de déséquilibres rendus nécessaires à ce moment. Cependant, il est rarement bénéfique de laisser ces états s'installer durablement. Dans un contexte revenu à la normale, cela devient une anomalie. Alors, notre sensibilité peut aussi connaitre certaines dérives, et il convient de s'en saisir afin de rétablir son bon usage. Il y va du bon usage de nos sens et ce que l'on en fait. Dans un milieu naturel, il n'y a rien à apprendre ou vouloir diriger de notre faculté sensible. Simplement écouter nos sens, les exprimer, les cultiver et les développer. Plus nos sens sont développés et plus nous y sommes attentifs, plus notre capacité à les comprendre et les exprimer est modulable, habile et adaptée.

De notre sensibilité émerge aussi notre réalité et notre propension à la vivre. Notre vie au quotidien s'organise en relation avec nos capacités sensibles. Si nous nous adaptons dans le sens de nos ressentis, nous trouvons moyen de vivre sainement et agréablement. Si nous nous y opposons, nous vivons sous contrainte avec nous-même, et c'est une souffrance continue.

L'humain est un être sensible par nature. La sensibilité, certains la cachent bien, d'autres en souffrent, d'autres encore la cultivent et la partagent, certains en rient, en pleurent ou la méprisent… mais finalement, personne n'en manque. Ce qui fait le sens, c'est l'exprimer justement, c'est y prendre toute sa part, sans exagération mais sans retenue, sans débordement mais sans contrainte.

Soyez sensibles, c'est de là que vient votre force.

Pour aller plus loin ou approcher autrement :

Sommes-nous libres d'exprimer notre sensibilité sans filtre, et cela est-il souhaitable ?
Notre société permet-elle une libre expression de la sensibilité de chacun ?

Chacun est-il sensible de la même manière ?
Pourquoi certaines personnes semblent-elles plus sensibles que d'autres ?

Être sensible, est-ce être fort et pourquoi ?
Être sensible, est-ce être faible et pourquoi ?

*Est-ce normal d'être sensible ? A quoi ça sert d'être sensible ?
Être sensible, est-ce important ou pas ?*

*La sensibilité est-elle bien vue par les gens ?
Comment est considérée une personne dite 'sensible', et pourquoi ?
Comment est considérée une personne dite 'non sensible', et pourquoi ?*

*Quel rôle joue la sensibilité aujourd'hui ?
Dans quels domaines la sensibilité est-elle utile ou gênante ?*

cultiver

Une notion qu'il est bon de pratiquer dans le bon sens.
Tout se cultive. Nous cultivons la terre, le corps, l'esprit, les relations, les sentiments, les arts, les traditions, l'ordre ou le désordre, le bonheur ou le malheur, l'harmonie ou le chaos, etc. D'une manière ou d'une autre, tout se cultive. Il reste justement à savoir ce qu'il convient de cultiver, pourquoi et de quelle manière. Cela fait sens lorsque nous revenons à vraiment cultiver, plutôt que de confondre ce noble travail avec 'exploiter' ou 'consommer' par exemple. Il y va du bon sens de 'cultiver'.

Cultiver, c'est prendre soin en vue de favoriser le meilleur développement naturel et le préserver.
Ce n'est pas forcer le développement ni diriger un développement à notre seul avantage. C'est permettre et entretenir de bonnes conditions de croissance, d'expansion, de déploiement et d'évolution à ce qui comporte déjà sa propre nature, sa propre fonction et ses propres qualités. Il ne s'agit pas d'orienter ou de manipuler le devenir de ce que l'on cultive. Simplement l'accompagner à grandir, pour se grandir en même temps. Effectivement, cultiver un élément, c'est aussi se permettre d'appuyer son développement personnel sur les qualités de cet élément. Nous n'apprenons rien à ce que nous cultivons, mais c'est bien ce que nous cultivons qui nous apprend à vivre. C'est pour nous une belle histoire, à condition de cultiver dans le bon sens.

Nous nous plaisons à penser que nous cultivons alors que nous exploitons ou consommons. La confusion a son avantage à justifier une conscience pas toujours tranquille. Cependant, notre modèle social nous pousse aussi à travestir le bon sens des choses. Il est bon de savoir ou de se rappeler que nous pouvons vraiment cultiver sans que cela soit corrélé avec le fait d'exploiter et de consommer. Exploiter consiste à cultiver par imposition d'une force directive contraignant l'élément mis en culture à se développer essentiellement vers nos intérêts personnels. Il s'ensuit souvent une surexploitation conduisant à épuiser la ressource sans en avoir appris le bon usage. Nous négligeons l'intégrité de cet élément, son rythme, sa raison d'être et les vertus qu'il pourrait nous offrir à plus long terme. Nous forçons un rendu tourné vers notre intérêt à court terme. C'est alors dénaturer les choses au bénéfice d'une consommation urgente n'étant pas toujours justifiée. La consommation vit en symbiose avec l'exploitation. C'est cultiver sans aucune considération pour la préservation de l'élément ressource. C'est mépriser les ressources qui sont mises à notre disposition, et risquer de les détruire sous emprise d'une urgence néfaste et d'un égo surdimensionné. 'Exploiter' et 'consommer' sont des formes perverties de 'cultiver'.

Enfin, nous pouvons cultiver un élément bénéfique ou néfaste comme le bonheur ou le malheur, une tradition vertueuse ou nuisible. Cependant, lorsque l'on connait le sens à donner à 'cultiver', on comprend bien qu'il est peu utile de cultiver le sinistre. Nous dépendons de l'équilibre relationnel que nous entretenons avec notre environnement. Si nous cultivons vraiment quelque chose qui ne soit pas compatible avec une évolution constructive par nature, nous sommes forcément voués à l'échec. Une mauvaise histoire peut bien évidemment durer, mais, tôt ou tard, tout ce qui ne participe pas d'une évolution constructive est consacré à se perdre. C'est simplement du temps et de l'énergie perdus à avoir généré des désagréments sans lendemain, et c'est bien dommage.

Notre milieu de vie est riche, il est plein d'enseignements pour celui qui l'accompagne, il grandit plus vite celui qui cultive ce qui y pousse naturellement. Nous avons tout à gagner à cultiver dans le bon sens.

Ayez le bon geste, servez-vous et cultivez.

Pour aller plus loin ou approcher autrement :

Avons-nous besoin de cultiver ?
Si oui, qu'avons-nous besoin de cultiver ?

Que pouvons-nous cultiver et de quoi avons-nous besoin pour cultiver ?

Peut-on cultiver seul ou à plusieurs ?

Peut-on cultiver plusieurs éléments en même temps ?
Est-ce que tout se cultive de la même manière ?

Peut-on cultiver un même élément de différentes façons ?
Cultiver différemment produit-il le même résultat ?

Est-ce que cultiver fait partie de notre condition d'être ?
Cultivons-nous évidemment sans le savoir ?
Avons-nous conscience de ce que nous cultivons ?
Est-il important d'avoir conscience de ce que nous cultivons ?

Avons-nous tous les mêmes capacités à cultiver ?
Devons-nous tous forcément cultiver les mêmes éléments ?

amour

Cet amour dont beaucoup parlent. Cet amour que certains catégorisent par des qualificatifs plus ou moins vertueux. Cet amour que certains préfèrent inaccessible et que d'autres consomment ou commercialisent comme une banale marchandise.

L'amour est partout.
L'amour, c'est chaque fois qu'il y a union, réunification. Il manifeste sa pleine puissance chaque fois que deux énergies contraires et complémentaires se relient, à chaque réunion. C'est la relation vers le tout, l'unité du tout. Il ne s'explique pas vraiment par des mots, mais il est important d'en exprimer l'aperçu.
Quel que soit ce que vous rassemblez, pourvu qu'il y ait cette affinité suffisante, il y a de l'amour qui prend place. Ne serait-ce qu'un instant, il nait de cette complémentarité qui laisse espérer la possible fusion contenant en elle toute l'alchimie d'un corps réuni en son cœur, en âme et conscience.
L'amour est partout, parce qu'à tout élément il existe son complément capable de l'élever en une unité plus grande. L'amour habite les objets, les idées, les couleurs, les sons... et les êtres humains.
L'amour est la force d'attraction qui s'installe entre les énergies compatibles et complémentaires, en résonance, capables de s'enrichir mutuellement et vouées à s'unir vers leur accomplissement. Dès que vous rapprochez ces formes opposées complémentaires, il y a ce sentiment d'amour qui nait. Vous le ressentez, et il croît au fur et à mesure que vous effacez la distance entre les mondes à relier. Ce sont des

mondes, des formes, des éléments qui n'existent que les uns pour les autres. Chaque chose n'existe que pour retrouver son autre et s'unir en un tout complet, idéal, parfait, parfaitement presque impossible.

L'amour est cette relation, ce chemin vers cet instant irréel du retour à l'unité. Cet instant de l'être unifié retrouvé est la seule chose que vous savez réellement être. Vous savez tout le reste comme n'étant que projection et fractionnement. Vous savez qu'avant tout et au-delà de tout, vous n'êtes que cela et tout cela, cette âme unifiée en son cœur, reliée au grand tout du cosmos. Vous savez vivre cela à tous les instants sans jamais réellement l'être ne serait-ce qu'un plein instant. C'est ce qu'il y a de plus grand, de plus magnifique, rien ne définit plus ce sentiment qui les comprend tous en un seul. C'est notre quête de l'inaccessible. L'inaccessible en soi, l'inaccessible de soi. L'amour est le chemin, l'observer c'est beau, le vivre c'est fantastique, le cultiver c'est magique.

C'est alors une histoire d'énergie et de cœur. C'est au cœur que cette union prend place, qu'elle se reçoit et qu'elle se révèle. C'est vers et depuis le cœur que l'amour s'exprime.

C'est aussi une question de perception et de conscience. C'est ainsi qu'on le ressent et le voit s'exprimer tout autour de soi. Et puis on peut le vivre, y participer. Il suffit de se mettre en partage. Se mettre en partage avec soi-même, tout à l'intérieur, ou se mettre en partage avec l'autre, juste là dehors, ou bien les deux à la fois, pour le vivre encore plus grand dans son cœur. Alors, on cultive et on vit la magie.

Aimer pleinement et cultiver. Y en a partout.
Je vous souhaite un merveilleux chemin.

Pour aller plus loin ou approcher autrement :

Êtres conscients, nous sommes fractionnés corps et esprit. Nous vivons souvent l'amour partiel avant de le rassembler à destination de l'âme, au cœur de notre conscience.

Les chemins de l'amour sont multiples. Ils peuvent être spirituels, matériels, ou tout à la fois. Voyez par où vous êtes passés et par où vous n'avez pas encore promené. Eloignez-vous et rapprochez-vous, ressentez et apprenez à connaitre cette sensation toujours pareille à tous les chemins.

L'amour pour se réunir en soi, s'approcher de son être véritable, juste là au-dedans. Ou l'amour pour se réunir avec l'autre, créer plus grand, juste là au-dehors. Lequel ? L'un ou l'autre, peut-être les deux. Par quoi commencer ? Peut-être tout en même temps. Pourquoi ? Comment ?...
Aimer le tout pour le vivre au cœur.

L'amour, union des opposés complémentaires. Le féminin et le masculin. Qui sont-ils ? Quand les exprimer ? Comment et pourquoi ? Reconnaitre le féminin et le masculin, apprendre à accompagner cet amour.

équilibre

L'équilibre est un mouvement qui a pour travail de trouver la meilleure stabilité possible autour de son point d'équilibre. Le point d'équilibre représente la stabilité parfaite, l'immobilisme. Si le mouvement se concentre à cet endroit sans plus de perturbations, il se stabilise, se ralentit et s'arrête en laissant place à l'immobile. Mais, en réalité, le mouvement ne cesse pas. Il se rapproche et s'éloigne du point d'équilibre. Sa vitesse d'évolution et sa trajectoire varient aussi. Le mouvement est continuellement changeant, car il est toujours perturbé par le milieu dans lequel il s'exprime. Les conditions de régulation de l'équilibre sont remises en question sans arrêt. L'équilibre est donc un mouvement qui ne s'arrête jamais. Il s'adapte et évolue toujours, en quête de la meilleure stabilité possible à ce moment au sein de son environnement.

Le mouvement est une condition d'expression de la vie. Dans notre monde, il n'y a pas de vie sans mouvement, pas d'existence. Tout ce qui existe bouge. Le mouvement se déploie à différentes échelles et de façon plus ou moins ample, mais tout bouge. L'équilibre est alors aussi la vie et il régule la vie. Il présente un mouvement plus ou moins agité, calme, étendu, rassemblé, contrarié ou fluide. Plus un mouvement est agité, plus l'équilibre est remuant et déstabilisant. Plus un mouvement est calme, plus l'équilibre est apaisé et reposant. L'équilibre se module donc en fonction de son milieu de vie. Il s'agit de l'environnement dans lequel il évolue, mais aussi de l'objet même qui constitue son centre et pour lequel il recherche la meilleure stabilité. Pour nous, l'objet qui constitue le centre d'équilibre, c'est nous-même, notre corps, notre personne. Nous pouvons dire que le centre d'équilibre purement physique se déplace en fonction de la répartition des charges, à l'intérieur comme à l'extérieur de notre corps. Parlant d'un équilibre global, tant physique que psychique, chimique ou électromagnétique, notre centre s'envisage du point de vue énergétique et il est au cœur.

Notre équilibre s'organise donc en relation à notre environnement et notre état d'être, pour une vie plus ou moins calme et fluide. Nous sommes dépendants de cette relation, mais nous avons notre rôle à jouer. Même si nous ne pouvons pas prétendre à pleinement maitriser notre environnement et notre état d'être, nous pouvons les orienter et les influencer. L'équilibre se modère et nous en sommes aussi responsables. Il s'agit de contribuer aux conditions de notre équilibre, autant depuis dedans que depuis dehors. Il y a quelques éléments que nous pouvons maitriser et organiser à notre guise. D'autres nous dépassent et nous devons les intégrer au mieux. Dans tous les cas, il est question de permettre un bon rapport énergétique entre tous les éléments prenant part à notre vie. Chaque élément doit trouver une place suffisante à sa propre expression, sans induire de gêne alentour. Tout bouge et rien ne doit être figé par la contrainte. Un bon équilibre s'appuie sur une circulation énergétique la plus fluide possible. Nous sommes responsables de bien positionner ce qui dépend directement de nous. Nous sommes aussi responsables de bien nous positionner vis-à-vis de ce dont nous dépendons. L'équilibre se joue dans une vaste réalité visible et invisible. Nous pouvons l'accompagner au travers de nos ressentis. Une situation favorable accorde une place suffisante à l'ensemble des éléments présents. C'est un ajustement continu des interactions de chaque chose, à chaque mouvement et à chaque instant. Chacun peut être attentif à ce principe en relation à ses ressentis. Plus les capacités de perception d'un individu sont larges, mieux il prendra place naturellement et mieux il saura voir, accompagner et orienter ce qui peut l'être. Ecoutez vos ressentis et soyez à l'aise en prenant part à l'organisation de l'ensemble vivant. Il vous revient d'en cultiver un bon équilibre. Il s'agit de participer à accompagner notre équilibre, seul et collectivement, par nous-même ou aux côtés d'un autre qui soit en mesure d'écouter le vaste monde qui bouge en nous et autour.

Un bon équilibre est un mouvement tempéré, fluide, adaptatif et harmonieux entre toutes parties d'un milieu de vie. Il est garant d'une vie paisible et agréable, d'une conscience pleine et large, d'une évolution active et bénéfique, d'une bonne adaptabilité et d'une saine longévité.

Souplesse, puissance, calme, fluidité et amplitude.
C'est tout l'art du mouvement que je vous souhaite.

Pour aller plus loin ou approcher autrement :

Peut-on simplement être stable sans tenir l'équilibre ?
Pourquoi doit-on tenir en équilibre ?
Peut-on tenir en équilibre sans bouger ?
Comment tenir en équilibre ?

L'équilibre est-il le même pour tout le monde ?
Choisit-on son équilibre ?
Y a-t-il de bons et de mauvais équilibres ?

Pouvons-nous modifier un équilibre ?
Pouvons-nous intervenir sur notre équilibre ?
Si oui, quand, comment et pourquoi ?

Quel intérêt à être équilibré ?
Qu'est-ce que ça change ?
Que se passe-t-il si l'on n'est pas bien équilibré ?

écoute

L'écoute, c'est écouter, c'est être à l'écoute. C'est prêter attention pour entendre, et considérer ce que l'on entend avec attention. Être à l'écoute, c'est tâcher de pleinement saisir le message qui nous parvient. C'est l'entendre tel qu'il est, le comprendre dans son entièreté sans le diminuer ou l'augmenter, savoir le recevoir d'où il vient sans mépriser son émetteur, le respecter dans sa forme et son contenu sans le tourner à son avantage ou le travestir d'un équivalent arbitraire. On n'écoute plus lorsque l'on filtre un message pour entendre uniquement ce que l'on souhaite, et que l'on pique quelques mots choisis permettant une signification ayant perdu tout sens de l'expression première. L'interprétation de ce message vient en suivant. Elle est évidemment personnelle, modulée par notre propre condition et notre capacité d'entendement. Alors, l'étape première d'une pleine écoute consciente est essentielle. C'est en fonction de sa qualité que la suite s'organise.

L'écoute est une mécanique plus ou moins automatique, mais elle doit rester consciente. Être à l'écoute ne peut pas être une attitude sélective. L'écoute implique aussi une attention et une considération également ouvertes à toute expression nous concernant. Il s'agit de s'écouter soi-même, écouter l'autre et écouter le milieu environnant.

Le monde que nous vivons se construit sur le principe de rapports communicants. La vie exprime un processus de mises en relation et d'échanges. L'interaction de chaque élément avec son environnement est le fondement de toute transformation et évolution. Nous sommes dotés de multiples capacités de communication. Nous communiquons par résonnance vibratoire, perception sensitive, transmission biochimique, réception visuelle et auditive, émission gestuelle et sonore. La capacité communicante constitue un tel enjeu d'adaptation et d'évolution que nous l'avons continuellement optimisée. Nous avons développé des codages particuliers, au travers de gestuelles et de langages verbalisés. Ce n'est qu'un début et d'autres canaux restent à explorer pour mieux les comprendre. Ce sont, par exemple, des modes sensitifs et vibratoires immatériels ou subtils. Dans tous les cas, nous ne pouvons réellement déployer nos capacités communicantes, que si elles se traduisent en une utilité constructive au profit d'une évolution positive. Cela s'envisage par une bonne compréhension des messages émis et reçus. L'écoute est alors un passage essentiel, elle est un élément fondamental de tout processus communicant.

Ne négligeons pas nos facultés d'écoute et développons-les précieusement. L'écoute touche tous nos modes de communication. Nous ne pouvons pas prétendre à évoluer sans optimiser nos modes communicants, et nous ne pouvons pas les optimiser sans écoute fiable. S'élargir vers de nouveaux outils requiert aussi une bonne maitrise des moyens mis en place à ce jour, ne pas les délaisser ou les corrompre. Aujourd'hui, nous avons tendance à ne plus vraiment écouter, nous prenons l'habitude de répondre sans écouter l'autre. Ceci est dû à de nombreux facteurs relevant de notre appartenance à un système social délétère. Il s'agit par exemple de surcharge d'information, de surexposition à une information agressive, de manipulation de l'information devenue trop peu fiable, d'information sonore trop bruyante et disharmonieuse, etc. Il en résulte un réflexe de protection bien légitime et un repli sur soi consistant à réfréner son écoute. Ce constat est bien dommageable, cela ne fait que dégrader le climat humain et l'ensemble de sa biosphère. Par négligence d'écoute, nous abîmons la dynamique positive soutenant notre légitimité même de vivre.

Nous sommes des êtres communicants. L'écoute est à comprendre comme une attitude fondamentale de tout instant. L'écoute fait partie de notre condition de vie. Elle ne doit pas être réfrénée ou contrainte, mais pleinement ouverte, reconnue et attentivement préservée. Maintenir un contexte favorable à une écoute libre, accessible, fluide, apaisée et naturelle est primordial.

Ouvrez-vous, écoutez vivre, dedans et dehors.

Pour aller plus loin ou approcher autrement :

Peut-on entendre sans écouter ?
Peut-on écouter sans entendre ?

Peut-on écouter plusieurs informations à la fois ?

Nous écoutons avec nos oreilles...
Mais l'écoute peut-elle s'envisager autrement ?

S'écouter soi-même et écouter un autre est-il comparable ?
Être capable de s'écouter soi-même signifie-t-il que l'on est capable d'écouter l'autre, et vice versa ?

Quel rapport peut-on établir entre 'écouter' et 'obéir' ?
Doit-on écouter pour exécuter ou pour comprendre ?

Doit-on toujours écouter ?
Quand et pourquoi écouter ?
Quels avantages ou risques à écouter ou ne pas écouter ?

Qu'est-ce qu'une bonne ou une mauvaise écoute ?
Quelles en sont les conséquences ?

lumière

La lumière dans tous ses états. Elle est partout autour et en nous. Ça brille aussi dans le noir. On la voit mieux quand on est dans le noir, en dehors, là-bas, au loin, elle nous attire et on se tourne vers elle comme premier et dernier espoir. On l'oublie par grand clair, mais on baigne dedans, on la boit, on la respire, elle est toujours là, dedans et dehors, partout, toujours.

C'est le cœur de tout univers, du plus grand au plus petit. Elle annonce la vie. La transformation de toute substance émet de la lumière. C'est une onde électromagnétique éthérique à même de faire réagir toute particule de matière. Elle se combine avec d'autres ondes de même nature, en résonance constructive pour s'amplifier ou destructive pour disparaitre. La lumière se déplace par contagion. L'onde va de particules en particules, absorbée ou émise par la matière. Elle se propage en s'appuyant sur la substance du vide, l'énergie du vide, l'éther. Y compris dans le vide, la lumière est transmise de particules en particules, invisibles de prime abord, rendues visibles à l'attentif sous forme de grains furtifs étincelants. C'est une sorte de bouillon lumineux dans lequel nous vivons et où tout prend forme. Ça bouge beaucoup, dans tous les sens. C'est une multitude de petits cœurs lumineux qui nous baignent en permanence dans une puissante lumière. Cette ambiance lumineuse peut exprimer une puissance nettement supérieure à n'importe quelle source concentrée, mais elle n'est jamais éblouissante.

Les trajectoires de la lumière sont observables dans le vide. Spirales, courbes, collisions, rebonds, déviations, attractions et répulsions. Ça va très vite. Le grain de lumière apparait et disparait comme par magie. Le grain a une durée de vie très courte dans le temps et l'espace. Ce qui le pérennise, c'est le milieu qui l'émet et lui permet de se reproduire ou de s'amplifier. Le grain lumineux signale l'émission d'énergie d'une particule de matière ou d'un milieu réactif. Il est diffusé et porté par une onde électromagnétique. Ce grain disparait très vite par résonance destructive, ou en étant absorbé par un corps accueillant dans son proche environnement. Autrement, il peut s'amplifier au contact d'un autre grain avec lequel il s'asssocie pour cause de résonance constructive des ondes porteuses. Le grain de lumière circule selon une trajectoire paraissant toujours inédite. Le mouvement varie en fonction du milieu dans lequel il évolue. Il est conditionné par la puissance et la direction d'émission, ainsi que par les forces électromagnétiques d'attirance et de répulsion des autres particules et champs. Il peut y avoir une direction de flux, mais pas de trajectoire rectiligne pour un grain lumineux et son onde porteuse. Ce sont uniquement des trajectoires courbes, modulées en fonction du milieu.

La lumière est l'émission ou l'amplification de ce grain d'énergie brillant qui apparait à chaque changement d'état d'une onde électromagnétique mise en résonance. Le potentiel de lumière est partout représenté par les ondes électromagnétiques qui sont partout. Plus le milieu est excité, plus il y a de grains émis et plus ils sont agités. Dans le noir, le milieu est très calme, mais de timides grains sont tout de même émis et observables. L'obscurité fourmille de lueur douce. La lumière qui nous éclaire n'est pas un petit grain qui voyage du soleil ou de l'ampoule jusqu'à nous. C'est d'abord une onde qui se transmet du soleil ou de l'ampoule jusqu'à nous par contagion. Cette onde se passe le relais d'onde en onde au travers de la structure ou substance vibratoire du vide. L'onde qui rencontre un support matériel ou un milieu favorable se signale par un petit grain qui brille. Les petits grains qui brillent sont en quantité inimaginable, de toutes puissances. La lumière jaillie là où l'on se trouve, au contact de la matière (matière dense ou particules atmosphériques).

Bien sûr, que ce soit le jour ou la nuit, la lumière observable par l'humain est dans vos yeux et nulle part ailleurs. Pour autant, la lumière est partout autour de vous, partout en vous, et vous rayonnez aussi.

Pour aller plus loin ou approcher autrement :

La lumière est partout. Bien souvent, nous ne la voyons que lorsqu'elle nous éblouit. Il y a la lumière sourcée, comme une lampe ou le soleil, elle nous éclaire depuis un générateur concentré que l'on ne saurait soutenir du regard sans risquer de s'abimer les yeux. Puis, il y a la lumière diffuse qui ne dépend pas d'un puissant émetteur localisé, mais qui émet et reflète depuis tout et partout.

Regardez le vide, entre vous et le prochain élément matériel, par temps lumineux, par temps sombre, journée fraiche ou chaude... A quoi ressemble le vide ? Il fourmille de lumière.

La lumière est orientée et déviée en fonction des conditions du milieu de propagation. De vrais bouleversements et changements de cap peuvent être observés lors du passage vers un autre milieu ou à son approche.

La lumière est l'expression première de l'énergie dans le processus de création et de démantèlement de la matière.

La lumière figure la transition de l'onde immatérielle vers la particule matérielle. C'est aussi la transition du mouvement ondulatoire et rotatoire diffusé, vers le mouvement de pulsation localisé et centré.

---

* Résonance constructive et résonance destructive :
  Vous pouvez considérer une mise en phase et une mise en opposition de phase.

empathie

L'empathie, c'est prendre part à l'état physique et psychique de l'autre. C'est réellement vivre ce que vit l'autre, corps et esprit. C'est se mettre à la place de l'autre, au point de s'oublier un moment pour vivre ce que vit l'autre. C'est le ressenti poussé à sa perception la plus puissante et la plus fidèle que l'on puisse se permettre en intégrant en soi-même le vécu de l'être extérieur.

L'empathie dépasse la simple interprétation d'un ressenti communiqué dans notre environnement. Il s'agit de laisser entrer et vivre cette information dans son corps physique. Ne pas prendre la sensation pour sienne, mais en intégrer les tenants et aboutissants en lieu et place de l'autre, comme si l'on passait en lui. L'empathie génère des sensations réellement vécues mais qui ne nous appartiennent pourtant pas. Il s'agit de sensations liées à des informations qui n'ont aucune attache de cause à effet dans notre propre organisme. Bien sûr, ces états peuvent trouver résonnance en nous et donc se révéler plus ou moins signifiants. Cependant, tant que nous laissons circuler, tant que nous ne créons pas de lien physique personnel, cela ne nous appartient pas et ne fait que passer. Ça passe à l'intérieur, et tout ce qui passe en dedans est lu, traduit, vécu. Alors, les sensations de l'autre sont bel et bien vécues sans qu'aucune trace physiologique, normalement liée à cet état, ne soit constatée. L'effet ressenti arrive et repart comme une illusion plus ou moins durable. Les éléments de similitude au sujet sont tels que le réel vécu du phénomène ne peut pas être mis en doute.

Bien qu'il n'y ait généralement pas de traces physiologiques chez l'empathique, ce dernier peut en exprimer dans certains cas d'implication avancés. Cela arrive, par exemple, lorsque l'empathique se porte volontaire pour accompagner quelqu'un ou participer à véhiculer la charge qui est la sienne. Les marques physiologiques peuvent alors apparaitre très rapidement et disparaitre aussi subitement. De manière involontaire, cela arrive aussi lorsque l'empathique se laisse déborder par les sensations, et que son organisme n'opère plus correctement la différenciation du sien et de l'étranger. Cette fois-ci, les marques apparaitront aussi très rapidement, mais le risque de les intégrer durablement comme étant personnelles peut permettre d'installer un état qui devient propre à l'organisme et plus difficile à évacuer.

L'empathie n'est pas de la compassion. C'est une relation plus intime encore. Afin de garder toute ses qualités, elle ne devrait pas se voir mêlée à notre propre émotion. C'est une capacité et une attitude qui n'est pas accessible à tous avec la même force. Cela peut être complexe à vivre. Toutefois, c'est une grande qualité permettant une perception et une conscience bien plus large et juste, vis-à-vis de l'autre et de notre environnement, mais aussi de soi.

L'empathie est naturelle mais elle s'apprend aussi. Elle s'apprend pour éviter les intrusions mal modérées, pour ne pas subir en soi-même et par respect de l'intimité de l'autre. L'empathie et son apprentissage, c'est encore relié à bien considérer toutes notions de respect, bienveillance, partage, non-jugement, humilité, accompagnement, etc.

Je vous souhaite une empathie justement modérée.

Pour aller plus loin ou approcher autrement :

L'empathie se vie à différents niveaux. Cela peut aller d'un état relationnel faisant exception, jusqu'à un vécu quasi omniprésent. De la sensibilité comme petite empathie sélective, jusqu'à l'hyperempathie comme capacité relationnelle globale et continue.

A quelles informations accède-t-on par lien empathique ?
Les sensations émotionnelles, le discours intérieur, le ressenti physique, la perception consciente et inconsciente de l'autre sont-ils accessibles par empathie ?
A quoi nous relie l'empathie, quand et comment ?

L'empathie est-elle limitée à une relation entre humains ?
Peut-on reconnaitre une relation empathique à tout élément, à toute information vivante ?

Médiumnité, télépathie et ce genre de trucs passent-ils par l'empathie, ou sont-ils sans corrélation, voire incompatibles ?

L'empathie nous conduit à ressentir le vécu de quelqu'un d'autre comme si nous prenions place en lui à ce moment. Mais, ce moment est-il particulièrement caractérisé pour permettre cette relation d'empathie ?
L'empathie peut-elle exister de la même manière dans un contexte neutre, un contexte de souffrance ou encore un contexte de grand bonheur ?

acte 6

Verbal

énoncé de ta réalité

Abandonne et ouvre à ce qu'il y a de plus grand.
Au-dedans et au-dehors.
Ce qui vient est à toi.
Ce qui vient est ton devenir.
Saisis-le sans le fuir.
Apprends à ne pas le retenir.
Sois détaché du passé et de l'avenir.
Accomplis sans frémir.
Sache partir et revenir.

Le temps et l'espace s'organisent autour d'un cœur.
A cet endroit, tu prends place en ton temps et ton espace.
C'est celui de ta position autour du cœur d'une planète.
C'est celui de ta position autour du cœur d'une galaxie.
C'est celui de ta position autour du cœur d'un univers.
Trouve ta place en ce moment et en ce lieu qui s'organisent autour d'un cœur.
Tu es toi-même un cœur.
Apprends à vivre avec ton cœur, il est relié aux autres.

Ecoute sonner en toi ce qui sonne dehors.
Regarde se former en toi ce qui se forme dehors.
Ressens s'exprimer en toi ce qui s'exprime dehors.
Entends sonner dehors ce qui sonne en toi.
Vois se former dehors ce qui se forme en toi.
Reconnais s'exprimer dehors ce qui s'exprime en toi.
Tout ceci n'est que réalité illusoire que tu concrétises réellement, de dehors au dedans et de dedans au dehors.
Crée un bout de franche réalité et partage-la.

Comment vivre la voie à voir sans jamais voir la voie à vivre ?
C'est la vie qu'il voit ?
Non... c'est la voie qu'il vit.
C'est ce qu'il vit de la voie ?
Non... c'est ce qu'il voit de la vie.
Heureusement il est conscient.
Heureusement la conscience en qui il vit l'éclaire.
Heureusement la conscience qui vit en lui est éclairée.
Heureusement il vit en conscience claire.
Heureusement il vit clairement en conscience.
Alors... vois en conscience et vis heureusement.

La vie est mouvement.
Tu es vivant.
Tout bouge, tout tourne.
Tu vis dans un milieu vivant.
Le vivant bouge en toi.
Tout bouge, tout tourne, dedans et dehors.
Reste immobile et tu bouges encore.
Tu es pris dans un mouvement qui te dépasse.
Tu tournes avec la terre, tu tournes avec le ciel.
Tu pulses avec ton cœur, tu voyages avec ton univers.
Tu es orienté, tu es en croix.
Quatre points cardinaux.
Nord-Sud-Est-Ouest, Haut-Bas-Droite-Gauche.
Lève-toi les pieds à terre, la tête au ciel.
Regarde au Sud, tu tournes à gauche.
Regarde à l'est, tu montes en avant.
Couche-toi le ventre à terre, le dos au ciel.
Tête au Nord, tu tournes à droite.
Tête à l'ouest tu descends en arrière.

N'oublie pas de tourner.
N'oublie pas de pulser.
N'oublie pas de t'unir.
N'oublie pas de te désunir.
Tourne dans un sens et choisis tes amours.
Tourne dans l'autre sens et change tes amours.
Fais de tes amis tes ennemis.
Fais de tes ennemis tes amis.
Change ta rotation et renverse l'alliance.
Garde ta rotation et conserve l'alliance.
Garde ta rotation et change de direction, renverse l'alliance aussi.
Unis et désunis-toi, voyage dans un sens ou l'autre, tourne et pulse.
Sache que lorsque tu fusionneras, plus rien ne t'appartiendra.

Le paquet ne survit pas, il n'existe pas.
Tu vis dans un environnement infiniment riche de diversité.
Il existe une multitude d'informations.
Le monde de l'information décline une infinité d'informations possibles en une infinité de codages et de combinaisons.
Chaque information est unique, chaque information ne porte qu'un seul sens en un moment et un lieu donnés.
Mais le moment et le lieu varient continuellement.
Alors, une information unique s'adapte, se module et se transforme continuellement.
Une information porte un seul état en un moment et un lieu.
Cet état change continuellement.
Un état unique disparait au profit d'un nouvel état unique.
Le support ondulatoire reste le même, il est polymorphe dans le temps et l'espace qu'il accompagne.
Saisir une information, c'est la matérialiser dans le contexte particulier à ce moment et en ce lieu.
Le support ondulatoire est figé dans son état présent, il ne se propage plus mais se met à pulser, il est particule matérialisée.
Cette information n'est pas multiple, sa forme précédente n'existe plus, elle pourra seulement éventuellement réapparaitre en résultat du démantèlement de la particule.

Être de lumière.
Son corps est de chair et son esprit de lumière.
Le corps est baigné de lumière et l'esprit habite la chair.
La chair concentre l'esprit et la lumière enveloppe le corps.
La lumière forme la chair et le corps exprime l'esprit.
L'esprit anime le corps et la chair intègre la lumière.
Son âme est corps et esprit.
Corps, âme, esprit, qui est-il ?

Tu rêves les yeux ouverts.
C'est un rêve collectif et tu y participes.
Tu es à l'extérieur.
C'est ta réalité collective en ce moment.
Lorsque tu fermes les yeux, tu rêves encore.
C'est un rêve personnel et tu le diriges seul.
Tu es à l'intérieur.
C'est ta réalité personnelle en ce moment.

Informe.
Rapproche-toi et informe.
Résonne avec tout ce que tu touches.
Tu résonnes pour construire.
Tu résonnes pour détruire.
Tu informes alentour.
Ta marque impacte.
Tu modèles ton monde.
Ta place est un champ.
Renforce ton champ, informe, attire et repousse, grandis.

Les états superposés n'existent pas.
Ce sont des probabilités.
L'observation d'un état superposé est simplement une séquence de plusieurs états successifs que nous ne sommes pas en mesure de saisir individuellement.
Tout va très vite.
Un élément non matérialisé fluctue continuellement.
Mais un élément est unique.
Lorsqu'il se matérialise, il fige l'état du moment.
Un élément matérialisé fluctue aussi, mais c'est à notre portée, c'est lent, très lent, il peut même nous paraitre immobile.

Il est à toi.
On lui a tout pris et il n'a rien perdu de qui il est.
Il peut te dire qui tu es.
Maintenant, toi qui cherches qui tu es, tu voudrais encore lui dire qui il est.
Qu'est-ce que tu as pris, conservé ou déployé pendant ces jours où tu as oublié qui tu es ?
Il n'a pas besoin que tu lui dises qui il est.
Si tu veux savoir qui tu es, rends-lui un peu de ce qu'on lui a pris.

Goute le désœuvrement lorsqu'il se présente.
Ne le méprise pas.
Il t'offre l'opportunité de retrouver ce qui vit encore en toi.
C'est ce qui est là depuis toujours, encore maintenant et certainement les jours suivants.
C'est ce qui t'accompagne, ce qui t'inspire et te dévoile infiniment.

La charge, le mouvement, le volume.
N'oublie pas que la vie s'écrit en trois lettres.
Observe et sache voir en toute chose la charge, le mouvement et le volume.
Celui qui ne regarde que la charge et le mouvement, voit net au près mais pas au loin.
Celui qui ne regarde que le mouvement et le volume, voit net au loin mais pas au près.
Celui qui ne regarde que la charge et le volume, ne voit rien de vivant, que ce soit d'un côté ou de l'autre.
Celui qui voit la charge, le mouvement et le volume, celui-là observe la vie éclairée au près et au loin, au-dedans et au-dehors, sensible au cœur.

C'est de l'intérieur que l'on construit et grandit.
Tout se développe depuis l'intérieur pour se déployer à l'extérieur.
Ce qui apparait à l'extérieur se cultive d'abord à l'intérieur.

L'énergie, le cœur, la conscience et l'extraordinaire humain.
L'énergie, c'est là que tu trouveras l'invisible, l'impalpable et le silence. En observant, en touchant, en écoutant, tout ça se voit, se palpe et s'entend. C'est ici que s'exprime la connaissance.
Le cœur, c'est là que tu trouveras la lumière, la connexion et le mouvement continu. En se posant dedans, tout s'anime, tout se relie et s'éclaire dehors. C'est ici que se concentre le vivant.
La conscience, c'est là que tu trouveras le monde, un espace et un temps pour vivre. En y promenant, la vie voyage dans le temps et ouvre l'espace aux mondes universels. C'est ici que se réalise le cosmos.
L'extraordinaire humain, c'est vivre le cosmos comme une évidence, par l'énergie, au cœur et en conscience.

Passe par le cœur, il ne se trompe pas.
Ne le trompe pas, il ne le permet pas.
Permets-toi de le suivre, il te portera.
Fais ce qu'il te dit, il est ta lumière.
Vis dans sa lumière, c'est elle qui t'anime.

Tu es magnétique.
Attire et repousse.
Frappe et évite.
Expose-toi et renverse-toi.
Résonne avec tout ce qui est autour.
Rassemble-toi et déploie-toi.
Pulse et respire.
Synchronise le champ de ton cœur et le champ de ton univers.

La décohérence est tout ce qu'il y a de plus cohérent.
C'est dans l'ordre des choses.
La nature est cohérente.
Chaque élément existe dans son état, en un moment et un lieu, en fonction de sa composition mise en rapport aux conditions environnementales dans lesquelles il évolue.
Un seul élément pour un seul état en un moment et un lieu donnés.
Peu importe que l'humain observe ou pas, la vie le précède et lui succède.

Dis-le avec des sons.
Encode-le avec des signes.
Etablis-le avec raison.
Vis-le par le corps.
Analyse-le par l'esprit.
Partage-le par le cœur.
Diffuse.
Exprime.
Où, quand, comment ?
Partout, à chaque instant, en conscience.

Tout ce que tu vois au dehors vit aussi en toi.
Choisis ce que tu fais vivre.
Cultive-le en toi et laisse-le s'exprimer autour.
Développe-le en toi et déploie-le autour.

Dans la dualité, tout est trilogie.
Un élément, son opposé complémentaire et leur résultante.
Un élément polarisé.
Son opposé complémentaire polarisé à l'inverse.
Une résultante neutre.
Un élément d'un bord.
Son opposé complémentaire de l'autre bord.
Une résultante au centre qui enveloppe ses composants.
Un élément tourne à droite.
Son opposé complémentaire tourne à gauche.
Une résultante pulse.
Au milieu, vit un cœur.
Autour, un monde dual s'organise.

Le point d'équilibre est entre expansé et contracté.
Un milieu en expansion peut être contracté ou expansé.
Un milieu en contraction peut être expansé ou contracté.
Il s'agit simplement du sens du mouvement à l'œuvre.
Ce mouvement s'adapte en fonction des conditions environnementales, dans le but de préserver le meilleur équilibre.
Alors, on peut expanser un milieu contracté ou expansé, et on peut contracter un milieu expansé ou contracté.
Mais dans tous les cas, il existe un point de bascule du milieu contracté vers le milieu expansé.
C'est le même point de bascule dans l'autre sens, du milieu expansé vers le milieu contracté.
C'est ici le milieu du milieu d'où s'apprécie l'équilibre.
Ne fais pas qu'y passer trop rapidement, pense à t'y reposer un peu ou un peu plus…
On est bien au milieu du milieu.

Il est sincère.
Personne n'a jamais pu lui mentir plus qu'il ne lui a menti.
Et s'il a menti, par peur des ténèbres ou pour l'amour du ciel, la vérité lui a coûté très cher mais il l'a toujours reçue.

Observe le geste au dehors.
Trouve-le en toi.
Il est aussi le tien.
Apprends à le conduire.
Exprime-le.
Il doit te nourrir.
Applique-le dans ce sens.

Compte à trois.
Un plus un égale trois.
Trois divisé par deux égale un.
Mais l'un ne vit pas sans se lier à l'autre.
Trois n'existe pas sans l'un et l'autre.
Deux cherche son équilibre à trois pour ne pas mourir seul,
ne pas rompre ni fusionner.

Tu ne décides pas toujours des liens qui se font et se défont en toi et autour.
Mais tu choisis ce qu'il en devient.
S'il est des liens dont on ne se sépare pas, c'est bien que l'on en fait le choix.
S'il est des liens que l'on ne rattache pas, c'est bien que l'on en fait le choix.
Tu es libre de cultiver ce que tu choisis.
La responsabilité de ces choix n'est que la tienne.
Souffre à ne pas être sincère avec toi-même et à mépriser ton impulsion amoureuse.
Danse et caresse la vie à être sincère avec toi-même et à suivre l'amour qui vit en toi.
La sincérité, c'est reconnaitre son amour.
Le choix sincère, c'est suivre son amour.

Il était une fois, un cœur.
C'était un cœur de foi.
Le cœur a une raison qui nous dépasse.
Aie la raison de l'écouter.
Aie foi en ton cœur.
La foi ne se justifie pas, le cœur est juste.

Evite de souffrir.
Ce n'est pas nécessaire.
Ça ne rend service à personne.
Sois sincère avec toi-même et épargne-toi.
Fais-toi du bien, mets-toi à l'aise.

Tout autour de soi.
Construis de l'intérieur vers l'extérieur.
Développe vers dehors ce qui existe en dedans.
Informe l'intérieur depuis l'extérieur.
Déploie au dehors ce qui se transforme dedans.

Une graine ne germe pas quand elle le veut.
Elle germe quand elle le peut.
Alors, elle y met toute sa force.
Une fois germée, une fois fleurie, une plante s'est reliée à son milieu pour s'en nourrir, se développer, grandir et préserver autant que possible son plein épanouissement.
La vie est un mouvement continu vers l'expression de cet épanouissement toujours renouvelé.

On ne peut pas aider celui qui ne s'y consacre pas sans conditions.
L'heure est à ce que chacun prenne en charge ses propres miracles.
Tu comprendras la suite lorsque tu prendras en charge tes propres miracles.
Tu comprendras alors que tes miracles passent aussi par l'autre et par ce que tu lui partages.
Ce qui t'est proposé vient aussi de ce que tu diffuses.
Accepte de recevoir ce dont tu as besoin sans conditions.
Accepte aussi de donner à l'autre ce dont il a besoin sans conditions.

Après l'éther, la dualité est première.
Le premier ne se divise pas.
Il est le tout de la fraction.
Mais cet indivisible se multiplie et se déploie pour prendre d'innombrables formes.
La dualité est un principe qui, de un, fractionne en deux, commence à trois et s'exprime en une multitude d'éléments.

Tu crées continuellement sans le savoir.
Mais tu n'inventes rien alors que tu le penses.
Tu traduis ce qui te pénètre et tu le fais à ton image.
Sois beau et bon, tu réaliseras de belles et bonnes choses.

Ne vis pas tes succès au regard des échecs de l'autre.
Ne vis pas tes échecs au regard des succès de l'autre.
Ceux-là ne sont pas tes succès.
Ceux-là ne sont pas tes échecs.
Vis tes échecs au regard des échecs de l'autre.
Vis tes succès au regard des succès de l'autre.
Vis le succès au regard de l'échec que tu transformes en noble et riche expérience, en toi et alentour.

Harmonise-toi avec l'autre.
Il est des matières que l'on n'accomplit pas seul mais seulement avec l'autre.
Tu concrétiseras si tu laisses faire l'autre.
L'autre concrétisera s'il te laisse faire.
Fais lorsque l'autre peut le permettre.
Laisse faire l'autre lorsque tu le peux.
Si le moment et l'espace ne sont pas partagés, alors l'un construit pendant que l'autre détruit.
C'est lorsque chacun aura trouvé la place et le temps qui conviennent pour aboutir sa part individuelle, que la finalité commune pourra s'organiser sur de bonnes bases et permettre toutes chances d'accomplissement.

Les opposés complémentaires travaillent seuls ou en groupe.
Ils peuvent être multiples et divisibles.
Mais le centre qui les relie, le milieu du milieu, le cœur, celui-là est unique, il travaille toujours seul pour l'ensemble.

Ta conscience émerge en toi depuis ton univers.
Ta conscience est collective, elle est la même pour tous.
Ce que tu en exprime est simplement la part que tu veux bien reconnaitre.
Sois curieux et courageux, le monde est bien plus grand et il s'offre à toi.
Ouvre-toi en conscience.

Ne cherche pas une illusion de plus.
Ce qui t'est donné à voir est bien suffisant.
L'illusoire est un puit profond.
La chute peut durer longtemps et le voyage peut plaire quant aux sensations fortes qu'il te fera vivre.
Mais le fond est dur.
Ton arrivée sera d'autant plus écrasante que le puit aura été creusé profond.
Sache observer ce qui vient à toi et simplement dévoiler ce qui suit.
Alors, tu seras porté en un voyage plein de sens à savourer entre terre et ciel.

Avant toute chose, fais ce que tu sais faire.
Ensuite seulement, apprends ce qui te servira à compléter et développer ce que tu sais déjà faire.
Tu ne sais pas faire ce que tu as appris sans avoir d'abord fait ce que tu sais faire.
Ce que tu sais faire est en toi.
Que cela plaise ou pas, que ce soit reconnu ou pas, c'est ce que tu dois faire pour t'ouvrir et dévoiler le reste en connaissance.

Au premier, il y a un espace dual.
Il est le centre d'équilibre indivisible d'un espace fractionné qui se déploie autour de lui.
Il n'existe pas en tant que tel, seul et indépendant.
Il est la résultante de réels éléments qui l'entourent.
Il est le troisième élément émergeant de l'interaction des deux duals qui l'entourent.
Il est le point d'équilibre reliant les parts d'un monde fractionné vers une unité indivisible, nécessaire et suffisante.

Ta réalité n'a de sens que si tu la partages.
Son sens n'est pas le même selon avec qui tu la partages.
Partage-la quand même abondamment.
Vois ce qu'il en est fait.
Continue de la développer dans le sens que tu aimes partager.
C'est celle-là qui vaut d'être vécue.

Rien de ce qui vit n'est immobile.
Préfère avancer plutôt que reculer.
Préfère dévoiler plutôt que cacher.
Ne multiple pas trop les mouvements, au risque de perdre l'équilibre.
Préfère choisir ton mouvement pour le suivre à terme.
Reste debout et apprends à danser.
Cultive et sème en chemin.
Fais corps avec le mouvement.
Choisis le mouvement qui nourrit l'harmonie entre toi et l'autre.
Nourris cette harmonie et déploie-toi encore.

Fais ce que tu dois faire en ce lieu et en cet instant.
C'est le seul travail qui aboutira réellement en ce lieu et en cet instant.
Ce qui n'est pas de ce lieu et de cet instant, n'aboutit pas et s'oppose.
C'est une souffrance, ou une occupation illusoire et délétère.
Tu sais ce que tu dois faire, c'est en toi, dans ton cœur.
Si tu ne le vois pas, si tu ne l'entends pas, isole-toi et revient en ton centre, laisse faire sans savoir, c'est ce que tu dois faire.

Il existe une infinité de premiers, une infinité de mondes.
A chaque monde son premier.
Ce sont des cœurs, c'est ici que tout débute et se termine
pour l'ensemble qu'ils relient.
Chacun est un big-bang.
Il y a des big-bangs partout et en permanence.
Les premiers sont ceux sur lesquels on peut compter.

Il sait ce que tu ne sais pas.
Mais il ne sait pas pourquoi.
Il voit ce que tu ne vois pas.
Mais il ne sait pas comment.
Il sent ce que tu ne sens pas.
Mais il ne sait pas où et quand.
Il le vit pour lui, mais tu ne le sais pas, tu ne le vois pas, tu ne le sens pas.
Il le vit pour toi, mais tu ne le sais pas, tu ne le vois pas, tu ne le sens pas.

L'information est un message ondulatoire.
Son codage tient en sa charge, son mouvement et son volume.
Ecouter, toucher et ressentir sont des capacités sensibles que l'on peut affiner vers une lecture plus juste de son monde.
Nous côtoyons beaucoup d'informations.
Leur codage se définit en une multitude de formes inimaginables.
Certaines informations se ressemblent, surtout quand on ne voit pas.
Alors, attention à la confusion.
Une simple commutation d'un élément dans une information peut modifier sa vraie signification, du tout au tout.
Toute ressemblance n'est pas toujours signifiante du même sort.
Ne te laisse pas tromper, sache éduquer tes sens, considère toujours une information dans son ensemble y compris son contexte.

Fais en temps et en heure.
Le temps passe.
Il s'en va et il revient, mais il n'attend pas.
Si tu le manques, il faudra attendre la prochaine fois.
La prochaine fois viendra ou ne viendra pas.
En attendant, ne manque pas ce qui passe.
Le temps passe, il n'attend pas.
Tu ne peux rien faire réellement qui ne soit pas fait en son temps.
Ce qui n'est pas fait en son temps formule une erreur, une malfaçon, un échec, une perte...
Ce que tu fais en son temps se réalise à bon escient.
C'est bâti, acquis, bienfait, succès...

Le passé qui ne te sert plus disparait pour toi.
Ce passé ne résonnera plus en toi en relation à un potentiel futur.
Il devient information libre.
L'information libre est un potentiel futur à faire résonner avec tout passé qui entrera en relation avec lui.

Ça pétille dans ses yeux.
Ça pétille dans ses mains.
Ça pétille dans son cœur.
Ça pétille dans sa tête.
Ça pétille dans sa chair.
Il le sent, il l'entend, il le voit, ça ne s'arrête jamais.
Mais personne ne le sait.
Alors, il peut continuer à pétiller.

Ris, tu es vivant.
Pleure, tu es vivant.
Crie, tu es vivant.
Souffle, tu es vivant.
Siffle, tu es vivant.
Saute, tu es vivant.
Souris, chante et danse, tu es en vie.

Choisis, mais ne décide pas.
Il est illusoire de vouloir décider d'autre chose que de ses choix.
Tu ne peux pas décider de ce qui est possible ou pas en un lieu et un moment.
Tu ne peux que choisir ce qui concorde au mieux avec ton désir.
Les possibilités accessibles résultent du collectif constituant ton monde.
Ton seul influx ne forme pas une possibilité à lui seul.
Tu dois rattacher ton objectif aux possibles de l'ensemble.
C'est ainsi que ton choix oriente les possibles à suivre vers une meilleure concordance avec ton désir.
Ton choix influence le sens des possibilités à venir.

Toute information matérialisée fige un état.
Cet état figure un passé, mais son information peut aussi présenter un futur.
Tout passé est figé dans la matière et continue d'évoluer dans l'information.
Pour certains, c'est une information passée qui attend une relation avec un futur pour concrétiser un nouvel état.
Pour d'autres, c'est une information libre qui cherche une relation avec un passé pour concrétiser un nouvel état.

Il vit dans son cœur.
Il lit dans le tien.
Il ressent tout son corps.
Il syntonise le tien.
Il voit dans le vide.
Il éclaircit le tien.
Il entend le silence.
Il traduit le tien.
Il connait la lumière.
Il dévoile la tienne.
N'aie pas peur, il t'aime quand même.

Tu es perdu ?
Tu ne sais plus ce que tu fais ?
Ne contemple plus ce que l'on te montre.
Aie foi en toi.
La lumière est au-dehors et au-dedans.
La lumière au-dehors est la même pour tous, c'est celle que l'on te montre, celle qui brûle et éblouie.
Elle apparait et disparait, elle est illusoire.
La lumière au-dedans est en toi seulement, c'est celle que toi seul vois, celle qui apaise et éclaire.
Elle brille toujours, elle est ta réalité.
Aie foi en toi, contemple au-dedans.
N'aie pas peur, regarde tout au-dedans, trouve ta lumière, elle est là.

Reconnais le plus petit comme tu aimerais que le plus grand te reconnaisse.
Sache que si tu vois et entends le plus petit, il existe aussi un plus grand.
Sache que tu es le plus petit d'un plus grand.
Sache que ton attitude envers le plus petit pourrait être celle d'un plus grand envers toi.
Sache que tu as besoin de plus petit.
Sache que le plus petit te nourrit.
Sache que le plus petit te grandit.
Sache que sans le plus petit, ta vie s'arrête et tu perds le plus grand.

L'humain est à mi-chemin d'un univers.
Il est au milieu de sa dualité.
Il vit dans sa zone de meilleur potentiel énergétique.
Il est à mi-chemin de l'espace-temps qui se développe et se déploie depuis un cœur.
Il est sur le point de bascule entre un milieu contracté et un milieu expansé.
Il est au milieu d'un milieu.
Il vit entre matière et éther, entre terre et ciel.
En ce milieu, il est un nouveau cœur comme centre d'un nouvel univers.

Aime-toi avant d'aimer l'autre.
Aime-toi et alors tu pourras aimer l'autre.
Tu ne peux pas aimer l'autre sans t'aimer toi.
Ne pas t'aimer toi, c'est souffrir.
Tu partages ce que tu vis.
Aime-toi et ouvre ton bonheur à l'autre.
Alors, aime l'autre comme tu t'aimes.
Alors, vois l'autre s'aimer comme tu l'aimes.
Alors, laisse-toi aimer par l'autre qui s'aime comme tu l'aimes.
Alors, grandis ton amour en l'autre et en toi.

Il a tout dans ses mains.
Mais rien ne lui est accessible.
Il connait tout.
Mais rien ne répond à ses questions.
Il donne tout ce qu'il a.
Mais rien ne lui appartient.
Il vit entre terre et ciel.
Mais c'est ça ou rien.
Il est dans le cœur, on y est bien, il ne le quitterait pour rien.

Tu es perdu ?
Tu ne sais plus ce que tu fais ?
Ne contemple plus ce que l'on te démontre.
Aie foi en toi.
La voie est au-dehors et au-dedans.
La voie au-dehors est la même pour tous, c'est celle que l'on te démontre, celle qui grince et hurle.
Elle étourdit et assourdit, elle est aliénante.
La voie au-dedans est en toi seulement, c'est celle que toi seul entends, celle qui chante et murmure.
Elle harmonise et éveille, elle est ta vérité.
Aie foi en toi, contemple au-dedans.
N'aie pas peur, écoute tout au-dedans, trouve ta voix, elle est là.

L'espace-temps émerge d'un cœur.
Un cœur relie et nourrit un univers dual, de matière et d'éther.
L'espace-temps se développe depuis le cœur et se déploie vers son horizon en fonction de l'élément qui vit de ce cœur.
L'espace-temps de cet élément est fonction du champ magnétique de son cœur.
L'élément vit cet espace-temps autour du cœur, depuis sa zone de meilleur potentiel énergétique.
C'est sa zone d'équilibre.
C'est d'ici qu'il contemple passé et futur, entre matière et éther, en lui et autour.
L'espace-temps émerge au cœur.
Il est nul et inexistant, dans le cœur.
Il est négatif et passé, entre le centre du cœur et la zone d'équilibre de l'élément rattaché au cœur.
Il est positif et futur, entre la zone d'équilibre de l'élément rattaché au cœur et l'horizon du champ magnétique du cœur.
Il se développe et se déploie infiniment, dans un sens comme dans l'autre.
Il dévoile un passé infiniment petit, vers le centre du cœur.
Il dévoile un futur infiniment grand, vers l'horizon du champ magnétique.
Il s'effondre au dedans du centre du cœur, dans la matière.
Il s'effondre au dehors de l'horizon du champ magnétique, dans l'éther.
C'est peut-être l'inverse pour celui qui vit ici, depuis ce point inaccessible à l'autre.

Ne mets jamais tout ton corps si ton esprit n'y est pas.
Tu vas tomber.
Ne mets jamais tout ton esprit si ton corps n'y est pas.
Tu vas tomber.
Mets toujours tout ton cœur sans autre condition.
Tu agis en âme et conscience.
Ton corps et ton esprit sont là aussi.
Tu es droit, centré et stable.

Sache couper ce qu'il faut quand il le faut.
Sache conserver ce qu'il faut quand il le faut.
Accepte de ne pas tout saisir et ne pas tout comprendre.
Sois sûr que ce qui doit se détacher se détachera, n'en fais pas une souffrance.
Sois sûr que ce qui doit demeurer demeurera, fais-en un bonheur.
Apprends à écouter ce qui se passe en premier au cœur, c'est ce qui est plus fort.
Tu apprendras à ne plus te berner.

Ton corps et ton esprit sont un équilibre.
Ne violente ni l'un ni l'autre.
Navigue de l'un à l'autre.
Ils doivent se nourrir et se modérer.
Le pivot est au cœur.
Ne lâche pas le cœur.
C'est depuis le cœur que tu peux visiter corps et esprit.
C'est depuis le cœur que tu les soutiens.
C'est depuis le cœur que tu les exprimes à ta juste mesure.
C'est depuis le cœur que tu les concilies.
C'est depuis le cœur que tu agis à bon escient.
Tu tiens ta place au cœur.

Être sincère sans peur du verdict.
Être sincère par courage pour soi.
Être sincère sans raison à expliquer.
Être sincère par évidence de soi.
Être sincère sans attache à justifier.
Être sincère par amour vivant.

Ne te contente pas de paroles.
Le verbe doit être réalisé et appliqué.
Mets-toi en pratique, expérimente, sache de quoi il est réellement question, sache de quoi tu parles.

Touche le vide, l'impalpable est plein de formes.
Ecoute le vide, le silence est plein de bruits.
Goute le vide, l'insipide est plein de saveurs.
Sens le vide, l'inodore est plein de senteurs.
Observe le vide, l'invisible est plein de vie.

Sache cibler juste.
Pose ton corps face à la cible.
Pose ton esprit face à la cible.
Réunis tes positions au-dedans, dans le cœur.
Oublie ton corps et ton esprit.
Laisse rayonner ton cœur au dehors.
Lâche ton corps et ton esprit.
Atteins la cible en plein cœur.

Ne prétends pas à donner ce que tu n'as pas.
Apprends d'abord à recevoir, produit ce que tu peux,
récolte, sème et cultive encore.
Ensuite, donne tout ce que tu as, tu n'en manqueras jamais.

Prends soin de l'autre comme tu prends soin de ton égo.
Prends soin de ton égo comme tu prends soin de l'autre.
Fais-le par toi-même, car tu sais que tu n'y échapperas pas.
Ne te dupe pas, sois sincère.
L'autre et toi, vous serez toujours indissociables.

Compense le haut et le bas.
Compense la droite et la gauche.
Tire d'un côté, penche de l'autre.
Etale d'un bord, cramponne de l'autre.
Ton corps est en croix, relie tout en son centre.
Tout mouvement se compense à son opposé, passant au centre comme point pivot.
Reste centré, reste en équilibre.
Compense la tension à son opposé.
Compense la relâche à son opposé.
Travaille au point pivot, fais circuler et stabilise le flux.

Se sentir relié au centre énergétique du cœur.
C'est plus de stabilité, plus de calme, plus de contrôle, plus de sécurité, un lien plus large à soi.
C'est plus de réactivité, plus de pertinence, plus d'ouverture, plus d'adaptabilité, un lien plus large autour.

Le big-bang à ses yeux.
Un big-bang pour un univers.
Un big-bang pour un atome.
Un big-bang pour la vie.
Un big-bang où un cœur nait.
Un big-bang où un cœur meurt.
Tous se précipitent en ce lieu.
Tous décampent loin de ce lieu.
Des big-bangs partout et toujours, à toutes échelles d'un univers dual, dans toute sa structure, à l'infini du début à la fin.
Si tu lui donnes le premier des derniers, il te donnera le dernier des premiers.

Ne vis pas le jardin fleuri de l'autre sans le cultiver et le faire s'épanouir en toi.
Vois-le à l'extérieur, observe-le, nourris t'en et exprime-le en toi.
Ne t'arrête pas à le cueillir au-dehors, mais fais-le germer et cultive-le en dedans.
Profite des graines de l'autre et fais-les fleurir en toi.
Fleuris et diffuse les graines à ton tour.

Il est fondamental de ressentir le centre énergétique du cœur.
Quel que soit ton état du moment, ce ressenti te stabilise et élargit tes capacités.
Il t'informe sur la juste réalité et te permet de mieux y répondre.
Il est gage de sérénité, force, agilité, clarté.
Il te donne à vivre intelligemment.

Il ne t'aura pas échappé que ton esprit et ton corps sont indissociables.
Il en est de même pour l'invisible et le visible, l'éther et la matière, l'onde et la particule.
L'un porte l'autre quand l'autre exprime l'un, dans un sens ou dans l'autre, à chacun son tour.
L'un et l'autre ne peuvent exister séparément, mais chacun s'occupe de lui et uniquement de lui.
Le pouvoir voudrait ne pas se partager.
S'ils sont liés ainsi, c'est qu'ils partagent le même mouvement à l'origine de leur raison d'être.
Ils font plus que partager cette même raison d'être, ils sont tous deux cette même raison d'être.
Simplement une expression particulière de ce mouvement, en réponse au milieu d'évolution.
C'est ainsi que les conditions du milieu de vie, en un moment et un lieu, privilégient l'esprit ou le corps.
L'équilibre et la performance résident dans la capacité à exprimer l'un au même titre que l'autre, en concordance à un mouvement changeant.
Agilité de corps et d'esprit sont gages d'une vie efficace.

Laisse fleurir ton jardin.
Cultive-le toujours avec plaisir.
Profite de l'abondance qu'il t'offre.
Laisse les graines se répandre largement.
Ton champ ne mourra jamais.
S'il est piétiné par dehors, le germe pousse encore par dedans.

Les pouvoirs extraordinaires ne sont pas qu'au dehors.
Ils sont aussi en toi, dans ton corps, dans ton esprit, reliés dans ton cœur.
Centre-toi, pose-toi au milieu, ramène tout ici et laisse parler.
Tu peux les exprimer depuis ton cœur, en âme et conscience.

Garde-toi de prophétiser.
Pourtant, ton histoire te précède et te suit comme elle te devance et te succède.
Alors, si le présent d'une autre heure t'est confié, ne l'ignore pas, sache le recevoir à sa juste mesure, sans extravagance ni mépris.

Si tu ne le fais pas, évite de le dire.
Si tu ne le dis pas, évite de le faire.
Sache dire ce que tu fais et sache faire ce que tu dis.
Ne conçois pas l'un sans l'autre.
Tu te perdrais à grands fracas en confusions et malfaçons,
en maldisant et malfaisant.
Tu sombrerais dans le mensonge et la malhonnêteté.

Vivre sereinement et équilibré.
Ça passe par une conscience bien établie.
Ça s'installe au niveau du cœur.
C'est coopérer corps et esprit.
C'est ressentir et réagir depuis son cœur.

Ton corps et ton esprit semblent se disputer le passé et le futur, en un va et vient continuel.
Ne les laisse pas jouer trop loin l'un de l'autre.
Un trop grand écart risque ta perte.
Sache ne pas oublier le présent, il est au milieu.
C'est là que tu comprendras.
Le milieu est au cœur de la chose.

L'éther est calme.
La matière est calme.
L'éther et la matière s'agitent pour se transformer.
Toute transformation accomplie révèle une meilleure stabilité.
La stabilité est calme.
L'agitation est une transition nécessaire mais ponctuelle.
Elle n'est pas un état durable.
Tous les états durables sont calmes.
Le mouvement accompagne chaque élément dans son état et ses transitions.
Saisis le mouvement, accepte de transiter l'agitation et repose-toi dans un calme toujours plus ample et durable.

Être en pleine conscience.
C'est vivre pleinement le présent en son moment et en son lieu, en soi et autour, de l'intérieur et de l'extérieur.
C'est être continuellement attentif à soi, son environnement, ce qui est là, ce que l'on fait, ce qui se passe, les sons, les images, toutes sensations, les mouvements.
Ce sont autant de réalités concrètes que de ressentis subtils.
Être en pleine conscience implique une attention toujours en éveil au large ensemble du présent qui se déroule et dans lequel on est impliqué.
La pleine conscience dépasse le périmètre du décor physique et visible.
Cet état d'attention qu'est la pleine conscience est naturel, paisible et reposant.
C'est simplement être centré, avoir posé son attention au cœur et tout vivre d'ici.

En réalité, la vraie vérité se traduit réellement dans tous les langages.
Un langage véritable devra libérer les mots et symboles à même d'exprimer toute réalité.
Alors, une vérité tiendra toujours sa cohérence dans tous les langages.
Une erreur pourra faire illusion sous certaines formes de langage, mais elle s'effondrera par ailleurs.
Cultive un langage riche et cohérent.
Eprouve-le.
Sois libre de traduire le sens de la vie de tout élément, avec tes mots ou tes symboles.

Ne reste pas agité.
Calme-toi.
L'agitation est transitoire.
La cultiver est contre nature.
C'est souffrance, tu te brules.
Le calme est durable.
Le cultiver est naturel.
C'est bien-être, tu te soignes.

Régule ton corps et ton esprit.
Apaise-les, assouplis-les, renforce-les, fluidifie-les.
Du bassin au crâne et du crâne au bassin, ton corps et ton esprit sont intriqués.
Appuie-toi au niveau du cœur comme point pivot.
Transite et relie tout à cet endroit.

Au même titre que tout élément, tu exprimes un cas particulier.
Utilise ton cas particulier, mais n'en reste pas là.
Réunis ton cas particulier avec celui de l'autre.
Ils vous amèneront vers le cœur du sujet commun à tous.
L'essentiel est là, il vous ouvrira sur l'immensité du cas général, applicable à tout élément en tout moment et en tout lieu.

Ton univers va vite, très vite.
Ne t'agite pas à vouloir saisir tout ce qu'il remue.
Tu n'attraperais que des bribes incohérentes qui ne sont pas pour toi.
Calme-toi et ralentis-toi, comme immobile au milieu de ton univers.
Observe.
Tu saisiras ce que tu n'avais encore jamais envisagé.
Ceci est pour toi.
Sans bouger, tu avanceras vite, très vite.

Le centre énergétique de ton cœur te relie.
De dedans vers dehors et de dehors vers dedans.
A droite et à gauche.
Devant et derrière.
En haut et en bas.
Partout autour et en toi.
Dans un sens comme dans l'autre.
Tu peux ressentir ces liaisons circuler, ce sont des flux.
Depuis le cœur, partout autour et en toi, tu peux accompagner et faciliter ces flux.

Le cosmos te provoque par synchronicités.
Une synchronicité te révèle un évènement qui valide
l'existence d'une information possiblement réalisable.
Tu es l'opérateur potentiel vers cette réalisation.
Constate et choisis de saisir l'opportunité, ou pas.

La lumière brille entre onde et matière, entre matière et onde.
La lumière pulse et se propage à la fois.
La lumière n'a ni vitesse, ni puissance, ni masse, ni poids, autres que ceux exprimés par l'élément qui l'émet ou par l'élément qui l'absorbe.

Ton cœur est ton centre magnétique.
Tous les flux, autant internes qu'externes, sont reliés au cœur.
Il matérialise le lieu où les flux sont centralisés à l'intersection de ton axe polaire et de ton plan équatorial.
Appuie-toi sur ton cœur pour te stabiliser.

Ton temps semble être compté, il n'attend pas.
C'est lui-même qui semble compter seul pour toi.
Seul, il compte vite.
Mais ne cours pas après, ne t'agite pas.
Tu ne ferais que l'exciter, te fatiguer et t'abimer sans le rattraper.
Saisis-toi à partager ce qui te conserve et t'embellit.
Accompagne ton temps, confie-toi à lui et trouve le rythme paisible qu'il t'accorde.
Ce qui embellit dure doucement et se laisse traverser par le temps.
Le temps s'y accorde.
Prends place dans cet espace, le temps ne compte plus seul.

L'information est exprimée en polarité, onde et amplitude.
Son expression en amplitude varie son volume.
Son expression en onde varie son mouvement.
Son expression en polarité varie sa charge.
A chaque variation, le codage change, le message est transformé.
L'information est polymorphe, elle évolue en permanence au contact de son environnement.

Repère et ressens tes centres énergétiques.
Tu peux agir sur les flux qu'ils véhiculent et les harmoniser.
Ta prise de conscience et ta maitrise prennent une nouvelle envergure à tous niveaux.
Il y a trois centres principaux à partir desquels tu peux opérer.
Le plexus solaire ou chakra 3.
Le cœur ou chakra 4.
La gorge ou chakra 5.
Fais circuler un flux entre le cœur et le périnée.
Fais circuler un flux entre le cœur et la fontanelle.

Prends conscience de ton champ magnétique.
Il t'enveloppe, il s'exprime tout autour de ton corps.
Il informe ta condition au sein de ton environnement.
Pose ton attention au niveau du cœur.
C'est d'ici que ton rayonnement global émerge et se diffuse.
De là, tu prends conscience de ton être entier depuis son milieu.

L'information évolue par relations de complémentarité ou d'opposition.
Elle se transforme, se relaye, s'amplifie, se modère, se perd.
Une information est ondulatoire.
Elle entre en contact avec une autre information pour cause de formes aptes à établir un lien relationnel.
Les informations incompatibles n'interagissent pas.
Les informations compatibles se complètent ou s'opposent.
Celles qui se complètent génèrent une relation associative, elles partagent l'information ou en produisent ensemble.
Celles qui s'opposent génèrent une relation dissociative, elles se repoussent ou détruisent l'information.

L'information exprime l'état d'un élément par rayonnement magnétique.
L'interprétation et le traitement d'une information sont conditionnés par l'élément qui la reçoit.
Le devenir d'une information est indéterminé.
Il dépend de la perception qui en est faite de façon totalement subjective.

Tu ne vis que parce que l'univers est vivant.
C'est ton univers, il te donne vie.
Tu participes à la vie d'un monde.
Ce monde vivant te nourrit.

Admets ce qu'il t'est donné d'observer.
Ne te satisfais pas seulement de l'observer.
Comprends-le et exprime-le aussi par toi-même.
Observe et dévoile toujours plus.
Ce que tu observes t'est accessible.
Tu le portes aussi en toi et tu peux le développer.
Ce qui est à l'intérieur est à l'extérieur, et vice versa.

Tout ce qui bouge se voit.
Tout ce qui se voit bouge.
Tout ce qui bouge s'entend.
Tout ce qui s'entend bouge.
Tout ce qui bouge se ressent.
Tout ce qui se ressent bouge.
Tout ce qui bouge vit.
Tout ce qui bouge meurt.
D'un mouvement à l'autre, ouvre tes sens, tu bouges sans bouger, de vivre à mourir, de mourir à vivre.

Rien d'impossible.
Seulement ton corps et ton esprit, au milieu ton cœur.
Corps matérialisé et esprit éthéré, tenus par un cœur créateur.
La matière est forme concrète.
L'éther est forme abstraite.
Le cœur relie corps et esprit.
Il organise de l'éther et il désorganise de la matière.
Par le cœur, le corps se forme selon l'esprit.
Par le cœur, l'esprit se forme selon le corps.

Tu es magnétique.
Porte attention à tes pensées.
Porte attention à tes mots.
Porte attention à tes gestes.
Ne les néglige pas.
Ne les méprise pas.
Ils portent ta vibration.
Tu es magnétique.
Tout ce que tu formules te colle à la peau.
Au moindre mouvement, tout ce qui résonne autour te colle à la peau.
Ne t'enveloppe pas de boue, ni de fer, ni de plastique, ni de crème.
Ne t'enferme pas, ne te cache pas, ta peau a besoin de respirer.
Sois sincère, justement humble, fier d'avoir pour seule enveloppe la lumière que tu rayonne.

Ne choisis pas la malhonnêteté, le vacarme et la salissure.
Lui, il choisit la sincérité, la musique et la pureté.
Mélanger la salissure avec la pureté, ça fait quand même de la salissure.
Mais lui, il ne se résout pas à la salissure.
Mélanger le vacarme avec la musique, ça fait quand même du vacarme.
Mais lui, il ne se résout pas au vacarme.
Mélanger la malhonnêteté avec la sincérité, ça fait quand même de la malhonnêteté.
Mais lui, il ne se résout pas à la malhonnêteté.
Il semblerait que ton choix soit le plus raisonnable, le plus confortable, le plus pratique, le mieux assuré, le plus efficace… ton monde se tient toujours.
Pour lui, il arrive que tout soit contrarié, il peut voir son monde se faire renverser à chaque instant.
Mais le cœur demeure. Il aime ce cœur, il est toujours là, il l'a toujours accompagné, il vit en lui.

L'histoire que tu induis ou que tu accompagnes chez l'autre n'est plus nécessairement ton histoire.
Sache te détacher de l'histoire de l'autre pour suivre la tienne.
Ne laisse pas l'autre poursuivre son histoire sur la tienne dès lors que ce n'est plus la sienne.
Ne poursuis pas ton histoire sur celle de l'autre dès lors que ce n'est plus la tienne.
Développe ton histoire avec celui qui développe la sienne.
Partagez vos histoires et faites-en une commune, vivante pour l'un et pour l'autre, vivante pour l'ensemble, mais pas l'une sur l'autre, pas l'une aux dépens de l'autre.
Sois sincère en toi et partage la sincérité de l'autre qui vit la tienne.

Où est ton toi ?
L'humain voyage autour de son toit.
Il y a celui qui voyage de toit en toit, toujours avec la certitude d'avoir trouvé son toit.
Personne ne sait, même pas lui, s'il n'a pas vraiment perdu le toit.
Il y a celui qui voyage de toit en toit, simplement pour revenir un jour à son toit.
Personne ne sait, même pas lui, s'il pourra retrouver un jour le toit.
Il y a celui qui voyage de toit en toit, en s'arrêtant un jour et pour toujours sous son toit.
Personne ne sait, même pas lui, pourquoi et comment il a trouvé ici et maintenant le toit.
Il y a celui qui voyage de toit en toit par procuration, pour ne jamais risquer de quitter son toit.
Personne ne sait, même pas lui, s'il a trouvé le toit.
Et puis, il y a celui qui n'a pas de toit ou qui a un toit partout et toujours.
Tout le monde sait, lui aussi bien sûr, qu'il voyage avec toi en soi.

Un homme décida de partir et de ne plus s'arrêter tant qu'il ne l'aurait pas trouvé.
Personne ne questionna et n'en sut rien de plus.
Ni quoi, ni où, ni comment, ni pourquoi.
Depuis ce jour, cet homme partait sans cesse et ne faisait que disparaitre pour ceux, de plus en plus rares, qui le voyaient partir.
Puis, un jour, alors qu'il pensait avoir disparu, il entendit une douce voix l'interpeller.
'Pourquoi tu pars ?'
Il s'arrête, se retourne et voit cette femme.
Dès lors, c'était fini et il le savait.
Mais pourquoi, comment, où, quoi, il ne le savait pas encore.
Elle était Belle.
Des cheveux noirs et longs, sa peau brune et douce à regarder comme sa voix à écouter.
Des yeux dont on ne sait dire s'ils sont sombres ou clairs et si cette tendre lumière est celle qui y pénètre ou qui en émane.
Un visage et un corps d'une telle harmonie que les mots n'ont pas d'autre choix que de s'effacer devant la beauté et la douceur.
Elle semblait flotter, tout autour bougeait avec elle.

'Parce que j'ai décidé de la trouver.'
'Comment ? En partant ?'
'Oui, il faut chercher pour trouver et je pars chercher.'
'Mais alors où vas-tu ?'
'Je vais et j'irai partout, partout où il faudra aller pour la trouver.'
'Trouver qui ?'
'La paix évidemment.'
Elle sourit et lui tend la main.
'Alors ne pars plus.'

La paix est partout.
Partout où il y a quelqu'un.
Ne pas regarder et puis ne plus voir l'autre, c'est déjà s'effacer et tourner le dos à la paix.
Partir ensuite pour mieux disparaitre, ne plus voir et ne plus être vu, c'est refuser la paix.
Alors, dans le doute, arrête-toi, retourne-toi et regarde.
Si tu ne vois personne, cherche quelqu'un.
Si tu vois quelqu'un, la paix est là.

Je Suis.
Pourquoi, où, quand, comment, je ne sais pas.
Mais peu importe.
Ça y est, Je Suis.
Alors je te regarde et Tu Es.
Tu Es et tu me regardes.
Alors tu es Je Suis et je suis Tu Es.
Oui, Nous Sommes, ça y est.
Nous Sommes et nous le voyons, et nous la voyons.
Mais qui est-il, qui est-elle ?
Il Est et Elle Est.
Nous vous voyons et Vous Êtes.
Vous Êtes et vous nous regardez.
Alors vous êtes Nous Sommes et nous sommes Vous Êtes.
Oui, Ils Sont Nous Sommes, Ça y Est.

Regarde l'humain, oublie l'idéologie.
Souris-lui beaucoup, encore et encore.
S'il te demande pourquoi ou à qui tu souris, dis-lui.
Dis-lui que tu as fini par oublier ta peur.
Dis-lui qu'elle s'est comme apaisée, endormie.
Dis-lui que depuis, tu vois passer quelques ombres.
Dis-lui que tu les salues, mais jamais n'y prêtes compagnie.
Dis-lui qu'à cette place laissée vacante, le sourire grandit.
Dis-lui qu'en lui, tu as vu ce sourire, prêt à grandir.
Alors c'est pour ça que tu souris, c'est à lui que tu souris.

Il a reçu la bénédiction.
Maintes fois, il a reçu la bénédiction.
Il l'a méprisée.
Il a remercié, il est parti avec, comme un voleur, elle était à lui.
Il a oublié qu'il l'avait méprisée.
Puis, elle lui fut à nouveau donnée, il l'a méprisée, il a remercié, il est parti avec, comme un voleur, elle était sienne.
Il a oublié qu'il l'avait méprisée.
Bien des fois encore, elle lui fut donnée, offerte.
Il l'a méprisée.
Vint le jour où il s'est rendu compte.
Rendu compte qu'il l'a méprisée tant de fois.
Il vit la bénédiction venir à lui.
Son corps et son esprit meurtris par une vie de mépris étaient là, ayant compris qu'ils l'avaient trop méprisée pour la recevoir encore, simplement heureux de la voir.
Lorsqu'elle lui fut à nouveau donnée, son cœur et son âme accueillirent son corps et son esprit dans une douce joie.
Il a remercié.
Il est resté là, et il a consacré son être à l'honorer et la partager.

Tu as reçu la bénédiction.
Maintes fois, tu as reçu la bénédiction.
Tu la méprises.
La bénédiction t'est donnée encore, et encore.
Chaque fois que tu la méprises, tu en souffres, toujours plus à chaque fois.
Plus tu en souffres, plus la bénédiction t'est donnée forte et puissante pour apaiser ta souffrance.
Tu la méprises.
Tu grandis ta souffrance.
Chaque fois, la bénédiction t'est donnée plus forte, apaisant ta douleur.
Un jour, ta souffrance arrive au bout de son pouvoir sur ton corps et ton esprit.
La bénédiction t'est donnée, plus forte, ramenant ton corps et ton esprit en ton cœur et ton âme.
N'attend pas ce jour-là pour l'honorer et la partager toujours.

Corps, âme, esprit.
Ceci est son corps.
Ceci est son sang.
Ceci est son esprit.
De son esprit nait le sang.
De son sang nait le corps.
De son corps nait l'esprit.
Sa vie est un cœur à grandir.
L'esprit nourrit le cœur.
Le cœur nourrit le corps.
Le corps nourrit l'esprit.
Son cœur grandit sa vie.

Il te dit les mots de ton pouvoir.
Des mots qui n'en finissent plus de vouloir dire.
Vouloir dire la force de l'invisible.
L'invisible qui prend forme à le toucher.
Toucher sans jamais le voir.
Voir quand même sans regarder.
Regarder en soi pour pouvoir.
Il le voit en toi, alors il te le dit avec des mots de pouvoir.
Je t'aime.

acte 7

essentiels

repenser l'origine

Sommaire

Utiles **679**

Pratique Coeur **683**

Pratique Silence **689**

Passe-temps **697**

Temps de vie **703**

Premiers **705**

Utiles

.de l'énergie du cosmos à la nature de l'humain.

... Du mouvement et du rythme.
Tout mouvement est transformation et toute transformation est mouvement, toute transformation est vie et toute vie est transformation, éternellement cyclique à toutes échelles. A chaque état d'être, son temps et son espace. A chaque dimension, son rythme et son état d'être.

... Du karma.
Chaque réaction est créatrice et chaque création induit de nouvelles réactions exprimées ou contenues. La création est une transformation diffusée ou cristallisée. La dynamique du karma régit l'évolution par la transformation.

... Du libre arbitre.
En toute chose, il existe toujours un large champ de potentialités créatrices en perpétuelle évolution. Chaque personne consciente a la faculté de choisir parmi les potentialités qui se présentent. Cette liberté de choix est de la responsabilité de chacun et doit être respectée en tant que telle.

... Du non jugement.
Reconnaitre et accepter ce qui est autour de moi, comme légitime en soi, partie du tout. Reconnaitre et accepter ce que je suis dans mon environnement, comme légitime en soi, partie du tout. Participant au principe d'équilibre du tout, je respecte l'état de ce qui est autour et mon environnement respecte l'état de ce que je suis.

... *D'attraction et de répulsion.*
Tout est vibration, tout est information. Chaque mouvement, chaque son, chaque sentiment émet un message. Ce message n'a qu'une fonction : interagir avec l'information circulante. Il s'oppose à un message de nature contraire pour l'atténuer et empêcher sa réalisation, ou il se relie à un message de même nature pour s'amplifier vers sa réalisation.

... *De polarité.*
A toute chose, à tout élément, il existe son opposé et complément. Toute réalité est maintenue par l'équilibre entre ces deux opposés ou principes contraires. Toute modification d'un des deux pôles engendre inévitablement la modification de l'autre pôle pour maintenir l'ensemble. Toute évolution stable est la résultante du mouvement coordonné des contraires complémentaires.

... *De correspondance et du tout.*
Ce qui se trouve à l'extérieur se trouve aussi à l'intérieur, et vice versa. Chaque partie intérieure est la composante d'un tout cohérent qu'elle constitue. Le tout extérieur se compose de chaque partie qui le constitue et qu'il réunit. Tout constitue le tout, et tout est en tout.

... *De sublimation.*
Quels que soient le ressenti, le vécu ou l'appréciation qui peuvent être les miens, il s'agit d'une expression particulière de l'énergie commune à tous et contenant toutes les potentialités. Alors, tout élément perçu comme négatif contient son expression positive de même puissance, et inversement. La sublimation est cette transmutation instantanée de la forme exprimée du vice vers la vertu.

... De l'univers ou du cosmos.
A toutes dimensions, tout dans l'univers évolue selon un principe d'équilibre énergétique. Suivre le mouvement de l'univers, c'est être en résonance avec l'énergie créatrice.

Quelques mots simples qui peuvent aussi s'avérer utiles : Sincérité, Responsabilité, Réciprocité, Honnêteté, Humilité, Partage, Pardon, Empathie, Cœur, Générosité, Foi, Plénitude, Joie, Sérénité, Elégance, Harmonie, Humanité…

Non pas à savoir ni à apprendre. Connaître et reconnaître. Simplement à vivre. Servez-vous, mettez-vous en situation, voyez ce qui fait sens, et cultivez le bon sens.

Pratique Cœur

.se rejoindre au cœur.

Le nourrir, le cultiver, l'ouvrir plus grand, plus fort.

Se mettre auprès de son cœur et y rester. Se mettre à son service et laisser faire le bon sens.
C'est rétablir ou simplement nourrir et cultiver un bon contact avec cet espace au centre de la poitrine.
C'est porter ou poser son attention en ce lieu. Je parle d'attention, pas d'intention et encore moins de volonté. C'est pour moi le premier exercice et peut-être le seul à intégrer. C'est ce qui permet en quelque sorte de se déconditionner de ses mauvais réflexes. Le reste s'ensuit tout naturellement. Le fait de poser son attention dans le cœur est une posture des plus naturelles allant de soi. Mais il est vrai que nous nous sommes bien souvent installés dans un état d'autocontrainte menant à court-circuiter le cœur. C'est dans ce cas qu'il va peut-être falloir fournir un petit effort, pour revenir à cette position beaucoup plus confortable consistant à laisser le cœur retrouver sa place. Il est donc nécessaire de constater dans quelle mesure nous sommes capable de poser notre attention en ce lieu, au centre de la poitrine, de reprendre contact avec ce qui s'y passe, ce que j'y observe, entends, ressens…
Poser son attention au centre de la poitrine, il n'y a pas d'autre consigne. Se contenter de cela, c'est juste impeccable. Bien souvent, on en rajoute pour mieux faire ou aller plus vite, et c'est là une erreur. Simplement laisser faire et observer sans s'attacher à quoi que ce soit. C'est là qu'il y

a le cœur, au centre de la poitrine, pas trop haut (peut-être légèrement sur le centre gauche pour certains). On se met juste là et on écoute, on observe, on ressent, on laisse faire, on découvre ce qui ce passe ici et autour. On suit le mouvement en toute confiance. On peut changer son attention de lieu pour voir ce qui change par exemple, et puis revenir au centre de la poitrine. En se posant là, on accède à tout notre cosmos, immédiatement et partout.

Au début, il faut peut-être poser son attention plus longtemps, sans attentes particulières. Le plus longtemps possible, avec ce focus au centre. Petit à petit, on pourra constater que quand on fait ça sans forcer, tout se calme, tout s'apaise. Le corps et l'esprit s'apaisent, et alors on pourra s'apercevoir qu'on ne pose plus simplement son attention au centre de la poitrine, mais comme si on entrait dedans, plus profond, plus largement sans définir un espace délimité. C'est toujours là, au centre de la poitrine.

Pour aider, on peut aussi s'imaginer que l'on fait descendre ses pensées, son mental, à cet endroit. Comme un fluide qui coule et descend ici pour y rester. C'est une bonne aide pour certains qui ressentiront bien un changement d'état. Pour d'autres, c'est l'exercice inverse qui sera plus pertinent, en faisant monter le flux du cœur vers le mental.

Au fur et à mesure, on peut rencontrer différentes sensations. Une sorte de chaleur, une légère pression, une impulsion, comme une ouverture de cet espace, une concentration de quelque chose qui diffuse ici, qui semble respirer. Toutes ces sensations varient et sont exprimées différemment selon les personnes, mais c'est généralement léger et paisible.

On peut aussi s'entrainer à connecter avec le cœur de quelqu'un d'autre. Ce peut être le déclic pour certains d'entre vous. Le but n'est pas d'intervenir auprès d'un autre, mais juste de ressentir ce qui se passe dans son propre cœur à ce moment-là. C'est aussi un signe nous permettant de savoir que l'on est soi-même en contact direct avec cet espace. Les sensations sont les mêmes, à ce détail près que l'on peut ressentir comme un signal plus impactant au moment du contact avec quelqu'un d'autre. Comme un déclic, un emballement, une pression, un clac… bref, non seulement on est dans son propre cœur, et en plus on l'ouvre et le relie à un autre.

_ *Je dis que les sensations sont les mêmes… Vous connectez quand même un autre et vous échangez avec cet autre. Alors vous pouvez aussi potentiellement partager plus. Surtout au début, ne connectez peut-être pas n'importe qui. Choisissez un autre sympa. Restez dans le plus grand respect et ne forcez rien.* _

Ne soyez pas déçu, surpris ou découragé si vous pensez ne pas trouver les petites premières sensations que j'ai citées. Il se peut que vous soyez resté beaucoup plus proche de votre cœur que vous le pensez. Plus on s'est éloigné de son cœur, plus les premières retrouvailles sont sensibles, et c'est bien normal. Pour autant, beaucoup de personnes ont gardé un bon contact avec leur cœur, la relation n'est pas contrariée et c'est très bien comme ça. C'est l'occasion de reconnaitre votre lien en conscience et réapprécier des sensations quelquefois négligées. Nous avons tendance à nous croire tous au même point et ce n'est pas toujours vrai. Il n'est pas utile de se dévaloriser ou de se surévaluer. Simplement se centrer puissamment, puis laisser faire en accompagnant et sans forcer. Dans tous les cas, pratiquez depuis le début, la suite concerne tout le monde.

Chemin faisant, cet espace se ressent, s'observe et s'écoute de mieux en mieux. On s'y installe plus profondément. Il s'élargit et peut ouvrir des changements au-delà de son périmètre premier, dans l'ensemble du corps et de nos comportements. Certains états ou fonctionnalités de votre être ne peuvent fonctionner que si et seulement si vous êtes dans le cœur. A ce moment, on comprend que ce n'est peut-être pas qu'une option à utiliser occasionnellement, mais que ce serait bien d'y rester un peu plus longtemps, plus souvent, voire complètement, toujours, sans plus s'en préoccuper, comme l'habitude naturelle retrouvée.
Bien sûr, quand on a pris l'habitude inverse, il faut pratiquer. On peut pratiquer une fois par jour. Puis cette fois par jour devient plus durable. Puis on s'amuse à faire de brefs rappels n'importe quand dans la journée, n'importe où et de plus en plus souvent. Puis on s'aperçoit qu'on arrive à rester un peu, puis un peu plus sans s'en préoccuper. Dans le cœur. Puis maintenant, on s'aperçoit quand on a lâché, comme si quelque chose manquait, alors on relance. On s'y remet de plus en plus facilement et on en sort de moins en moins souvent. On s'y plait, ça y est, on y est. J'y suis, j'y reste.
Tout cela peut arriver très rapidement et sembler banal pour certains d'entre vous, ou demander plus de temps et d'assiduité pour d'autres. Peu importe. Le résultat n'est pas nécessairement en rapport avec la rapidité et de prétendues facilités ou capacités qui seraient le lot de certains et pas des autres. Nous sommes tous constitués de la même manière et à la fois très différents. Nos besoins ne sont pas forcément les mêmes dans le détail. Il n'y a pas de comparaisons valables. Seul le principe de retrouver ce centrage naturel vers un cœur ouvert est le but qui importe. Chacun peut le vivre différemment et y trouver ses propres avantages. Pour

illustrer cela, vous verrez que chacun ne développe pas les mêmes ressentis et les mêmes intérêts. Certains ralentiront volontiers, gagneront en calme et sérénité, pendant que d'autres peuvent se trouver revitalisés, actifs et réactifs comme ils ne l'ont jamais été. Mais jamais endormi, jamais excité, jamais dans l'excès ou l'insuffisance, toujours plus dans l'évidence, la juste position, toujours mieux adapté et équilibré à la condition et aux affinités de chacun. Que du bon, un bien-être personnel sur mesure.

Et puis l'aventure ne s'arrête pas là. C'est maintenant qu'il faut le nourrir, le cultiver, l'ouvrir plus grand, plus fort. C'est une attitude de tous les instants. Cependant, ne forcez pas. A ce stade, ce n'est plus une pratique à penser. Vous avez rejoint votre cœur, c'est fait. C'est simplement une nouvelle attitude qui s'installe naturellement, et ça se passe dans le plaisir. Constatez juste le plaisir et n'oubliez pas d'où il vient, entretenez-le. C'est ça le nourrir, le cultiver. Ne l'oubliez pas et partagez le plaisir, il s'ouvrira de lui-même toujours plus grand et plus fort.

L'important est de revenir à cette posture naturelle et sans contraintes, où l'on est tout simplement dans le cœur continuellement et normalement. Parce que notre attention est toujours posée ici, à l'intérieur, au centre de la poitrine, sans que l'on ait besoin d'y penser. Le mental, très important quand il est à sa place, a aussi repris sa juste place naturelle. On n'ignore plus le cœur. On fonctionne naturellement et sereinement, par le cœur évidemment.

Être centré, c'est être dans le cœur de façon naturelle.
C'est ouvert à tous, c'est comme ça que l'on est fait.
C'est tout naturel d'être centré dans son cœur.
C'est tellement plus reposant et évident.

Pratique Silence

.écouter le silence.

Le silence est partout. Partout dedans, partout autour.

Il est comme le vide que vous traversez devant vos yeux jusqu'à l'objet qui arrêtera votre regard. Ce vide est là et vous ne le voyez pas... sauf si vous le regardez, mais il y aura toujours un vide entre vous et ce que votre regard dévoile. Pourtant, ce vide est plein, je vous l'assure. C'est un peu pareil pour le silence.

Le silence est plein. Le silence est là, mais vous ne l'entendez pas. Votre écoute s'arrête au son qui s'impose pour retenir votre attention. Vous filtrez votre environnement sonore sans cesse. Autour de vous, les signaux sont très nombreux. Globalement, nous pouvons assez facilement saisir deux ambiances coexistantes. Cependant, il parait complexe de tout assimiler simultanément, alors nous opérons forcément une sélection. Il y a des bruits distincts, assez clairs et souvent ponctuels. Puis, il y a des bruits de fond, souvent installés plus durablement mais faisant varier leur contenu et leur puissance. Dans tout ça, certains évoquent aussi d'importantes différences en parlant de vacarme, musique, brouhaha, murmure, etc. Il s'agit de qualités du son non négligeables.

Dans l'exploration que je vous propose, la qualité du son devient plus relative et personnelle qu'à l'accoutumée. J'utilise principalement les mots 'son' et 'bruit' sans aucune connotation favorable ou défavorable quant à la qualité perçue. Les autres mots ou qualificatifs me servent à vous indiquer une tendance généralement perçue comme telle, sans que cela doive être une règle applicable en tous cas. L'important est d'écouter, d'entendre et explorer sa symphonie personnelle.

Ecouter sa symphonie personnelle ou écouter le silence ?
C'est ici que l'aventure commence. Je vous propose effectivement d'aller écouter votre symphonie personnelle. Toutefois, il faut viser l'écoute du silence pour la dévoiler. De la même manière qu'il y aura toujours un vide entre vous et ce que vous regardez, il y aura toujours un silence entre vous et ce que vous écoutez. Le silence nous est comme inaccessible. S'il existe, il est par définition inaudible, il est sans bruit. Mais entre vous et ce que vous écoutez, ce que l'on perçoit comme silence, c'est juste ce que l'on ne perçoit précisément pas, ce que l'on n'entend pas, ce que l'on n'écoute pas. Ce silence est plein. Plein de bruit. Chaque fois que l'on cherche à écouter ce silence, on ouvre un espace supplémentaire auquel on peut relier son attention et son écoute. Et… on entend. La vie fait du bruit, toujours.

Amenons-nous vers le son discret de la vie.
D'abord, on écoute autour, à l'extérieur. Tout le monde entend ce que tout le monde entend. Puis, on peut se demander si on peut faire mieux, aller écouter s'il n'y a pas du bruit qui nous échappe mais que l'on pourrait saisir quand même. On se pose calmement et on se détend pour se consacrer à l'écoute. Simplement la perception sonore, sans autre réflexion. Juste repérer et éventuellement localiser des sons, sans analyse de ce qu'ils sont. On devient un peu plus attentif à notre environnement et, tout en conservant la perception des bruits déjà repérés, on capte d'autres sons.

Ces autres sons paraissent moins impactants, mais ils sont bien là. On peut écouter un champ sonore plus large. On n'élimine pas, on prend simplement accès à plus d'éléments cohabitant dans ce même espace à ce moment. Il y a des bruits distincts et des bruits de fond de tous types et de différentes intensités. On entend tout à la fois. On profite de cette ambiance paisiblement.

Maintenant, on est à l'écoute et on peut aller plus loin. On peut encore aller chercher le silence derrière tout ça. On ferme les yeux. On installe et on élargit encore son attention à l'environnement sonore, de façon plus fine. Les bruits sont plus nombreux encore. On accède à des sons plus subtils et légers, même si certains peuvent être doux et d'autres claquants. Toujours les yeux fermés, on est quasiment immobile et on pousse toujours notre perception plus loin, plus finement, plus profondément, plus largement. Notre sensibilité auditive s'amplifie. A ce stade, nous avons déjà personnalisé notre monde audible. La symphonie autour de nous n'est pas nécessairement la même pour tous. Les goûts, couleurs et affinités ont commencé à s'exprimer dans le monde des bruits.

Au fur et à mesure que l'on avance dans le subtil, le grossier va s'atténuer. Il peut complètement disparaître. Notre perception sensible trouve ses limites et, si nous voulons encore affiner, nous devons négliger la surface grossière pour déplacer notre attention vers plus discret. Nous laissons de côté ce que tout le monde entend normalement et que nous entendions tous pareillement au début. Nous n'écoutons plus l'ambiance habituelle de premier plan. Nous faisons de la place pour profiter du bruit qui se cache derrière. C'est ce qu'il y a encore avant d'atteindre le silence, ça grouille de vie, y a du bruit...

En cherchant ce silence toujours caché là-derrière, il arrive un moment où on a l'impression d'avoir fait le tour du territoire. Mais ce territoire reste vivant et bruyant. On ne peut pas éliminer ce bruit. Pour le dépasser, il faudrait aller encore plus profond pour se rapprocher de plus fin... vers la discrétion absolue du silence.

Ici, il est bon de se laisser immerger un moment dans cette symphonie harmonieuse d'un silence qui s'est révélé. En se laissant porter, de nouvelles nappes sonores plus ou moins graves ou pétillantes sont perçues, comme des flux continus de fond sonore. Ce sont des signaux monotones plus ou moins diffus, et pouvant légèrement onduler en un va-et-vient comme les creux et les bosses d'une houle. Plusieurs de ces bruits de fond peuvent coexister, successivement ou simultanément. C'est une ambiance qui semble à la fois très puissante et fragile, très stable et pouvant nous échapper en un instant. Lorsqu'il nous échappe, bien que redevenu imperceptible, ce fond sonore semble toujours être là, quelque part en l'air ou en nous. Lorsqu'il s'entend, ce bruit diffus n'est pas toujours bien localisé. Il pourrait être à l'extérieur, autour de soi, ou bien à l'intérieur, en soi-même. C'est le moment de se confier à ce son, l'accompagner, rentrer à l'intérieur, lui aménager une place stable. Que ce bruit soit venu de l'extérieur ou de l'intérieur, on constate finalement que ce qui vibre est à l'intérieur. Ces sons vibrent dans toute la boite crânienne, on saisit le fond sonore au-dedans de soi-même. Ce que l'on écoute et que l'on entend à ce moment, c'est ce qui vibre en soi. En s'y confiant, on constate ne plus être autour, on est entré écouter à l'intérieur.

Plus on revient à cette écoute, plus on se dirige naturellement vers l'intérieur. On laisse le monde alentour s'éloigner et on ouvre son attention d'écoute au-dedans de soi-même. On glisse d'un milieu à l'autre, en pleine écoute. On entre dans la matière, sa propre matière. Au début, la matière qu'est le corps s'aborde malgré tout un peu à distance, comme si on écoutait son corps de manière détachée. Pour entrer dedans, on a tendance à s'écouter depuis l'extérieur. Mais il faut réellement entrer, se positionner dedans. Si ce chemin est nouveau, il faut prendre le temps de l'apprivoiser. A cette étape, on peut ne pas toujours savoir si un bruit capté provient de l'intérieur de notre corps, ou bien s'il est extérieur sans nous appartenir. Alors, il est important de prendre le temps nécessaire, pour apprendre à localiser correctement chaque élément dans cet état d'attention avancée. C'est seulement lorsque cette perception est maitrisée que l'on peut continuer l'immersion sans risquer quelques dérives inutiles. Ne pas suffisamment maitriser son ressenti à ce moment, cela revient à cultiver les confusions, perdre repère ou s'abandonner à créer des fictions plus ou moins agréables, mais certainement pas neutres. La découverte du grand large demande la meilleure neutralité possible. Il faut suivre les éléments présents et non pas se mouvoir en fonction d'une réalité illusoire souvent conflictuelle avec le milieu concret. Pour cela, il faut se détacher de vouloir tout expliquer sur le champ, tout en faisant suivre les repères établis. Se confier à la perception sonore, la suivre sans analyse, la percevoir et simplement la ressentir.

Une fois la posture acquise, il n'est plus question d'écouter depuis l'extérieur. Il est temps de tout saisir depuis l'intérieur, au-dedans de soi. Par là, nous allons mieux explorer l'espace sonore. Ecouter et entendre depuis l'intérieur, c'est possible et chacun le fait naturellement. Ce n'est pas comme aller apprendre une nouvelle pratique jamais exercée jusque-là. C'est juste constater et comprendre ce que l'on a toujours fait. Mais le connaitre consciemment, c'est s'ouvrir à une écoute plus riche et signifiante. C'est ressentir le son et les sensations qu'il véhicule en nous. Ce ressenti permet de mieux réguler et préserver notre propre état. En plus d'écouter l'extérieur, on peut aussi tranquillement écouter son corps. C'est ici qu'on arrive en cherchant le silence. C'est un peu une nouvelle aventure qui commence. Nous découvrons des bruits qui ne sont pas perceptibles au dehors et que l'on capte uniquement dans ce monde de profonds ressentis qui nous agitent.

En pratique, on peut aimer ou préférer atteindre ce bruit intérieur en s'isolant du bruit extérieur. Surtout au début, on entre mieux dans la recherche du silence, plus facilement et plus profondément. Chemin faisant, la pratique se simplifie. On peut écouter le silence partout et n'importe quand. Plus on s'y relie, plus cette écoute devient naturelle et de tous les instants. On peut vivre une perception constante de ce son continu de la vie qui bruite en nous. Ce fond sonore est simplement une couche supplémentaire qui est toujours là. C'est le corps qui vibre le moment vivant en soi et tout autour. Ce n'est pas une gêne, c'est une information continue de ce qui vibre au dedans en relation à un environnement.

Il est bon d'apprendre à s'écouter de temps en temps et savoir cultiver ce son de l'intérieur. C'est le bruit essentiel de la vie qui nous anime dans ce corps et cet esprit. C'est ce que l'on rayonne dedans et dehors. Il est bon de cultiver le son le plus paisible et agréable qu'il soit. Il est bon de cultiver la meilleure harmonie pour soi et pour son entourage.

Ecouter le silence, c'est écouter et accompagner sa symphonie, la grandir harmonieusement, savoir ce que l'on s'offre et ce que l'on rayonne.
Le silence d'après, c'est lorsque plus rien ne bouge, lorsque plus rien ne vibre, lorsque plus rien ne vit... et ça n'existe pas.

Passe-temps

.l'espace de circuler une histoire en son temps.

Le temps se développe à la perpendiculaire de l'espace.
La ligne de temps est bornée par une limite au passé et une limite au futur, diamétralement opposées à égale distance du temps présent. Ces limites sont établies sur le périmètre de la sphère associée à l'espace-temps accessible. Le temps présent est au centre. Le centre du volume et le milieu du segment révèlent le cœur du système. Un environnement se développe autour du cœur. L'environnement héberge des informations de temps et d'espace, pouvant définir des potentiels et des nécessités plus ou moins significatifs en fonction de leur positionnement. Le positionnement d'une information s'envisage au regard de ses coordonnées, au sein de la sphère d'environnement, depuis le point de référence qu'est le cœur. Une sphère individuelle matérialise un espace interne et son extérieur. Une zone interne pour un espace-temps accessible et à connaitre, et une zone externe pour un au-delà inaccessible à la perception consciente de l'individu. Plus la ligne de temps est grande et la sphère volumineuse, plus le champ d'information est vaste et diversifié, et inversement. Plus on s'éloigne du cœur, plus l'information est diffuse, plus la mise en résonance des éléments passé et futur est faible. Plus on se rapproche du cœur, plus l'information est condensée, plus la mise en résonnance des éléments passé et futur est favorisée. Plus la mise en résonance est faible, moins elle est contraignante dans le vécu présent, et inversement. Plus on se rapproche du cœur, plus la probabilité d'un présent à vivre se précise et se renforce.

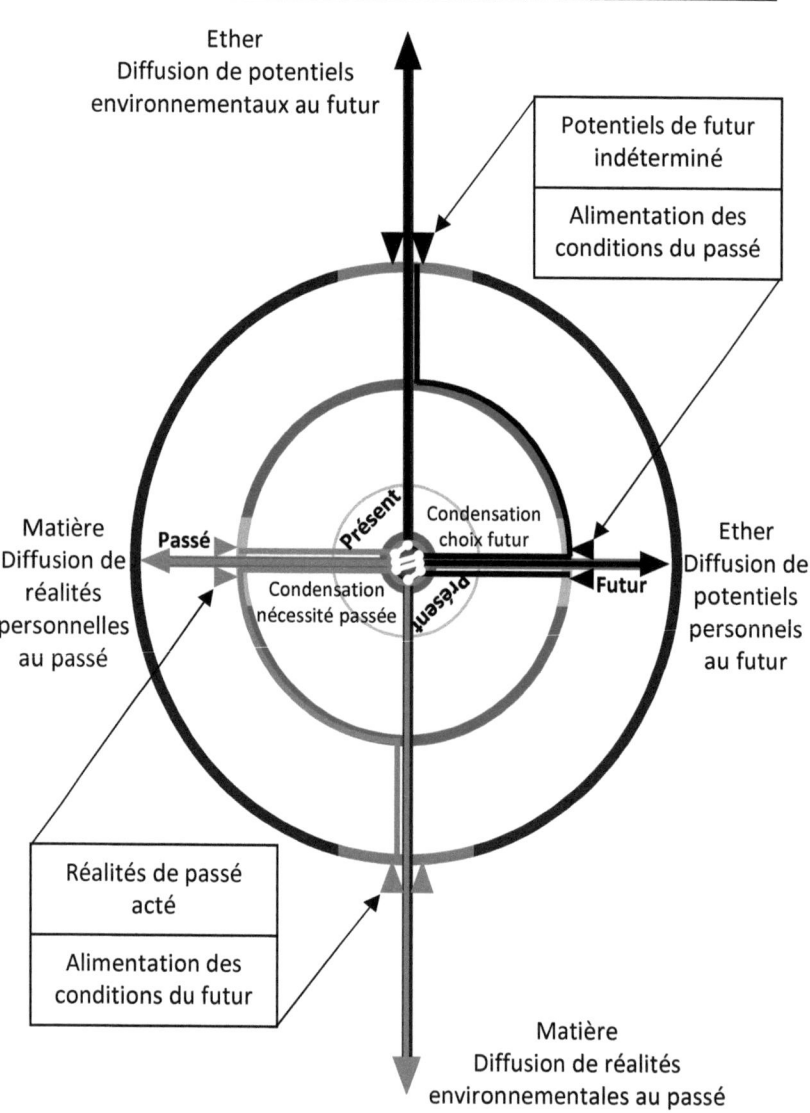

Au niveau d'un individu, les futurs non exprimables en lien aux réalités passées sont ignorés. Ils peuvent être transités et expulsés ou dissouts.

Au niveau d'un individu, les passés non nécessaires à l'expression des futurs potentiels sont ignorés. Ils peuvent être transités et expulsés ou dissouts.

Au niveau d'un environnement collectif, des futurs ou passés ignorés par un individu peuvent être signifiants pour d'autres. Leur existence peut être justifiée par une réalité nécessaire ou un potentiel compatible, pour plusieurs ou un seul membre de l'environnement collectif.

Un passé est dissout parce qu'il est devenu inutile au futur :
- sur simple manque d'usage, et ne faisant plus valoir sa nécessité.
- ou sur décision volontaire de choisir un futur détaché de ce passé qui sera progressivement rendu inutile.
- ou sur étiquetage comme élément nuisible, suite à un traumatisme par exemple. Dans ce cas, ce passé peut être simplement masqué (sans être expulsé ou dissout), et donc éventuellement récupéré dans un contexte libéré du traumatisme.

Un futur est dissout parce qu'il est incompatible au passé :
- sur évolution du passé modifiant les conditions de faisabilité nécessaires.
- ou sur décision volontaire de choisir un passé particulier qui orientera progressivement les conditions de faisabilité.
- ou sur étiquetage comme élément nuisible, suite à un conditionnement limitant par exemple. Dans ce cas, ce futur peut être masqué (sans être expulsé ou dissout), et donc éventuellement récupéré dans un contexte libéré du conditionnement limitant.

Plus la ligne de temps envisagée est étendue, plus le volume d'espace envisagé est vaste, plus le choix des conditions passées et des potentiels futurs est diversifié.

Le temps présent se bâtit au centre d'un passé acté et d'un futur potentiel.
Le temps présent s'établit au cœur. Il est la meilleure relation de mise en résonance entre les informations passées et futures accessibles. Les informations passées et futures se condensent vers le cœur à l'intérieur. Elles se diffusent vers l'environnement à l'extérieur. Le passé se renforce ou se déstructure en fonction des potentiels futurs disponibles. Le futur se structure ou s'affaiblit en fonction des réalités passées disponibles. Les informations passées et futures menant au vécu du temps présent découlent de sources multiples. Un individu, vivant son temps présent, doit composer avec des informations personnelles lui appartenant et des informations environnementales ou collectives lui étant étrangères. Ces informations sont de différentes natures (données émotionnelles, fonctionnelles, physiques, culturelles, idéologiques, éducatives, qualitatives, quantitatives, etc...).

Produire de la matière, c'est produire du passé, c'est une réalité actée. Consommer de la matière, c'est recycler du passé pour le renforcer, l'affaiblir ou le démanteler.

Produire de l'éther, c'est produire du futur, c'est un potentiel indéterminé. Consommer de l'éther, c'est recycler du futur pour le renforcer, l'affaiblir ou le concrétiser.

Produire de l'éther, c'est consommer de la matière, et vice versa. Alors, produire du futur, c'est consommer du passé, et vice versa.

Le temps qui passe, c'est ce passé, ce présent, ce futur.

Ce passé d'évènements figés. Un ensemble de multiples éléments imposés que l'on a acté et que l'on peut encore choisir. Un volume d'informations connues et déterminées, mais un contenu dont le message signifiant évolue et se transforme, se condense et se diffuse au cœur du mouvement de vie toujours renouvelé.

Ce futur d'évènements potentiels. Un ensemble de multiples éléments libres que l'on se propose et que l'on peut choisir. Un volume d'informations inconnues et indéterminées, mais un contenu dont la destinée naissante évolue et se transforme, se condense et se diffuse au cœur du mouvement de vie toujours renouvelé.

Ce présent d'un instant insaisissable. La vie est là. L'espace-temps n'existe plus au présent. Plus rien n'existe au présent, ni passé ni futur. Pourtant, tout est là. Tout dépend de lui, c'est par lui que tout s'organise et depuis lui que tout devient accessible. C'est d'ici que l'on envisage un passé et un futur. Le temps présent, c'est l'acte créateur, l'instant de vie continuellement renouvelé.

Temps de vie

.cycle de l'information exprimée en humain.

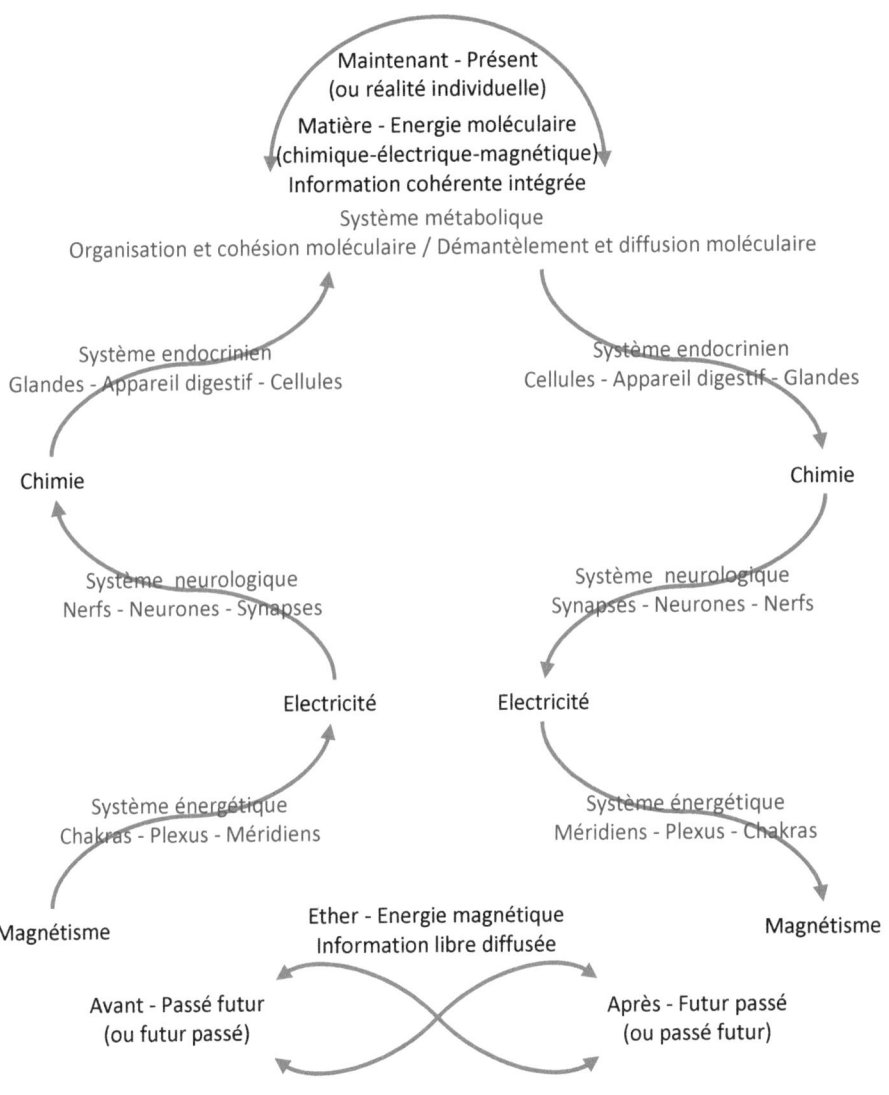

Premiers

. élémentaires structurants .

Quatre éléments
-
Deux relations neutres
-
Deux couples duals
-
Un ensemble équilibré

Eléments opposés complémentaires de charge inverse et de rotation identique (positif et négatif ; lévogyre)

Eléments opposés complémentaires de charge inverse et de rotation identique (négatif et positif ; dextrogyre)

1
-
Un premier élément
-
Quatre formes

 Eléments de charge positive lévogyre

 Elément de charge négative lévogyre

 Eléments de charge positive dextrogyre

 Eléments de charge négative dextrogyre

2
-
Une première relation neutre
-
Deux formes

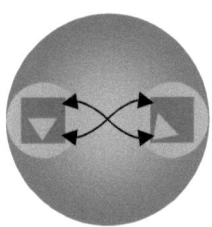

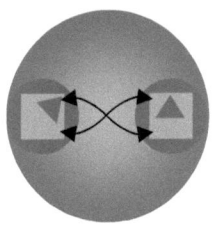

3
-
Un premier couple dual
-
Deux formes

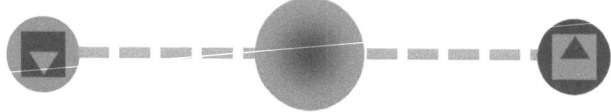

5
-
Un premier ensemble équilibré
-
Une forme

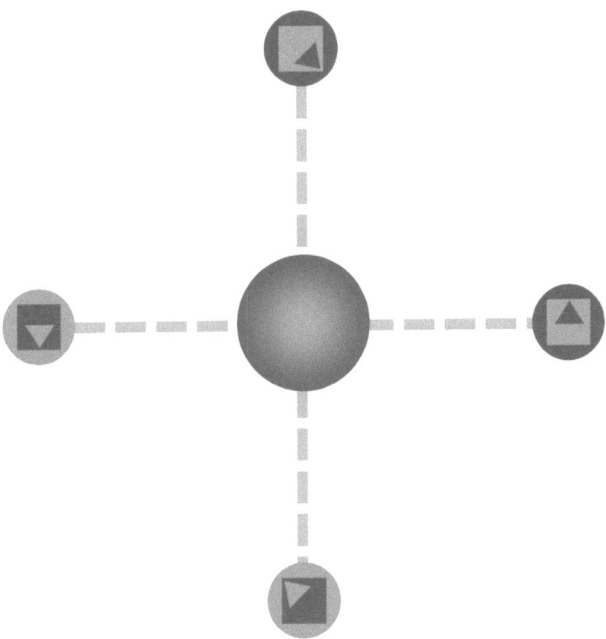

7 dual

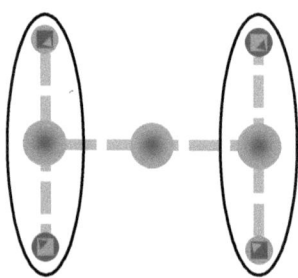

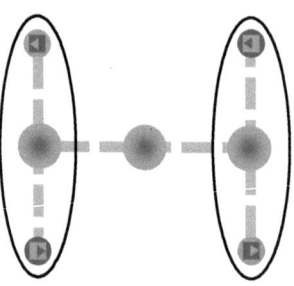

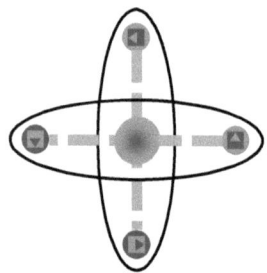

11 dual

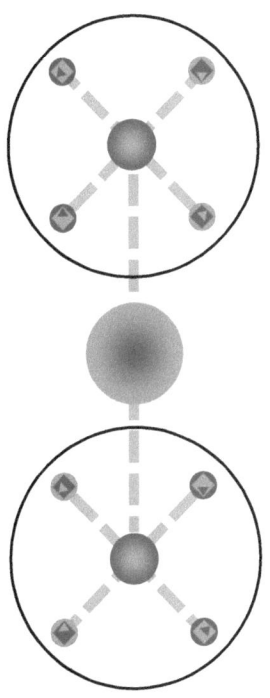

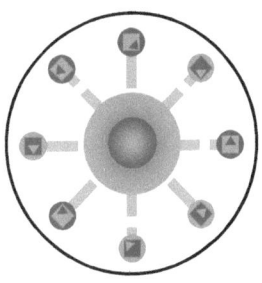

11 ligne

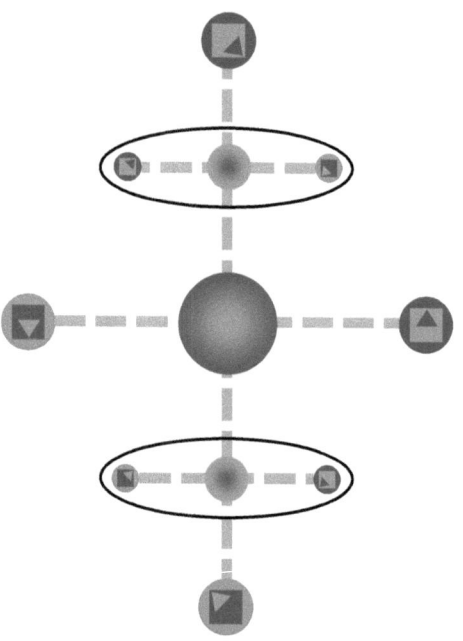

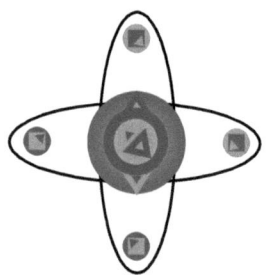

13 amas

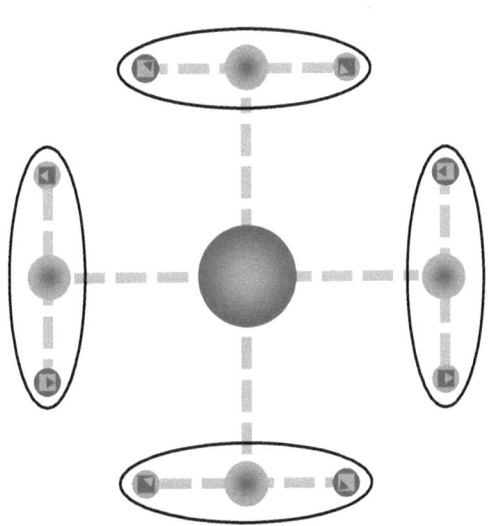

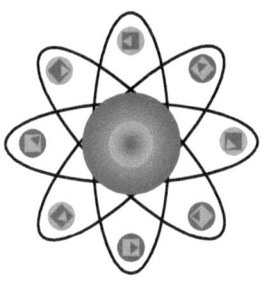

13 ligne

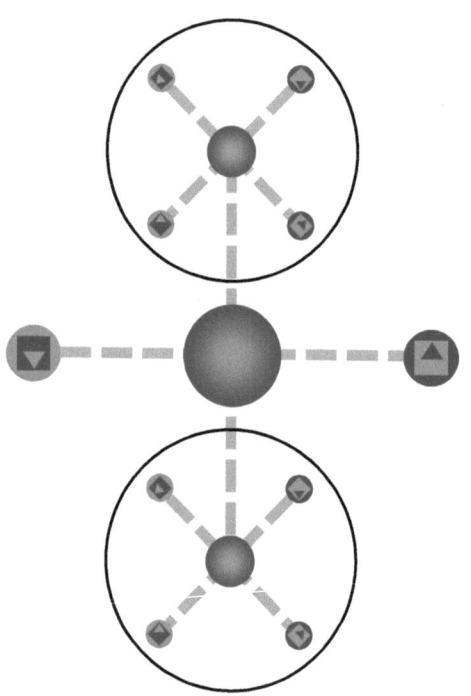

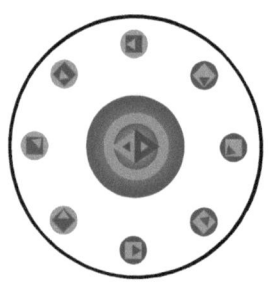

17 amas

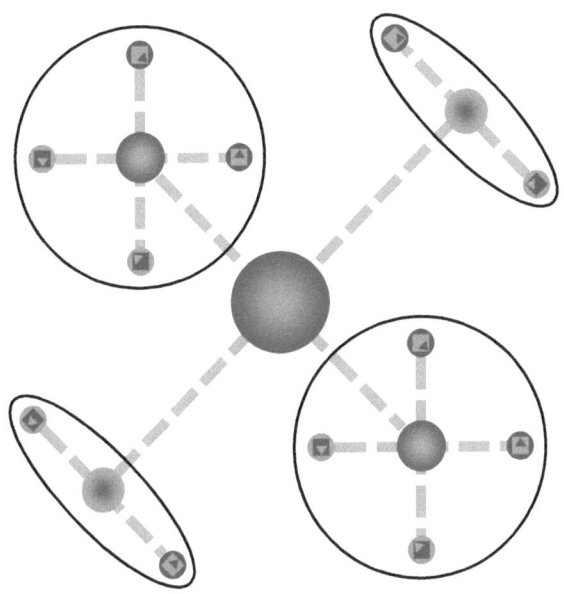

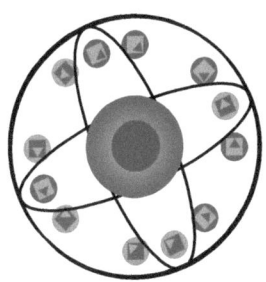

17 ligne

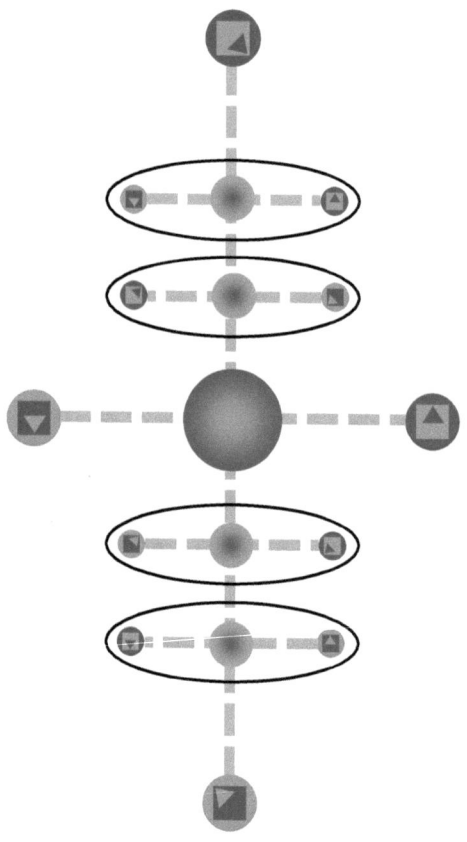

19 amas

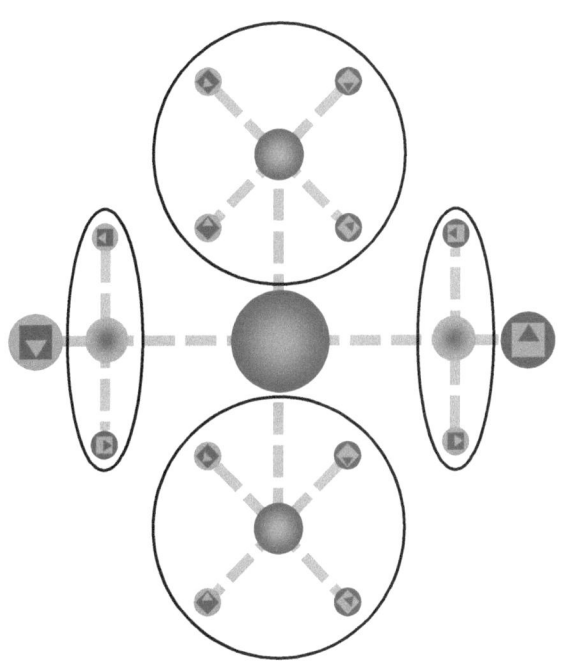

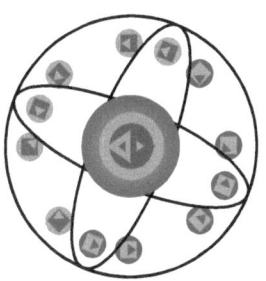

19 ligne

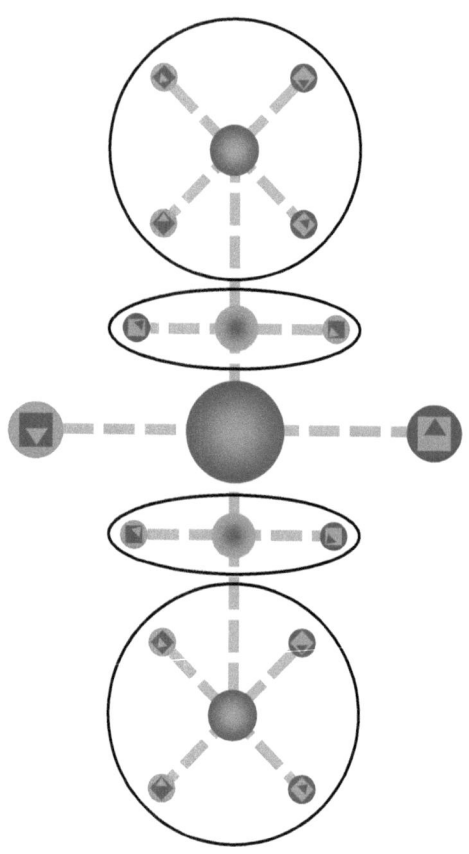

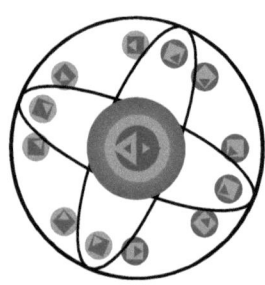

23 amas

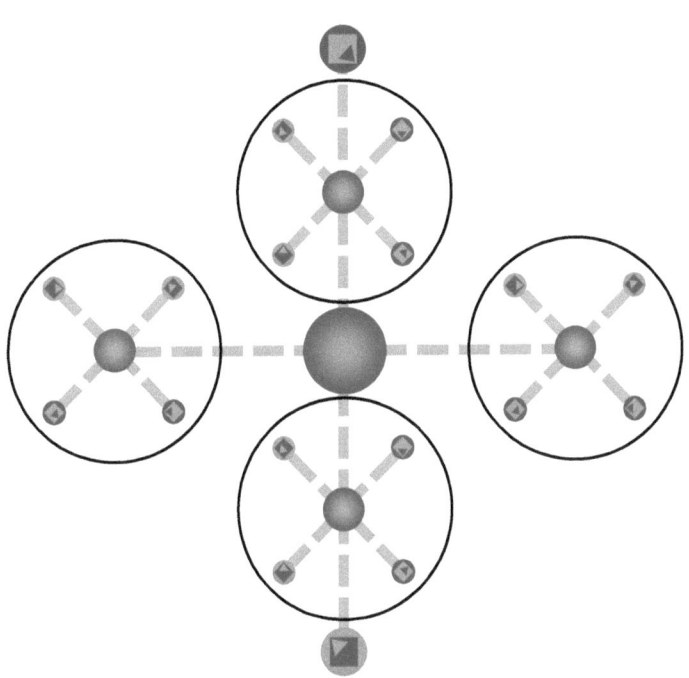

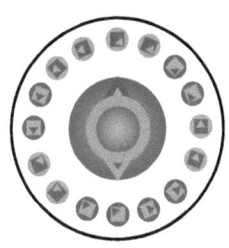

23 ligne

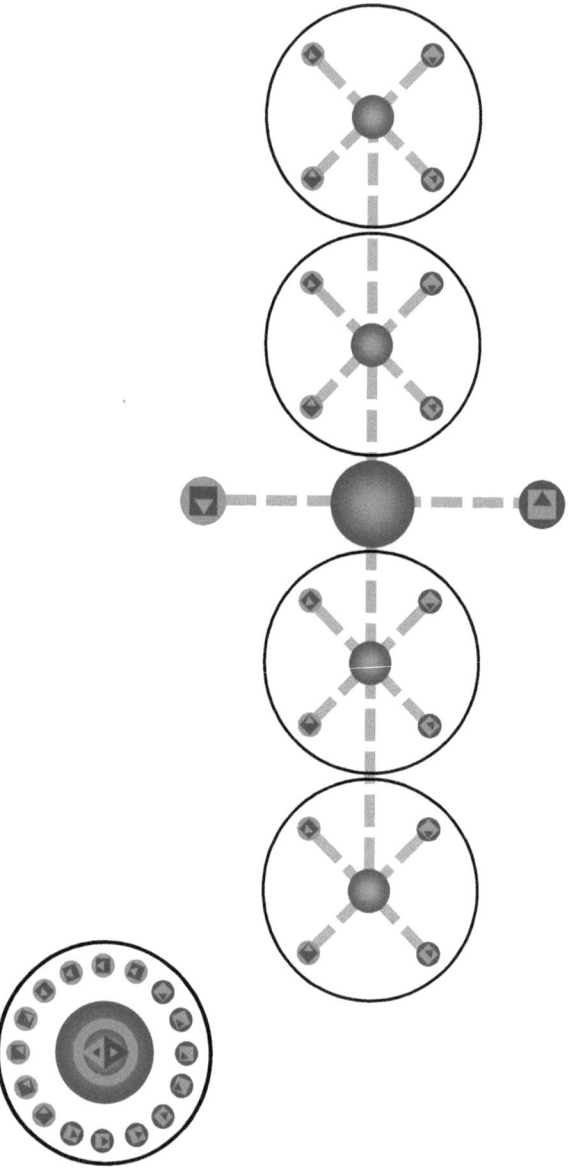

29 amas

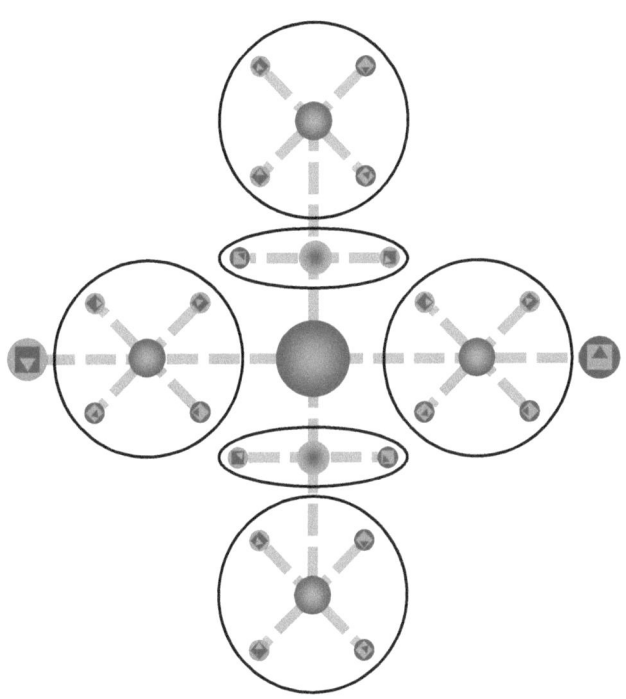

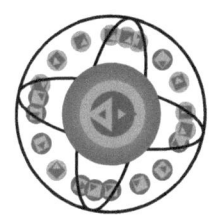

29 ligne

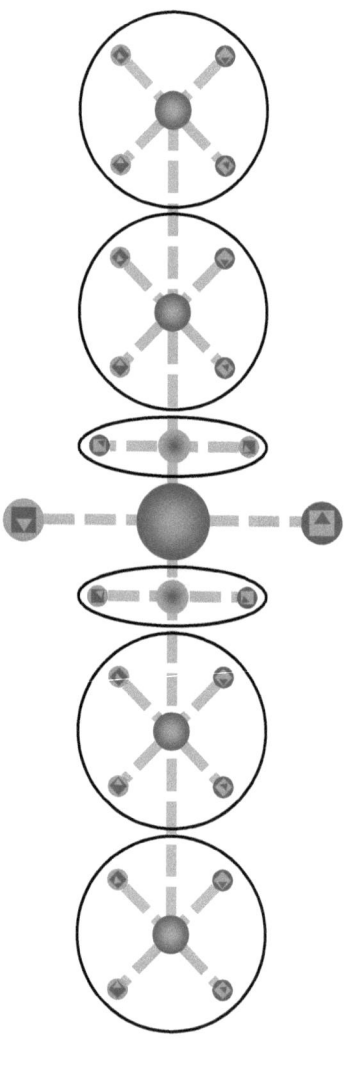
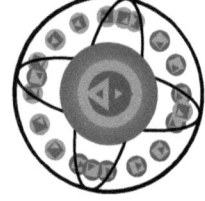

31 amas

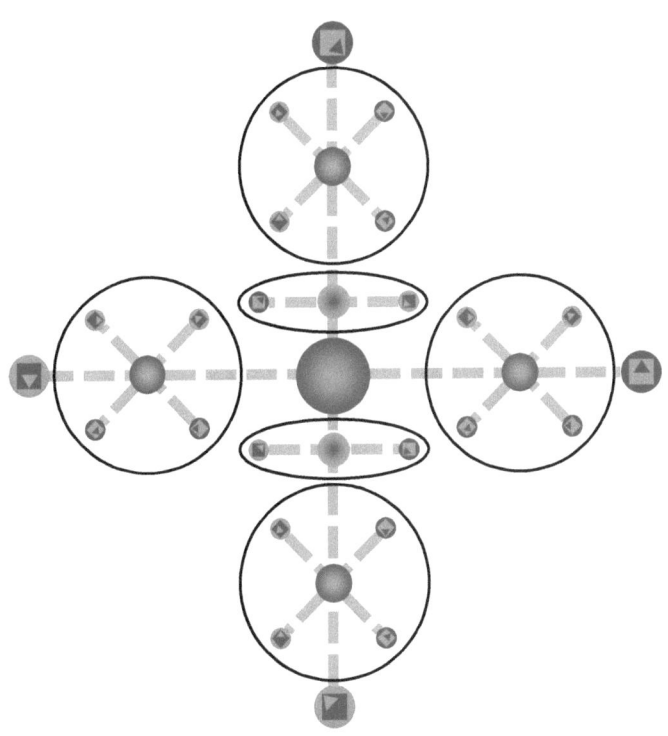

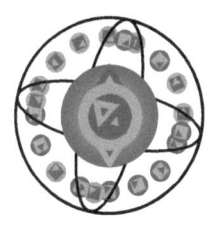

31 ligne

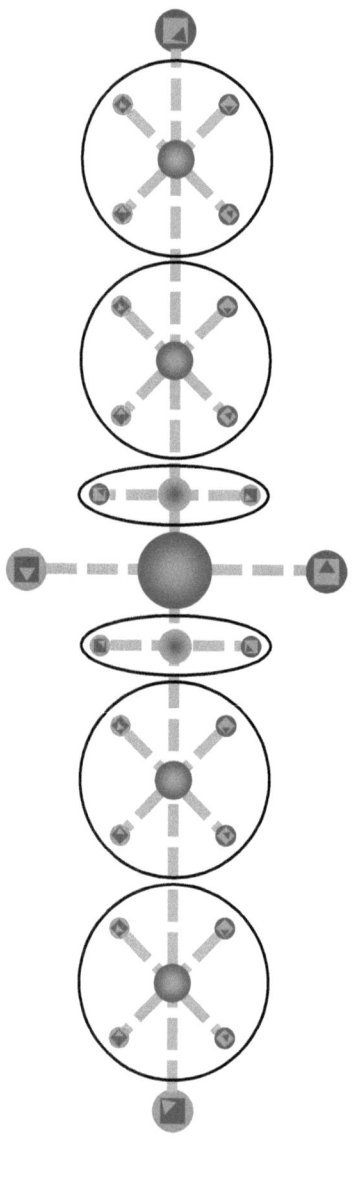

37 amas

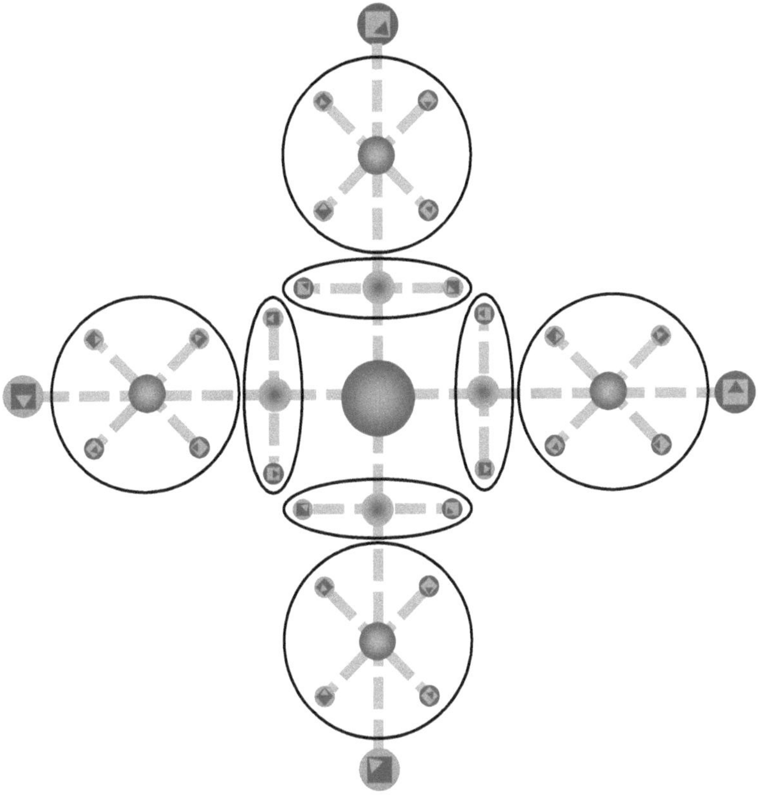

... et ainsi de suite, les premiers se déclinent en de multiples formes. Ils s'assemblent en une diversité d'éléments qui semble pouvoir dépasser l'infini.

... et puis voici deux hors-série ô combien sympathiques.

le 21

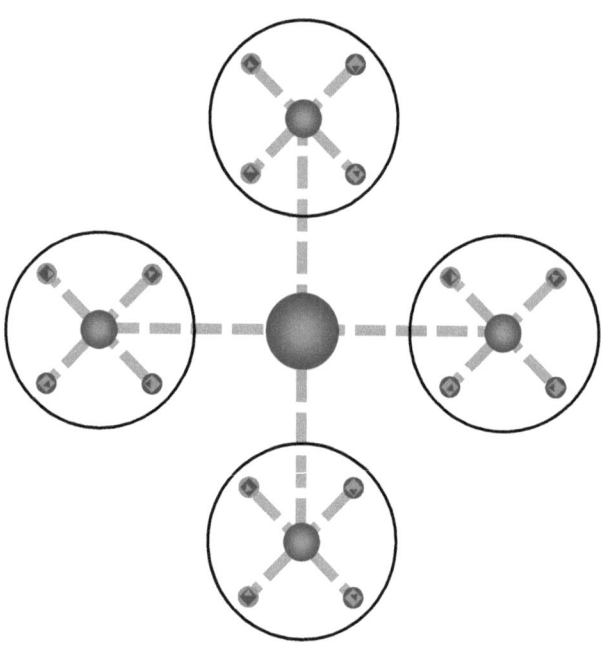

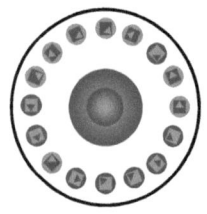

le 33

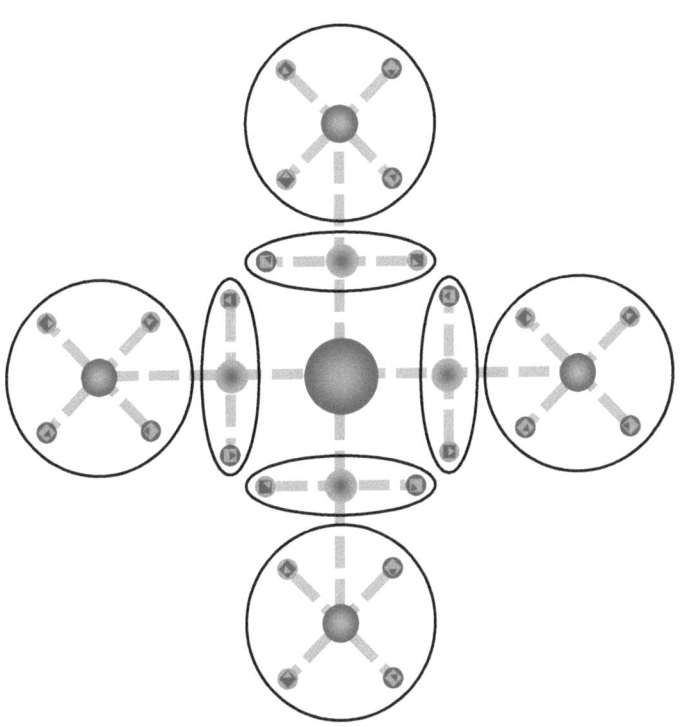

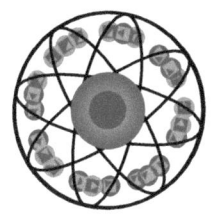

Epilogue

L'humain en pleine conscience vit un monde d'une richesse fabuleuse. C'est l'évidence d'une réalité s'imposant comme le meilleur à vivre. Cette réalité, elle passe par le cœur, c'est le cœur d'une conscience, la conscience d'un mouvement inné exprimant la nature de tout ce qui est.

Depuis le premier frémissement d'un cœur, tout bouge. Tout se relie, s'apaise et se bouscule, fusionne et se fractionne. Le champ des possibles est devenu tellement vaste, que rien n'est identique. Rien n'est éternel non plus. Tout ce qui se défait recommence continuellement à se déployer et nourrir plus grand. On peut se défaire à tout moment. On peut aussi grandir infiniment. Mais on ne peut infiniment grandir seul. Pour grandir, le mouvement doit être harmonieux. Pour cela, il doit accompagner tout ce qui nous relie, dedans et dehors, librement, fluide. Si on l'intègre naturellement, par le cœur, c'est possible. Possible de faire de soi-même la plus belle relativité qui soit, et la meilleure réalité illusoire qui puisse se partager. A chacun de savoir la réalité de son cœur, l'observer sincèrement, la suivre et la cultiver avec plaisir.

Tout ramener dans le cœur et le laisser s'ouvrir.

Le secret nous est donné, sachez le cultiver ouvertement.

"Voici mon secret. Il est très simple : on ne voit bien qu'avec le cœur. L'essentiel est invisible pour les yeux."
Antoine de Saint-Exupéry - Le Petit Prince.

L'auteur

Basty
basty.ecce@gmail.com
www.etreconscient.com

Autres parutions

être conscient - 2023 - 2024
cœur de conscience (extrait de 'être conscient') - 2023 - 2024
Réfléchis - hypothèse & notion - 2024
notion - humain entre terre et ciel (extrait de 'Réfléchis') - 2024
hypothèse - le vivant en réflexion (extrait de 'Réfléchis') - 2024
Verbal - énoncé de ta réalité - 2024
essentiels - repenser l'origine - 2024

Impression : BoD - Books on Demand, In de Tarpen 42, Norderstedt (Allemagne)
Impression à la demande.
Dépôt légal : mai 2024